国家出版基金项目
NATIONAL PUBLICATION FOUNDATION

# 抗日战争专题研究

张宪文　朱庆葆　主编

第七辑
战时教育
文化

## 美术与抗战

陈天白　著

江苏人民出版社

**图书在版编目(CIP)数据**

美术与抗战/陈天白著. —南京:江苏人民出版
社,2023.3(2025.7重印)

(抗日战争专题研究/张宪文,朱庆葆主编)

ISBN 978-7-214-26021-5

Ⅰ.①美… Ⅱ.①陈… Ⅲ.①抗日战争—史料—中国
Ⅳ.①K265.06

中国版本图书馆 CIP 数据核字(2021)第 057055 号

| | | |
|---|---|---|
| 书　　　　名 | 美术与抗战 | |
| 著　　　者 | 陈天白 | |
| 责 任 编 辑 | 李晓爽 | |
| 责 任 校 对 | 陆诗濛 | |
| 装 帧 设 计 | 刘葶葶 | |
| 责 任 监 制 | 王　娟 | |
| 出 版 发 行 | 江苏人民出版社 | |
| 地　　　址 | 南京市湖南路 1 号 A 楼,邮编:210009 | |
| 照　　　排 | 江苏凤凰制版有限公司 | |
| 印　　　刷 | 南京爱德印刷有限公司 | |
| 开　　　本 | 652 毫米×960 毫米　1/16 | |
| 印　　　张 | 39.5　插页　4 | |
| 字　　　数 | 460 千字 | |
| 版　　　次 | 2023 年 3 月第 1 版 | |
| 印　　　次 | 2025 年 7 月第 2 次印刷 | |
| 标 准 书 号 | ISBN 978-7-214-26021-5 | |
| 定　　　价 | 148.00 元 | |

(江苏人民出版社图书凡印装错误可向承印厂调换)

教育部哲学社会科学研究重大委托项目
2021年度国家出版基金资助项目
南京大学"双一流"建设卓越计划项目
"十四五"国家重点出版物出版专项规划项目

## 合作单位

南京大学　北京大学　南开大学　武汉大学

复旦大学　浙江大学　山东大学

台湾中国近代史学会

## 学术顾问

金冲及　章开沅　魏宏运　张玉法　张海鹏

姜义华　杨冬权　胡德坤　吕芳上　王建朗

# 编纂委员会

# 总　序

张宪文　朱庆葆

日本侵华与中国抗日战争是近代中国最重大的历史事件。中国人民经过 14 年艰苦卓绝的英勇奋战,付出惨重的生命和财产的代价,终于取得伟大的胜利。

自 1945 年抗日战争结束至 2015 年,度过了漫长的 70 年。对这一影响中国和世界历史进程的重大事件,国内外历史学界已经做过大量的学术研究,出版了许多论著。2015 年 7 月 30 日,在抗日战争胜利 70 周年前夕,中共中央政治局就中国人民抗日战争的回顾和思考进行集体学习,习近平总书记发表重要讲话,指示学术界应该广为搜集整理历史资料,大力加强对抗日战争历史的研究。半个月后,中共中央宣传部迅速制定抗日战争研究的专项规划。8 月下旬,时任中共中央宣传部部长刘奇葆召开中央各有关部委、国家科研机构和部分高校代表出席的专题会议,动员全面贯彻习总书记的讲话精神,武汉大学和南京大学的代表出席该会。

在这一形势下,教育部部领导和社会科学司决定推动全国高校积极投入抗战历史研究,积极支持南京大学联合有关高校建立抗战研究协同创新中心,并于南京中央饭店召开了由数十所高校的百余位教授、学者参加的抗战历史研讨会。台湾也有吕芳上、陈立文等十多位教授出席会议，共同协商在新时代深入开展抗战历史研究的具体方案。台湾著名资深教授蒋永敬在会议上发表了热情洋溢的讲话。经过几个月的酝酿和准备，南京大学决定牵头联合我国在抗战历史研究方面有深厚学术基础的北京大学、南开大学、武汉大学、复旦大学、浙江大学、山东大学及台湾学者共同组建编纂委员会，深入开展抗日战争专题研究。中央档案馆和中国第二历史档案馆也积极支持。在南京中央饭店学术会议基础上，编纂委员会初步筛选出 130 个备选课题。

南京大学多次举行党政联席会议和校学术委员会会议，专门研究支持这一重大学术工程。学校两届领导班子均提出具体措施支持本项工作，还派出时任校党委副书记朱庆葆教授直接领导，校社科处也做了大量工作。南京大学将本项目纳入学校"双一流"建设卓越计划，并陆续提供大量经费支持。

江苏省委、省政府以及江苏省委宣传部，均曾批示支持抗战历史研究项目。国家教育部社科司将本项研究列为哲学社会科学研究重大委托项目，并要求项目完成和出版后，努力成为高等学校代表性、标志性的优秀成果。

本项目编纂委员会考察了抗战历史研究的学术史和已有的成果状况，坚持把学术创新放在第一位，坚持填补以往学术研究的空白，不做重复性、整体性的发展史研究，以此推动抗战历史研究在已有基础上不断向前发展。

本项目坚持学术创新，扩大研究方向和范围。从以往十分关注的九一八事变向前延伸至日本国内，研究日本为什么发动侵华战争，日本在早期做了哪些战争准备，其中包括思想、政治、物质、军事、人力等方面的准备。而在战争进入中国南方之后，日本开始逐步将战争引出中国国境，即引向广大亚太地区，对东南亚各国及东南亚地区的西方盟国势力发动残酷战争。研究亚太地区的抗日战争,有利于进一步揭露日本妄图占领中国、侵占亚洲、独霸世界的阴谋。

本项目以民族战争、全民抗战、敌后和正面战场相互支持相互依靠的抗战整体,来分析和认识中国抗日战争全局。课题以国共两党合作为基础,运用大量史实,明确两党在抗日战争中的地位和作用,正确认识各民族、各阶级对抗日战争的贡献。本项目内容涉及中日双方战争准备、战时军事斗争、战时政治外交、战时经济文化、战时社会变迁、中共抗战、敌后根据地建设以及日本在华统治和暴行等方面,从不同视角和不同层面,深入阐明抗日战争的曲折艰难历程,以深刻说明中国抗日战争的重大意义,进一步促进中华民族的伟大复兴。

对于学界已经研究得甚为完善的课题,本项目进一步开拓新的研究角度和深化研究内容。如对山西抗战的研究更加侧重于国共合作抗战;对武汉会战的研究将进一步厘清武汉会战前后中国政治、经济、社会的变迁及国共之间新的友好关系。抗战前期国民党军队丢失大片国土,而中国共产党在十分艰难的状况下,在敌后逐步收复失地,建立抗日根据地。本项目要求对各根据地相关研究课题,应在以往学界成果基础上,着力考察根据地在社会改造、经济、政治、人才培养等方面,如何探索和积累经验,为1949年后的新中国建设提供有益的借鉴。抗战时期文学艺术界以其特有的文化功能,在揭露日军罪行、动员广大民众投入抗战方面,发挥了重要作用。我们尝试与艺术界合作,动员南京艺术学院的教授撰写了与抗日战争相关的电影、美术、音乐等方面的著作。

本项目编纂委员会坚持鼓励各位作者努力挖掘、搜集第一手历史资料,为建立创新性的学术观点打下坚实基础。编纂委员会要求全体作者坚决贯彻严谨的治学作风,坚持严肃的学术道德,恪守学术规范,不得出现任何抄袭行为。对此,编纂委员会对全部书稿进行了两次"查重",以争取各个研究课题达到较高的学术水平,减少学术差错。同时,还聘请了数十位资深专家,对每部书稿从不同角度进行了五轮审稿。

本项目自2015年酝酿、启动,至2021年开始编辑出版,是一项巨大的学术工程,它是教育部重点研究基地南京大学中华民国史研究中心一直坚持的重大学术方向。百余位学者、教授,六年时间里付出了艰辛的劳动,对抗战历史研究做出了重要贡献!编纂委员会向全体作者,向教育部、江苏省委省政府以及各学术合作院校,向江苏凤凰出版传媒集团暨江苏人民出版社,向全体编辑人员,表示最崇高的敬意和诚挚的感谢!

# 目　录

# 导　论

　　70 多年前，日本军国主义发动侵华战争，中国大地从此蒙受了一场空前大灾难。这场历史浩劫夺走了几千万同胞的宝贵生命，使无数城市和村庄变成废墟，血的历史我们不能忘记。撰写这本专著，是为了记载中国的美术家们为抗战而做出的种种努力，为了缅怀在抗日战争中牺牲的无数革命先辈，更是为了让身处和平年代的我们不要忘记历史，让我们的子孙后代了解过去，牢记中华民族曾经遭受的苦难和中国人民的奋斗，纪念抗日战争的胜利。

## 一、抗战美术的研究目的与意义

　　"艺人绝不是这社会里的特殊阶层，也绝不是可以脱离社会而独立存在的，他们也像社会上的人们一样，必须使自己的活动与社会发生密切的联系。"[①]对水深火热的人民来说，抗战美术是一剂兴奋剂；对侵略者来说，抗战美术是匕首，是揭开罪恶阴暗的力量之手。但是，对抗战美术这一重要抗战史资源的研究，多年以来很不充分，这不得不说是一种莫大的遗憾。从艺术史的角度来看，抗日

---

① 张泽如:《画家应准备为抗战而牺牲》,《救亡日报》,1937 年 11 月 20 日。

战争对中国的美术具有非常重要的影响,可以说它引导了中国美术的走向长达几十年,而这种影响一直波及当代中国美术。学术界对抗战美术以及各种抗战文化资源的研究都还很不充分,一些研究领域至今还是空白。抗战美术是中国国家叙事中的重要组成,在 20 世纪中国美术史上具有民族文化价值与历史内涵,是中国艺术叙事的重要组成,它充分地为中华人民共和国的建立提供了清晰的、图像的文化记忆与叙事途径。

抗日战争爆发后,中国的美术家们以自身的美术技能为武器,投身抗日洪流之中。他们走上街头,画宣传画和壁画宣传抗日。由于抗战时效性宣传的需要,许多在战前追求艺术性创作的美术家,在抗战中响应时局需要,创作美术宣传作品,积极参加抗敌活动。在 14 年抗战期间创作的有关抗战或以抗日为题材的美术作品,是名副其实的抗战美术,这些美术作品是集艺术与社会意识形态表达于一体的符号化载体。它的使命在于用鲜活的美术形式表达社会意识形态内容,使民众在观看图画的过程中受到潜移默化的影响。为了达到这一目标,抗战美术不仅需要呈现抗战宣传内容,而且要以"润物细无声"的方式指导观看者对待这些内容的态度。所以,抗战美术的宣传效果需从美术作品本身的鲜活度和民众的接受度两个方面进行考量。首先,抗战美术的鲜活度取决于题材的现实性和感染力,抗战美术作品主要表征的内容包括前线的战事情况、政治策略以及民众的生产生活,现实场景的艺术再现和艺术提炼使民众从心理上产生一种亲近感,所以,民众愿意去看、去了解、去模仿图像中参与抗战的革命战士和民众的行为。其次,增强抗战美术作品的宣传效果必须从民众的接受能力出发,抗战时期的美术宣传,必须从少数精英群体扩展到普通大众群体,在提倡"普及提高"的文艺大众化过程中,民众的艺术审美会有提高,遵循适应与超越原则，美术作品的表征方式也应有所转变才能取得相应的效果。20 世纪初以来，美术家们逐渐觉醒并认识到，美术不仅仅是一门技术或者标榜文人精英的符号，它应该具有社会功能，是为民族、为社会、为大众传播力量的旗帜。

1931 年"九一八"事变后，侵华日军加快了侵略步伐，中国东北三省陆续沦陷。1936 年 12 月 12 日，"西安事变"的爆发迫使蒋介石接受"停止内战，一致抗日"，从而初步形成第二次国共合作。1937 年 7 月 7 日，日军全面侵华，白热化的民族战争情势使中国再次面临危机。一年内，国民党军队在战场上败多胜少，损失惨重。此时，知识分子从他们自己的世界中觉醒，转变思想，将艺术热忱放于次要地位，投身到抗日救亡的队伍中去，用艺术的手段为抗日的宣传工作付出了艰辛的努力。美术家们克服重重困难，在战争的残酷和生存的泥沼中，从多方面贡献自己力所能及的力量，以艺术服务战场。抗战美术作品的创作，首先，反映了广大人民群众的现实诉求。人民群众是抗战时期思想政治教育的图像媒介的重要受众群体，美术工作者的创作活动以人民的现实诉求为中心，是美术工作者的共同课题，能够将革命宣传和政治动员的战争诉求同人民群众生产生活的利益诉求相结合，才使得抗战时期思想政治教育的图像媒介发挥巨大的宣传作用。马克思曾指出，"人们为之奋斗的一切，都同他们的利益有关"①。只有将人民的利益诉求摆在首位，关照人民生活，表达人民心声，才能真真触动人民的内心，从而生发参与革命斗争的意识和动力。其次，引发抗战中家国同构的共情点。创作和选择最能打动人心的内容和手段并进行情感渲染，

① 中共中央马克思恩格斯列宁斯大林著作编译局编：《马克思恩格斯全集》（第一卷），北京：人民出版社 1995 年版，第 187 页。

利用人们的情绪和情感,引发民众心底最直接的情感共鸣以达到突破其心理防线并最终感化对象的目的,从而影响其认知和行为的转变。抗战时期这一策略广泛应用于全国军民的思想政治教育工作和对敌的策反工作,并取得了显著成效。战时美术作品以具象的表达方式将国破家亡的场景呈现在受众面前,有助于深化军民对家国互构关系的感性认知,使民众在看图的过程中产生共情,深化家国情怀,明白家国互构的道理,激发其救己及救国的责任担当。最后,激发多元创作主体的积极性。抗战时期,中国共产党将文艺全面纳入政治宣传之中,广泛吸纳艺术人才并建立艺术统一战线,从数量和质量上扩充了抗战宣传的人才队伍,其创作主体具有多元性,不仅包括了部队宣传人员,还包括社会中的美术家和美术团体。专业美术人才对创作美术作品的要求更加精益,能够大大提升抗战艺术宣传的效果。在社会意识形态的大势下,创作主体的意识更多地被社会价值取向所取代,并逐渐转化为创作个体的自主的、能动的选择,"为抗战而艺术"的历史使命和责任成为其进行创作的精神动力。

从历史发展的时序性特征看,抗战美术是特定时期内的特殊文化形态,是现代中国美术史上的重要一环。从中国近现代文化的内涵和特征上看,它是新文化运动以来美术发展的特征性体现,也是战后中国美术发展趋势的一个起点。今天,我们追忆波澜壮阔的抗日美术运动,站在今天的立场和角度去认识抗战美术的历史与文化价值,梳理中国美术在抗日战争时期的历史功绩,不仅有利于激发当代艺术家的民族责任感,而且对建构中国当代的艺术形态具有重要的现实意义。

## 二、抗战美术的研究主旨与范围

本书对 1931 年"九一八"事变始至 1945 年 8 月 15 日日本宣布

投降、抗战胜利终的 14 年间,有关中国抗日战争时期的美术事件及美术作品进行研究。抗战美术是一个大的概念,既包括从事美术创作的艺术家及他们创作的作品,又包括抗战时期领导和支持抗战美术创作的领导机构、专业机构、教学单位,展示这些作品的媒体、展览,以及抗战时期特有的中外文化交流,不仅有抗战美术的主体类型,即抗战木刻和抗战漫画的创作,还有抗战时期的中国画与油画的呈现。抗战美术拥有与国家命运和民族兴旺、人民幸福相关联的宏大叙事框架,不乏个人体验与情感,这是构成抗日战争庞大研究领域的又一个焦点,使我们从以中国美术家为代表的人民的集体意志出发,观察、审视中国人民的抗日激情。

中国美术界的民族振兴、民主独立斗争,是中国革命斗争历史的一部分。然而,长期以来理论界和学术界对这一领域的重视和研究很不够,正如史学家特雷弗-罗珀(H. R. Trevor-Roper)所说:"忽视艺术和文学的历史是枯燥无味的历史,而脱离历史的艺术和文学研究则是一知半解的研究。"①因此,对抗战时期的重要事件、重要问题及相关重要人物研究的进一步深化,将有助于更好地研究中国近现代美术史。

抗战美术史与艺术史密不可分。美术史中的国家重大主题性题材的创作是国家重大历史事件在艺术上的体现,它从历史与美术的双重角度,发掘具有时代意义的美术经典,塑造国家价值观。在整个中国艺术史视野下,对抗战美术进行梳理和研究,通过对它们的掌握和运用,分析艺术家个体的微观层面和国家的宏观层面,将艺术家个体生命感知与国家的命运相连通,具化为抗战美术这一艺术再现的母题,发掘抗战美术的价值与意义、思想与激情。通

---

① 曹意强:《艺术与历史》,杭州:中国美术学院出版社 2001 年版,第 64 页。

过对抗战美术作品的研究,将艺术家与作品置于历史现场,用美术作品再现历史,找到抗战美术与时代前沿、艺术发展的关联,还原它的价值与意义。值得一提的是,不但要研究美术史中的名人,还要关注那些被中国美术史忽略却在抗战这个特殊时期发挥了突出贡献的美术家和美术作品,努力挖掘它们的在抗战中蕴含的深刻文化内涵和所代表的时代精神。

抗战美术作品从时间上来看,是指以1931年"九一八"事变为序幕的抗日战争为始,至1945年8月15日日本宣布无条件投降为末的14年间,创作的有关抗日或以抗日为题材的爱国作品。这批作品既包括那些直指日军暴行的绘画,也涵盖那些虽然没有直接触及战争或抗日题旨,但蕴含着控诉侵略者暴行、弘扬团结御辱精神、彰显保家爱国气节的版画、国画、油画、漫画、木刻版画、雕塑、壁画和摄影等。

"抗战美术作品从题材与内容来看,涵盖了'抗战与苦难''抗战与人民''抗战与英雄''抗战与战场''抗战与世界''抗战与胜利'和'抗战与和平'等视角。"①其中,"抗战与苦难"着重讲述无数中国老百姓在战争的炮火下,家园残破、痛失亲人、颠沛流离的苦难境况,许多美术家既是经历者也是记录者,他们用绘画的表现方式将"抗战与苦难"呈现于公众,如王悦之《弃民图》、吴作人《重庆大轰炸》、蒋兆和《流民图》、李桦《怒吼吧!中国》、张安治《避难图》等;"抗战与人民"刻画了英勇的中国人民为了保家卫土,拿起武器,走上前线,投入抗战洪流之中,如唐一禾《七七号角》、李可染

① 张晴:《抗战美术与国家叙事——关于"铸魂鉴史 珍爱和平:纪念中国人民抗日战争暨世界反法西斯战争胜利70周年美术作品展览"的策展思考》,《中国美术馆》2015年第4期。

《打回老家去》、沃渣《夺回我们的牛羊》、黄伟强《来吧！我们把头颅作炸弹》等；"抗战与英雄"聚焦于抗战人物中的典型个案，以抗战英雄英勇不屈的形象，展现出中国人民的顽强和悲壮，如胡一川《八百壮士》、沈逸千《神枪手》、彦涵《狼牙山五壮士》、古元《人民的刘志丹》、刘开渠《无名英雄像》等；"抗战与战场"再现了抗战的"第一现场"，美术家走进大众公共空间，将战场的火药味凝练在作品中，点燃了中国抗战美术的光辉，如王式廓《台儿庄会战》、高剑父《东战场的烈焰》、王小亭《中国娃娃》、丰中铁《冰天雪地中的东北义勇军》、力群《抗战》等；在战争中，来自世界各地的和平主义战士与中国人民并肩作战，他们为反法西斯战争的胜利而把自己的鲜血洒在了中华大地上，美术家们将中国的抗战历史与反法西斯战争的世界语境相连接，用一桩桩英勇事迹谱写了"抗战与世界"的壮丽篇章，如张善孖《飞虎图》、吴印咸《白求恩大夫》等作品，让我们从更广阔的时间与空间，更丰富的题材中重新理解抗战历史；"抗战与胜利"记录了抗战胜利这一神圣时刻，以典型的人物形象或活动事件，表现胜利的历史瞬间，如庄严《老百姓的胜利》、张映雪《欢庆胜利》等；"战争与和平"畅想了全民抗战的胜利，表达出中国人民抗战必胜的信心和对和平的美好憧憬，如唐一禾的《胜利与和平》。① 从美术作品本身而言，抗战时期的美术范式在语言与风格特质上，奠定了其后中国美术风格的发展基础。从中国历史层面来看，这七个主题的抗战美术作品在一定程度上构筑了关于抗日战争的历史现实，从精神实质和文化内涵上展现了美术抗战的

----

① 张晴：《抗战美术与国家叙事——关于"铸魂鉴史 珍爱和平：纪念中国人民抗日战争暨世界反法西斯战争胜利 70 周年美术作品展览"的策展思考》，《中国美术馆》2015年第 4 期。

力量。

除了美术作品，中国的美术家投身抗日救亡宣传活动，组织抗日美术团体，"象牙塔"中的艺术纷纷走向"十字街头"，走上前线或敌后，实际接触体验了现实生活和大众情感。他们或组织募捐画展，或奔走各国展画筹款，他们为宣传抗日不遗余力的爱国行为和民族精神，亦是本书的研究范围。本书叙述的事件、人物和美术作品，像化石一般穿越时间，对我们民族的历史进行梳理，以图像叙事的方式清晰地呈现出来，这是本书的重要撰写目的。

抗日战争是近代中国历史上一场大规模反抗入侵的民族战争。70 年来，我们不断地举行各种活动纪念，学术界也发表过诸多研究专著和论文，然而学术成果较多地集中在军事、政治等方面，中国艺术界在抗战期间的活动却鲜有记载。作为一场惊天动地的反侵略民族战争，它的影响是深刻的，中国人民都毫无例外地卷入了进去，他们从各方面贡献了自己的才智和力量。因此，我们如何更全面地反映和纪念这一历史史实，是值得思索的。历史中的艺术家主观能动地感受当时的民族苦难，怀着坚忍不拔的抗战斗志，以一幅幅作品和献身的民族精神，谱写出一曲曲荡气回肠的赞歌。中国美术史学研究的目的和意义是"考古以证今""以史明鉴"，作为史料文献，图像和作品是对历史最直观的揭示。因为，历史不仅仅是"以前的事"，而且是明鉴"未来的事"。

谨以此书献给曾经为抗战做出贡献的前辈艺术家们！

# 第一章　战前中国美术发展概况

第一次鸦片战争后的中国受到西方科学文化的倾泻输入，清末的国家迅速发生变化。这种变化不仅仅是土地的占领和交易的频繁，实际上已经影响到了政治体制、经济结构、文化环境、社会结构等各个层面，深刻影响了中国的文人阶层。

由于洋务运动的失败，一部分知识分子推崇国家的整体性改变，他们认为中国必须进行政治改革，因为落后的政治体制禁锢了人们的劳动创造能力；必须进行思想的改革，因为几千年来的儒家思想没有关于科学技术的指导；必须进行文化的改革，因为几千年的文化传统，没有关于思想解放和个性发展创造力的宣解。那些具有中国传统知识背景的知识分子，在民族危亡中，也开始愿意接受西方的文化，不论是政体、科学，还是文化、思想。因为失败的实践让人们相信，简单地照搬西方的科学与技术，对衰败的国家而言已经无法力挽狂澜，必须从人的角度出发，在文化和思想上改变中国人，建立新学、新道德、新思想，发挥人的能动性，建立新政体和社会结构以构成救亡的整体构架。始于"戊戌变法"，由"五四运动"推进的一场将社会革命、政治革命与文化革命交织在一起的整体性革命成为19世纪末20世纪初的主流趋势。

## 第一节　新文化运动与新美术思潮

### 一、新文化运动

1911 年辛亥革命后，袁世凯进行帝制复辟活动，同时掀起了一股尊孔复古思想潮流。面对这幅历史倒退的景象，知识分子有的屈服封建势力，有的则摇摆不定，更多的是彷徨迷惑。

但倒退的道路是违背历史进程的。以陈独秀、李大钊、鲁迅为代表的民主主义者发动了新文化运动，反对封建体制和思想，宣传资产阶级民主思想的斗争。1915 年 9 月 15 日，陈独秀在上海创办《青年杂志》，李大钊是主要参与人，1916 年 9 月杂志社迁往北京并改名为《新青年》。进步知识分子高举"民主"和"科学"两面大旗，以抨击代表封建专制统治制度思想基础的"孔学"为焦点，以《新青年》为思想传播平台，从政治、思想、道德、文艺等方面批判封建势力，掀起"打倒孔家店"的潮流。1917 年，以胡适、陈独秀、李大钊、鲁迅、周作人等人为代表的文人思想家举起"文学革命"的大旗，提倡白话文，反对文言文，提倡新文学，反对旧文学。

在新文化运动的大旗下，20 世纪初的新兴知识分子成了宣扬中国书画革命的批评家，在对于这个模糊时期的艺术形式没有明确认识的情况下，他们只是单纯希望采用西方的新形式去革除清代"王画"①的

---

① 即"四王"画家，又称"清初四王"，是指清朝初期以王时敏为首的四位著名画家：王时敏、王鉴、王原祁和王翚。他们在艺术思想上的共同特点是仿古，把宋元名家的笔法视为最高标准，这种思想因受到皇帝的认可和提倡，被尊为"正宗"。"四王"以山水画为主，各自画风略有区别，又以师承关系，分为"娄东"与"虞山"两派，影响了后代 300余年。20 世纪初的美术革命将"王画"视为封建腐朽的代表而大举批判。

命,因为这个时候的"王画"已经成为旧文化、旧道德、旧思想的象征。画家响应思想家的号召,最初的美术改革在于用西方的材料、技法尝试性地改造传统书画,而西方绘画为中国的美术开拓了更广阔的艺术空间,画家采用新的绘画方式,开拓新的绘画领域。这样,"书画"这类词汇就不合时宜了,在建立新道德、新思想的过程中,人们开始使用"美"或者"艺术"这样的外来词汇,于是"书画"渐渐成了"美术"或者"艺术"的构成,而不再是中国美术的唯一组成。

"美术"一词是新知识分子用来阐释"新文化"的组成部分——中国造型艺术而使用的。中国艺术史中直至 19 世纪末都没有"美术"这个词的出现。诗、书、画、印几乎是中国美术的主要组成部分和主要名词。文人士大夫的生活或精神寄托与诗书画印融为一体,成为他们"艺术"的一部分。面对自然物象,他们更愿意用出世的心态来表达精神世界的追求和志趣,笔墨情趣与带有技术层面意义的"美术"一词无关。

"1871 年,奥地利政府向世界各国政府发出万国博览会的邀请。日本人翻译了德文邀请函,使用了'美术'一词。1872 年明治政府以通告形式颁布全国,文中出现数次'美术'并附加了对'美术'的解释。"①1905 年 5 月,王国维在《教育世界》第 99 号上发表的《论哲学家及美术家之天职》中表明了此时"美术"的范畴:

> 今夫积年月之研究,而一旦豁然悟宇宙人生之真理,或以胸中惝恍不可捉摸之意境,一旦表诸文字、绘画、雕刻之上,此

---

① 吕澎:《美术的故事:从晚清到今天》,北京:北京大学出版社 2010 年版,第 29 页。

固彼天赋之能力之发展,而此时之快乐,决非南面王之所能易也。①

鲁迅1913年写的《拟播布美术意见书》一文中说:

美术为词,中国古所不道,此之使用,译自英之爱忒(Art or fine Art)。爱忒云者,原出希腊,其谊为艺,是有九神,先民所祈,以冀工巧之具足,亦扰华土工师,无不有崇祀拜(祷)矣。顾在今兹,则词中函有美丽之意,凡是者不当以美术称。……故美术者,有三要素:一曰天物,二曰思理,三曰美化。缘美术必有此三要素,故与他物之界域极严。②

1920年,蔡元培在《美术的起源》一文中提出了"美术"定义:

美术有狭义的,广义的。狭义的,是专指建筑、造像(雕刻)、图画与工艺美术(包括装饰品等)等。广义的,是于上列各种美术外,又包含文学、音乐、舞蹈等。西洋人著的美术史,用狭义;美学或美术学,用广义。③

这个定义将以后人们论及的美术范围做了事实上的界定。以后,不再有人将文学、诗歌纳入"美术"的范围。

1923年,李毅士在《我们对于美术上应有的觉悟》一文中也解释了为什么要用"美术"而不是"艺术"这个名词:

---

① 王国维:《论哲学家及美术家之天职》,《王国维遗书》(第5册),上海:上海古籍书店1983年版,第102页。

② 鲁迅:《拟播布美术意见书》,《教育部编纂处月刊》第1卷第1册,1913年。转引自郎绍君、水天中编:《二十世纪中国美术文选》(上卷),上海:上海书画出版社1996年版。全文分四个部分:一、何为美术;二、美术之类别;三、美术之目的与致用;四、播布美术之方。

③ 蔡元培:《美术的起源》,《新潮》第2卷第4号,1920年5月。

美术的名词，我们现在已经普遍地适用了。我们从前对于美术范围里一切的工作，不叫它是"技"，便叫它是"艺"，心目中似乎总有点轻视它的意思。①

"美"这个字在那些推进新文化的知识分子看来是一个适合新文化的新词。而在那个模糊时代，人们一旦找到有关"新"的事物，便欣然接受，并没有深究其在原文化背景中的准确含义和渊源，认为"美术"不过是一种来自西方艺术的思想以及与这种思想相对应的艺术形态。

## 二、"美术革命"论辩

"美术革命"是 20 世纪初期"新文化运动"的一个构成链条，也是"文化救国运动"的一部分，更是社会革命的组成。率先举起"美术革命"旗帜的是吕澂与陈独秀。

吕澂在《新青年》杂志上撰文指出："今日之诗歌、戏曲、固宜改革，与二者并列于艺术之美术尤极宜革命……姑新绘画一端言之：自昔习画者非文士即画工，雅俗过当，恒人莫由知所谓美焉。近年西画东输，学校肄业；美育之说，渐渐流传。乃俗士鹜利，无微不至，彼袭西画之皮毛，一变而一为艳俗，以迎合庸众好色之心。……我国美术之弊盖莫甚于今日，诚不可不加革命也。"②他认为，应首先向人们阐明美术的范围与实质，中西美术的变迁及现状，使人们知道美术界的大趋向，"以美术真谛之学说，印证东西新旧各种美术，得其真正之是非，而使有志美术者，各能求其归宿而

---

① 郎绍君、水天中编：《二十世纪中国美术文选》（上卷），第 112 页。
② 吕澂：《美术革命》，《新青年》第 6 卷第 1 号，1918 年 1 月 15 日。

发明光大之"①。文中虽然没有具体措施解释怎样改中国画，但其思想明确，是告诉人们需要了解中外美术各自特点及发展过程，从中汲取精华，建立新的美术体系。

吕澂提出的"美术革命"这个概念与主张中国文化"全面革命"的陈独秀是不谋而合的，陈独秀早已将"美术"放进了革命计划中，于是对吕澂的主张积极回应，并以同样的标题撰文发表于吕文之后：

> 若想把中国画改良，首先要革王画的命。因为要改良中国画，断不能不采用洋画的写实精神。……画家也必须用写实主义，才能发挥自己的天才，作自己的文章，不落古人的窠臼。……人家说王石谷的画是中国画的集大成，我说王石谷的画是倪、黄、文、沈一派中国画恶画的总结束。……绘画虽然是纯艺术的作品，总也要有创作的天才和描写的技能，能表现一种艺术的美，才算是好。我家所藏和见过的王画，不下二百多件，内中有"画题"的不到十分之一；大概都用那"临""模""仿""抚"四大本领，复写古画，自家创作的简直可以说没有。这就是王派留在画界最大的恶影响。②

吕澂在文章中以"未来主义"对欧洲美术界的影响大于文学界的例子，提醒《新青年》杂志在思想革命方面要关注美术上的革命："方今习俗轻薄，人事淆然；主持言论者，大率随波逐流，其能作远大计，而涉及艺术问题者，独见于贵杂志耳。贵杂志其亦用其余力，引美术革命为己责，而为第二之意大利诗歌杂志乎，其利所及实非一人一时已。"③而陈独秀的积极回应仿佛两人是一拍即合地

---

① 吕澂：《美术革命》，《新青年》第 6 卷第 1 号，1918 年 1 月 15 日。
② 陈独秀：《美术革命》，《新青年》第 6 卷第 1 号，1918 年 1 月 15 日。
③ 吕澂：《美术革命》，《新青年》第 6 卷第 1 号，1918 年 1 月 15 日。

找到了共同的志向，实际上，陈、吕二人关于"美术革命"的目的和观点是大不相同的。

吕澂提出革命的原因是担忧西洋画的引入使得中国文艺界产生混乱局面，而陈独秀借吕澂的话题，提出"美术革命"的口号，言辞极端和尖锐。蔡元培称陈独秀当年在《新青年》上发表的文章"大抵取推翻旧习惯、创造新生命的态度，而文笔廉悍，足药拖沓含糊等病"[1]，这也是陈独秀《美术革命》的语风特点。

从中国画本体的角度，吕澂对于中国画的指责在于对画家身份的不同导致美术概念在中国小众化的不满，提出"姑就绘画一端言之：自昔习画者，非文人即画工，雅俗过当，恒人莫由知所谓美焉"[2]，认为画家要么"过雅"要么"过俗"，而"阐明美术之实质与范围"才是这篇文章的首要目的，从当前画家的素质来看，吕澂认为在"西画东输"的环境之下，很多画家"徒袭西画之皮毛，一变而为艳俗，以迎合庸众好色之心"[3]，吕澂将美术与社会功能联系起来，他提出的"美术革命"即是针对此种"习俗轻薄，人事淆然"[4]的现象而发。

相比而言，陈独秀对中国绘画明确指出"首先要革王画的命"[5]，随后要以西画的写实技法来改良中国画。陈独秀甚至把带有写实倾向的宋代院体画列入批判的范围，认为"那描摹刻画人物禽兽楼台花木的功夫还有点和写实主义相近"[6]，而随即指出："自

---

① 《独秀文存》"序"，上海：亚东图书馆 1922 年版。

② 吕澂：《美术革命》，《新青年》第 6 卷第 1 号，1918 年 1 月 15 日。

③ 吕澂：《美术革命》，《新青年》第 6 卷第 1 号，1918 年 1 月 15 日。

④ 吕澂：《美术革命》，《新青年》第 6 卷第 1 号，1918 年 1 月 15 日。

⑤ 陈独秀：《美术革命》，《新青年》第 6 卷第 1 号，1918 年 1 月 15 日。

⑥ 陈独秀：《美术革命》，《新青年》第 6 卷第 1 号，1918 年 1 月 15 日。

从学士派鄙薄院画,专重写意,不尚肖物;这种风气,一倡于元末的倪、黄,再倡于明代的文、沈,到了清朝的三王更是变本加厉。"①最后他的结论是若不打倒"四王",就无法推行写实主义,就不能改良中国画。

显而易见,吕文更强调"美术"概念的推行,认识美术的本质和功能,陈文则直指"王画"的因袭之弊,主张使用写实主义,其实质是对腐朽社会的抨击。二者思想存在实质的不同。

新文化运动时期的美术革命不是一场艺术层面的革命,而是一场以艺术之名进行的一场思想革命和社会革命。由此引发了中国现代美术史上空前激烈的大争鸣,形成了"革新派""传统派""融合派"等美术阵营,争论的焦点主要集中在对西洋绘画技法是否运用和如何运用的问题上。

在"美术革命"前后的中国美术批评界,关于美术的功能主要有三种观点:

其一,"美术革命"主张者,认可并强调美术的社会和文化功能。

梁启超、陈独秀等主要身份为政治家、革命者,往往强调美术的社会功能,如梁启超呼唤"小说界革命",陈独秀倡导"文学革命",都可从中得知他们对美术社会、文化功能的强调。……"美术革命"也就成为推翻专制制度的革命的一部分。康有为等温和的改良派的背后也具有革新'四王'、改良传统文化的明确意图。

其二,美育功能派,强调美术的人生功能或美育功能。

蔡元培是美育功能派的主要代表,他的以美育代宗教的

---

① 陈独秀:《美术革命》,《新青年》第 6 卷第 1 号,1918 年 1 月 15 日。

主张影响极为深远。

　　这一思想的核心在于艺术是通过"形象",作用于"情感"的,它能陶冶人的性格,从而规范人的行为……所以美育的最终旨归虽也在于社会,但更具体落实于社会中的个体人。

　　其三,强调艺术本身,追求艺术的艺术革新派。

　　王国维深受西方现代哲学的影响,认为艺术与哲学一样,都追求"万世之真理",艺术具有独立存在的、不依附于政治的价值……

　　这一支"纯粹论"的美术功能观持论者最后趋向一种现代主义的艺术创作和思想。①

　　我们可以看到,20世纪初的美术思潮正在变革,美术观念在此时中国文化的语境中,既有交叉又有各自的特点,然而一旦社会现实由内部的发展危机变为国家存亡的民族危机时,这些功能很快就会趋向对艺术社会功能的追求。

## 第二节　中国画革新

　　中国画,与"美术"术语一样,是近现代艺术批评史上一个重要的术语。如同"美术"这个外来词的输入,"中国画"或"国画"这个术语显然是近现代西洋画在中国近代美术中广泛流行以后才开始使用的,它是为了区别于西洋画而论,是中西文化的碰撞之后对本土文化的重新界定所致。西洋画进入中国,才有所谓"中国画"这个特殊词汇的产生,并开始为更多的人接受。在艺术混流的时期,

---

① 陈旭光:《20世纪初的"美术革命"论争与现代"美术"观念的形成》,《美育学刊》2013年第3期。

它背后的目的是要弘扬和坚守传统。

19世纪以前的国画作为一种文化符号是与中国的知识分子相连的,但1905年清政府废除以经学为主的科举制度,这不仅意味着传统知识结构的改变,也意味着知识分子——士大夫阶层的消亡。美术领域随之而来的是国画家身份的转变,传统文人阶层消弭,新兴的知识分子随之出现。在传统的社会心理定位中,"士"不仅在民间社会充当领导角色,同时也在官僚体系中位居核心阶层,彰显着儒家意识形态在中国文化传统中的稳固地位。民国初期的中国社会仍然延续了这种对知识分子的尊重传统,大多数知识分子也依然保存着浓重的士大夫意识。但尽管如此,在文人士大夫的社会角色转变为新兴知识分子的同时,"士"的精神仍然急需实现它的现代性转换。

既然文人士大夫阶层所依托的是儒学的思想传统,那么当传统社会的价值观土崩瓦解时,儒家学说再也不适用于现实社会,两者之间的联系随之坍塌。在民国时期的中国艺术领域,以西方美术为主导的中国近代美术教育体系刚刚得以建立。通过兴办各式的现代美术学校,从事艺术教育的新兴知识分子们最先掌握了教育权力而被认同为当时艺术界的领军人物,或被视为中国现代美术的先行者。自此,是否具备良好的海外教育背景以及全新的政治诉求开始成为评判改革者话语权强弱的标准之一。也正是利用了建立西式美术学院这一改革工具,他们对原有的国画系统进行了改造,并对传统中的原始要素进行了新一轮的重组和革新。

西式美术院校建立的同时也带来了另一方面的问题:依照西方美术体系,中国原有的"书画同源"传统被生硬地割裂为"国画(系)"与"书法(系)"两科,甚至后者还常常因为无法在西方艺术体系中找到对应的位置而一度消隐在现代美术的分类体系中。另外，在西方绘画观念的强大压迫下，"书画"之"画"的图像意义被过分强调，"笔墨"的意趣对于国画的意义反而因此消弭，于是"国画"的概念、画家身份的确认在此都出现了"混乱"的局面。新文化运动背景下的美术革命，在美术家特别是画家中引起的强烈反响，使之成为一股美术思潮，震荡着整个艺术领域。蔡元培提倡的美育和吕澂、陈独秀的美术革命说，引发美术家们的一呼百应。晚清阶段发生在文化领域的国粹和革新的论争也引发美术领域倾向传统和倾向革新的论争，虽然大批画家在民国初年选择留学国外西画，回国后出现了空前的西画倾向，但他们不能脱离中国画千年的绘画传统，所以他们对传统中国文人画并不能像康有为、陈独秀那样绝对排斥，而是选择有保留的革新，在"混血"中有意识地选择民族精髓，其中大致形成了三种论调。

1."折衷"论。"岭南画派"初期称为"折衷派"，创始人为高剑父、高奇峰和陈树人。早年师从清末广东著名画家居廉，居廉与其兄居巢并称"二居"，他们在恽寿平没骨画法基础上，运用了撞水和撞粉法并开创"居派"艺术。"居派"画法主要有两个方面特点：一是对昆虫鸟兽近乎写生的工笔细致画法，二是没骨画法中的撞粉法。居氏并非文人，他的写实的、平民化的雅俗共赏特色也与传统文人的审美相去甚远，但是在科学写实的西画思想盘踞中国近代美术界的环境中，这种画风却可以附会，反而顺应了时代潮流。

"二高一陈"从"居派"入手，1907 年三人又先后留学日本，均师从于竹内栖凤、桥本关雪等"新派画"①画家。高剑父、高奇峰兄弟归国后先后在上海设立"审美书馆"，以经销西洋画的图书为主，创办《真相画报》，连载陈树人的《新画法》，其最终的用意就要使中西

---

① "新派画"是指圆山应举以来受西洋画法影响的京都写实主义画风。

融合,从而探寻出一种适于中国画改革的"新国画"。高剑父在其《我的现代绘画观》一文中阐述了他的主张,认为应该保留传统国画的笔墨与气韵,采纳西画的投影、透视、光影、远近、空气层等科学的方法,从而成一种健全的、合理的新国画。

支持民主革命的政治热情,也侧面反映其改革中国画的思想。高剑父在日本留学期间结识了孙中山,加入了同盟会,成为国民革命运动中的一员干将。他认为政治革命是艺术革命的动力和智慧的源泉,能够为他所选择的艺术革命事业提供源源不断的巨大动力。"复兴中国画"的运动是"艺术救国"的具体化,在具体的实施过程中,他常常运用政治运动,甚至是军事运动的方式培养学生。他的主张在20世纪上半叶显然是有效的,因为他的"新国画"画派成为整个20世纪派系性最强、寿命最长的一个流派之一。从它名称的变化——最初以技法命名的"折衷派",到第二代画家以地域命名的"岭南派",可以看出其在岭南画坛的地位。

从之后的黄少强、方人定、黎雄才、关山月、陈少昂、杨善深等岭南派画家来看,他们没有特定的师承关系,但从总体上来看,他们融合着中西。"中"的方面是吸收了"二居"为代表的岭南风格,"西"的是日本"新派画"的写实技法,强调透视性的空间感,讲究色彩同时注重线条,在题材上选择当下的新鲜事物,表现生活现实,强调美术的政治功能。

2."改良"论。中国画改良论的主要倡导者是徐悲鸿。择取西画中写实这一元素,是徐悲鸿早期的中国画改良观。徐悲鸿不仅自己在1919年赴法留学,还陆续介绍青年美术学子赴欧学习西画,在20世纪20年代发表了多篇文章。1929年发生的与徐志摩关于西方现代派绘画的论争,都体现了他以西方写实主义来改良中国画的态度,而之后的时代和社会的选择,使得这种改良之法在全国范围内确立了"正统"的地位,成为新时期中国画的样板。尤其从人物画的改革而言,他认为对西画解剖、透视学的引入和严格执行也是必要的。

1932年,徐悲鸿提出"新七法",作为其改良中国画的具体方法,这七法为:一、位置得宜;二、比例正确;三、黑白分明;四、动态天然;五、轻重和谐;六、性格毕现;七、传神阿堵。[1] 徐悲鸿在抗战期间创作了一大批以历史题材

图 1-2-1　徐悲鸿

（图片来源:索芳菲:《又见绮霞人依旧,几近消失的徐悲鸿名作〈尚小云像〉》）

为母题,融合中西技法的人物画作品。他有感于人物画造型之缺憾,尤其重视人物画的改革,将西画素描塑形的长处与传统中国画线条的表现力结合,作"惟妙惟肖"的表现,如其代表作《九方皋》（1931年）、《愚公移山》（1940年）,运用半裸和全裸的形象,肌肉和骨骼的体积塑造,自然是受到西画的影响。从题材上来看,却用中国传统故事,借古喻今,带有浪漫主义色彩。虽然这条创作思路对他来说还比较弱,但这条改革的道路毕竟朝着中国画最迫切的改革进了一步。

和人物画相较,徐悲鸿的花鸟、走兽似乎更具有感情色彩,走兽奔放有气魄,有些作品亦倾注着对民族命运的关切,笔墨表现也

---

[1] 徐悲鸿:《新七法》,《徐悲鸿选画范》"序",上海:中华书局1939年版。

更有力。将块面结构转换成笔墨结构的画法,使徐悲鸿的马与齐白石的虾深入人心,几乎成为一个时代的符号。徐悲鸿倡导的写实主义由于顺应了整个历史趋势,所以在中华人民共和国建立后具有不可动摇的地位,虽然在之后的现代主义重新兴起之时,对徐悲鸿写实主义改良中国画的种种争论不休,但不应该以今天的眼光来评判彼时之势。

　　3. "调和"论。林风眠的"中西调和"论,是他在研究艺术的起源和功能后的个人体悟,是从广义的艺术学范畴而非"中国画改良"论者的立场出发的。林风眠主张的"调和中西",实质上是指"情绪和理性的调和"。他1919年赴法国留学,自述道:"自己是中国人,到法后想多学些中国所没有的东西,所以学西洋画很用功,素描画得很细致。当时最喜爱画细致写实的东西,到博物馆去也最喜欢看细致写实的画。"①"终日埋首画室之中,专在西洋艺术之创作与中西艺术之沟通上做工夫。"②留学欧洲的艺术青年大多都有林风眠这样的一段过程,不过林风眠的主张是"调和东西艺术",他认为,"艺术是情绪冲动之表现,但表现之方法,需

图1-2-2　林风眠(约1926年)

(图片来源:刘曦林:《二十世纪中国画史》,上海:上海人民美术出版社2012年版)

---

① 朱朴:《林风眠年谱》,上海:学林出版社1988年版,第126页。
② 朱朴:《林风眠年谱》,第127页。

要相当的形式"①。林风眠认为艺术是情感的产物,因为艺术而使情感得以安慰。林风眠的绘画虽然汲取了西方现代画派的诸多元素,但是对中国青年画家仍主张从西画的基本功开始训练,并且始终贯彻在杭州艺术专科学校的教学之中。林风眠曾经将中、西两系合为绘画一系,甚至于重西而轻中,颇令潘天寿等教授不满。直至抗战事发,林风眠失势,国立艺术专科学校采取潘天寿主张的"分科教学"。

林风眠真正意义上调和中西的实验,是从他辞去校长职务,清苦地独居在重庆开始的。他的实验包括各种绘画工具和材料的尝试,他曾说:"下一个决心,在各种材料同工具上试一试,或设法研究出一种新的工具来,加以代替,那时中国的绘画就可以有新的出路。"②而他的确是找出了一条新的出路。林风眠绘画的表现手法,打破了中国传统"随类赋彩"的用色法,并没有遵循中国绘画中的"笔墨"规范。他不仅将"墨"分解为黑与灰,还运用西画水彩的清灵或油画的厚重,使画面清新灵动,富有主观情绪的宣泄和色彩的视觉快感。他还在各国民间艺术中寻觅表现符号,同时智慧地糅进各类现代派绘画形式,画面形式之新、风格感之强,恰成正比。

林风眠的中西融合,是将中国传统文人精神和西方现代艺术观念、形式相融合,同时注重民族绘画语言探索的融合,可以说他的中国画改革是实验性最强的。

## 一、画派及画家

20世纪初的美术界从地域上来看,在以北京、上海和广州三

---

① 林风眠:《东西艺术之前途》,《东方杂志》第23卷第10号,1926年。
② 林风眠:《重新估定中国绘画底价值》,《亚波罗》第7期。1936年,他编辑出版的《艺术丛论》,改为《中国绘画新论》。

地为代表的美术中心随着旧有艺术形态的转型而逐渐形成带有向现代化转型的本土特色。抗日战争之前的二三十年代,岭南画派、海上画派(海派)、北京(京津)画派(京派)形成三足鼎立之势。

作为元明清三代的帝都,京派画家所处的北京地区其历史和文化的积淀相当深厚。传统书画的代表团体中国画研究会,其中的大量骨干成员都曾在北洋政府任职,无论从政治还是艺术传统的继承来看,京派更多呈现出一种传统文化精英的风貌。另一方面,北京长期以来是多民族集中和居住的文化重镇,对多元化艺术的融合有较好的文化基础,因此形成了以传统继承为主,兼容并包的氛围。这一传统氛围基本影响了 20 世纪北京绘画的发展演变。

清末的海派将碑学书风融入绘画,呈现出传统文人画的气质。上海开埠之后,中外人士的流动性迅速增强,上海逐渐形成移民文化特征,发展于清后期的海上画派与移民文化兼容并包,所以在外来文化的输入下,其文化兼容性突出。上海繁荣发展的商品经济,滋生了一批有闲阶级和沦为雇佣关系的城市平民,这些中产阶级和城市平民的审美口味,促使海派逐渐改变了文人画的内在审美结构,为了迎合市场需求,以达到雅俗共赏的审美标准。

岭南画派,以高剑父、高奇峰、陈树人等为代表,其革命艺术的思想核心,是将关注点从山水花鸟转移到国家命运、现实民生上。岭南画派强调写生,技法上结合了中西绘画的优点,画面表现具有革命精神和时代责任感,岭南风情,气氛热烈。岭南画派的创新之处,在于题材上所特有的岭南地貌景物,在绘画技法上主张写实,用"撞水撞粉"法将西画技法和国画技法结合,博取众家之长,在充分发扬国画的传统上赋予其新的风貌。

1. 岭南画派及代表画家

广东在中国的地理和文化中，一直是远离中央集权的偏远之地。1685年（康熙二十四年），清朝政府开放海禁，设立粤海关，允许外贸交易，广东十三行正式开设。一百余年间十三行包揽了对欧美国家的大部分商业贸易，而特别的人文地理环境和繁荣的对外贸易，使广东成为最早接受西方文化思想的地区，并且成为中西文化艺术交流的重要路径。作为商品经济的产物，外销画这种模仿西方绘画技法的作品兴盛一时，这种表现中国风土人情的绘画，深受外国人的喜爱，进而成为沿边贸易的畅销品之一，在十三行地区，产生了许多生产外销画的作坊和画店。在广州番禺隔山乡（今广州市海珠区江南大道中）的画家居巢和居廉开创性地运用"撞粉""撞水"等没骨技法创作，注重写生，开创了"隔山派"亦称"居派"，其画风带有西方水彩画的影子。居廉被认为是较早地成功将西方水彩画与传统中国画结合的中国画家，其弟子高剑父、陈树人二人继承了"二居"的开创之法，并随后发展为"岭南画派"。

1926年的广东画坛出现新旧派之争，新派以高剑父、高奇峰、陈树人为代表，旧派以国画研究会为代表，新旧两派针锋相对。而在传统价值观受到严重质疑的时期，新派充当了革命思潮运动的先锋，对固化已久的禁锢思想具有极强的煽动性。陈树人与高剑父、高奇峰作为满怀理想的青年代表，也于这一时期赴日本求学，希望通过新知识来拯救国家。在日本，三人加入了中国同盟会，受民主思想的感召，"二高一陈"对明治维新以来的日本美术产生了极深的感触，他们意识到传统文人游戏笔墨、追求个人精神境界的作品脱离现实生活，与民生无任何联系，不能与民众产生共鸣，承担不了思想改革任务，于是想通过"绘画革命"与"政治革命"相联系，以振兴美术来强民心志。

图 1 - 2 - 3　高剑父（约 1917 年）

（图片来源：《高剑父：如椽画笔书写革命人生》）

高剑父（1879—1951 年），广东省广州府番禺县人（现广州市番禺南村员岗乡），名仑，字剑父。高剑父自幼失去双亲，家境贫寒。跟随族叔学医，并对绘画产生了兴趣。14 岁经人介绍，随居廉学画。17 岁时，入澳门格致书院（今岭南大学前身）随法国传教士麦拉学习素描。不久，返回广州，在述善小学堂任图画教师，同时于当时在两广优级师范任教的日本画家山本梅崖处接触到日本绘画。1903 年，他东渡日本，以求深造。1906 年，留日学习绘画，加入同盟会，任广东同盟会会长，从事民主革命活动。他与陈树人、高奇峰等人先后在广州、上海创办《时事画报》《真相画报》及审美书馆，宣传革命，倡导美育，推行中国画的革新运动。高剑父是岭南画派的开创者之一，同时由于其民主革命志向的影响，使得他将革命精神融入中国画，让传统中国画表现出了革命意识。他主张绘画反映社会现实，突出绘画的社会功能，在表现方式上吸取西方绘画的各种技法和语言，使中国画发展具有现代意识、民族精神和大众审美的特点。20 世纪 30 年代倡"新宋院画"，20 世纪 40 年代末又倡"新文人画"，但无论怎样变化，贯于一生的基本风格是注重写生、写实。他希望融合写实和写意，笔锋是大刀阔斧的气派，并注重自我的表现。

高奇峰（1889—1933 年），原名翁，字奇峰，是高剑父之弟，其个人经历与其兄高剑父相近。因家境贫寒，曾寄居篱下为差役，至高家生活趋于安定时，高奇峰才回到家中。在高剑父的影响下，高奇峰也学习绘画。15岁时，他随高剑父在广州永铭斋玻璃店任职，热心于美术工艺。1906 年，随高剑父赴日本留学。1911 年回国，与高剑父在上海共同创办《真相画报》及审美书馆。后因高剑父随孙中山奔

**图 1－2－4　高奇峰**

（图片来源：崇艺：《岭南画派的艺术及市场》）

走国事，审美书馆由高奇峰主事。1918 年，高奇峰受聘任职于广东工业学校美术制版科，并设立美学馆。1933 年，高奇峰受中央政府任命为德国柏林中国美术展览会专使，途中于上海病逝。高奇峰的绘画相比较高剑父秀雅，有较多的日本和西画写实的风格。

**图 1－2－5　陈树人**

（图片来源：崇艺：《岭南画派的艺术及市场》）

陈树人（1884—1948 年），广东番禺人，又名陈树仁、陈澎人、陈韶、陈哲等，号葭外渔子、二山山樵、得安老人。陈树人出身贫寒，儿时便喜好绘画。17 岁时，师从居廉学画，结识了高剑父、高奇峰等人，志趣相投，乃结深交。1907 年赴日本，1908 年入京都市立美术工艺学校，1912 年 3 月毕业，是当年唯一一位毕业于日本艺术学校的中国留学生，毕业返国后追随孙中山从事民主革命，历国民政府要职。1947 年

辞职,定居广州,专心画艺。其画风清新、恬淡、空灵,独树一帜,多用劲利爽快的线条和各种色调表现山河,其花鸟画更佳,注重形式美。

岭南画派绘画思想的核心是提倡新国画。广东画坛的新旧派之争中,岭南画派的"新国画"一词就已经是论辩中的关键词。岭南画派继承了传统中国画,借鉴了日本画、西洋画,在技法上运用透视,表达明暗关系,用色丰富。题材上主张取材生活,反映现实,技法上主张折衷中西、贯穿古今,创造出一种全新的绘画体系。

岭南画派是以中国画为本体,主张从古而今,从旧到新地创建新国画,保留"旧国画"的笔墨气韵,同时借鉴亚洲邻国,如印度绘画的各种风格。摒弃"旧国画"不求形似的绘画观念,提倡写生,吸收西画的写实技巧和对丰富色彩的表现,采用兼工带写的创作手法,迎合普通大众的审美情趣。

岭南画派提倡"艺术要民众化、民众要艺术化"[1],这一主张与之后占领中国画坛一大领地的"现实主义"绘画思潮颇为契合。高剑父深受孙中山革命思想影响,因"追随总理作政治革命以后,就感觉到我国艺术实有革新之必要"[2],体现在艺术创作上,一改文人画表现风花雪月、仙人僧道的旧观,而是体现人民生活疾苦等状况,强调关注社会现实。

除"二高一陈"外,岭南画派的画家还有何香凝、高剑曾、赵少昂、黄独峰、黄幻吾、黄君璧、张书旂、黎葛民、方人定、关山月、黎雄才、杨善深、林墉、杨之光、王玉环等。

---

[1] 高剑父:《我的现代绘画观》,高剑父著,李伟铭辑录:《高剑父诗文初编》,广州:广东高等教育出版社 1999 年版,第 231 页。

[2] 高剑父:《我的现代绘画观》,高剑父著,李伟铭辑录:《高剑父诗文初编》,第 221 页。

2. 海上画派及代表画家

海上画派，简称"海派"，主要是指一批侨居上海，或暂住或经常活跃于上海的中国画家。海上画派没有一个统一风格，其风格多元且自由。

1842 年，第一次鸦片战争结束，清政府被迫签订《中英南京条约》，上海与广州等五个城市被辟为商埠，开辟多处租界，自此上海以"十里洋场"著称。民国时期的上海，经济发展、政治宽松，外来文化的涌入促使上海成立了大量的西画培训学校、补习所、画像馆和教堂、学校等，无论是时髦的跟风还是学术的需要，这些新式团体和其培养出来的美术人才，丰富了艺术生态，开拓了中国画的创作思维。"海派"艺术的产生，既源于传统文化，特别是书法、篆刻风气由帖学向北碑风尚的转换，画界对传统主流董其昌、"四王"的叛逆，对青藤、八大山人、石涛和扬州画派的重新发现，又与西洋画的流行和人们审美趣味的改变有关。

海上画派画家多生于清末，鬻画维生。他们中的大多数画家都出身底层社会，上层社会的画家不多见。因此，生计是他们首要面临的问题。商品经济发达的上海，对于这些职业画家而言，是发挥绘画技能，卖出绘画作品最好的机会。艺术品赞助人为这些画家提供了平台，并为画作买单。艺术品市场的繁荣，促进上海先后建立起全国领先的书画团体。上海的美术团体数量庞大，是由于虽然上海的书画市场的繁荣，使依附于团体声势的个人具有更强的竞争力。"据统计，民国时期仅在上海的书画社团就有 90 多个，其所占比例远远大于其他地域。"①这些书画团体为画家卖画提供

---

① 乔志强：《近代书画社团的地域分布和主要活动》，《华夏文化》2004 年第 1 期，第 50 页。

平台和场所，并担任类似经济公司的角色，对作品进行推广和销售，作品有了流通渠道，画家从而受益，并产生创作的激励机制。有些画家也独立经营，拥有固定的收藏家，或委托画店进行代售。然而书画市场的商业化也对海派画家提出了新要求，为了扩大书画的消费接受群体，即满足普通市民阶层的审美需要，画家要从弄墨的文人画家，转为鬻画维生的职业画家，因而作品要能雅俗共赏，符合民众审美趣味，兼具艺术性和市场化。

　　海上画派自19世纪兴起，学术界对于海上画派的分期存在多种说法，本书以中华民国时段的历史为主，主要叙述活跃在民国时期的海派画家。民国早期的海派大家，代表人物为有"海上双璧"之称的吴昌硕与王一亭，此阶段二人一脉相承，把以金石入画的风格发挥极致。30年代之后，以花鸟为主的传统意义海派涣解，随之而起的是"三吴一冯"（即吴湖帆、吴待秋、吴子深和冯超然）开创的新古典主义山水。由于"三吴一冯"的活动区域是上海，而且是在中国画传统内的创新，和海派具有一致性，因此，可以将其看作海

图 1-2-6　吴昌硕
（图片来源：日本东京台东区立书道博物馆）

派后期的一种扩大化，使得海派在规模、风格和思想上的范围在后期变得更广泛。

　　吴昌硕（1844—1927年），浙江省孝丰县鄣吴村人。初名俊，又名俊卿，字昌硕，又署仓石、苍石，多别号，常见者有仓硕、老苍、老缶、苦铁、大聋、缶道人、石尊者等。幼时随父读书，后就学于邻村私塾。10余岁时喜刻印章，其父加以指点，初入门径。1860年（咸丰十年）太平军与清军战于浙西，

全家避乱于荒山野谷中,弟妹先后死于饥荒。后又与家人失散,替人做短工,靠打杂度日,先后在湖北、安徽等地流亡数年。[1] 1865年(同治四年),中秀才。是年,海上先辈名家任薰与周闲合作,为吴昌硕绘画像。1872年(同治十一年),赴上海,得以认识高邕之。1882年(光绪八年),居苏州,经友人推荐,做小吏以维持生计,与虞山沈石友结为朋友。1883年(光绪九年),在上海识任伯年。1909年(光绪三十五年),在上海加入上海豫园书画善会。1913年,西泠印社成立,吴昌硕任社长,结实王一亭。王一亭在上海商界、金融界推介吴昌硕的金石书画艺术,使其名声大振。

吴昌硕与任伯年、蒲华、虚谷合称"清末海派四大家",他集"诗、书、画、印"为一身,融金石书画为一炉,在绘画、书法、篆刻上都是旗帜性人物,具有很高的造诣。吴昌硕热心提携后辈,齐白石、王一亭、潘天寿、陈半丁、赵云壑、王个簃、沙孟海等均得其指授。

王一亭(1867—1938年),名震,祖籍浙江吴兴(今湖州市),生于上海周浦。号白龙山人、梅花馆主、海云楼主等,法名觉器。清末民国时期海上著名书画家、实业家、杰出慈善家、社会活动家与宗教界名士,曾两次任上海总商会主席。1905年加入中国同盟会,资助辛亥革命和二次革命,1912年任中国国民党上海分部部长。历任军政府交通部部长、商务总长、中华银

图 1 - 2 - 7 王一亭

(图片来源:沈文泉:《海上奇人王一亭》,北京:中国社会科学出版社2017年版)

---

[1]《清末海派四大家之一——吴昌硕》,《今日兖州》,2014年4月29日。

行董事,南京国民政府中央救灾准备金保委会委员长、中国佛教会执行委员兼常委、上海佛学书局董事长,致力于慈善事业。对海派书画艺术的繁荣和对外交流贡献卓绝。①

王一亭对海派书画艺术的整体发展,特别是对艺术领军人物的树立起了关键作用。王一亭不但拥有艺术天赋,而且富有商业头脑,在各类慈善赈灾中发挥了巨大作用,对海派书画影响力的扩大做出了历史性的贡献。随着"前海派"大家任伯年、吴伯滔、虚谷、蒲华、钱慧安等相继去世,王一亭成为海派的中坚人物。

吴观岱(1862—1929 年),江苏无锡人,名宗泰,又字念康,40岁改字观岱,号洁翁、觚庐,晚号江南布衣。兼擅山水、人物、梅花,山水清雅流畅精巧。他工花卉,兼擅山水、人物。初师潘昼堂,继学恽寿平,得其秀雅之气。山水作品意境开阔,苍健浑朴,人物画生动。又精研书法。作水墨梅竹,以书体入画,别有意趣。②

**图 1-2-8 吴待秋**

(图片来源:《海上四大家:赵叔孺鞍马画、吴湖帆山水画、冯超然人物画、吴待秋花卉画》)

吴待秋(1878—1949 年),浙江崇德人,名徵,字待秋,号春晖外史等。清末山水画家吴滔次子。曾任上海商务印书馆美术部部长,成功实现了在宣纸上印制单幅图画。山水得自家传,又宗王麓台,重水墨气韵。花卉受吴昌硕早期画风影响,擅画密笔梅花,密而不塞,有清气,也做人物、佛像。与吴子深、吴湖帆、冯超然并称为"三

---

① 刘曦林:《二十世纪中国画史》,上海:上海人民美术出版社,第 187 页。

② 桂兴主编:《民国书画 2·人物卷》,成都:成都时代出版社 2015 年版,第 242 页。

吴一冯"，又与吴观岱、吴湖帆、吴子深合称"江南四吴"。①

吴子深（1893—1972 年），江苏苏州人，原名华源，初字渔邨，后字子琛，号桃坞居士。早年从舅父学医，1917 年后师从李醉石、周乔年学画。1927 年斥巨资在苏州"沧浪亭"创设苏州美专校舍，1928 年任苏州美专校董会主席，1929 年赴日本考察美术，1930 年发起组织桃坞画社。1948 年被聘为上海文化运动委员会主办的美术评奖委员。1949 年后，居香港，卒于印度尼西亚。作品多数流散海外。擅画山水竹石，亦能书法。②

冯超然（1882—1954 年），江苏常州人，名迥，号涤舸、慎得，别署嵩山居士，久居上海，其嵩山草堂与吴湖帆梅景书屋相邻，时切磋画艺。擅人物、花鸟、走兽，尤精山水，画风淑淡雅逸，情志温婉。

吕凤子（1886—1959 年），江苏丹阳人，原名濬，字凤痴，号凤子。两江优级师范毕业，李瑞清得意门生。历任北京女子高等师范学校、上海美术专科学校、中央大学艺术教育科等校教授。1912 年曾创办丹阳正则艺术专科学校，1940 年任国立艺术专科学校校长，1953 年任江苏师范学院图画制图系主任，后当选中国美术协会江苏分会副主席。早年信佛并传播佛学，后将儒、道、释精义注入美育、爱

图 1-2-9　吕凤子

（图片来源：刘元玺：《中国画究竟是如何一回事——读吕凤子先生画学》，《艺术品》2018 年第 6 期）

---

① 刘曦林：《二十世纪中国画史》，第 104 页。

② 蔡显良：《二十世纪中国绘画赏析》，广州：暨南大学出版社 2009 年版，第 61 页。

育。思想开明，主张创造。长于仕女、佛像及现实人物。早期作风工谨，后则简笔写意，造型夸张，情态生动。又喜画松、梅，结构奇崛，用笔苍劲，磊然大气。山水淋漓粗放，都体现出他较为怪癖的浪漫个性。①

图 1－2－10　郑昶

（图片来源：赵丹：《郑午昌的民族情怀》，《书与画》2018 年第 7 期）

郑昶（1894—1952 年），浙江嵊县人，字午昌，号弱龛，曾创办汉文正楷印书局，任上海美术专科学校教授。精于画史，以《中国画学全史》为最精辟，将中国古代画学分为实用时期、礼教时期、宗教化时期、文学化时期，颇有创见。兼长诗、书、画。于画，反对"艺术无国界"说，主张"融会贯通古人笔法自成一家"。长于山水，兼画花卉、仕女。山水画松秀而不浮，有"清厚"之美。因擅画杨柳、白菜有"郑杨柳""郑白菜"美称。

张大千（1899—1983 年），四川内江县人，原名正权，又名爰，号季爰。幼随母习画，1917 年赴日本学习染织并自学绘画。1919 年回国，同年曾因婚姻问题一度出家，取法号大千。先后从曾熙、李瑞清习画，后辗转于上海、苏州、北京等地卖画为生，游踪遍大江南北。30 岁立名，与京派溥心畬齐名，有"南张北溥"之说。他与二哥张善孖创立"大风堂派"。后旅居海外，中国画人物、山水、花鸟、鱼虫、走兽，工笔皆善。他还热衷于对石窟艺术和民间艺术的学习，尤其是曾在到敦煌游历三年，临摹了历代石窟壁画，不但出品大量

① 刘曦林：《二十世纪中国画史》，第 101 页。

壁画临摹作品,还成为其后的重彩、泼彩绘画作品的养分,成就辉煌。

**图 1-2-11　张大千(郎静山摄)**
(图片来源:郎静山:《摄影大师郎静山》,北京:中国摄影出版社 2003年版)

**图 1-2-12　张善孖**
(图片来源:周小平:《张大千二哥"虎痴"张善孖墓修缮完工 画作成为"飞虎队"队徽》)

张善孖(1882—1940 年),四川内江人,名泽,字善,一作善子,又作善之,号虎痴。张大千的二哥,少年从母学画,曾拜李瑞清门下。1905 年东渡日本入明治大学经济科学习,后因爱好绘画又入该校美术专科,同年加入同盟会。1909 年在上海加入豫园书画善会,并为发起人之一。曾任蜀军少年旅长,后因参加反袁斗争失败流亡日本,三年后返回四川。1917 年张大千由上海赴日学习,张善孖相助。同年底,张善孖从日本归国,并开始卖画,影响画坛。抗日战争期间积极组织并参与抗战募捐活动,为美术界的抗战运动起到了极大的作用。一生中最喜画虎也最擅画虎,以虎闻名。

3. 北京画坛及代表画家

民国时期的北京中国画坛主要以坚守传统中国绘画的"国粹派"和兼取西方艺术的"北大画法研究会"为阵营。新文化运动的起源地虽然在北京,但是北京范围内的中国画仍然以传统绘画的沿袭为主流。徐悲鸿曾在 1950 年描述当时北京的中国画坛情况:"(北京)在美术上却为最封建、最顽固之堡垒,四十年来,严格言之,颇少足述者:因其于新艺术之开展,殊少关系也。"①

京派绘画在新潮流和旧传统的文化交替碰撞中,展开了两条路线:一是以金绍城、陈师曾、齐白石等人为代表的传统路线;二是以徐悲鸿、蒋兆和为代表的中西融合路线。"坚持传统"和"中西融合"是两派关于中国画改革方法的区别,但它们的生成和发展是相互影响的。西方文艺思潮的涌入、新式学校的建立、美术团体的集结等美术活动,在某种程度上是对中国画坛的一次冲撞,新派和旧派以抱团的方式维护自己的艺术主张。1918 年蔡元培发起组织的"北京大学画法研究会"成立,1920 年更名"北京大学画法研究所",以"研究画艺、培养人才、倡导美育"为宗旨,蔡元培非常重视研究会的"研究"功能,强调要以"研究科学之精神贯注"②于学业,以"用科学方法以入美术"。1920 年"中国画学研究会"成立,以"精研古法、博择新知"为宗旨,可以看出,北大画法研究会强调艺术的"科学性",而中国画学研究会主张继承传统。虽然在观念上存在差异,但两者都是通过改革中国画而保留和提升中国画的生存价值,在方法上不同的是,"国粹派"是希望从传统中国文化艺术中精进,"融合派"则是把改革路径投向西方文化。值得注意的是,北京作为"皇城",长期以来的封建专制和传统文化根深蒂固,北京的文人界普遍存在"官本位"的文人画思想

---

① 徐悲鸿:《四十年来北京绘画略述》,徐伯阳、金山编:《徐悲鸿艺术文集》(下册),台北:艺术家出版社 1987 年版,第 596 页。
②《北京大学二十周年纪念册》"集会一览",《北京大学日刊》1918 年第 122 期。

根基,其对文化的接受和吸纳程度要远远逊色于广州、上海这样的沿海城市,因此从中国画整体范围来看,北京总体上是传统派的阵地。

图 1 - 2 - 13　1925 年夏(一说 1920 年),"中国画学研究会"
主要成员于中山公园

(图片来源:刘曦林《二十世纪中国画史》,上海:上海人民美术出版社 2012 年版)

图 1 - 2 - 14　"北京大学画法研究会"成员合影

(图片来源:刘曦林《二十世纪中国画史》,上海:上海人民美术出版社 2012 年版)

**图 1-2-15　陈师曾**

（图片来源：刘曦林：《二十世纪中国画史》，上海：上海人民美术出版社 2012 年版）

陈师曾（1876—1923 年），原籍江西义宁（今修水），出生于湖南。名衡格，以乳名师曾为字，号槐堂、朽道人、朽者等。其父陈散原为清末著名诗人，曾参与戊戌变法。岳丈范泊子亦以诗文名世。其弟寅恪为著名历史学家兼诗人。陈师曾受家风熏陶，少年时代即表现出诗文书画之才能。又曾在江南陆师学堂附设矿物铁路学堂和东京弘文学院两度与鲁迅同窗。他在日本学习博物学，归国后与鲁迅同在北京任教育部编审。进京前结识了吴昌硕，书画篆刻受吴的影响，进京后成为北京文人画坛的核心人物。曾任教于北京美术专门学校等院校，发起中国画学研究会。美术理论著有《中国绘画史》等。他在北京度过了人生最后的十年，进而由海派人物转换为京派大家。陈师曾虽在日本接触过西洋绘画，归国后还画过油画，但并没有动摇在其思想扎根的民族传统文化。所以，当文人画受到新文化运动冲击之时，他以《文人画之价值》一文，站在了维护和复兴文人画的一面，这无疑是与"美术革命"相对立的举动。陈师曾的美术理论和绘画作品，代表着中国文人画在现代如果消极应对必被湮灭，必须积极参与变革，探索将传统文人画推陈出新的道路。陈师曾作为现代中国画的精神领袖对中国画的命运前途产生了重要影响。

姚茫父（1876—1930 年），贵州贵筑（今贵阳）县人，名华，字重光、一鄂，号茫父，别署莲花盦、弗堂等。他与陈师曾同龄。累中秀才、举人、进士,曾任工部主事。1904年东渡日本,留学于东京法政大学。1907年毕业,与陈师曾一样是位曾留学日本的传统派文人。归国后定居北京,历任清邮传部邮政司行走,中华民国临时参议院参议员,北京女子师范学校等校教授。与陈师曾并称"姚陈"。姚茫父是多才多艺的文人画家,一生治学不辍,又能于各种学问间融会贯通。精于辞章、考据与古文字学;通音韵,有戏曲、曲艺理论著述多种,

图 1-2-16 姚茫父

(图片来源:丛涛:《记民国画家姚茫父:唯精神是求》)

能昆曲,又能二黄,以画法作颖拓,能信手写出,与陈师曾等同刻工合作刻铜艺术、笺谱艺术,能灵活运用诗、词、曲等多种形式,援诗入画,号为三绝。出版有《弗堂类稿》三十一卷及《弗堂词猗曲》《姚茫父画论》等。曾为《中国文人画之研究》作序,对文人画之美学阐述,与陈师曾相呼应。①

金城(1070—1926年),浙江归安县(今湖州)人。又名绍城,字巩伯、拱北,号北楼、藕湖渔隐。1900年留学英国学习,虽未学画却留心绘事。1905年归国后赴北京。民国初年任内务部金事、众议院议员、国务院秘书等职,又

图 1-2-17 金城

(图片来源:刘曦林:《二十世纪中国画史》,上海:上海人民美术出版社 2012 年版)

---

① 刘曦林:《二十世纪中国画史》,第 128 页。

经理银行，却好艺术，关心文化，办古物陈列所。金城是中国画研究会创办者之一，并组织中日联合画展，以其名分颇具有号召力，是北京有切实际贡献的美术活动家。工山水及花鸟走兽，画风较秀雅，或运用水彩技法，著有《藕庐诗草》《画学讲义》，[①]认为画无新旧之论，"厌故喜新，为学者所最忌"[②]。

周肇祥（1889—1954 年），浙江绍兴人，号养庵，清末举人，京师大学堂毕业，曾任湖南省省长、临时参政院参政、古物陈列所所长。金城逝后，领导中国画学研究会，为北京画坛著名传统派活动家之一。从政之余，兼事书画，曾言"中国文化不论新旧，自以民族适宜为主。一味复古，与一味求新，皆属无当"[③]。

陈半丁（1876—1970 年），浙江绍兴人。原名陈年，字静山，号半丁，早年于上海师从吴昌硕，1906 年应金城邀赴京。曾任中国画学研究会后期的副会长。1957 年任北京中国画院副院长。自谓"印不让人"。擅画花卉、山水、人物、走兽，以写意花卉最知名。作品朴拙苍润，灵动潇洒，色彩丰富，形象简练。弟子有齐子如、王雪涛、尤

图 1 - 2 - 18　陈半丁

（图片来源：朱京生：《吴昌硕陈半丁合作"陈年"印的背后："京派领袖"的海派渊源》）

---

① 金城：《画学讲义》，《湖社月刊》1931 年第 31 期中认为，"世界事物，皆可作新旧之论，独于绘画事业，无新旧之论……无旧无新，新即是旧。化其旧虽旧亦新，泥其新虽新亦旧"。

② 刘曦林：《二十世纪中国画史》，第 131 页。

③ 刘曦林：《二十世纪中国画史》，第 131 页。

无曲、潘君诺等。①

溥心畬（1896—1963 年），北京人，满族。原名爱新觉罗·溥儒，初字仲衡，改字心畬，自号羲皇上人、西山逸士，为清恭亲王奕訢之孙。曾留学德国，笃嗜诗文、书画，皆有成就，与张大千有"南张北溥"之誉，又与吴湖帆并称"南吴北溥"。幼年于京城西郊戒台寺（又称"戒坛寺"）师从永光法师学习书法，并得益于家庭收藏之熏沐。15 岁入贵胄法学堂读

图 1-2-19 溥心畬

（图片来源：刘曦林：《二十世纪中国画史》，上海：上海人民美术出版社 2012 年版）

书，毕业后考入德国柏林大学，又入柏林研究院。1922 年获天文、生物双博士学位返国，隐居戒台寺，潜心读书、绘画，自号西山逸士。淡于功名利禄，闲适自比陶潜，故又号羲皇上人。曾任日本京都帝国大学和北平艺术专科学校教授，中国画学研究会评议。"七七事变"后居颐和园万寿山埋首绘画及经文、考古著述。1949 年去中国台湾，先后任教于师范大学艺术系和东海大学，与张大千、黄君璧并称"渡海三家"。溥心畬由临摹宋元名画入手，后倾向于北宗山水，又融入南宗韵致，变化为笔锋峭爽的独家风貌，一改"四王"山水流行画风。他没有什么现代意识，以传统的教学方法授徒，用传统的观念作画，始终和西画保持着距离，是一位保守传统又有自我意识、自我面目的文人画家。著有《寒玉堂诗文集》等多书。②

① 刘曦林：《二十世纪中国画史》，第 132 页。
② 刘曦林：《二十世纪中国画史》，第 139 页。

**图 1-2-20　刘奎龄**

（图片来源：刘曦林：《二十世纪中国画史》，上海：上海人民美术出版社 2012 年版）

刘奎龄（1885—1967 年），天津人，字耀辰，堂号种墨草庐。7 岁入私塾，几年后进入青年会普通学堂学习，开始接受新式教育，不久又转入天津民立的第一小学读书。1904 年，入天津敬业中学（即天津南开中学前身）首届班，但不久后辍学在家，开始自学绘画并逐渐走上职业画家的道路。1907 年以后相继在天津《醒俗画报》《新心画报》任画师。20 世纪 20 年代后，刘奎龄放弃了各种社会职业，最终以自由职业画家为终。在绘画方面，刘奎龄在 30 年代探索西方水彩画的"湿画法"与传统中国画的"没骨点染"相结合之技法，首创"湿地丝毛"技法以表现动物皮毛。刘奎龄亦精于工笔花鸟、走兽，以造型精谨见长，凡结构、解剖、动态、质感无不力求准确充分的表现，这从另一面展示了中国画的表现潜力，而宋元工笔画风、日本画的渲染和某些素描技法则汇成了他的风格。20 世纪 40 年代是刘奎龄画风的成熟期，他在一些作品的背景中表现出了光影和光感的微妙效果，大大拓展了国画的表现题材，丰富了中国画的表现语言。

陈少梅（1909—1954 年），福建漳州人，名云彰，又名云鹑，字少梅。早岁随父进京，15 岁入中国画学研究会，为金城入室弟子，后参加湖社画

**图 1-2-21　陈少梅**

（图片来源：《天才画家陈少梅精品 60 幅》，中国书法网）

会,遂号升湖。22 岁作品获比利时建国百年国际博览会美术银牌奖,1931 年起主持湖社画会天津分会,后任中国美术家协会天津分会主席。陈少梅绘画风格刚柔并济,风格独树一帜,是使北宗笔墨翻出新意的代表性画家。

　　李苦禅(1899—1983 年),山东高唐县人,原名李英杰、李英,字超三、励公。自幼家贫,在民间绘画艺人影响下学画。1918 年结识了画家徐悲鸿,获授西画技法。1919 年入北京大学附设的"勤工俭学会"(又名"法文专修馆")半工半读,同时在北京大学附设的"业余画法研究会"向徐悲鸿学习素描与西画。1920 年入北京大学中文系,1922 年转入北京国立艺术专科学校西画系,读书时常靠晚间拉洋车维持生活,为此同学林一卢赠其"苦禅"为名。1923 年拜齐白石为师学国画。1925 年于北京国立艺术专科学校毕业,后任北京师范学校美术专科国画教员,1930 年任杭州艺术专科学校教授,抗战初期辞职寓居北京。因平日与爱国志士交往甚密,一度被捕入狱。[1]

图 1-2-22　李苦禅

(图片来源:李燕编著:《李苦禅》,武汉:湖北美术出版社 2002 年版)

李苦禅擅大写意花鸟画,风格豪洒,形象鲜明,并融中西技法为一炉。

　　京派基本上沿袭了清代正统派的画学思想,崇尚"四王",强调继承古法。民国时期其他代表画家有蒋兆和、萧俊贤、萧谦中、于非暗、徐燕荪、刘奎龄、胡佩衡、汪采白、王梦白、汤定之、王雪涛、董

[1] 金通达:《中国当代国画家辞典》,杭州:浙江人民出版社 2001 年版,第 39 页。

寿平、周怀民、吴作人等。中华人民共和国成立后的代表画家有李可染、田世光、白雪石、启功、俞致贞、刘力上、孙其峰、崔子范、贾又福、杨延文等。

　　美术史论家潘公凯归纳了"传统主义"画家的四个基本特征："一、对传统的真正领悟；二、对中西绘画异同有所意识，尤其是对其艺术观、价值观的不同基点有清楚认识；三、对传统自律性进程的自信，对民族艺术未来前景的自信；四、对中国画发展策略的自觉。"①对于"传统派"与"传统主义"的关系，他认为"传统派"强调古意与定规，但并非没有创新，他们对应的不是外部冲击，而是中国画的内部演进，可以说是传统的延续，对西学持观望态度，这一类画家以齐白石、吴湖帆、林纾为代表。潘公凯认为，"传统主义"一类画家对社会的转型、文化的裂变、中西的碰撞等有着清醒的意识，他们既自觉对应内部演进中的问题，更自觉对应外部冲击。陈师曾、金城、黄宾虹、潘天寿、傅抱石等都是传统主义画家中的代表人物。"传统主义"从萌发到成熟有一个发展的过程。它是从"传统派"中脱发出来的，因此与"传统派"之间存在着某种特殊的血缘关系，譬如北京"中国画学研究会"的成员大都属于"传统派"，但其中较为自觉的金绍城、陈师曾、姚茫父则可列于"传统主义"旗下。②

　　在"传统派"中，成就最高的是齐白石，而最具典型性的是吴湖帆。

---

① 潘公凯：《中国现代美术之路："自觉"与"四大主义"——一个基于现代性反思的美术史叙述》，《文艺研究》，2007 年。

② 潘公凯：《中国现代美术之路："自觉"与"四大主义"——一个基于现代性反思的美术史叙述》，《文艺研究》，2007 年。

齐白石（1864—1957 年），祖籍安徽宿州砀山，湖南长沙府湘潭（今湖南湘潭）人。原名纯芝，字渭青，号兰亭。后改名璜，字濒生，号白石、白石山翁、老萍、饿叟、借山吟馆主者、寄萍堂上老人、三百石印富翁。齐白石早年曾为木工，后以卖画为生，57 岁后定居北京。擅画花鸟、虫鱼、山水、人物，笔墨雄浑滋润，色彩浓艳明快，造型简练生动，意境淳厚朴实。所作鱼虾虫蟹，天趣横生。

图 1－2－23　齐白石（郎静山摄）

（图片来源：郎静山：《摄影大师郎静山》，北京：中国摄影出版社 2003 年版）

齐白石书工篆隶，取法于秦汉碑版，行书饶有古拙之趣，篆刻自成一家，善写诗文。① 无论从绘画、书法还是篆刻来说，都是另辟蹊径的大家。郎绍君曾将他与吴昌硕、黄宾虹、潘天寿同列为 20 世纪传统"四大家"而居首位。齐白石也感觉到了西方艺术的存在和进入，饶有兴味地看待这一新鲜事物，但他对这个陌生的体系只是从直觉上加以领会而从未深入过。齐白石晚年与友人的言谈中偶尔也涉及西画的内容，如："得与克罗多先生谈，始知中西绘画原只一理"；"现在已经老了，如果倒退三十年，一定要正式画画西洋画"；"他（毕加索）画鸽子飞时要画出翅膀的振动。我画鸽子飞时，画翅膀不振动，但要在不振动里看出振动来。"可以看出，虽然齐白石保持着传统派绘画的面貌，但对现代主义绘画持肯定的态度，也许只需向前 20 年，齐白石就会列入"传统主义"或者"中西融合"的行

① 刘曦林：《二十世纪中国画史》，第 195 页。

列。齐白石对中国画传统内发性的推进,尽管并非是自觉的"传统主义"行为,但他画风的更变,尤其是晚年大写意的画印之风,在审美心态上间接受到了现代主义的影响。

**图 1 - 2 - 24　吴湖帆**

（图片来源:陈克斌:《大咖论画——吴湖帆富春山居之剩山》,原载《古今半月刊》1944 年第 57 期。）

吴湖帆(1894—1968 年),江苏苏州人,为吴大澄嗣孙。初名翼燕,字遹骏,后更名万,字东庄,又名倩,别署丑簃,号倩庵,书画署名湖帆。20 世纪三四十年代与吴待秋、吴子深、冯超然并称为"三吴一冯"。[①] 范景中曾评价吴湖帆说:"他生活在中国社会和中国画坛发生剧变的时代,但却依然在很大程度上保留了旧式文人的特征,不论是在绘画上,还是在生活上,如果不是抗日战争和 50 年代的政治风暴震动过他的心灵的话,那么外面的疾风骤雨好像与他无关。"[②]1933 年,他在苏州寓所十梓街 172 号发起组织的"正社书画会"[③],丝毫没有上海那些画会的商业气息,而是一个现代版的"文人雅集"。因此在画坛有"不乏风流雅之士,为人文荟萃之区"的美誉。从中可见他心

---

① 桂兴主编:《民国书画1·花鸟卷》,成都:成都时代出版社 2015 年版,第 274 页。

② 范景中:《一个文人画家的日常生活——吴湖帆 1933 年元月的日记》,《新美术》2008 年第 1 期。

③ 该社社长为吴湖帆,主要成员有陈子清、彭恭甫、潘博山、叶恭绰、张善孖、张大千、吴诗初等人。它以"切实研究艺术"为宗旨。1934 年元旦,在苏州举办规模盛大的第一次会员作品展,此后在南京举办过两次画展,在画坛有很大影响。1935 年,南京《正论》杂志社为正社在南京举办的第二次展览会,出版有《正论特刊》。

中真正的向往。

　　如果说"传统派"在同一时段中有形态之异，那么"传统主义"最大的特点则是在不同时段中有阶段性的发展。民国时期的"传统主义"的大致可分为两个阶段。第一阶段以 20 世纪 20 年代的北京为中心，以金城、陈师曾为代表人物。第二阶段以 20 世纪 20 年代以后的沪杭为中心，以黄宾虹、潘天寿、吕凤子、傅抱石为代表人物。

　　北京的"传统主义"是在五四运动全盘反传统的热潮中、是在中国文化界眩目于西方世界物质胜利的氛围中兴起的。金城、陈师曾所面对的是陈独秀等人通过否定文人画、引进西方写实主义来彻底否定中国画传统及其价值观的"革命"。相应地，他们对传统价值的捍卫，同样也是从捍卫文人画的价值入手。他们从中西比较的维度出发，自然地选择了中国文人画与西方写实主义这两个并不对偶的范畴作为对偶的范畴。在对比较的价值重估中，他们愈加确信中国文人画在精神超越和性灵传递上的优胜，从而坚决反对西方中心主义的艺术进化论。

　　金城、陈师曾都曾经留学海外，眼界开阔，对东西艺术有自己的见解。他们的"传统主义"道路是比较中西后的自觉选择。金城是传统绘画的积极捍卫者，他在主持中国画学研究会期间，曾竭力主张从唐宋元明古画中研习笔法，摆脱清末画风，形成新的中国画风。他认为："世间万物，皆可作新旧论，独于绘画事业，无新旧之论……化其旧虽旧亦新，泥其新虽新亦旧。"①金城的"新旧"之论，在民国初期，可以说是传统派的代表，但是他并不反对改革，只是主张改革必须保留传统，在传统的基础上进行，"心中一有新旧之

---

① 金绍城：《画学讲义》，《湖社月刊》，1929 年。

念,落笔遂无法度之循"①。这比起激进的"全盘西化"论者,更具理性思考的积极意义。

陈师曾的传统观更多接受了西洋画法,更显兼容性。他的《文人画之价值》一文既是对传统文人画的总结,又是对中国传统绘画的精辟阐释。他并不反对采用西洋画法,但认为,"宜以本国之画为体,舍我之短,采人之长"。他反对专意写生,强调古人笔法,强调中国画特有的"神韵"。他认为,"西洋画可谓形似极矣! 自 19世纪以来,以科学之理研究光与色,其于物象,体验入微,而近来之后印象派乃反其道而行之,不重客体,专任主观。立体派、未来派、表现派,联翩演出,其思想之转变,亦足见形似之不足尽艺术之长,而不能不别有所求矣"②。因此,中国文人画似乎与那时西方现代派绘画在主观表现上有着相同的志趣,故"欲求文人画之普及,先顺乎其思想品格之陶冶,世人之观念引之使高,以求接近文人之趣味,则文人画自能领会,自能享受"③。他虽赞成参用西法,但对"革新派"中部分人主张以西画注重科学写实等方法来画国画,甚至全盘否定中国画理论等观点,持批评的态度。

沪杭一带的"传统主义"盛行于第一次世界大战以后西方文化危机论弥漫之时,风标从一个极端转向了另一个极端。这一阶段的"传统主义"者在新的文化情境中,抛开了文人画的话题,自觉地以整个中国画学体系为本位来对应西方体系。他们从承接传统走向了解构传统,以期通过内部演进的方式走向现代。在绘画实践上,以黄宾虹、潘天寿最为典型,在传统画学的深入体悟和全面整

---

① 金绍城:《画学讲义》,《湖社月刊》,1929 年。
② 陈师曾:《文人画之价值》,《绘学杂志》1921 年第 2 期,选自姚渔湘:《中国画讨论集》,台中:立达书局 1932 年初版。
③ 陈师曾:《文人画之价值》,《绘学杂志》1921 年第 2 期,选自姚渔湘:《中国画讨论集》。

理上,黄宾虹可称楷模,在对中国画学传统的理性反思和阐述中,潘天寿、吕凤子走在前列,在中国画学院教育体系的建立和完善上,则以潘天寿的贡献为最。因此,黄宾虹和潘天寿可称这一阶段"传统主义"的代表人物。其中,潘天寿又以其高度的自觉成为"传统主义"者最典型的写照。

与齐白石相比,黄宾虹和潘天寿有着更多的学者气息。

黄宾虹(1865—1955 年),原籍安徽徽州(今黄山市)歙县,生于浙江金华,成长于老家歙县潭渡村。初名懋质,后改名质,字朴存,号宾虹,别署予向、虹叟、黄山山中人。近现代著名画家、学者,擅画山水,为山水画一代宗师。精研传统与关注写生齐头并进,早年受"新安画派"①影响,画风以干笔淡墨、疏淡清逸为特色,为"白宾

图 1 - 2 - 25　黄宾虹
(图片来源:《百年巨匠》)

---

① 新安画派,明末清初之际,在徽州(徽州又称新安)区域的画家群和当时寓居外地的主要徽籍画家,他们善用笔墨,貌写家山,借景抒情,表达自己心灵的逸气,画论上提倡画家的人品和气节因素,绘画风格趋于枯淡幽冷,具有鲜明的士人逸品格调,在 17 世纪的中国画坛独放异彩。因为这群画家的地缘关系、人生信念与画风都具有同一性质,所以时人称他们为"新安画派"。早期代表有程嘉燧、李永昌、李流芳;成熟期则以僧渐江、汪之瑞、孙逸、查士标、程邃、汪家珍、戴本孝、郑旼、程正揆等为代表。新安画家经常在一起观览大好山水,一起切磋提高技艺,寻求表达他们心目中的新安山水意象特征,形成许多共性。如都是以学"元四家",尤其是倪瓒的绘法技法开始,以师法自然为归;共同以遗民苍凉孤傲之情,化作笔下的峻岭奇松、悬崖峭石、疏流寒柯。作品均体现出一种超尘拔俗和凛若冰霜的气质,意境深邃,是明清文人画的正统继承者。

虹";80 岁后画风以黑密厚重、黑里透亮为特色,为"黑宾虹"。① 黄宾虹虽然自幼便耽于书画,但在 20 世纪 30 年代的上海画坛,他的盛名并不是由画而来的(当时他的画很不被人理解),而是由于他的丰富的著述、卓越的见地和活跃的社会活动。黄宾虹历任新华艺专、北平艺专、中央美院华东分院教授、全国政协委员。著有《黄山画家源流考》《虹庐画谈》《画法要旨》《鉴古名画论》《宾虹草堂印谱》《画学编》《宾虹杂著》《宾虹诗草》等。

　　黄宾虹临画无数,但他在临画中所养的不是一种摹习的惰性,而是对中国画演变脉络的理解和对笔墨的精微品味,他很看重明清以后笔墨独立并获得独立之审美价值的趋势。从中国画学的发展轨迹来看,他的独特之处和高度在于多纬度地提升笔墨的格调,并将其与意境的追求相接通,他的画学的关键词是"融"。可以说,他晚年的画从某种角度看起来似乎与油画也有相通之处,但并不能说是他吸收了西画。

**图 1－2－26　潘天寿**

(图片来源:《百年巨匠》)

潘天寿(1897—1971 年),字大颐,自署阿寿、寿者,早年自署懒道人、心阿兰若主持,晚年自署东越颐者、颐翁、雷婆头峰寿者等,浙江宁海人,现代画家、教育家。1915 年考入浙江省立第一师范学校,师于经亨颐、李叔同等人。先后任上海美术专科学校及新华艺术专科学校国画教授,1944 年至1947 年任国立艺术专科学校校长。擅画写意花鸟,习吴昌硕、徐渭、八大

① 徐志兴:《中国书画美学概论》,广州:南方日报出版社 2016 年版,第 488 页。

山人、石涛等人,亦善人物画。著有《中国绘画史》《听天阁画谈随笔》《中国书法史》《顾恺之》《治印丛谈》《中国画院考》《中国书款之研究》等。①

潘天寿起初在较高的层面上接触艺术,不是通过古画,而是经受浙江省第一师范大学中经亨颐、李叔同等新型知识分子所营造的学术氛围的潜移默化。27岁,他来到上海,在上海美术专科学校创设国画专业并担任教授,同时开始了与吴昌硕密切的交游。"艺专"十年,是其探索自我语言的关键时期。潘天寿能将各种传统不着痕迹地、快速地融合为自己的东西,也是他的一大特点。

从这个时候起,他就受到两方面的压力,一面是本土传统规范,一面是外来艺术观念。在坚持传统的中国画圈子里使人感到"出格",而在热衷于西画的同事们眼里又显得守旧背时。上海美术专科学校以西画为主,而如何在一个西式框架的美术院校里进行中国画教学,是一个历史性的新课题,毫无成例可援。作为一个国画家,在这个时期可以最为深切地感受何为"西方冲击"。中国画不仅面临着发展、现代转型,还在教育领域面临着中国画学科的建设方向问题。所以在中西造型法则的对比下,如何复兴中国画、在眼花缭乱的表现形式中如何取舍等一系列问题,不仅在创作中,在美术教学中也都是必然要涉及的重要问题。他对中西绘画的客观分析和消化的过程,常常是在中、西绘画观念的比较中进行的,如其非常著名的对章法或对称构图法的分析,他认为:西方构图法是来自对景写生,往往选择对象,选择位置,而非作者主动之经营布陈。而中国画的经营布陈是主动的,包含了虚实、主客等关系,有独特的透视原理,它的最终效果是取得一种灵巧的平衡。潘天

① 乔晓军编著:《中国美术家人名辞典(补遗一编)》,西安:三秦出版社2007年版,第536页。

寿比黄宾虹更善于运用通俗易懂的语言和巧妙的例子来解释传统绘画的法则。可以看出，在具备熟悉西方绘画法则时，他更偏重民族艺术。

黄宾虹与潘天寿在面对中国画的危机和复兴之契机的共同认识，是从中国画自身的规律出发，继续推进董其昌以后的对笔墨格调的追求，并在金石学和大写意相融而兴的契机中将格调的审美趣味从阴柔清远翻为雄强浑穆，由于个性的差异，他们走出了风格强烈的两条道路。

从传统的内在演进来看，吴昌硕、齐白石、黄宾虹、潘天寿等人所走的道路，参与进了 17 世纪以来中国艺术史最重要的变革运动。这是一股由哲学、考据学、书学、碑学、印学、画学所交汇而成的、澎湃而汹涌的"艺术新潮"。我们完全可以设想，如果没有五四运动以后在民族危机中兴起的激进的"全盘反传统、全盘西化"运动，这股潮流很可能就是左右 20 世纪中国画坛的主流。

## 二、中国画"现代化"的形成

### 1. 现实主义题材的出现

"现实主义"一直是被用来描述 19 世纪西方绘画演变中的一种风格，那就是不追求物象的极端细节，仅保持视觉真实的基本印象，并尽力真实客观地再现社会现实。① 特别说明的是，本文所引用的"现实主义"范畴，在民国的美术观念中，认为是采用西方写实技法或表现现实生活题材的作品，据此，具有"现实主义"代表性的画家有徐悲鸿、高剑父等。

---

① ［美］奥托·G. 奥克威尔克等著：《艺术基础：理论与实践》（第 9 版），牛宏宝译，北京：
　北京大学出版社 2009 年版，第 5 页。

"现实主义"是19世纪在法国兴起的一种思潮,其对文学和美术都产生过影响。"现实主义"区别于古典主义和浪漫主义,是对当时学院派和艺术沙龙所风靡的矫饰主义艺术的一种反对。Realism,在中国解释为两个意思,一个是指绘画中写实的技法,在民国与"写实主义"的概念混用,在中国被认为是一种技法;另一个是指绘画中的思想,称"现实主义",是一种风格的名称。用这种分野法来看,"现实主义"在中国从一开始就标识了自己的艺术观点,即反映真实的人生。从五四运动,陈独秀高举"美术革命"大旗,倡导以"写实主义"改造中国画的一个口号起,至留学归来的中国美术家不断实践,最后因国情变化使得"现实主义"获得良好的发展空间,并且在20世纪40年代成为最具有压倒性的艺术流派。

中国一直以来的意识形态是以儒家思想为本,即使辛亥革命推翻了封建专制,在稳定的新政权建立之前也没有新的思想能与儒家思想相抗衡。直至新文化运动以后对西方文化的引入,才彻底动摇其思想根源。徐悲鸿说:"吾国因抗战而使现实主义抬头,""战争兼能扫荡艺魔,诚为可喜。"①徐悲鸿所说的"艺魔"实指当时的西方"现代主义"样式。而"现实主义"在中国的崛起一个重要原因是由于中国革命的现实性所决定的,可以说是时代的选择。

以高剑父为代表的岭南派,在中国画改革中,是"现实主义"最直接的体现。高剑父抗战时期的系列作品,不仅真实描绘了战阵现实,具有明显的革命色彩,更是发挥了其宣传教化功能,激发了民众的爱国热情。从高剑父的《东战场的烈焰》《古寺暮钟》等作品中,我们可以看到,题材并非高山仰止、清幽古雅的游戏之情,而是与传统中国画讲求的格致完全相悖的现实"惨状"。此外岭南画派

---

① 水中天编:《中国画革新论争的回顾》(上篇),《美术史论丛刊》第2辑,1983年8月。

诸人的代表作,如方人定的《到田间去》、蒋兆和的《流民图》等,都是对现实生活的再现。岭南画派主张创作要贴近生活,而非"可观可游"的山水情,正如高剑父所说的:"现实的题材,是见哪样,就可画哪样。"①高剑父的创新表现在中国画中的飞机、坦克、粽子、火腿、饼干等现代事物上,他的画能让观众产生共鸣之情。相较徐悲鸿的"写实","折衷派"实际上保留有较多传统国画的意趣,与海上画派的绘画市场相同,富有时代气息和大众熟悉的国画审美经验。

2. 写实的表现手法

徐悲鸿"采西方写实所长改革中国画"的思想在其留法前就已经形成,而在其归国之时的艺术思想依旧围绕"写实"。1930 年的《悲鸿自述》中这样写道:"吾归也,于艺欲为求真之运动,倡智之艺术,思以写实主义启其端,而抨击投机商人牟利主义,如资章黼而适诸越,无何等影响,不若流行者之流行顺适,吾亦终无悔也。"②可以看出徐悲鸿始终根植于"写实"的绘画思想。但不是说,徐悲鸿不懂中国传统绘画,徐悲鸿在其著作《〈积玉桥字〉跋》中写道:"中国书法造端象形,与画同源,固有美观……厥后变成抽象之体,遂有如音乐之美……抒情悉达,不减当年。"③徐悲鸿赞成赵孟頫的书画同源之说,线条有像音乐一般的节奏和韵致之美,在中国画的改革中,是可以截取的长处。

徐悲鸿的绘画理念影响了他的学生,如吕斯百等人。廖静文在《悲鸿的一生》就曾回忆,留学欧洲的吕斯百曾对现代派倾向的绘画颇感兴趣,并尝试创作不少类似的作品,当这些习作被徐悲鸿

① 邵琦、孙海燕编著:《二十世纪中国画讨论集》,上海:上海书画出版社 2008 年版,第 93 页。

② 墨明:《徐悲鸿讲艺术》,北京:九州出版社 2005 年版,第 18 页。

③ 王震选编:《徐悲鸿论艺》,上海:上海书画出版社 2010 年版,第 245 页。

看到后,立即予以了坚决的否定和严厉的批评。徐悲鸿先后任教于北京大学、北京艺专和国立中央大学,培养了许多现代著名画家,像吴作人等都受徐悲鸿艺术思想的影响。

　　当然并非徐悲鸿一人主张"现实主义",曾留学欧洲接受正规西画教育的汪亚尘在《国画改进论》一文中,就传统国画虚构式的创作思维进行了批判:"绘画的制作,原来是发展表象作用,拿视觉世界做要领的绘画,不得不在自然的印象与映象的真实而来,从这样看来,写实这个名词,似乎不能轻轻抹杀。"①汪亚尘在关于如何改良国画的问题上将"写实"放到了极重要的地位,文章的末尾说:"我确信接近自然的研究,总比较模糊影响的临摹要强得多咧。"②他认为只有运用写实才能给国画改革带来出路,认为"现实主义"的美术是美术家社会责任感的体现,美术家除了创作作品之外,需要担负文化和艺术教育的社会责任。

## 第三节　油画的本土化

　　清末民初时,在对待西方绘画的态度上,上层阶级重新进行了价值判断。在全面学习、引进西画的"美术革命"时期,随着留学欧美的学子归国后,西洋画,或者可以说中国油画,开始了曲折的本土化过程。

　　20世纪初的西洋画作为一种舶来品,处于刚开始为国人认识与接受的起步阶段。不但现今存世的作品屈指可数,而且能以"油画家"称谓的极少。陈抱一回忆此时的油画发展状况时曾说:"民

---

① 王震选编:《汪亚尘论艺》,第201页。

② 王震选编:《汪亚尘论艺》,第202页。

国前的好几年间,我所知道的研习洋画的人没有几个。那时,洋画研究的情趣(几乎说不上什么情趣)那是非常寂寞的。"[1]

民国建立以后,国民政府对西方文化在各方面给予支持,传统中国画从价值上被彻底否定,传统文化在主流文化中的支配力量开始减弱。继西方美术在绘画语言、绘画思想和绘画理论方面全面活跃后,油画也终于正式地走上了中国近现代美术运动的舞台,迎来了油画发展的一个高潮,掀起了轰轰烈烈的"洋画运动"。

## 一、风格之战

20世纪二三十年代,"科学"被捧上至高的地位,即使对它一知半解,即使在绘画领域的传统派和改革派的纷争热热闹闹,但依然没有人对它表示轻蔑或戏侮的态度,"科学"也由此被演变为一种"主义",一旦"主义"话语获得社会法权,就成为意识形态。

当时的科学主义者认为"科学"的本质甚至不在于主题本身,而在于它的方法论意义。因而,依照这样的逻辑,既然"科学"的方法在每一个领域都是适用的,那就完全可以直接拿来为中国艺术所用,这便是写实主义的理论缘起。于是写实主义很快被披上了"科学"的外衣,被赋予了合法性。至此,"西方"与"科学"终于在中国艺术领域建立起了想象性的"等值"关系。

写实主义是"美术革命"的一个重要输入思想。1915年,陈独秀曾提出过教育的四大方针:现实主义、唯民主义、职业主义、兽性主义。而现实主义当时在文艺中的表现就是"写实主义",用写实主义美术唤醒民众,这是近代启蒙者的一个共同的选择。写实主

---

① 陈抱一:《洋画运动过程略记》,《上海艺术月刊》1942年第5期。

义将艺术与现实生活相联系,它是指对客观世界的认知。当世界观改变,特别是与中国"救国"的社会现实相联系,那么艺术创作将与"救国"的功能相对应,艺术"救国"的方法也被提出。徐悲鸿在1935年在《对王少陵谈话》中说:"艺术家即是革命家,救国不论用什么的方式,苟能提高文化,改造社会,就是充实国力了。"写实主义之所以能成为改变中国绘画的主流,与中国社会的国情,以及它在思想界和文化界各领域的左右逢源分不开的。

"现实主义"和"现代主义"是中国美术在20世纪上半叶二元对立的形式范畴,这两者之间的斗争颇为激烈。他们虽然在美术思想和表现上完全不同,但是其发生和发展的内在动力都是基于中国传统绘画已缺乏生命力,需要借助外来的因素改良和改造创新,以此丰富中国绘画的语言并向现代转型的观念。

"五四运动"以来的写实主义和现实主义是美术革命最大的势力。但是在20世纪20—40年代,中国美术界也活跃着其他美术范式。刘海粟在20世纪早期就曾大力提倡西方现代派绘画风格,并进行了大量的实践;林风眠在20世纪30年代已开始以中西结合方式进行中国画实践。在欧洲,现代主义的产生是批判性的,但是最初中国的美术家只是模仿现代主义的样式,进而倡导艺术的审美性和崇尚个体精神自由,然而现实是中国社会政治动荡,民族生存都没有保障,现代主义在中国不太可能走上西方现代主义的发展道路。

上海是中国现代主义的试验场,几乎欧洲所有的现代主义样式,中国都有翻版。例如以现代派绘画为主打的社团——决澜社,其名称"决澜"就代表着一种新的狂流,决澜社的画家以"立体主义""超现实主义""野兽派""表现主义""达达主义""神秘主义"等流派为旗帜,曾经一度非常活跃,并被各大报刊宣传报道。但是现代主义团体在当时的中国,从发展之初就处于小众的范围,作品规模不大,并不能产生有效的社会影响力。很多艺术家还只是停留在对各种现代派绘画风格的探索阶段,画家个体都在尝试不同的现代派表现语言,还未形成自己的风格,更谈不上在画学的层面有所建树。

再看徐悲鸿与徐志摩之间关于艺术形式的问题讨论,徐悲鸿的发文《惑》表达了推崇写实主义的明确立场,将"现代主义"艺术称为"污秽之作",个人情绪极浓。徐志摩则以《我也"惑"》回应徐悲鸿,认为品评可以夹杂个人意气,但批评要慎重,时代发展和风尚的演变有其自身规律,艺术并无标准,这也正是艺术的特点。对多种艺术样式的引进和实验性发展,是保持中国艺术多元化的基本途径。正如法国 18 世纪启蒙运动的领袖伏尔泰在卢梭的书被禁之后所说:"我不同意你说的话,但我誓死捍卫你说话的权利。"

但此时中国现代主义照着西方现代主义的样式来探索自己的现代主义是表面的,因为它在艺术发展的承接关系上是断层的,除了形式上的皮毛,现代主义的移植没有文化本位上的思考,特别当这种舶来的样式与当时的社会现实无太多联系时。现代主义在中国一时找不到适合生长的土壤,自然会夭折。在国势动荡的 20 世纪上半叶纯粹谈论艺术是一件奢侈的事情,抗日战争、解放战争时期,画家个体的爱好已无足轻重,为"艺术而艺术"的艺术理想显得不合时宜,现实的选择促成现实主义成为中国绘画的主流,艺术应对社会,应对国家有帮助。中国的现代主义艺术探索尚在萌芽时期便被扼杀,但这种撤离客观上为现实主义在中国发展提供了很大的空间,并促使主题性创作的兴起。

## 二、中国近现代油画的基本特征

中国近现代油画的主流特征是写实主义和现实主义。

　　写实主义和现实主义的概念在美术界有清晰的界定。这两个词语在当时常常混淆在一起使用。尤其在20世纪30年代后期，写实主义大行其道，并且日益政治化，逐渐变成现实主义，而由于中国美术改革、政治因素等影响，写实主义与现实主义更加变得模糊不清。因此，对于这两者之间的区别与联系，成了民国时期"主义"之争问题的一个关键。

　　民国时期美术家对写实的认识很大程度上是建立在"科学"救国的旗帜下，针对中国画的写意性，试图用西方科学的表现技法来改造中国绘画的"不似"。其实，写实在西画中是基本技巧，写实是西方古典艺术的根本表现形式，画家具有熟练的写实技巧是理所当然的，就如同中国传统画家具备熟练的书法功力一样。但是在传统绘画中，"气韵生动"是画品的最高标准，被统治阶级推崇为主流绘画品味，除了两宋时期与写实相关的院体画之外，写实在中国没有被艺术家重视，这就不难理解，当西方写实主义进入中国后，引发了如此大的反响，他们对安格尔、米勒等古典主义大师赞赏不已，是基于他们高超的写实能力。

　　20世纪30年代，现实主义文艺创作观被"左翼"引入中国，此时的写实主义已经过了风盛期。现实主义艺术创作观，要求对典型环境中的典型人物进行再现，将写实的需求与现实主义相联系。因为现实主义具有宣传教化民众，号召人民进行民族革命斗争社会功能，其选取的题材和写实的艺术表现形式，在面向大众的艺术形式中也是最容易被理解的。因此，写实这种最直白的方式是现实主义倡导者最好的选择。但当写实和现实的概念被逐渐深化理解后，现实主义与写实主义的认知差异在此显露。1928年，现实主义工作者田汉与写实主义倡导者徐悲鸿创办南国艺术学院，①不久因为艺术观念相悖而分道扬镳。田汉批评徐悲鸿是一个"固执的古典主义者"，仅注意表面造型的似，而脱离现实世界，逃避进一种自己的理想和情绪世界中。田汉认为徐悲鸿虽然标榜自己是写实主义，而他实际上也是理想主义、浪漫主义，在象牙塔中畅想，不关注现实生活。而固执的徐悲鸿是坚持自己的行事风格的，他坚持的是以"写实"来改良中国画，"有许多革命画家，虽刊画了种种被压迫的人们，改变了画风，但往往在艺术本身，无何等贡献"②。可以看出，即使是抗日战争时期，徐悲鸿关于写实主义的倡导也是从纯粹艺术角度来谈，而田汉等"普罗"艺术家更加看重的是写实作品能担任的社会功能。

　　"左翼美术家联盟"从苏联引入中国的现实主义，实际已经与当时的写实主义在艺术观念上不相同了，但绘画界仍将现实主义与写实主义划上了等号。徐悲鸿的学生艾中信，在回忆徐悲鸿关于两个主义的言论中说道："写实主义和现实主义在外语中多数通

---

① 1927 年冬，田汉与徐悲鸿、欧阳予倩在徐悲鸿霞飞坊中商议南国电影剧社改组事宜，并将其定名"南国社"，徐悲鸿拟法文名为"Cercle Artistique du Midi"。南国社扩大其范围为文学、绘画、音乐、戏剧、电影五部，定其宗旨为"团结能与时代共痛痒之有为的青年作艺术上之革命运动"。其中"南国艺术学院属于南国社事业之一部，暂设文、画、剧三种"，由田汉、徐悲鸿、欧阳予倩三人分任主任。除上述三位专业的领军人物外，加入南国艺术学院并在其中任教的老师还有洪深、陈宏、吴抱一、叶鼎洛、孙师毅、朱维基、陈子展、赵太侔、徐志摩等。1928 年 1 月，田汉召集全体上海艺术大学的学生开会，告知学生们可以自己选择是否继续就读于南国艺术学院。吴作人决定在南国艺术学院继续学习，其他留在南国艺术学院学习的同学还有刘菊庵(即刘汝醴)、刘艺斯、吕霞光、陈白尘、陈明中、廖沫沙、陈凝秋、左明、唐叔明等人。后又有郑君里、金焰、马宁、陆惠之、赵铭彝、阎哲梧等人加入了南国艺术学院。这些学生后来又在中国的文化艺术活动中担当了各种不同的角色和作用。1928 年 2 月 26 日，南国艺术学院在西爱咸斯路(今永嘉路)371 号举行了开学典礼。

② 徐悲鸿：《中国新艺术运动回顾与前瞻》，《社会教育季刊》1943 年第 2 期。

用 Realism 这个词，没有什么区别。"①显然，对这个外来词汇，徐悲鸿忽略了对两者的取舍和再解释。

　　20 世纪 40 年代后，"现实主义"的概念彻底替代"写实主义"。蒋兆和创作于 1941 年的《流民图》可以看作是中国"现实主义"创作的划时代作品。这幅作品显然比徐悲鸿创作的具有现实主义倾向的《九方皋》《愚公移山》等作品更具有源发的"现实"含义，也更富有人道主义的关怀态度。蒋兆和在《我的画展略述》中说："鄙人作画素以老弱贫病、孤苦无依者为对象，此无他，是在取材上之便利，而表现上能得到大众的同情而已。因为人类富有仁爱的天性，而且富有互助的精神，所以拙作为表现这一点意思，而站在纯艺术的立场上，可说是毫无价值，然而以仁爱的理性上，似乎稍有相当的贡献。"②可以看出，蒋兆和对中国画的改造，其意义不在"纯艺术的立场"，而是已经有意识地成为一名"现实主义"者。

　　　　现实主义中倡导的"为人生而艺术"既有着"文以载道"的古典传统观念的意识和下意识层的支持，又获得了革命政治要求的现实肯定，左翼文艺便日益顺利地在青年知识分子的"思想感情方式"上取得了统治地位，而所有这一切都是与日趋紧张的救亡局势和政治斗争分不开的。但如果说，在抗日战争爆发以前，由于创作者和接受者大多是城市里的知识青年，他们与广大的农村劳苦大众还相当隔膜；那么，到了抗日战争，便彻底地改变了这一局面，中国知识分子第一次真正大规模地走进了农村，走

---

① 艾中信：《怀念徐悲鸿老师》，《美术杂志》1978 年第 6 期。
② 蒋兆和：《我的画展略述》，《实报·学生新闻》第 2 版《蒋兆和"群像图"画展特刊》，1943 年 10 月 30 日。

近了农民,不只是在撤退逃难中,而且更在共产党领导下的战斗
生活中。①

　　知识分子关注中国底层人群的现实,使艺术为人民的观念从
"写实主义""现实主义"转向了"大众化美术",这是中国美术现代
转型中极具特色的部分。

_____

① 李泽厚:《中国思想史论三部曲——古代、近代、现代》,天津:天津社会科学院出版社
　2007年版,第212页。

# 第二章 局部抗战时期的中国美术运动

1931年"九一八"事变后,国内政治局势开始发生变化,民族内部矛盾随之被民族危机代替,"抗日救亡"成为全民族的呼声。时事造就了此时美术界的结构变化,"左翼美术"中的木刻、漫画、连环画从一点萌芽,忽然铺天盖地撒播开来,蔚成茂林。从艺术思潮上来看,批判现实主义绘画以卓越的社会效应投入救亡的历史洪流之中,而对纯艺术的追求似乎由于过于奢侈而引退,刚刚兴起的洋画运动在抗战初期几乎销声匿迹,许多卓有成就的西画家都改作画国画、漫画、连环画、壁画。

## 第一节 "九一八"事变与抗战美术教育

1931年9月18日夜,在日本关东军安排下,铁道'守备队'炸毁沈阳柳条湖附近的南满铁路路轨,并栽赃嫁祸于中国军队。日军以此为借口,炮轰沈阳北大营,是为'九一八事变',次日,日军侵占沈阳。在'不抵抗政策'下,不到半年的时间内,整个东北三省100万平方公里的土地被日军占领。日军对东北三省的大规模侵略强烈地震动了中国社会,一个群众性的抗日救亡运动很快在全国许多城市和村镇兴起。1932 年 2 月,东北全境沦陷。此后,日本在中国东北建立了伪满洲国傀儡政权,开始了对东北人民长达 14 年之久的奴役和殖民统治。①

由于历史和地域的原因,我国自鸦片战争后,逐渐形成了京津、沪宁、岭南等几大文化与艺术中心,这些区域中流派多样,聚集了诸多艺术名家,产生了诸多美术活动。美术教育繁荣,出版业也方兴未艾。抗战爆发后,原生的三大文化与艺术中心相继衰落,美术力量随国家政治中心的迁移而由东部沿海地区向西部转移,并重新整合于大后方。

当时我国几所相对成熟和重要的美术院校相继迁到西南地区,由于美术人才的内迁和抗战时期的需要,又新建了几所美术院校,使得大后方在短时间内成了中国高等教育最密集的网络。美术团体的成立,如中国美术会、中华美术届抗敌协会、中华木刻界抗敌协会等,团结了诸多知名美术家,如徐悲鸿、林风眠、陈之佛、李可染、张大千、吕凤子、丰子恺、傅抱石、潘天寿、吴作人、唐一禾、倪贻德、常书鸿、吕斯百、庞薰琹、王琦、叶浅予、滕固、刘开渠等移居重庆、成都、昆明、桂林等大后方诸城市,在此创作和工作了一段时间。同时,由于西南不同于沿海地区的风土人情和文化底蕴,使得不少美术家在这里获得了新的文化滋养,在美术作品的创作上发生了显著的变化,为美术作品的面貌增添了风采和活力。另外在黄土高原上的延安,在抗战期间也成为许多美术青年的向往之地。特别在鲁迅艺术学院成立后,从全国各地奔赴延安的美术家络绎不绝,特别是木刻版画家爆发式增长,如刘岘、温涛、胡一川、张谔、华君武、江丰、沃渣、马达、陈铁耕、力群、罗工柳、陈九、王曼硕、张望、蔡若虹、王朝闻、张仃、王式廓、胡蛮、陈叔亮等,他们在鲁

---

① 《铭记历史勿忘国耻》,《广元日报》,2015 年 9 月 19 日。

迅艺术学院学习,或成为教师或继续学艺,培养出第二代木刻版画家古元、彦涵等人,为中国的木刻版画事业和抗战时期的美术宣传贡献了举足轻重的力量。

## 一、新美术院校的诞生

中国的社会变革,对教育界的变革产生了最深远的影响,主要体现在两方面:一是废科举办新式学堂;二是派出留学生。从1902年仿照日本东京高等师范学校的模式成立的第一所美术师范学校——三江师范学堂(1905年,"三江师范学堂"改名为"两江优级师范学堂")到1912年中华民国成立,美术教育大肆兴起和繁荣发展,再到1931年"九一八"事变,国立、私立的大小美术学校已经达到数百所,美术教育的模式、规制、课程设置等逐渐成熟,美术教育步入稳定发展的阶段。

1937年中日全面战争爆发,受战争时期局势的强烈动荡和迫害,许多美术院校因无法正常教学和运营而关闭,几所最为重要和完备的美术院校也均迁到西南地区。由于美术人才的内迁和抗战期间美术抗战的需要,国内先后新创建了几所美术院校,其中规模、影响最大且开办至今的是鲁迅艺术学院。

1. 鲁迅艺术学院

"1937年初,中共中央进驻延安,7月卢沟桥事变爆发,中华民族全面抗战开始。中国共产党在延安高举抗日救亡大旗,吸引着无数爱国青年奔赴延安。据统计,1938年5月至8月,各地八路军办事处及相关单位帮助进步青年奔赴延安的人数就达2288人。"[1]

---

[1]《延安大学史》编委会编:《延安大学史》,北京:人民出版社2008年版,第25页。

1938 年 2 月初,延安上演了由沙科夫执笔,孙维世、左明、江青等人参加演出的话剧《血祭上海》。在庆祝会上,大家提议成立一所艺术学校。由毛泽东亲自领衔,与周恩来、林伯渠、徐特立、成仿吾、艾思奇和周扬一起作为发起人,联名发布了沙可夫起草的《鲁迅艺术学院创立缘起》。随后,中央委托沙可夫、李伯钊、左明等人负责筹建鲁迅艺术学院,在延安城内凤凰山下借了几间房子开始招生,后在延安旧城北门外一里多路西侧一个山洼的半山坡上,选定了校址。利用原 20 多个空土窑洞,师生又挖了两排土窑洞,盖了 10 多间简陋平房,山下旧文庙场地作为活动场所后,于 1938 年4 月 10 日在延安城内中央大礼堂举行开学典礼。毛泽东题写了校训:"紧张、严肃、刻苦、虚心",并题词"抗日的现实主义、革命的浪漫主义",定的教育方针是"团结与培养文学艺术的专门人才,以致力于新民主主义的文学艺术事业"。1939 年 8 月初,鲁迅艺术学院从北门外迁至延安城东郊十多里路的桥儿沟天主教堂。11 月,中央任命吴玉章为院长,周扬为副院长,并主持日常工作。1940 年 5月,"鲁迅艺术学院"改名为"鲁迅艺术文学院"。1943 年 4 月,鲁迅艺术文学院并入 1941 年组建的延安大学,改名为"延安大学鲁迅文艺学院",周扬任延安大学副校长兼鲁迅文艺学院院长。后来,在其他根据地先后设置有华北联大文艺学院、晋东南鲁艺分校、华中新四军鲁艺分校、晋西北鲁艺分校、冀察热辽鲁艺分校等。1945年 11 月,中央指示包括鲁迅文艺学院在内的延安大学各个学院,迁往东北解放区。至此,鲁迅文艺学院这所共产党创办在土窑洞中的文艺学院,完成了它在延安的神圣使命。①

----

① 郝爽、王钰:《纪念抗日战争胜利 70 周年:战火中的高等院校艺术教育》,《艺术教育》
  2015 年第 9 期。

为适应抗日文艺的迫切需要，美术系初成立时将木刻与宣传画作为主要教学内容。战时的延安极度缺乏颜料、纸张、画笔、画布等绘画用品，而木板在延安很容易找到，木刻刀、纸张和油墨较容易获得，再加上木刻版画可以批量印制，可以广泛传播，具有其他画种所不具备的优势，所以"鲁艺"美术系几乎变成了木刻系，主修课程是木刻版画与宣传画。1938年底，"鲁艺"组成了木刻工作团，输送木刻版画人才赴前线和敌后，团员们将途中经历通过木刻版画讲述，创作了许多木刻版画作品。另外，"鲁艺"建立了美术工场，负责人先后是钟敬之、江丰等人。美术创作主要包括绘画、木刻、雕塑、工艺美术、建筑设计、摄影等。

美术展览方面，从"鲁艺"成立到1945年抗战结束，"鲁艺"的美术活动十分丰富，举办过11场规模和影响较大的美术展览会。1938年9月，"鲁艺"在中央大礼堂举办"九一八"纪念展览会，展出"鲁艺"美术工作者的抗战作品数百幅，包括木刻、漫画、照片等，有3000多人参观，充分证明抗战艺术已深入群众；1938年11月7日至9日，木研班在中央大礼堂召开"木刻展览会"，展出木刻新作180多幅，在当时延安知识分子中影响很大。展出后，参展作品又被拓印20册，木刻工作团携带一部分，沿途发放张贴。这些作品取材多样化，不仅拥有对敌斗争题材作品，还有很多描绘解放区生产生活之作，其宣传作用不仅在于宣传抗日，更吸引人才奔赴延安；1939年5月，举办"建校一周年成绩展览会"，共设10个展览室。这是鲁艺文化艺术的一次集中展览，展出领袖题词、学员作品，展出戏剧、音乐、美术、文学、摄影作品，以及"鲁艺"的刊物和苏联美术作品等；1940年4月，"建校两周年美展"展出美术部师生1939年5月到1940年3月的作品，包括木刻、漫画、绘画、雕塑、工艺美术、舞台美术、建筑设计等；1941年1月9日至12日，美术工场在延安青年文化沟文化俱乐部举办首次展览会,展出绘画、木刻、雕塑、工艺美术、建筑设计等作品100多件,由于题材丰富,设计艺术浓郁且装饰性强,受到老百姓的喜爱;1941年8月13日,"文艺俱乐部"举办"力群①木刻作品展";1941年8月16日,陕甘宁边区美协在军人俱乐部举办"1941年展览会",此次展览会展出的作品有木刻、绘画、漫画、雕塑、剪纸、摄影和苏联、德国的版画,总计数千件,此次美展在延安美术界影响很大,除观看展览的人数众多之外,美术批评十分繁荣;1942年1月1日到5日,陕甘宁边区美协在军人俱乐部召开反侵略画展,展出了以"鲁艺"师生为创作主体的47件作品,既有单幅木刻和漫画,又有连环作品,虽然数量不多,但总体质量颇高,涌现了一批佳作;1942年2月15日到17日,陕甘宁边区美协在军人俱乐部举办"蔡若虹、华君武、张谔讽刺画展",共展出漫画70多幅,展览在延安引起轰动,有超过3万人前来观看,毛泽东和王稼祥也来参观。6月,毛泽东约请蔡若虹、华君武和张谔到枣园会谈,要求漫画作者积极转变到无产阶级立场,将讽刺的矛头指向日本侵略者和反革命分子,并且在抨击丑恶现象时尽可能展现美好的一面或光明前景。谈话后,"鲁艺"漫画家调整了创作方向,是以服务抗战,服务人民。为了纪念五四运动,1942年5月刘帆在小砭沟青年俱乐部召开个人作品展,展出了自新兴木刻运动初期到1942年的50余幅作品;1942年2月3日,鲁艺组织"鲁艺河防将士慰问团",包括马达、庄言、焦心河等9人,前往黄河防线慰问抗日战士,庄言与焦心河创作了多幅描绘陕北自

---

① 力群(1912—2012年),原名郝丽春,山西灵石人,著名版画家、作家、文艺理论家。1940年任延安鲁迅文艺学院美术系教员。1941年加入中国共产党。1942年参加延安文艺座谈会,奠定了他一生为人民的艺术道路。

然景色和乡村生活的油画、水彩画,5月下旬慰问团返回"鲁艺",举办了"马达、庄言、焦心河作品展"。

"在1938年4月至1945年11月这七年半的时间里,鲁艺共开办了文学系四届,戏剧、音乐、美术系各五届,其中文学系学生19人,戏剧系学生179人,音乐系学生192人,美术系学生147人。鲁艺为抗日战争的胜利做出了重要贡献,并对中国现代文化艺术产生了深远的历史影响。"①

2.广西省立艺术专科学校

1938年1月,满谦子等几位广西画家借用桂林市内中山公园,举办了一所广西省国民基础学校艺术师资训练班,分音乐、美术两个组,学生共有83人,以六个月一期结业。同年8月,开办全省中学艺术教师暑期讲习班,聘吴伯超、徐悲鸿、丰子恺、汪丽芳等教授来桂林作短期任教。后来在此基础上获省教育局令,准予续办一年制的高级训练班,目的是培养国民中学的音、美师资。这几期训练班即是该省创办艺术教育、着重培养美术师资的最早表现。②

1939年8月,"艺术师资训练班"已影响遐迩,成了一种固定的艺专性质的教育单位,也不再改名,由吴伯超任班主任,招收高级班、普通班学生各40名,要求就学者必须兼学美术与音乐,以培养能适应实际工作的中小学师资。1940年2月,吴伯超因事离开桂林,改由张家瑶兼代班主任之职。此时艺术师训班归属省立艺术馆。同年8月,改名为"广西省艺术师资训练班",得到上级核准,迁入正阳楼为校址。从此,训练班脱离了艺术馆,独立核算。随后

① 郝爽、王钰:《纪念抗日战争胜利70周年:战火中的高等院校艺术教育》,《艺术教育》2015年第9期。
② 吕澎:《中国艺术编年史》,北京:中国青年出版社2012年版,第428页。

又招收二年制的第二届高级班与一年制的第二届普通班学生。

1941 年 5 月，该班主任为马卫之。这年的暑期，招收了第三届高级班一个班。至 1942 年夏，第二届高级班结业。再添招一年制的研究班一个班。1943 年 7 月，第三届高级班与研究班均届结业。由于抗日战争进入相持阶段，物资医乏困难增多，经费不足，更成忧虑，训练班一度准备停办，所剩设备与人员拟由师范学院受理，挨至 8 月，复奉上级之令，要继续招收高、初中班的新生各一班。1944 年 5 月，日军占领广西，该训练班奉令疏散到阳朔，并呈准在阳朔继续招收三年制、五年制的新生。抗战胜利后，学校迁回桂林，合并了广西榕门美术专科学校并奉令改为现名，办学至解放前夕。①

3. 四川省立艺术专科学校

该校的前身是四川省立成都高级工艺职业学校，创建于 1940 年 2 月，3 月 3 日正式开学，以后学校就以此日为校庆纪念日。1941 年 2 月，四川省立戏剧音乐学校的音乐科并入该校，改称为"四川省立技艺专科学校"。至 1942 年 8 月 1 日，奉国民政府教育部令，改为现名。

改成现名后，便开设了五年制的应用美术、音乐、建筑三科，计有学生 240 余人，教职员 61 人，庞薰琹、洪毅然、沈福文、程尚俊、程尚仁、辜其一等，均是该校教师。该校自抗战时期直至全国解放前夕，均由李有行任校长，雷圭元任教务长，共办了八届，毕业生共 92 人。历届的毕业生大多在省内各类学校、机关或建筑公司工作，部分毕业生还经营开办了印染厂社等。

1947 年 5 月 15 日至 18 日的全校美术成绩公展，地点在成都

---

① 刘寿保：《桂林文化大事记(1937—1949)》，桂林：漓江出版社 1987 年版，第 429 页。

祠堂街四川美术协会内，展出的作品有学生们的国画、图案、西画（包括水彩、油画、素描）、漆器、印染品、雕塑与建筑图案等，共 300 余件；应征参加全国教育展览会的作品预展，计有漆器、印染品、图案、水彩、油画、木炭画、建筑图案等，共 21 件；1947 年 11 月 12 日，应用美术科主任沈福文在成都祠堂街四川美术协会内举行漆艺展览会，后来此展览又移往上海展出；学生作品参加第五届全省学生美术作品展览会，计有图案、国画、水彩、建筑图案、木炭画等，共 100 件。

4. 国立重庆师范学校美术师范科

国立重庆师范为抗战时期大后方唯一的一所分科师范学校，创建于 1940 年 8 月，校址在重庆市内，校长马客谈，原是一位儿童教育家，曾多次出席国际性教育会议，他感于师范教育的重要性，认为现在着手分科培养，抗战胜利后可以出现一批新的艺术师资。于是报请国民政府教育部，呈准办了实验性的分科师范。马校长曾对此提出两点设想：一、要克服以往儿童教育的弱点，取得这一事业的全面正常发展；二、要适应各科师范的特点，提高师范教育的专业技能。因而，这类学校必须根据教学实力，加强专门业务的训练与学习，学生毕业后放到小学里。国内过去虽早有普通师范专科，但美术、音乐、体育分科师范，则发端于国立重庆师范学校美术师范科。"该校美术师范科的最初目标，是培养小学的美术劳作教师、地方教育行政部门的美劳科视导员、社教机关的美劳师资指导员。开冉之初，第一学年注重学科的基本训练，自第二学年起，注重专业训练，至于一般的教育课程，各科都一视同仁。"①

① 吕澎：《中国艺术编年史》，第 440 页。

"1940年美术师范科主任是黄显之,1941年起改由薛珍担任。教师有:李超士、秦宣夫、胡善余、戴秉心、朱锦江、陈国漳、程虚白、袁梅、仇河清、刘元、邹华镜、魏同仁等。"[1]校址在四川重庆北碚新村。至1941年5月,学校又在北碚新村购买了一座宫殿式的楼房,命名"乐观院"。周围环境极宜,东可眺望嘉陵江,西可远观绪云山,景色幽美。楼上各室辟为美术师范科的普通教一室。一、二、三年级三间,素描教室一大间,水彩、国画、劳作、家事教室各一间,另有美术师范科办公室一间。石膏教具模型约有四五十件,劳作工具也足够使用。农艺课则利用室外园地,以及校本部的山地。师生耕种,收获颇丰。家事课,有缝纫机数台,还设有烹饪实习的场所,数年来不断添置设备,规模渐趋完美。楼下是音乐科教室。此种教育条件与环境,在国难期间极为难得。1945年,本拟增设工厂和建造实习教室,后因抗战告捷,各校纷纷复员。此时教育当局也正在筹备省立江宁师范,上述设想遂告终止。

国立重庆师范的美术师范科从1940年创办,至1946年结束,总共只六七年的办学历史,毕业生累计共四届,大部分分配在四川公办的学校或一般中学内,有的学生服务一定年限后,还升入专科以上的学校就读。

## 二、爱国美术教育

抗日战争与抗战美术互相促进,反抗侵略的正义文化成为当时社会的主要文化,因此抗战的美术斗争是抗日战争的一部分,在世界反法西斯的斗争中占有不可轻视的地位。

"1937年'卢沟桥事变'翌日,中国共产党发表宣言,号召'全中

---

[1] 吕澎:《中国艺术编年史》,第440页。

国人民、政府和军队团结起来，筑成民族统一战线的坚固长城，抵抗日寇的侵略。'9 月 22 日，天津沦陷，南京国民政府迫于形势，不得不正式公布中国共产党提出的关于国共合作的宣言，全国抗日统一战线始告成立。"①中国战场节节败退，12 月 1 日，平津京沪相继沦陷，国民政府迁址重庆。12 月 13 日，国民政府首都南京失陷。到 1939 年 4 月，我国 90％以上的高等院校都已受不同程度的影响和摧毁，国民政府决定内迁高校。奉令内迁的学校分别组织临时筹备委员会，主持选址、教务等方面的准备工作。

1. 国立中央大学艺术系

1937 年抗日战争爆发后，国立中央大学教育学院艺术科迁至重庆，中央大学艺术科在南京近十年所积累的设备及绘画用具皆因庞大和难以搬运被遗弃。因此，初至重庆的国立中央大学艺术科出现教学用具与绘画材料的极其匮乏，当时，以徐悲鸿为首的中大师生们用自制的猪鬃笔代替油画笔。②

1938 年 11 月，国立中央大学艺术系与国立杭州艺术专科学校并校。1938 年和 1941 年在重庆的大轰炸中，中大校舍屡遭破坏。为了学校的运营和抗战的宣传，时任艺术系主任的徐悲鸿赴南洋募集资金，他将卖画所得近十万美元全部捐献于抗战。国立中央大学迁址后，艰苦办学，师资中有黄君璧、傅抱石、许士骐、吕凤子、黄显之、庞薰琹、李瑞年、秦宣夫、谢稚柳、陈之佛、艾中信、费成武等教授来校任课。许多艺术家和美术教育家为了中大艺术系的美术教学做出了巨大的牺牲和努力。中大艺术系结合抗日救亡开展

---

① 张毓茂主编：《二十世纪中国两岸文学史》，沈阳：辽宁大学出版社 1988 年版，第429 页。

② 尚莲霞：《民国时期中央大学美术教学特色及其影响》，《学海》2012 年第 6 期。

的一系列活动主要有以下方面："一、徐悲鸿带领中大艺术师生积极参加第二、三届全国美展,其中大批作品都体现了唤醒民众进行抗日救亡的主题;二、徐悲鸿创办《中央日报》'艺术副刊'和《国立中央大学半月刊》,介绍国外写实主义作品以及发表中大艺术系师生宣传抗战的作品;三、中大艺术系师生组织'战地写生团',积极宣传抗日活动。"①在克服了重重困难后,中央大学艺术系在西迁后的美术教育上最为成功。

2. 国立北平艺术专科学校、国立杭州艺术专科学校

1937 年 11 月 12 日,国立杭州艺术专科学校由校长林风眠率师生南迁至诸暨吴墅。10 天不到,又因战火逼近师生继续西行至江西贵溪,先以龙虎山天师府为临时校址。因地方偏僻,盗匪猖獗,师生返回贵溪,度过饥寒交迫的 1938 年元旦。此时,国立北平艺术专科学校师生辗转流徙,国民政府教育部下令杭州、北平两所艺专在湖南沅陵合并,定名为国立艺术专科学校,废校长制,设校务委员会,以林风眠为主任委员,赵畸(原北平艺专校长)、常书鸿为委员。杭州艺专教职员 34 人,学生 100 余人,北平艺专教职员 13 人,学生 30 余人,共约 200 余人,教学上实施中西画合系教学。校址设沅陵沅江畔之老鸦溪,但由于两校合并,矛盾丛生,频频发生学潮。教育部又决定恢复校长制,聘请滕固为校长,随后林风眠和赵畸离校。此间,学校租用民房,并筑造木板房作教室,正式恢复上课。②

---

① 尚莲霞:《民国时期中央大学美术教学特色及影响》,《学海》2012 年第 6 期。
② 杭州市政协文史委编:《杭州文史丛编 6·教育医卫社会卷》,杭州:杭州出版社 2002 年版,第 67 页。

**图 2‑1‑1　国立杭州艺术专科学校学生 1938 年在沅陵**

（图片来源：中国美术学院学生处：《抗战烽火中的国立艺专——国立艺术专科学校西南行》）

　　1938 年秋，日军西攻武汉，长沙大火，战争形势恶化，学校又决定远迁昆明，因交通工具奇缺，校方发放旅费，由师生自行设法启程。经一个多月长途跋涉，陆续抵达贵阳，因途中遭敌机轰炸，部分教师行李书画丢失和烧毁。师生又往西撤退，抵昆明后借昆华中学、昆华小学为校舍，招生上课。1939 年夏，因昆明校舍困难，又空袭频繁，再迁呈贡县安江村。学校借了村中 5 座祠堂庙宇作为校舍，修缮布置后安复课。此后一年多虽学潮仍起伏不断，但时为抗战以来较为安定，不仅各课能依序进行，人体课亦得以恢复。①1939 年春，两校合并后仍分中西画两科，后进行学制改革，分成本

---

① 浙江省政协文史资料委员会编：《浙江文史集粹（第 5 辑）·教育科技卷》，杭州：浙江人民出版社 1996 年版，第 67 页。

制与新制两种:本制又称三年制,招收高中毕业生,新制又称五年制,招收初中毕业生,同时停办了高级艺术职业学校。[①]

**图 2 - 1 - 2　国立北平艺术专科学校学生 1938 年秋在昆明**

（图片来源:中国美术学院学生处:《抗战烽火中的国立艺专——国立艺术专科学校西南行》）

"1940 年秋,南疆军情紧急,教育部又命令学校撤退至四川璧山县。滕固安排师生长途迁移至目的地后辞职,不久病故,由吕凤子接任。吕接任后,力谋整顿校舍,学校渐次安定,1942 年夏,吕凤子积劳成疾,上书辞职,教育部又聘陈之佛为校长。陈之佛接任后,因松林岗偏僻,难于延聘良师,又迁校至重庆沙坪坝磐溪龙脊山麓果家园,延聘多位中央大学教授任教,教室宿舍大都借用民宅,又盖草房数栋作食堂之用。陈之佛虽事必躬履,但心力交瘁,且时局艰难,经费短拙,仍困难重重,于是也坚决辞职。1944 年春,教育部聘潘天寿任校长,时潘天寿讲学于浙江国立英士大学,校长

---

[①] 张道森:《浙江近现代美术教育史》,杭州:浙江人民美术出版社 2009 年版,第 137 页。

暂由西画系主任李骧代理。至暑假潘天寿抵渝就职,敦请林风眠还校,并多方延聘良师,完善教学管理,学校出现中兴气象。"①

**图 2 - 1 - 3　国立北平艺术专科学校学生 1940 年 6 月在呈贡县安江村**
（图片来源:中国美术学院学生处:《抗战烽火中的国立艺专——国立艺术专科学校西南行》）

**图 2 - 1 - 4　国立北平艺术专科学校学生 1941 年夏在重庆松林岗**
（图片来源:中国美术学院学生处:《抗战烽火中的国立艺专——国立艺术专科学校西南行》）

① 浙江省政协文史资料委员会编:《浙江文史集萃(第 5 辑)·教育科学卷》,第 67 页。

**图 2 - 1 - 5　国立北平艺术专科学校学生 1944 年在重庆磐溪**

（图片来源：中国美术学院学生处：《抗战烽火中的国立艺专——国立艺术专科学校西南行》）

　　1945 年 8 月 14 日，日本无条件投降，抗日战争胜利。"教育部部署复员事宜，校长潘天寿呈文提出，鉴于国立艺术专科学校原为北平、杭州两校合并，故拟派员赴北平、杭州接收原两校校舍。最后教育部决定，国立艺术专科学校接收原国立杭州艺术专科学校校舍，以杭州为永久校址。至此，杭州一校为国立艺术专科学校，而北平新创一校则称国立北平艺术专科学校。"①杭州国立艺专虽校名迭改，仍一脉相承，今名中国美术学院。

---

① 蔡子人、郭淑兰总编，中华人民共和国文化部教育科技司编：《中国高等艺术院校简史集》，杭州：浙江美术学院出版社 1991 年版，第 103 页。

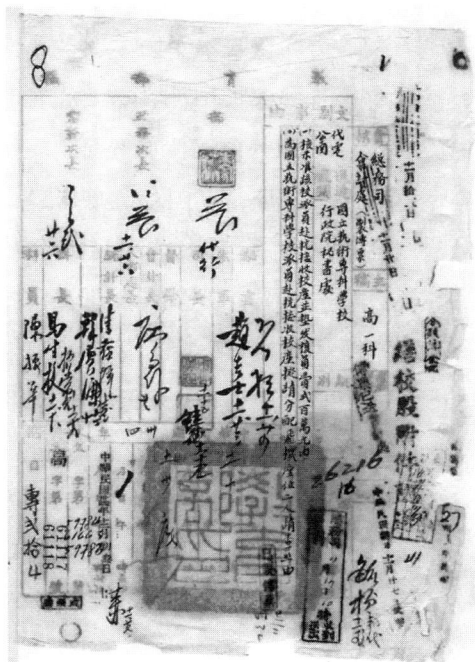

**图 2 - 1 - 6　教育部复员文件**

（图片来源：中国美术学院学生处：《抗战烽火中的
国立艺专——国立艺术专科学校西南行》）

### 3. 上海美术专科学校

早在 1933 年，毕业于上海美术专科学校的沈逸千便组织"上海美专国难宣传团"两度北上进行救亡宣传。沈逸千出身书香门第，自幼酷爱绘画艺术。曾师从旅沪日本画师细川立三学习素描，1931 年考入上海美术专科学校西画系，考试成绩名列前茅，被校方破格录取为西画系三年级插班生。沈逸千在校期间经常到国画系听课，并尝试中西绘画结合的创作。他与同学陶谋基、刘元组成"黑猫社"，经常创作漫画，针砭时弊。1931 年"九一八"事变后，上海街头出现的第一幅抗日宣传画就出自他的手笔。1934 年初春，

**图2-1-7 1932年，沈逸千为"新世界救济东北难民游艺会"绘制壁画**

（图片来源：《他是抗战时期爱国画家，朱德不顾空袭警报的威胁，亲自观其画展》）

沈逸千率领"上海国难宣传团"，为了粉碎日本军国主义分子怂恿蒙古王公脱离祖国的阴谋，立刻率团携带着一批抗日宣传画出发，日夜兼程赶赴百灵庙举办国难画展，借"蒙古地方自治政务委员会"成立大会在该庙召开之际，去争取蒙古王公。这一年，他率"上海国难宣传团"出塞，浩浩荡荡地行经内蒙30多个旗。该团的团员皆由上海美术专科学校校友组成，成员有莫朴[①]、黄肇昌（后任职于《湖南日报》社）、顾廷鹏（抗战时任国民党中央通讯社摄影记者）、俞创硕（后任职于上海《解放日报》社）、王彬（上海美术专科学校国画系毕业生，后供职何处不详）、张仪（沈逸千夫人，后任职于清华大学）等。1935年，国难宣传团被迫解散。

淞沪战争爆发后，美专师生纷纷投入抗敌工作。此时刘海粟刚从国外回来，本拟为教育事业大干一番，以实现他的艺术运动计划。然而举国危势之下，他只得暂时搁下计划，投入为难胞赈济的工作中去。1939年2月，上海美术专科学校师生在上海大新百货

---

① 莫朴(1915—1996年)，别名璞、丁甫、夏仁波，江苏南京人。1933年毕业于上海美术专科学校。曾参加"上海国难宣传团"，赴华北等地从事抗日救亡运动。1940年在淮南参加新四军，先后任教于鲁迅文学艺术学院、华北联合大学等校。1949年起任国立艺术专科学校教授、绘画系主任，后历任中央美术学院华东分院副院长、浙江美术学院院长等职。

**图 2－1－8　《有家归不得的关东人》,中国画,沈逸千,1932 年**

(图片来源:《他是抗战时期爱国画家,朱德不顾空袭警报的威胁,亲自观其画展》)

公司的"大新画厅"举办了"救济难民书画展览会",所售得款均捐给难民。[1] 4 月 11 日,主办"中国历代书画展览会";6 月 1 日,主办"吴昌硕遗作展览会",并征集上海著名收藏家的收藏珍品公开展出,一方面用民族美术来振奋国民精神外,另一方面也是为了协助"上海医师公会"筹募前方医药救济经费。[2] 刘海粟于 1939 年 11 月离上海,赴印尼、新加坡、马来西亚等地举行筹赈画展,至 1942 年因南洋陷入战场,刘海粟被迫流亡为止,所得款项全部捐给了医师公会以援助前线。

---

[1]《上海报》,1939 年 1 月 30 日。

[2]《正报》,1939 年 4 月 11 日。

**图 2‑1‑9　中国历代书画展览会目录**

(图片来源:原书书影)

　　1941 年 12 月,太平洋战争爆发,美专规划内迁。因交通阻绝、迁移经费不足,经校务会议商定,分成二部办学。一部由训导主任王远勃主持留沪师生教学,另一部由谢海燕代校长偕教授倪贻德等率学生,分批赴浙江金华,参加国立东南联大,成立艺术专修科。1943 年联大停办后,又并入国立英士大学。①

　　1945 年 8 月,日本宣布投降,美专在上海菜市路原址筹备复员。9 月 15 日新学期开学。抗战时期,美专的图书与教学设备毁失严重,时仅存图书 11890 册,石膏模型 132 件、钢琴 10 架、幻灯仪

---

① 陈世强:《私立上海美专变迁史略》,《南京晓庄学院学报》2001 年第 1 期。

器、劳作设备约 300 件、其他教学用品 100 余件。①

　　4. 苏州美术专科学校

　　1937 年 10 月 25 日，上海失陷。颜文樑率全校师生仓促迁校至安徽宣城附近，再租房屋重定开学。11 月中旬，学校已无法开办，即解散，相约抗战结束再聚合复校。11 月底，颜文樑与张念珍、黄觉寺、陆寰生、张新杖及家属 10 余人回到上海，但此时的苏州美术专科学校舍已被日军占领作为司令部。

　　1938 年后，颜文樑在苏州美术专科学师生的请求下，经过全体师生的共同努力，苏州美术专科学在上海得以正式复课。同年，苏州美术专科学校师生租借大新公司举办师生画展，显示出艺术教育在艰难困苦的环境中不忘人才培养与艺术传播的使命。

　　1941 年太平洋战争爆发，日军进入租界，上海随之沦陷，苏州美术专科学此时已无法正常教学，于是改美专为实习室，1942 年后改为画室。但时局动荡，人员散落，学生最少时仅剩两三人，教师也各谋出路，苏州美术专科学几乎停办。直至 1945 年抗日战争胜利后，苏州美术专科学校才得以在苏州复校。

　　抗日战争给中国人民带来了深重的灾难，也给中国美术家们造成了险恶的创作环境。即便如此，美术家纷纷走上十字街头，走向人民大众之中，走进烽烟滚滚的现实生活之中。战争的胜利不仅需要战士们的阵前杀敌，还需要大量人力、物力、财力以支持战争，战时在经济上的困难，使得募集捐款成为此时美术工作者在实事上能支持抗战的举措。美术院校的师生为支持抗战，组织的各种募捐活动而掀起的抗战高潮，至今仍感热血沸腾。仅 1938 至

---

① 陈世强：《私立上海美专变迁史略》，《南京晓庄学院学报》2001 年第 1 期。

1945 年间,在重庆的各个抗日美术社团和画家所举办的各种类型的画展有 140 多次,美术家们积极募集资金作为支援抗战和援助贫困学生。

热情和激情的学生抗日运动,促进了所到各地抗日救亡运动的深入发展。各大美术学校的师生,他们在街头巷尾,绘制大型的抗战宣传画、壁画、诗画传单。在创作上,力求使自己的作品贴近时代,接近生活,被更广大的人民群众读懂。美术家和高等艺术院校的师生们在这一时期创作的美术作品或借古喻今、或以史为镜,在不同程度上以直接或间接的方式表达他们的民族自尊心,揭露敌人的凶残,痛斥时政的腐败,同情劳苦人民,团结大众的抗日激情,为开展抗战美术活动增添了新的力量。

## 第二节　抗战时期的新兴美术运动

### 一、左翼美术运动

左翼美术运动主要接受的是马克思主义文艺观的影响。早期共产党人希望运用马克思主义文艺观和方法来观察和解决中国的社会和文化问题。

许幸之 1929 年在《艺术》月刊第一期上发表的《新兴美术运动的任务》一文是最早在美术界倡导无产阶级革命美术的文论,他明确提出无产阶级的新兴美术运动的具体方针:

(1)我们必须建立在一定的阶级立场,彻底和支配阶级及支配阶级所御用的美术政策斗争。(2)我们必须把握辩证法的唯物论,以克服支配阶级的美术理论,并批评他们的美术作品。(3)我们必须强大我们的新兴美术运动,并需充分地磨炼我们的作品，以凌驾于支配阶级的美术作品。（4）我们必须确立美术与社会生活的关系，及其自身存在价值，并需完成支配阶级所未完成的启蒙运动。①

许幸之的这篇文章实际上阐明了无产阶级新兴美术运动的性质和任务，成了左联美术运动的总宣言。

"左翼美术运动是中国共产党领导的，主张马克思主义和苏联的文艺理论，以上海为中心，上海中华艺术大学的'时代美术社'为基础，联合杭州艺专'一八艺社'、上海美专、上海新华艺专、上海艺术大学、白鹅画会的部分成员组建的。左翼美术运动强调美术的社会功能，主张美术应为无产阶级政治服务，为社会而艺术，强调现实主义创作。这是直面人生的'写真实'的态度，更多地带有批判的色彩。左翼美术运动最初几年是以阶级斗争为纲，其大众基本指向下层阶级；而1936年后，民族生存危机迫在眉睫，民族革命战争的大众文艺贯穿着反帝的民族独立意识，大众就包含着更广泛的阶层，包含着中国的人民大众。"②

1930年7月在上海成立的左翼美术运动的中心团体"中国左翼美术家联盟"，标志着左翼美术运动进入一个新的发展阶段，标志着左翼美术运动在组织上的加强，同时在阶级观念上更为鲜明。"左联"成立前后的左翼美术团体，虽然在各自的"纲领""宣言"的具体表述上有所不同，如时代美术社的宣言："所以我们的美术运动，绝不是美术上的流派斗争，而是对压迫阶级的阶级意识的反

---

① 许幸之：《新兴美术运动的任务》，转引自黄宗贤：《大忧患时代的抉择——抗战时期大后方美术研究》，重庆：重庆出版社2000年版，第12页。

② 郑工：《演进与运动——中国美术的现代化（1875—1976）》，南宁：广西美术出版社2002年版，第194页。

攻,所以我们的艺术更不得不是阶级斗争的一种武器了"①;"漫画社"的行动纲领要求:"画家们的作品要深入街头和工厂,进行对无产阶级的宣传教育活动",以至"以绘画为武器,积极促进社会革命"②。无产阶级社会革命的主体都是工农阶层的人民大众,能被工农大众接受,在形式上当然不能采用代表"封建腐朽"的"国粹派"美术,也不能是代表资产阶级自我享受的"印象派""达达派""野兽派""立体派""构成派",所以明确了美术阶级属性后,便要求美术的创作形式必须大众化,必须是符合工农革命斗争中的内容和与其相适应的形式。因此,随后迅速成长起来的新兴木刻艺术在特定的社会政治背景下必然会走上大众化、民族化的现实主义创作道路。

左翼美术青年群体在社会责任感和革命激情下,关注国家与民族命运,探索艺术大众化的道路,不仅在言语上呼吁美术成为无产阶级斗争的武器,而且还身体力行,为当时的各进步团体画宣传画,参与写标语、撒传单、游行示威等活动。在美术与革命之间,他们更倾向于革命,他们坚持"为人生而艺术"的现实主义创作,走出象牙塔,将美术与革命结合起来,更好地发挥美术的宣传、战斗作用。但是这种阶级属性的美术观念,带有坚决的排他性,也制约了战前的左翼美术思潮的传播,左翼木刻运动的代表卢鸿基在对战前美术发展趋势进行回顾时说:

> 虽然美术界这时发觉到有另一形态的出现,另一种理论的产生——宣传的、斗争的。但是没有给他们以丝毫的影响,

---

① 《时代美术社对全国青年美术家宣言》,《萌芽》第 1 卷第 4 期,1930 年 4 月 1 日。
② 黄可:《左翼文艺运动时期的革命美术社团》,上海:上海文艺出版社 1979 年版,第 27 页。

也许是这支新军的青年都不在他们的眼中吧(只是他们忘记了一句话:后生可畏)。所以,新的理论的移植和新军的出现已有了差不多十年,仍是不能散播到整个的美术界来,一直到了民族的觉醒,开始了时日的抗战这一日,一般的情形,才承认艺术宣传及斗争是真理,也使先觉的鲁迅等成为一般所说的预言家。①

所以,左翼美术思潮在全国没有扩展到更广的地域层面和艺术层面。进入抗日战争时期,许多萌发于左翼美术的观点在此时得到进一步的完善深化,通过有效的实践,并获得普遍的认同。随着时局的发展,从 20 世纪 30 年代初期到 20 世纪 30 年代中期,由于鲁迅的倡导,左翼美术运动的创作重点转移到木刻版画上,而且社会功能也从美术阶级革命转移到美术抗日的宣传上。

## 二、美术大众化

美术大众化是因近代社会文化的变化而产生的带有阶级倾向的美术理论命题,它在不同的时段有着不同的历史内涵。

五四运动时期的美术大众化运动是服务于美术革命的,其目的是希望把艺术从文化精英等少数人手中解放出来,参与实际的社会运动。五四运动提出的"科学"和"民主"的口号,即科学能解决知识的问题,蔡元培提出"美术代宗教"的口号,即美术能够解决精神道德的问题,因此美术常常作为与科学相提并论,同肩负起世纪初的文化建设使命,已经不是少数文人墨客的嬉戏之学。五四运动时期的民主主义强调"平民""民众",强调"平等""自由",这种

---

① 卢鸿基:《抗战三年来的中国美术运动》,《中苏文化》(抗战三周年纪念特刊),1940 年。

思潮催生出五四运动时期美术上的民众化运动,要求美术能够表现民间的、民众的现实生活。1927 年 5 月 11 日,由林风眠发起的"北京艺术大会"提出"打倒模仿的传统的艺术! 打倒贵族的少数独享的艺术! 打倒非人间离开民众的艺术! 提倡创造的代表时代的艺术! 提倡全民的各阶级共享的艺术! 提倡民间的表现十字街头的艺术! 全国艺术家联合起来! 东西艺术家联合起来! 人类文化的倡导者世界思想家艺术家联合起来!"[1]口号,具有明显有民主主义的特征。此时美术中提出的"民众"概念既意味着多数人,且主要指下层民众,这里出现了阶级的概念,将传统文人画与大众美术进行了分离。

在教育的层面,为"使民众艺术化"提供方法的思想基础的是蔡元培的美育理念,在《文化运动不要忘了美育》一文中,提出"文化进步的国民,既然实施科学教育,尤要普及美术教育"[2],在《科学与艺术》一文中,认为科学与美术是实施教育的两大纲要。当蔡元培辞去教育总长后,蔡元培曾任命鲁迅为教育部社会教育司第二科科长,其美育思想又得鲁迅继续发展,此时鲁迅认为文艺能够改变人的精神,从改造国民性的角度推进包括美术在内的文化运动。在倡导美育下,各大美术学校问世,这些模仿西式教育的院校,在输入西式美术教育模式的同时,也改变了传统的文化观念,培养了新的文化精神。与此同时,在各美术教育机构的活动下,校园已经置于开放式的社会文化环境中,使美术学校成为社会美育的集散地,美术学校对内的教学活动,和对外的展览、刊物活动,进行了美术理论的构建,与外界主流报刊建立长期固定的联系,进行美术

---

[1]《如火如荼昨日之艺术大会,观者千人,批评极佳》,《世界日报》,1927 年 5 月 12 日。

[2] 蔡元培:《文化运动不要忘了美育》,《晨报》副刊《晨报副镌》,1919 年 12 月 1 日。

宣传。

1930年左翼美术家联盟成立后,艺术大众化运动随着左翼美术运动展开。在马克思主义文艺理论下开展了无产阶级的美术运动,美术从民初的"美术革命"方法论范畴成为意识形态领域内阶级斗争的范畴。1930年,第一个普罗美术社团——时代美术社在宣言中明确提出:"我们的美术运动,绝不是美术上流派的斗争,而是对压迫阶级的一种阶级意识的反攻,所以我们的艺术,更不得不是阶级斗争的一种武器了。"①

"直到1937年日军发动侵华的'七七事变'之后,全面抗战爆发之时,民族危机之中,左翼美术家对'大众'的解释又发生了变化,在原先无产阶级的大众属性上,左翼美术家明确'大众'指为中华民族抵抗日本帝国主义侵略的全体国民。'大众'的语意再次带有阶级属性,是1940年毛泽东发表了《新民主主义论》,其中号召建立'民族的、科学的、大众的新文化',提出在强调民族形式的同时坚持了'大众'的阶级立场,这里的阶级就是无产阶级。"②

在国共两党的抗日民族统一战线的政策下,1938年3月在武汉成立了"中华全国文艺界抗敌协会",提出"文章下乡,文章入伍"的口号,美术家或奔赴抗战前线或深入农村,创作观念发生巨大变化,文艺作品能够从真正意义上贴近民众。然而这种团结局面很快随1938年抗战相持阶段的到来而发生了变化,叶浅予曾回忆说:

> 但在表现形式上,当时曾经提出"大众化"的问题,认为形式必需要为群众所能接受,才能发挥更大的效果。可惜抗战

---

① 杨冬:《美术大众化运动的文化反思》,《文艺争鸣》2009年第2期。
② 许幸之:《时代美术社对全国青年美术家宣言》,《萌芽》1930年第4期。

形势转变了，武汉撤退，大团结接着就分散了，这个"大众化"的课题，由一群政治觉悟比较成熟的美术工作者带到了延安，由于得到毛主席直接的指导，经过长期的努力，发展为今天老解放区辉煌灿烂的为工农兵服务的新美术。①

"大团结"的结束，意味着"大众化"此时有了改变，国统区的美术大众化对象是站在民族立场的全体公民，指代更广泛的社会阶层，包括支持抗日的各党派、各阶级、各爱国群众等。延安的"大众化"则是与政权的建设息息相关的，是以无产阶级为主的人民群众，"大众化"的方略是为巩固无产阶级基础制定的方针策略，其中包括抗战的宣传政策。关于延安时期美术思想，下文将具体论述。

---

① 叶浅予：《国统区的进步美术工作》，郎绍君、水中天编：《二十世纪中国美术文选》（上卷），上海：上海书画出版社 1999 年版。

# 第三章　全面抗战时期的美术活动

战争改变了人们的生活,一切社会活动为抗战服务的目的,使得美术观念从民初的"为艺术而艺术"的大争鸣境况转变为"为人生而艺术"的现实主义美术观念。对提升技巧精益的训练已无足轻重,美术由高雅的抒情转向对现实的揭露。美术不是个人的事,美术家要担负起宣传、动员、教育的任务,要走进人民群众,走进火热的生活,带着民族的使命,表现社会的现实,表达民众的思想感情和审美情趣,创作能为广大群众喜爱的美术作品。无论是成名画家,还是初出艺校的青年,都走出艺术的殿堂,走进更广阔的空间,走到前线,走到边区,走到世界,走到民族的深处。这不仅拓展了美术家的艺术视野,还能使他们吸取丰富的艺术养料,从而出现了自五四运动以来,美术界最为波澜壮阔的运动。

## 第一节　国民政府军事委员会政治部第三厅的美术宣传活动

### 一、政治部第三厅的组建

1938 年 2 月 19 日,国民政府军事委员会将第六部恢复为北伐战争时期的政治部,广泛吸纳宣传人员。政治部的领导层由多党派人士组成,部长由蒋介石倚重的国民党军事将领陈诚担任,副部长是中国共产党的高层领导周恩来和第三党农工民主党的领袖黄琪翔。政治部下设第三厅主管政治宣传,厅长特别聘请了刚从日本秘密归国,在文化界有影响、有号召力的郭沫若为第三厅的厅长。第三厅设五处、六处、七处,每处设三科,第三厅的办公地点最初设于武昌的昙花林。第三厅的成立反映了国民政府建立抗日统一战线的决议,尤其是对共产党领导层的周恩来和民主人士郭沫若等人的吸纳和聘用。①

　　第三厅第六处,负责艺术宣传,处长由田汉担任,下设负责戏剧、音乐的一科,负责电影制作发行、电影放映队的二科以及负责美术宣传、漫画宣传队的三科。

**图 3 - 1 - 1　国民政府军事委员会政治部第三厅**
(图片来源:《国民政府军委会第三厅旧址》,荆楚网)

---

① 武汉地方志编纂委员会主编:《武汉市志·专记·国民政府军事委员会政治部第三厅》,2009 年 8 月 20 日,第 352—353 页。

**图 3‐1‐2　周恩来、郭沫若和部分第三厅成员合影
（左起第四为周恩来，第五为郭沫若）**

（图片来源：《周恩来郭沫若和第三厅部分工作人员合影》，《湖北日报》，2003 年
10 月 21 日）

统一抗战初期，国民政府即对宣传工作给予了高度重视，蒋介
石提出"宣传重于作战"，"精神重于物质，一物要作二物用，一人要
作二人用，一弹要作二弹用，一日要作二日用，全在于精神辅助物
质之不足"的口号，①中心任务是发动一切抗战力量去争取战争的
胜利。

"周恩来极为倚重三厅中的两个人物，一位是厅长郭沫若，另
一位是三厅属下第六处的处长田汉。1927 年国共分裂之际，郭沫
若撰写了《请看今日之蒋介石》，宣布与国民党右派的决裂，同时秘
密加入了中国共产党，但陈诚此时显然看中了郭沫若在知识分子

---

①《第二期抗战宣传纲（军委会政治部第三厅颁发）》，《文献》，1939 年，第 43—50 页。

和爱国青年中的号召力,是'富于情感血性之人'"①,所以在这场抗
战宣传中,其丰富的经验和富于血性的热情是领导这场运动的不
二人选,他的才华通过极富文采的修辞及充满热情的演讲,使得本
来枯燥的政治宣传充满激情,带领了一批知识青年共赴国难。

**图 3 - 1 - 3　政治部第三厅厅长郭沫若在
武汉街头演讲(1938 年)**

(图片来源:钟文:《乞丐绝食捐款、断腿老
兵献金……中国人这样诠释"全民抗战"》)

　　作为第三厅第六处艺术宣传的主管,田汉是艺术宣传的核心
人物。他灵活地将街头剧、音乐、美术、电影等现代艺术媒体进行

---

①《陈诚先生书信集——与蒋中正先生外来函电》(上),"中华民国国史馆",2007 年 12
　　月。转引自蔡震:《从文献史料看郭沫若主政三厅始末》,《新文学史料》,2012 年
　　8 月。

综合运用，达到更广泛的抗战宣传效果。

第三厅抗战宣传活动的开幕是由周恩来、郭沫若、田汉三人共同主持的动员运动"扩大宣传周"。周恩来为此拟定了明却的目标："揭露敌寇的残暴和弱点，庆祝我们在二期抗战中的初步胜利，鼓励和慰劳前方抗战将士，尊敬和优待抗战受伤军人及抗战将士家属，动员全国民众实行参战和拥护抗战建国纲领，巩固国民党与共产党及其他抗日党派的团结，以保证和争取更大的胜利，来粉碎敌人的二期进攻计划。"①具体方法是：

图 3 - 1 - 4　政治部第三厅第六处
处长田汉（1938 年）

（图片来源：田申：《我的父亲田汉》，沈阳：辽宁人民出版社 2011年版）

第一，在文字宣传上，要力求具体、通俗和生动。怎样才能具体？要多宣传敌人残暴与我军作战的具体事实，要多列举敌我兵力对比与我军胜利的具体统计，要多叙述伤残战士的英勇与难民难童的惨状，以唤醒和激发武汉的民众。怎样才能通俗？要注意各阶层民众觉醒和了解程度的不同、情绪的差异，写出易于触动他们的各别口号标语、歌曲和小型传单，特别要注意使用易于他们了解的文字。怎样才能生动？要改变屡行不变的出特刊、请题词的老办法，要改变文字宣传的格式，在报纸杂志传单上，要尽可能地使文字与插画配合，

---

① 周恩来：《怎样进行二期抗战宣传周工作》，中共中央文献研究室编，赵春生主编：《周恩来文化文选》，北京：中央文献出版社 1998 年版，第 5—8 页。

统计与图表配合，战况与标图配合，胜利与照像配合；在街招标语上，要多用易于使人记忆的语句、易于引人注意的颜色，并放在易于触目的地位。

第二，在口头宣讲上要力求普遍、通俗和扼要。怎样才能普遍？要多动员武汉团体学校和部队组织若干宣讲队，划分武汉三镇及其近郊为同等数目的宣传区域，使每个宣讲队在其所担任的区域，在宣传周内，向每条街道每个工厂学校每个村庄都能宣讲一次。怎样才能通俗？要使每个宣讲队都能做到本地人与外省人掺合组织，每次宣讲要注意到宣传对象，指出他们可以了解的情形，说出他们可以能懂的话，提出他们可以接受和可做到的办法。怎样才能扼要？要使每个宣讲队都能依照宣传大纲的范围，定出自己宣传题目和讲演大纲，每次每人最好只讲一两个问题，时间要短，内容要精彩，说话要干脆而有鼓动性，务期获得宣讲预期的效果。

第三，在艺术宣传上，要更加普遍、深刻和激越感人。怎样才能普遍？要使各剧团、各电影放映队能不取任何报酬地分配到各个伤病医院、难民难童收容所、近郊兵营学校中去露天演映，要使各歌咏团能出动到、漫画能张挂到各个公共场所及交通要点。怎样才能深刻？不论演剧、漫画、放映电影，都要使人听了看了永不能忘。怎样才算激越感人？要使看戏的、听唱的感动得当场落泪，兴奋得矢志报仇，有钱的掏钱应捐，有力的报名杀敌。

一切宣传能做得这样深入，最后一天的游行才能动员起武汉三镇多数的民众，有组织地参加行列，对宣传周中的一切要求,也才能保障它的继续和发展,保障它每一个任务的完成。①

**对于前线将士,周恩来提出:**

第一,要利用每日广播的演讲敦请最高统帅及其他领袖发出勉励前线将士的训词,使前线将领能够亲聆这种激励他们的话,并印发和诵读给全体将士听,以激发全体士气。

第二,要印发小型的宣传刊物及画报,迅速地输送前方。对交通不便和留在敌人后方作战的部队,应设法用航空输送,以接济前方精神上的粮食。

第三,要使参加这次宣传周的各团体,能推出代表会同各剧团、各歌咏队和电影放映队,分赴前线去慰劳慰问。

第四,要在这次宣传周募集救助负伤战士的药品和经费,并希望能从这运动中联合起各种救助团体,成立全国范围的联合的统一组织,以便协助政府对前线将士的救护工作。

第五,要援助和拥护儿童保育会及儿童救济协会的工作,推动他们形成联合行动,并号召青年到前线去参加救济难民、救济儿童的工作和进行前线上防空、防毒的运动。②

**针对敌方的宣传,周恩来指出:**

"要使这次抗战宣传,扩大到敌人占领地区和敌人队伍中

---

① 周恩来:《怎样进行二期抗战宣传周活动》,中共中央文献研究室编,赵春生主编:《周恩来文化文选》,第 5—8 页。

② 周恩来:《怎样进行二期抗战宣传周活动》,中共中央文献研究室编,赵春生主编:《周恩来文化文选》,第 5—8 页。

去。在那里,有着我们自己的忍泣吞声受尽折磨的同胞,更有那疯狂绝望欲归不得的敌人军队,我们要编印慰藉和勉励我们自己同胞的宣传品,要编制动摇和瓦解敌伪官兵的传单、画报、标语、口号,藉着隐藏的活动、空中的飞机、战场上的宣传队喊话队游击队,以及顺着江河下流的刻了字的木板木片,散布到敌人占领区或敌人部队中去。①

周恩来的这篇宣传方针,不仅有具体的宣传手段,且奇思妙想,提议顺着江河下流,将刻有宣传标语的木片散步到敌区,也极大地启发和引导了宣传队进行抗战艺术宣传的工作。1938 年 4 月 7 日,扩大宣传周举行了开幕典礼,首日是文字日,向民众和国际人士发布由政治部及各新闻机构印发的各类文字宣传品;8 日为宣讲日,各界所组织之宣传队,共计 2300 多队,赴医院、难民所、工厂、乡村、街头、码头等公共场所进行演讲;9 日为歌咏日,在汉口中山公园举行了广场歌咏以及歌咏行列;宣传周的高潮要数 10 日的美术日,由于国军在台儿庄对日军作战告捷,激发了人民的巨大热情,举行美术歌咏火炬游行大会,万人空巷。游行结束后,举行水上歌咏大会。黄鹤楼台阶"两旁搁着数百幅色彩鲜艳的宣传画",②"政治部艺术处所制之漫画 60 幅",③漫画家们的大幅作品被火光映照,游行队列中有"巨大的宣传漫画灯",④游行队伍与岸上的人群一路沸腾,直至半夜才渐渐散去。美术日还举办了各式美术展览会,其中包括有"张善孖正气歌图像展览会""廖冰兄抗战连环漫

① 周恩来:《怎样进行二期抗战宣传周活动》,中共中央文献研究室编,赵春生主编:《周恩来文化文选》,第 5—8 页。

②《武昌水上火炬游行》,《新华日报》,1936 年 4 月 11 日。

③《第三厅在汉活动概况》,《武汉抗战史料选编》,武汉市档案馆藏,1985 年 6 月。

④《武昌水上火炬游行》,《新华日报》,1936 年 4 月 11 日。

**图 3‑1‑5　1938 年 4 月 7 日起,汉口举行第二期抗战扩大宣传周**

(图片来源:武汉市档案馆等编:《武汉抗战史料选编》,1985 年 6 月)

画展览会""抗战漫画标语印刷品及大布画展览会",而各抗战宣传队,在美术日也出现在武汉三镇街头各处宣讲。航空委员会总政训处在街头挂出"全国总动员"布画,该处又请沈逸千、王树刚、黄肇昌、刘元、魏孟克等绘制"自作自受""侵略的末日""迷梦醒来""抗日的将士"等布画,其中尤以"台儿庄歼灭战"最为动人,①另外宣传队举办的化装流动宣传队,则利用卡车至各处宣讲。② 美术日也成了扩大宣传周的最高潮,对于当晚的盛况,郭沫若回忆道:"七号,消息传播开来,当天把那火炬游行提早举行,真个是家家庆祝,人人称贺,参加火炬游行的,通合武汉三镇,怕有四五十万人。特别是武昌的黄鹤楼下,被人众拥挤得来水泄不通,轮渡的乘客无法下船,火炬照红了长江两岸。唱歌声、爆竹声、高呼口号声,仿佛要

---

① 《大公报》(汉口),1938 年 4 月 12 日。

② 《黄鹤楼上歌声嘹亮美术歌咏火炬游行会参加万余人观者如堵》,《申报》,1938 年 4 月 11 日,第 2 版。

把整个空间炸破。"①11 日为戏剧日,连日来在汉口新市场以及大舞台举行了平剧抗敌联合公演。

　　1938 年 5 月 3 日至 9 日,由政治部第三厅主持的雪耻兵役扩大宣传周,期间开展的美术宣传活动有:图画壁报四种,为"五一""五三""五四""五九"壁报,为连环画性质,张贴于都市及农村的街头;画布及布标语数十幅,交八十六队、很合宣传队至乡村张贴散发,或者悬挂在武汉三镇的街头②。

　　7 月 7 日,第三厅又举行了"抗战建国纪念宣传周"("七七献金")③。上午,第三厅分别在武昌司门口、汉口三民路孙中山铜像前、江汉关右首、世界影剧院门口、中山大道水塔下及汉阳码头设置了有美术科设计的六座固定献金台,并设有三座流动献

---

① 郭沫若:《郭沫若自传(第 4 卷)·洪波曲》,贵阳:贵州教育出版社 2012 年版,第 56 页。

② 郭沫若:《第三方工作报告(1938 年 5 月 12 日)》,《武汉抗战史料选编》,武汉市档案馆藏,1985 年 6 月。

③ 见 1938 年 7 月 2 日的《大公报》,《抗战建国纪念举行授旗典礼——慰劳军人并慰问其家属向民众做大规模之宣传》【中央社讯】武汉各界抗战建国周年纪念会筹备会,昨日下午三时,在政治部第三厅举行第二次筹备会,出席者政治部、中央宣传部、卫戍总部政治部。省市政府、省市党部、国际宣传处、警备队、平汉粤汉两路特别党部通过各组工作计划及经费□算外,并决定:(一)发动全国同胞,在武汉举行极隆重之献旗店祖,向最高领袖献旗致敬,已分电各省市,请即指派现住武汉之各省市人士为代表。(二)组织慰劳团,出发各战区慰劳前方。(三)奠基典礼,决改在汉口中山公园举行。(四)通电全国同胞,"七七"素食一天,并已节省之款,作为慰劳抗战将士及出征军人家属之用,并于是日禁屠一日。(五)戏剧、音乐宣传,决定自四日起,与宣传组工作配合,同时发动歌咏队、演剧队、放映队、化装表演军,在街头里弄、码头、工长、伤兵医院及武汉近郊宣传,并举行歌咏大会及各电影院放映幻灯标语。(六)请各电影院于六八两日放映抗战电影,将全部收入作慰劳之用。(七)各戏剧人家及电影明星歌唱广播向市民募捐。(八)举行抗战画展及木刻画展览。(九)慰问大会,决定扩大举行,慰问经费,亦决定多种办法募集。有耕地、加以改良,开垦荒产,并竭力提倡节约,如食用糙米杂粮,限制用米饲养牲畜等,吴氏以七月□日将届,今分令全省禁屠一天,以示同仇敌忾,坚苦卓绝之决心。

金台。此外美术科绘制了近百幅小型宣传画,在游行时钉在木板上,每人扛着一块,浩浩荡荡随着宣传列车的队伍巡回在武汉三镇街头。① 抗战建国周年纪念筹备会主办了美术展览会,陈列作品共达百余件之多,其中大部分是第三厅的美术工作者制作。②

在"七七献金"中,社会各阶层、各职业的人士踊跃参与,一天之内献金数次的情况屡见不鲜,《新华日报》《大公报》等每天登出献金人员名单。③ "七七献金"原计划举行三天,但由于献金人员热情高涨,所以决定时间延长两天,至 7 月 11 日结束。"历时五天的献金运动,有近百万人次参加,武汉三镇共收到现金款 93 万余元,接受金银首饰品 1156 件,其他物品 77 件。现金和实物折价款相加超过 100 万元。郭沫若设法从献金款里请准了 20 万元外汇,派阳翰笙、程步高等人到香港采购医疗器械和急需药品,以供前线杀敌将士急用。临行前还让阳翰笙等人多带了 10 万法币,顺道在广州采办一批普通慰问品。"④武汉"七七献金"之后,各地纷纷响应也开展了献金运动,本在武汉范围的献金活动变成了一场全国范围的运动。在第三厅倡议举行"七七献金"之前,国民党方面曾反对这次活动,原因在于担心无人献金,影响国民党形象,打击抗战积极性。然而这一活动最终取得巨大成功,获得了轰动的宣传效应,民众力量的

---

① 张海鹏主编,王建朗、曾景忠著:《中国近代通史(第 9 卷)·抗日战争(1937—1945)》,南京:江苏人民出版社 2007 年版,第 71—72 页。

② 中央社讯:《抗战建国纪念儿美术展览会今日在汉口青年会举行》,《大公报》,1938 年 7 月 7 日。

③ 张海鹏主编,王建朗、曾景忠著:《中国近代通史(第 9 卷)·抗日战争(1937—1945)》,南京:江苏人民出版社 2007 年版,第 71—72 页。

④ 武汉市政协文史资料委员会编:《武汉文史资料·武汉大事选录(1898—1949)》,1990 年 11 月,第 322 页。

空前团结,这是第三厅文艺宣传的成功,也代表国共合作宣传的
成功。

**图 3 - 1 - 6　1938 年 7 月,政治部第三厅组织开展了声势浩大的"七七献金"运动**
（图片来源:武汉市档案馆等编:《武汉抗战史料选编》,1985 年 6 月）

　　"除了战争物资的供应,战地前后也缺少精神食粮,为此郭沫
若向陈诚提议建立战地文化服务处,在汉口设立总站,在长沙、桂
林、上饶、西安等地设立分站。慰劳总会通过这些站点输送了大量
抗战书报刊宣传品,赠送慰问信、慰劳袋等。第三厅所属各抗敌演
剧队、宣传队、电影放映队及孩子剧团,更是深入到前线部队,到乡
村、到伤兵医院进行慰问演出,极大地鼓舞了士气。"①

　　第三厅的组织格局存在内部组织和外围组织两个格局。第
三厅内部的美术组织主要是六处的美术科、美术工场和漫画宣传
队,它们与战地文化服务处、抗敌宣传队相互配合。第三厅的外

---

① 邢小群:《郭沫若的 30 个细节》,西安:陕西人民出版社 2013 年版,第 83 页。

围组织有"中华全国美术界抗敌协会""中华全国漫画界抗敌协会""中华全国木刻抗敌协会"等文艺界统一抗战组织,出版《新华日报》《扫荡报》《武汉日报》等刊物。此外,还有一些不属于第三厅但接受第三厅指导、请求资助的民间文艺团体,这些文艺团体与隶属于政治部和第三厅的文艺组织构成了第三厅的外围组织网络。在第三厅体制的美术组织中,战地文化服务队隶属于第三厅,抗敌宣传队隶属五处,漫画宣传队、美术工场隶属于六处的美术科。"第三厅成立之后,各处、科、室有 300 余人,加上'八一三'后由于伶、张庚负责组织的 12 个救亡演剧队到武汉会师后,改编为由政治部三厅直接领导的抗敌演剧队、孩子剧团、抗敌宣传 4队、漫画宣传队 1 队,共约 2000 人。"①在很大程度上集中了当时的美术势力。

第三厅外围的美术组织团体,例如"中华全国美术界抗敌协会"1938 年 6 月 6 日成立于武汉,②"中华全国漫画界抗敌协会"③

---

① 邢小群:《郭沫若的 30 个细节》,第 82 页。

② 1938 年 6 月 6 日,中华全国美术界抗敌协会在武昌青年会召开成立大会。教育部次长张道藩,政治部第三厅艺术处处长田汉,美术界一百余人到会。张善孖任主席并致开幕词,一致通过了协会简章,并选举蔡元培、冯玉祥、张道藩、郭沫若、田汉、陈树人、何香凝、叶恭绰、高剑父、滕固等为名誉理事,选举张善孖、唐义精、徐悲鸿、唐一禾、孙福熙、吴作人、倪贻德、段平右、郎鲁逊、周圭、伍千里、陈子福、高龙生、叶浅予、力群、马达、罗寄梅、盛了庵、马绍文等 43 人为理事。会议期间,在武昌青年会三楼举办"抗战美术展览会"3 天,展出作品二百余幅,包含油画、水彩画、素描、国画、漫画、版画等。闭幕之后,将一部分作品赠送给国际学联代表团,携带前往欧美各国展览,一部分印刷或照片复制后分发于各军队及民众团体。该协会此后未见活动。

③ 1937 年春,中华全国漫画作家协会在上海成立,根据战时需要 7 月改名为"上海漫画界救亡协会",1938 年先后改名为"全国漫画作家协会战时工作委员会""中华全国漫画界抗敌协会"。

"中华全国木刻抗敌协会"1938 年 6 月 12 日成立于武汉,①这些团体与第三厅有直接关系,主要体现在四个方面:一是第三厅协助筹建。"中华全国美术界抗敌协会"的成立大会由郭沫若主持,第三厅美术科全体成员都前往参加其成立大会;②"中华全国木刻抗敌协会"是经国民政府社会部登记注册的合法社团,其办公地点就在第三厅的美术科,并且在《新华日报》上发表了《中华全国木刻抗敌协会》召开成立大会的消息;③1938 年 6 月 12 日成立的"中华全国漫画界抗敌协会",叶浅予为主要负责人。这些团体的主要负责人在团体成立的前后都是第三厅的主要成员。二是这些团体随第三厅的转移而迁移。早在 1938 年 8 月,中华全国木刻抗敌协会便开始了撤离武汉的工作,罗工柳、马达、力群、陈九、安林、尤淇先后去延安,赖少其、卢鸿基、刘建庵、黄铸夫等分赴重庆、桂林等地;10 月武汉沦陷后,"中华全国漫画作家抗敌协会"从武汉迁往桂林,冬季又跟随第三厅迁往了重庆,其工作都是围绕第三厅而展开。三是团体的成员与第三厅成员有较多的重合。在中华全国美术界抗敌

① 1938 年 6 月 12 日,中华全国木刻界抗敌协会在汉口花楼街洪益巷培心小学开成立大会,通过简章和宣言,推举叶浅予、张光宇、高龙生、丁聪等为理事。周恩米、郭沫若派田汉为代表出席,会议通过宣言、会章。选举力群、马达、李桦、赖少其、陈九、安林、卢鸿基、罗工柳、刘建庵、黄铸夫、胡一川、江丰、沃渣、陈铁耕、温涛、新波、陈烟侨、野夫、罗清桢、张望、酆中铁等为理事。推选马达(负责总务)、力群(负责研究)、卢鸿基(负责展览)、刘建庵(负责组织)、陈九(负责出版)为常务理事。聘请蔡元培、冯玉祥、潘梓年、田汉,胡风、唐义精等为名誉理事。会议期间,举办了"全国抗战木刻展览会"。同日,中华全国漫画界抗敌协会在汉口成立。通过会章、选举叶浅予、张光宇、高龙生、丁聪为理事。

② 中国第二历史档案馆编:《军委会政治部第三厅关于抗敌宣传工作概况的报告》(1939年 7 月),载《中华民国史档案资料汇编(第 5 辑·第 2 编)·文化》,南京:江苏古籍出版社 1998 年版,第 62—71 页。

③《新华日报》,1938 年 6 月 13 日,第 3 版。

协会里，力群、倪贻德、翟翊担任理事，段平佑为常务理事。参加中华全国木刻抗敌协会的有力群、罗工柳、丁正献、沈同衡、刘建庵、卢鸿基、赖少其，其中力群、罗工柳为理事、卢鸿基为常务理事。中华全国漫画作家协会战时工作委员会主要委员为叶浅予、陆志庠、宣文杰、张文元、陶谋基、胡考、张仃、梁白波、张光宇，第三厅成员占总委员数的 60％，之后的中华全国漫画界抗敌协会有沈同衡（1939 年 1 月加入）、丁聪（理事）。除上述成员外，高龙生 1940 年入第三厅工作，他在 1938 年担任中华全国漫画战时工作委员会委员、中华全国漫画界抗敌协会理事。黄茅在 1940 年在桂林加入中华全国漫画作家协会并担任理事，孙宗慰在重庆加入过中华全国美术会。① 马达在到达武汉之后虽然没有加入第三厅，但是在中华全国漫画界抗敌协会工作时仍与第三厅有联系。虽没有明确的证据证明第三厅与外围美术团体在工作上是否有明确的划分，但可以肯定的是，统一战线、抗战救国背景下的美术工作者他们工作的总目标是一样的。四是第三厅与这些团体在美术宣传活动上互通。中华全国美术界抗敌协会成立当天便举办了为期 3 天的"抗战美术展览会"，展出作品二百余件，展览闭幕后又前往欧美各国展览，展览的照片和印刷品分发给军民，8 月又举办"全国抗敌美术展览会"。中华全国木刻抗敌协会成立当天举办了"全国抗战木刻展览会"。在武汉举行的扩大宣传周中制作的大量美术作品，都由

---

① 即"中华全国美术界抗敌协会"的前身，成立于 1937 年 4 月 9 日的南京，全国性的美术团体。1938 年第三厅成立，其工作任务明确组成中华全国美术界抗敌协会、中华全国美术会的发起人，即时任教育部常务次长的张道藩将其视为"中华全国美术会在战时的特殊存在形式"（参见赵友培：《文坛先进张道藩》，台北：重光文艺书版社 1979 年版）。

第三厅美术科和外围团体的成员完成。①

第三厅的漫画宣传队、第六处美术科、美术工场、战地文化服务处等第三厅内部美术组织与中华全国美术界抗敌协会、中华全国木刻抗敌协会、中华全国漫画界抗敌协会等外围组织互相渗透、相互配合。内部组织公开隶属于第三厅、隶属于政治部使他们能够获得国民政府的经费支持,公开号召人才,使宣传工作公开化、合法化,具有更广阔的平台;外围的美术团体不直接隶属国民政府,与第三厅有合作但也保持相对独立性,这也为不愿意加入第三厅的其他美术工作者提供平台以及相对安全的环境,使他们也能贡献自己的抗战力量。这些外围组织对于第三厅来说,即扩大了第三厅与外界的接触面,也增强了第三厅的生命力。

在第三厅的组织策划下,艺术家资源得以高度整合,街头宣传以互动的模式进行,这是艺术家在团结工作下的"大众",并且由于规模和影响的巨大,不但在武汉地区获得了巨大的宣传效果,全国乃至海外华人也受到影响,举办庞大的献金活动,为争取国际抗战事业和宣传影响做出了卓越的贡献。这些期盼民族团结、抗战胜利的艺术家与战场上的将士一样,承担着国家使命,毫无疑问也是国家的英雄。

---

① 邵劲之:《用画笔推动抗战》,《新文化史料》,1994 年。"各美术协会的主要成员,大都在三厅周围工作,与三厅抗日宣传工作配合紧密,形成了一个团结战斗的美术群体。"

**图 3‑1‑7　1938 年 4 月 10 日，扩大宣传周之美术日，美术
歌咏火炬游行大会漫画牌行列出发时情景，图
中戴眼镜者为郭沫若**

（图片来源：武汉市档案馆等编：《武汉抗战史料选编》，1985 年
6 月）

## 二、美术科

第三科（美术科）原拟聘请徐悲鸿担任科长，后又聘吕霞光，二
人均未能到任。3 月下旬，倪贻德闻讯来到武汉，通过决澜社成员
段平右的介绍与郭沫若、田汉会面，随即就任第三科代理科长。倪
贻德介绍了周多、王琦、丁正献、汪仲琼等上海美术专科学校的教
师和学生加入。在这样一个民众广泛参与的抗战动员现场，时任
美术科代理科长的倪贻德说：

　　　战时的武汉完全可说是美术化了，整个的都市就宛如一

个大的展览会场。不论在街头,在闹市,在车站,在轮渡码头,到处都张贴着色彩强烈的,线条粗犷的宣传的招贴,布画、壁报、标语,以及大幅的壁画。各团体的美术工作人员,像在竞赛地表现着艺术的伟大力量。根据他们的经验,知道要供给前线军队以精神上的粮食,连环画的小册最受欢迎;农村中的宣传以张贴壁报和招贴为适宜,而在大都市中,却需要大幅的布画和壁画。所以战时的武汉街头,几乎每一座墙壁,每一块广告牌,都被利用到了。①

此时的美术,主要是将美术展览的空间转移,从室内转向了街头,走出了象牙塔,走上了十字街头,而第三厅美术科为艺术家们提供了一个前所未有的竞技平台。"艺术家们在这里也经历了一次身份的变异,从原先流动、甚至非法的民间运动人士,转变为合法性的、自主接受政府管制的国家工作人员。"②

### 政治部第三厅第六处第三科(美术科)成员一览表

| 姓名 | 学籍 | 就职前略历 | 留学 | 职务 | 介绍人 |
|---|---|---|---|---|---|
| 倪贻德 | 上海美术专科学校 | 上海美术专科学校教授 | 日本,川端画学校 | 代理科长 | 段平右 |
| 周　多 | 上海美术专科学校 | 上海美术专科学校教员 | | 科员 | 倪贻德 |
| 段平右 | 上海美术专科学校 | 武汉 | 日本,日本大学艺术科 | 科员 | 田　汉 |
| 王式廓 | 上海美术专科学校 | 东京美术学校肄业 | 日本,东京美术学校 | 科员 | |

① 倪贻德:《黄鹤楼的大壁团》,《星岛日报》(香港),1938 年 10 月 29 日。
② [加]马歇尔・麦克卢汉著:《理解媒介》,何道宽译,南京:译林出版社 2019 年版,第 7 页。

（续表）

| 姓名 | 学籍 | 就职前略历 | 留学 | 职务 | 介绍人 |
|---|---|---|---|---|---|
| 汪仲琼 | 上海美术专科学校 | 武汉 | | 科员 | 倪贻德 |
| 王 琦 | 上海美术专科学校 | 重庆 | | 科员 | 倪贻德 |
| 丁正献 | 上海美术专科学校 | 重庆 | | 科员 | 倪贻德 |
| 韩尚义 | 上海美术专科学校 | | | 科员 | |
| 吴恒勤 | 上海美术专科学校 | 上海新华艺术专科学校西华系主任 | 法国,巴黎美术学院 | 科员 | |
| 冯法祀 | 中央大学艺术系 | | | 科员 | 徐悲鸿 |
| 力 扬 | 国立杭州艺术专科学校 | | | 科员 | |
| 李可染 | 上海美术专科学校、国立杭州艺术专科学校 | 徐州第三女子师范学校教员 | | 科员 | |
| 卢鸿基 | 国立杭州艺术专科学校 | 湖南 | | 科员 | 力 扬 常任侠 |
| 罗工柳 | 国立杭州艺术专科学校 | 湖南 | | 科员 | 力 扬 |
| 力 群 | 国立杭州艺术专科学校 | 安庆省立第一民众教育馆 | | 科员 | 马 达 |
| 周令钊 | 武昌艺术专科学校 | 湖南省抗敌画会 | | 科员 | 田 汉 |
| 吕霞光 | | | | 科员 | |
| 刘文杰 | | 军委会政训处 | | 科员 | |
| 龚孟贤 | | 军委会政训处 | | 科员 | |
| 华以松 | | | | 科员 | |

（续表）

| 姓名 | 学籍 | 就职前略历 | 留学 | 职务 | 介绍人 |
|---|---|---|---|---|---|
| 沈同衡 | | 军委会政训处 | | 科员 | |
| 翟　翙 | 上海新华艺术专科学校 | 长沙 | | 科员 | |
| 张友慈 | | 长沙 | | 科员 | 周令钊 |
| 黄普苏 | | | | 科员 | |
| 叶浅予 | 厦门大学 | 《时代画报》主编、南京《朝报》图画部主任、救亡漫画宣传队 | | 副科长 | |
| 张乐平 | | 救亡漫画宣传队 | | 科员 | |
| 梁白波 | 中华艺术专科学校 | 菲列滨华乔第一女学教员、救亡漫画宣陪队 | | 科员 | |
| 席与群 | 上海艺术大学 | 《良友》画报摄影记者、救亡漫画宣传队 | | 科员 | |
| 陆志庠 | 苏州美术专科学校 | 苏州 | | 科员 | |
| 宣文杰 | 上海民立中学 | 《时代漫画》编辑助理、救亡漫画宣传队 | | 科员 | |
| 陶谋基 | 上海美术专科学校 | 上海 | | 科员 | |
| 廖冰兄 | 广州勤勤大学高中师范科 | 广州，《现象报》绘事主任 | | 科员 | |
| | | | | | |

　　（表格来源：本表参考《周令钊口述回忆》(2011 年 7 月 9 日)；《艺海风云——王琦回忆录》《卢鸿基文集》；力群：《我的艺术生涯》；徐孝穆：《记绘画前辈吴恒勤》；刘晓纯编：《罗工柳艺术对话录》；常任侠：《战云纪事》；《阳翰笙选集(第 5 卷)·革命回忆录》；中国第二历史档案馆编：《中华民国史档案资料汇编(第 5 辑·第 2 编)·文化》以及倪贻德"文化大革命"时交代材料等文献编制)

4月初,倪贻德和年轻的科员们一同住进了位于昙华林的三厅宿舍,工作地点是一间约 60 平方米的房间,如王式廓的代表性油画作品之一《台儿庄大捷》,便是在此时创作出。根据第三厅的工作报告,美术科所涉及的工作事项主要有以下方面:

1. 适应需要即时绘制总理遗像、委座肖像,并经常绘制布画、壁画,以及连环画、标语图画、木版画、抗战地图等。

2. 主办各种绘画展览会(如抗战建国漫画展览会、露天大布画展览会、街头展览会、劳军展览会等)。

3. 经常供应国内外展览之美术作品。

4. 组织漫画宣传队,赴各地巡回工作。

5. 担任各种训练团体之美术指导。

6. 组成中华全国美术界抗敌协会。

7. 设计并布置各宣传团体训练机关之美术配备。①

### 三、美术工场

随着工作的展开,第三厅工作的局限性展现出来。例如由于组建比较仓促,第三厅人员流动性大并且较松散,而管理层如郭沫若、田汉等人又是雷厉风行的工作作风,这使得第三厅的工作规划并不稳定。郭沫若说:"朋友们在没有工作的时候感觉着苦闷,有了工作便忙得不亦乐乎。但等工作一完毕,又静了下来,苦闷却更深沉了,""集中着很多的人在一个城市内,已经是一种浪费,何况工作又不容易展开。"②郭沫若曾对武汉第三厅下过一句评语:"轰

---

① 《军委会政治部第三厅关于抗战宣传工作概况的报告》(1937 年 7 月),中国第二历史档案馆编:《中华民国史档案资料汇编(第 5 辑·第 2 编)·文化》,第 136—138 页。

② 郭沫若:《郭沫若自传(第 4 卷)·洪波曲》,第 53 页。

轰烈烈,空空洞洞。"①为了改善这种情况,在武汉会战进入关键阶段的七八月之交,田汉向倪贻德下达命令,要求美术科在黄鹤楼城壁上制作一幅纪念碑式的大壁画,题材是"全国总动员,保卫大武汉"②。田汉特别强调画面需以蒋介石为中心,并表现他骑在马上指挥杀敌的英姿,为此第三厅拨出了专款 800 元用以购买画材。③

此时倪贻德的学生周多也来到了武汉,倪贻德将他介绍给了田汉,随即加入美术科。倪贻德带领着周多、段平右查看地形、丈量尺寸,并让段平右负责绘画材料的采购工作④。根据壁画创作者的回忆,最初由周多和汪仲琼、韩尚义等三人负责起草构图,倪贻德向他们提供了作为参考的实地拍摄的军民合作的放大照片。但周多等人的第一稿未能获得通过,所以之后增加了王式廓、李可染、冯法祀等人组成了构图小组,最终由汪仲琼综合各人方案,形成了最后的定稿。⑤ 紧接着一件意外发生了——一次敌机的大轰炸中,倪贻德因躲避而未到岗,导致被革职处理,8 月中旬结束了在第三厅的工作。⑥

倪贻德被革职之后,9 月 8 日,第三厅以美术科的科员为中心,成立了名为"美术工场"的新组织,以此代替了第三科,而田汉兼任

---

① 郭沫若:《郭沫若自传(第 4 卷)·洪波曲》,第 95—96 页。
② 倪贻德:《黄鹤楼的大壁画》,《星岛日报》,1938 年 10 月 29 日。
③ 倪贻德家属收藏的倪贻德"文化大革命"时交代材料,第 60 页。
④ 倪贻德家属收藏的倪贻德"文化大革命"时交代材料,第 22 页。
⑤ 周多:《忆黄鹤楼下的抗战大壁画》,《春秋》1985 年第 4 期。但倪贻德在"文化大革命"时期的回忆与此有差异,最初他让周多负责起草,此后因为未通过,就成立了构图小组,参加者有王式廓、李可染、玛法祀等人。引自倪贻德家属收藏的倪贻德"文化大革命"时交代材料,第 22 页。
⑥ 倪贻德家属收藏的倪贻德"文化大革命"时交代材料,第 21 页。

了大壁画的总指挥。① 构图小组中的王式廓、冯法祀等人此时已陆续奔赴延安,周多、李可染、汪仲琼、韩尚义、丁正献、吴恒勤、周令钊、陶谋基、龚孟贤、沈同衡、翟翊、黄普苏、张友慈等十余人参加了壁画的绘制工作,此外还有数名负责为墙壁打底的油漆工。

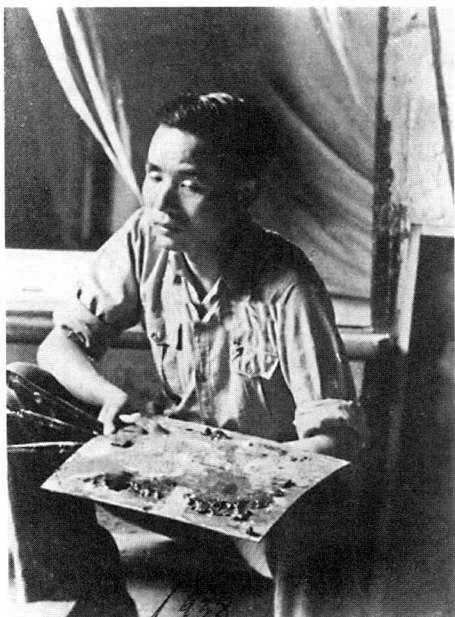

**图 3－1－8　1938 年,李可染在武汉国民政府军事委员会第三厅作画**

(图片来源:武汉市档案馆等编:《武汉抗战史料选编》,1985 年 6 月)

关于美术工场开展的美术宣传工作,第三厅九、十月份的一份工作报告可见:

九月份

(一)成立美术工场:1. 租定房舍(在江汉路贯忠里二十

---

① 密林:《抗战中的美术工场》,《新华日报》,1938 年 9 月 26 日,第 3 版。

号)并加布置;2.整理公物,分别编造清册;3.添置材料用品;
4.草定经常出品计划及工场职务分掌。(二)九一八纪念宣
传工作:1.绘制宣传品(子)招贴十种(两种未付印)(丑)标语
设计四种(寅)壁报两种(卯)传单四种(辰)连续图书小册子四
本(巳)大幅布画两张;2.布置宣传卡车,作布标语四大幅,布
画两大幅。3.布置九一八纪念宣传台计凌霄、新市场、云仙三
游戏场,除各处张贴本科所制印刷宣亿品外,并在会场四周满
挂布画。(三)绘制双十节宣传品:1.招贴八种(二种未付
印);2.壁报一种(本科集体创作);3.标语设计四种;4.连环
画小册子原定三本,传单原定四本,旋以奉命准备迁湘,并赶
绘街头壁标语(突击宣传)中止制作。(四)供应方面:1.战地
文化服务处出版通俗读物封面六种;2.士兵周刊插图十七幅;
3.汉口各界拥护国际援华制日运动大会布标语三大幅,纸标
语十种;4.为第九战区长官司令部政治部代绘布画六幅(军民
合作连环画);5.为慰劳委员会设计慰劳信封信纸各三种;
6.布置"保卫大武汉艺术宣传大会"会场并制作布标语一大
幅,广告六张;7.设计全国戏剧界抗敌协会奖状一种;8.为孩
子剧团代制壁报插图四幅,布画一幅;9.为抗敌演剧第九队连
环布画四幅;10.旧剧训练班学员慷慨输捐速写三帧;11.慰
劳委员会慰劳汽车用大标语三幅;12.携往国外宣传画,计武
汉合唱团带去布画五幅,由美国使馆武官带去布画六大幅,又
送往印度四大帐。(五)突击宣传工作。二十七、二十八两日
动员本科全体工作人员在武汉各重要街头赶制壁画与标语,
计共完成壁画十四幅,标语五十二个。(六)其他:1.参加陈故
旅长送殡礼并给绘赠布画一幅;2.绘制地图形势的全面抗战
图一幅对敌宣用。

十月份

（一）街头展览。分为摄影、漫画、印刷品、连环画四组，在长沙市区湘春街、又一村、东长路、司门口，四区轮流展览，自双十节起共展四天。（二）壁画：自八日起在一长沙市南正路、中山路、水风井一带绘制大壁画九幅，内容以征募寒衣，慰劳伤兵，鼓励兵役为中心。（三）壁标语：与壁画同时进行，在长沙市重要街道制大标语十余处，其内容为五处所拟。（四）伤兵医院展览：双十节街头展览材料以一部分合于伤兵宣传者，携至长沙市区各伤兵医院展览，每院展览一天，共展览五处。（五）标贴壁报：此项印刷品系由汉运来，计国庆纪念三种，征募寒衣二种，分发抗敌宣长队及演剧队在长沙市区张贴。（六）协助各处科工作：为五处绘伤兵医院标语头四幅，写电影放映广告数件，及演剧广告数件。（以上系移湘工作）（七）预定的中心工作：计完成街头大标语六处，街头壁画五幅。（八）对敌宣传标语石印稿十六种。（九）为武汉青年俱乐部代作布标语二幅，纸标语十种。（十）为青年团代作标语六种，壁报二张。（十一）南浔大胜宣传工作：1.写捷报；2.作布标语三大幅；3.布置宣传卡车；4.作小幅标语；5.参加卡车游行，散发传单，欢呼庆祝；6.晚上在法租界等处驾汽车散发本部的《南浔路大胜利告民众书》。

（以上系留汉工作）①

在中共的机关报纸《新华日报》对美术工场的报道中，记者密

---

① 湖北省志《文艺志》编辑室编：《政治部第三厅第六处三八年美术工作概况》，《文艺志·资料选辑7》，长沙：湖北省文艺志编辑室1986年版，第153—154页。

林描写的是美术工场的严肃整饬的规范化行为:"在工作室中,一条长案,排下十一个人的座位,空气非常肃静,没有人浪费一刻时间谈一谈天,大家都在作画或潜心(地)研究,维持工作室中的严肃:记者踏进了他们的卧室,感到朴素的空气。几条床铺非常整齐清洁,这并不是如某些地方因为有人参观就预先伪装,因记者是以不速之客而进去的。"①记者对黄鹤楼城壁上巨大的壁画,说:"这个就是'美术工场'十一位工作人员十五天所得的成绩,不能不被认为是艺术界一个伟绩……这许多对象使他们每日不懈的(地)在积极地工作。因此,他们虽然每天有规定时间,常常因为工作紧张和热心工作的关系,常常延至夜里两三点才睡,他们为着使艺术配合抗战,他们的作画,无论是构图,主题,全是在一个总目标之下,事先是由一人拟定,经大家通过,然后分头去做,这是非常合理的。在这些条件下,他们共同生产了许多作品。"②一份由第三厅负责对敌宣传的第一科科长冯乃超担任主讲的专题报告中,他指出:"以前的艺术家是为艺术而艺术,大多数人是躲在象牙塔里,做着纯艺术的梦。现在三厅的美术家画了很多抗战的宣传画,把自己的艺术与国家的命运联系在一起,我预感到,一次新的艺术革命即将到来。伟大的民族解放战争把无数有良心、有正义感的美术家吸引到新现实主义的艺术道路上来,将掀起一个新现实主义的高潮,为我国的美术开辟远大光明的前景!"③

　　无论什么党派、什么阶层,此时身为同一团结民族,正如老舍先生说的:"我不是国民党,也不是共产党,谁能真正抗战,我就跟

① 密林:《抗战中的美术工场(本报特写)》,《新华日报》,1938 年 9 月 26 日,第 3 版。

② 密林:《抗战中的美术工场(本报特写)》,《新华日报》,1938 年 9 月 26 日,第 3 版。

③ 王琦:《一个美术工作者对冯乃超先生的回忆》,《文艺理论与批评》2002 年第 1 期,第 109 页。

着谁走，我就是一个抗战派。"①美术为抗日战争的群众宣传、士气鼓舞、民众团结起到了巨大的作用。

## 第二节　抗战美术团体

面对日本帝国主义赤裸裸的侵略，美术社团、美术院校及美术家个人积极倡导和举办劳军美展、筹募伤兵医药费美展、为难童捐衣美展、为将士捐助寒衣美展等美术活动，报纸和期刊也纷纷报道和宣传，在国内掀起了一股美展救国的热潮。

### 一、美术团体的结成

1. 中华全国美术界抗敌协会

"1937 年，随着首都南京沦陷，政治中心迁至武汉，武汉成为当时全国的军事、政治和文化中心。1938 年 1 月国民政府筹设了政治部第三厅，其工作任务第六项明确决定：组成中华全国美术界抗敌协会。"②

1938 年 6 月 6 日，"中华全国美术界抗敌协会"成立于武汉，推张善孖、熊松泉、赵望云、高龙生、林风眠、王霞宙、沈逸千、唐义精、张肇铭、吴作人、徐悲鸿、唐一禾、蒋兰圃、汪日章、黄显之、倪贻德、段平右、庄子曼、吴恒勤、吕霞光、谌亚逮、戴秉心、孙福熙、蔡任远、韩树功、王临乙、刘开渠、郎鲁逊、周圭、陈之佛、万籁鸣、王道平、伍千里、力群、马达、李桦、盛子庵、马绍文、罗寄梅、鲁少

---

① 关纪新：《老舍评传》，重庆：重庆出版社 2003 年版，第 304 页。
②《军委会政治部第三厅关于抗敌宣传工作概况的报告》(1939 年 7 月)，《中华民国史档案资料汇编(第 5 辑·第 2 编)·文化》，第 62—71 页。

飞、梁鼎铭、叶浅予、丰子恺 42 人为理事,组织理事会,下设总务、组织、研究、宣传、出版 5 部,有会员 485 人。① 其宗旨为:团结全国美术作家,推动抗战工作,发展民族革命美术②,主要工作是筹备全国美术劳军美展,编辑美术刊物,编印抗战连环图册,举办街头展览会等,目的在于鼓舞士气,进行抗敌宣传,为争取抗战胜利做出贡献。③

中华全国美术界抗敌协会以第三厅美术科为支柱,活动经费由第三厅提供。中华全国美术界抗敌协会成立后于 1938 年 6 月 6 日至 7 月 7 日间在武汉青年会分别举办了"全国抗战美术作品展览会"和"七七周年抗战美展",每日的参观人数达数千人。除了室内展览,中华全国美术界抗敌协会还组织美术家绘制布面宣传画,悬挂或游行展览于街头巷尾。此后全国各地的美术家纷纷响应,成立各地分会、办事处,如中华全国美术界抗敌协会桂林办事处、成都办事处等,中华全国美术界抗敌协会的工作一时间开展得轰轰烈烈。1938 年 10 月,武汉失守,政治部第三厅迁址重庆,中华全国美术界抗敌协会随迁重庆,于 1939 年 1 月 10 日与中国文艺社联合举办了重庆劳军美术展览,之后便无相关美术活动。后随着第三厅又忙于本身的工作,中华全国美术界抗敌协会于无形中停止活动。

1940 年 5 月 19 日,中华全国美术会在重庆重新改组,并将中

---

① 武汉市政协文史资料委员会:《武汉文史资料总第 41—42 辑武汉大事选录(1898—1949)》,1990 年 11 月,第 307—308 页。

②《军委会政治部第三厅关于抗敌宣传工作概况的报告》(1939 年 7 月),《中华民国史档案资料汇编(第 5 辑·第 2 编)·文化》,第 62—71 页。

③《军委会政治部第三厅关于抗敌宣传工作概况的报告》(1939 年 7 月),《中华民国史档案资料汇编(第 5 辑·第 2 编)·文化》,第 62—71 页。

华全国美术界抗敌协会进行改组,并入中国美术会,[①]成为战时中国美术界的核心组织。

2. 中华全国木刻界抗敌协会

"中华全国木刻界抗敌协会"是中国新兴版画运动以来建立的第一个经国民政府登记注册的全国性木刻组织,于1938年6月12日在武汉成立,时在武汉的木刻工作者于汉口民生路花楼街洪益巷内的"培心小学"(始建于民初汉口私立小学,由培心善堂无官款补助之私立学校)的会议室里,以抗日救亡为主旨,举行了中华全国木刻界抗敌协会成立大会。大会推选出了由马达、力群、卢鸿基、刘建庵、陈九、罗工柳、黄铸夫、安林(以上人员在武汉)、胡一川、江丰、沃渣、陈铁耕、温涛(以上人员在延安)、赖少其(穗)、黄新波、陈烟桥(港)、李桦(湘)、郑野夫(浙)、罗清桢、张望(汕)、丰中铁(渝)等人组成的理事会;由马达、力群、卢鸿基、刘建庵、陈九五人任常务理事,负责协会日常工作,马达为总负责人;同时聘请蔡元培、冯玉祥、潘梓年、田汉等人为名誉理事。协会下设组织、研究、展览和出版四个部门,分别由刘建庵、力群、卢鸿基和陈九负责。会议还决定在有条件的地方建立分支机构,推动抗战木刻运动在全国各地的开展。其后,桂林、成都、湖南、昆明、三台等地先后建立了办事处、分会或分会筹备处。[②]成立大会当天举办了颇具规模的"全国抗战木刻展览会",展出作品800余件,出版了《全国木刻

---

① 中国美术会于1933年11月12日在南京正式成立,国民政府组织的美术团体。因此在成立之时,所吸收的会员数量已相当可观。该会1935年4月15日、1935年10月10日、1936年4月分别举办二、三、四届美展,至抗日战争全面爆发,与中华全国美术会、中华全国美术界抗敌协会重组合并为"中国美术会"。

② 涂文学:《武汉通史·中华民国卷》(上),武汉:武汉出版社2006年版,第263页。

选》画册。①

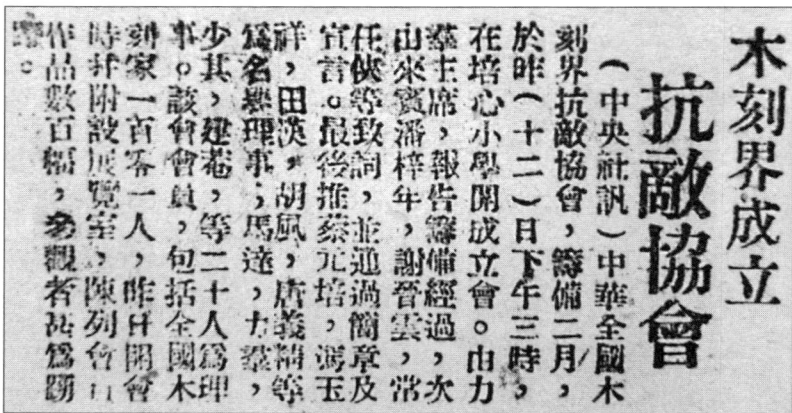

**图 3-2-1　《新华日报》报道"木刻界成立抗敌协会"**

（图片来源于：《新华日报》，1938 年 6 月 13 日，第 3 版）

　　中华全国木刻界抗敌协会成立后举办木刻展览 6 次。其中，7 月 28 日至 30 日在汉口总商会大议厅举办的"第一回抗敌木刻展"影响较大。9 月 18 日，鄂民众抗敌后援会在汉口三民路汉南春茶楼举行抗战画展，其中有多件木刻作品参展。同时，中华全国木刻界抗敌协会在《新华日报》等报纸上出了 8 期木刻特刊，给各地木刻工作者供应了 350 套木刻刀具，5 种木刻宣传卡片。②

　　1938 年 7 月 10 日，中华全国木刻界抗敌协会重庆分部会员举办座谈会，重庆的理事郸中铁和原重庆木刻研究会的主要成员刘鸣寂等在重庆市商会礼堂组织举办了重庆的第一次木刻展览"七七抗战一周年抗战木刻画展"，这次展览吸引了众多的人前去参

--------

① 《新华日报》，1938 年 6 月 13 日。

② 李桦、李树声等编：《中国新兴版画运动五十年》，沈阳：辽宁美术出版社 1982 年版，第 354 页。

观,其中抗战题材充分揭露了日军的暴行,激起了民众的愤怒。①
此外,中华全国木刻界抗敌协会重庆分会的活动还包括开办木刻的
报纸副刊,举办木刻讲习班、木刻习作展览会,发行木刻宣传卡片等。

　　随着武汉沦陷和战事的危急,武汉的机构和人员纷纷撤离。
中华全国木刻界抗敌协会主要负责人马达、力群、陈九、罗工柳、安
林等先后去了延安,刘建庵等去了桂林。

　　1938 年 10 月 23 日,中华全国木刻界抗敌协会随政治部第三
厅移址重庆,办公地为东升楼 64 号。② 原重庆的负责人鄷中铁、刘
鸣寂与从武汉迁来的中华全国木刻界抗敌协会工作者黄铸夫、王
大化、文云龙等,组织举办了大大小小的木刻宣传工作,如举办小
型流动木刻展览,将作品用绳索串联悬挂,便于携带和布展。他们
在重庆近郊或县里,在农村赶集市场或者露天场地铺开来展览,或
与流动演剧队的演出配合展出宣传作品,这种形式不但机动灵活,
而且能够吸引更多的群众,很好地调动了百姓的积极性,达到扩大
宣传的目的。中华全国木刻界抗敌协会还为大后方的其他社团活
动,如壁报、义卖募捐等活动提供木刻版画宣传作品,开办木刻讲
习班,培养和扩大了木刻的人才队伍。③

---

① 《大时代中的艺术·木刻在渝初次展览》,《国民公报》,1938 年 7 月 11 日。报道写道:
　　"抗战木刻画展览会,昨天在市商会举行。一个团结而集体地把多量的木刻杰作,呈
　　现在重庆世人面前,在重庆还是破题儿的第一遭。因为它是一种新兴艺术而又是以
　　抗战为题材的作品,所以昨天前往参观的人实在不在少数,商会主席温少鹤等各界名
　　人……都在那儿兜了个圈子,统计下来观众一天之内不下千余人。木刻共有一百七
　　十余幅,分挂三行,陈列在商会礼堂内,内中有不少惊人的作品……他们都把握着时
　　代,针对着'抗敌'为前程的。这些艺人们用尽心血戳出来的东西,是充分暴露敌人的
　　残酷,同胞们的受辱。力的演出,我们要呐喊,我们要愤怒! 每幅画让你兴奋,让你悲
　　愤,让你痛心,紧紧地刺激你的心坎。"
② 《新蜀报》,1938 年 10 月 23 日。
③ 《新蜀报》,1938 年 12 月 8 日。

　　1939 年 4 月 6 日至 8 日，中华全国木刻界抗敌协会在重庆市社交会堂举办"第三届全国抗战木刻画展览"，征集作品 571 幅，参展作者 102 人，遍及全国各地。① 这次展览是在建立了全国性的木刻组织之后，举办的第一次全国范围以抗战为主题的大型木刻展览，展览 3 天。作品题材广泛，且艺术水平较高。《新华日报》4 月 13 日刊登铸夫所写的《全国木刻展览闭会后》一文，估计观众有 1500 人之多。② 这次展览受到了重庆社会各阶层和市民的欢迎，为新兴木刻在大后方的发展奠定了良好的群众基础。

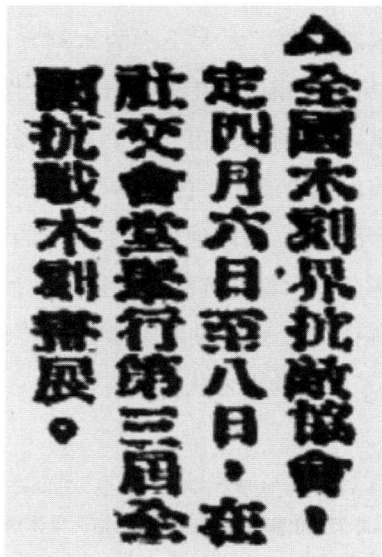

图 3-2-2　《新蜀报》刊"第三届全国抗战木刻展览会"
报道

(图片来源:《新蜀报》,1939 年 3 月 27 日,第 3 版)

---

①《新蜀报》,1939 年 3 月 27 日。

②《新华日报》,1939 年 4 月 13 日。

中华全国木刻界抗敌协会桂林办事处成立于 1938 年，由总会常务理事刘建庵与桂林理事赖少其等木刻工作者组建。桂林分部办事处成立后的第一件事就是举办展览，1939 年元旦在桂南路副爷巷妇女工读学校举办了"全国抗战木刻展览会"，展出木刻 200多幅，但是不久展场惨遭敌机轰炸，作品付之一炬。赖少其在《火中的木刻》一文中记叙了轰炸的经过，最后写道："我们有的是手臂，力与热！这些不过是在全面战斗中一点很微小的火星，更大的洪流正在奔腾着呢！火是烧不完我们的，正像不能烧完我们伟大的中华民族一样！"[1] 如赖少其所说，"火是烧不完我们的"，在办事处的木刻工作者的努力下，又创作、搜集了 100 多幅作品，于 1939 年 2月 19 日至 21 日，在桂林市中心十字街口举行了露天街头展览。

1939 年 5 月以后，日本对重庆市实施了无差别战略轰炸，导致重庆市各方面活动瘫痪。经过筹划，中华全国木刻界抗敌协会于 6月底迁至桂林，10 月在桂林筹办了"鲁迅纪念木刻展"，展览于 19日至 23 日在乐群社礼堂隆重开幕，展出作品 400 余幅，包括西洋木刻、中国古代木刻和现代木刻三个部分。[2] 1940 年 10 月 22 日，中华全国木刻界抗敌协会再次于乐群社礼堂举办了"木刻十周年纪念展览会"，展出木刻作品 500 余件。

中华全国木刻界抗敌协会除了举办各种木刻展览以外，还创办了木刻版画刊物，其中影响最大的是《救亡木刻》和《工作与学习·漫画与木刻》。《救亡木刻》是《救亡日报》(桂林版)的美术副刊，1939 年 2 月 21 日创刊，为十日刊，赖少其任主编，主要刊登木

---

① 魏华龄、李建平主编，桂林市政协文史资料文员会编：《抗战时期文化名人在桂林》，桂林：漓江出版社 2004 年版，第 702 页。

②《救亡日报》，1939 年 10 月 20 日。

刻作品、木刻理论文章和木刻、漫画运动的消息,自第 9 期后改为
《救亡漫木》,加入漫画内容,同年 5 月 11 日停刊。"《工作与学习·
漫画与木刻》是由《工作与学习》(图 3-2-3)与《漫画与木刻》(图
3-2-4)两份刊物合并而成,1939 年 5 月 16 日创刊,由刘季平负
责'工作与学习'部分编辑工作,由赖少其、黄新波、刘建庵负责'漫
画与木刻'部分的编辑工作,共出 6 期,同年 9 月停刊。"①这两份刊
物在抗战时期大后方都曾产生了较大社会影响。另外,1939 年 11
月 1 日,由中华全国漫画作家协会和中华全国木刻界抗敌协会联
合主编的《救亡日报》副刊《漫木旬刊》(图 3-2-5)以及 1940 年 11
月由中华全国木刻界抗敌协会主办的《木艺》(图 3-2-6),也是抗
战期间在桂林很有影响的报纸副刊和刊物。

**图 3-2-3　《工作与学习·漫画与木刻》书影**

(图片来源:该书影印)

---

① 许志浩:《中国美术期刊过眼录(1911—1949 年)》,上海:上海书画出版社 1992 年版,
　第 174 页。

图 3－2－4　《漫画与木刻》书影

（图片来源：该书影印）

图 3－2－5　《救亡日报》副刊《漫木旬刊》书影

（图片来源：广州美术学院美术馆）

**图 3 - 2 - 6　《木艺》书影**

（图片来源：广州美术学院美术馆）

　　1941 年 1 月，"皖南事变"发生后，桂林的木刻运动因中华全国木刻界抗敌协会负责人离开而停止，总会决定迁回重庆，由卢鸿基、丁正献等人负责领导。3 月 28 日，由军委会政治部文化工作委员会和中华全国木刻界抗敌协会联合主办的"战时木刻展览会"在重庆中苏文化协会展厅举行，展出了来自大后方各地，以及边区、战区的木刻工作者的作品 350 余件，义卖作品以资劳军。① 然而这次展览会结束不久，国民政府内政部、教育部、社会部联名在 5 月29 日的《中央日报》上刊登公告，宣布中华全国木刻界抗敌协会以及其他 85 个直属社团由于"不尊限期呈报公务"而予以撤销，②中华全国木刻界抗敌协会结束了它的使命。

----

①《新蜀报》，1941 年 3 月 28 日。

②《中央日报》，1941 年 5 月 29 日。

3. 中国木刻研究会

1942 年 1 月 3 日,"中国木刻研究会"在重庆成立,大会在重庆中苏文化协会二楼会议室进行。到会的只限于重庆地区的木刻家,[1]一部分是中大艺术系、国立艺专、育才学校绘画组爱好木刻的青年学生。大会选出王琦、刘铁华、丁正献、罗颂清、邵恒秋 5 人为常务理事,卢鸿基、汪刃锋、刘平之等为理事,设有总务、出版、展览、研究、供应等 5 个部门,[2]几与原来中华全国木刻界抗敌协会的组织机构相同。该研究会是在中华全国木刻界抗敌协会被迫解散后,由王琦、丁正献、卢鸿基、刘铁华、邵恒秋 5 人共同发起组织的另一个全国性抗日木刻团体,它所进行的艺术活动,实际上延续着中华全国木刻界抗敌协会的活动。

中国木刻研究会成立后的活动,主要有:举办了各种以宣传抗日为主要内容的木刻作品展览会 100 余次;1942 年 5 月,与中苏文化协会共同组织举办了"中国运苏木刻作品重庆预展",展后将作品通过苏联驻重庆使馆运往苏联,在莫斯科以"中国木刻展览会"的名义展出,受到苏联人民的好评;[3]与延安解放区美术界取得联系,木刻作品由中国共产党组织转交中国木刻研究会,参加国内外的中国木刻展览。

中国木刻研究会成立后不久,即着手筹备一年一度的"双十全国木刻展",9 月,周恩来从延安带来一批解放区的木刻作品。10 月 9 日预展时,徐悲鸿前来参观,非常赞赏,特别对古元的木刻作

---

① 到会者有王琦、丁正献、刘铁华、汪刃锋、王树艺、黄克靖、邵恒秋、宗其香、罗颂清、李玄剑、刘平之、廖冰兄、宋肖虎、梅健鹰、伍必端、邓野等。

② 《新华日报》,1941 年 12 月 30 日。

③ 《新蜀报》,1942 年 5 月 4 日。

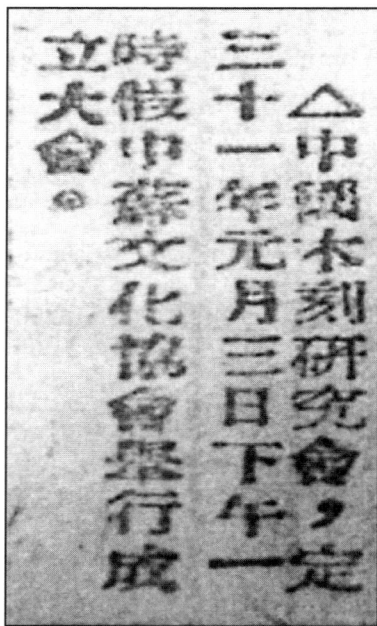

**图 3-2-7　《新华日报》刊"中国木刻研究会"成立报道**

（图片来源：《新华日报》，1941 年 12 月 30 日，第 3 版）

品《割草》《哥哥的假期》等赞不绝口。①

　　1943 年 5 月，中国木刻研究会依靠各地木刻家的力量，创办了"木刻版画函授班"，如浙江丽水，由郑野夫、孙多慈、潘仁等主管；浙江金华，由万湜恩、项荒途、杨可扬等主管；广西桂林，由李桦、赖少其、黄新波、刘建庵等主管；福建泉州，由许霏等主管，许霏在那里还主持了一家"白燕艺术学社"，该社的许多社员后来也都成了中国木刻研究会会员；浙江的郑野夫、杨可扬、邵克萍等还办了一所"中国木刻用品合作工厂"，以帮助木刻事业的发展，中国木刻研

---

① 王琦：《回忆抗战时期的木刻运动》，《抗战文艺研究》，1983 年第 1 期。

究会的一些理事和会员成了这家工厂的股东，这些活动都大大推动了抗日宣传工作。[①]

1943年，举办了第二届"双十全国木刻展"，同时在全国8个地区举行。1944年，因湘桂大撤退，交通线被切断，通讯困难，各地作品无法汇寄，三届"双十全国木刻展"未能举行。从广东、桂林等地来重庆的陈烟桥、梁永泰、黄荣灿、陆地等木刻家，与重庆的木刻家计划举办"木刻联展"，由王琦、陈烟桥等8人筹备，是年秋在重庆举行。联展的全部作品后来由周恩来带回延安，曾以陕甘宁边区文化协会的名义，在延安主办公展。展出期间，解放区的美术理论家胡蛮在《解放日报》上撰文介绍。此后，周恩来又带来解放区的木刻作品，并在重庆举办了"渝、延木刻联合展览"，展出包括延安和重庆两地的140余幅作品，这是中国木刻研究会在大后方抗战时期的最后一次展览。

1946年4月，中国木刻研究会由重庆迁往上海，由于从大后方到上海的木刻家陆续增多，于是决定将"中国木刻研究会"改名为"中华全国木刻协会"。

中国木刻研究会在抗战期间，在组织国内外的木刻交流展览、协助其他艺术团体进行抗战宣传工作等方面，都做出了出色的成绩，特别是促成对外的木刻交流展，为抗战在国际声援方面做出了重要贡献。

4. 救亡漫画宣传队

"七七事变"后，中华民族到了最危险的时刻。中共抵御外侮的宣言和国民党共赴国难的号召，促成了上海文艺界的大联合，成立了中国文艺界救亡协会。上海漫画界很快行动起来，经过紧张的筹备，团结不同政治背景、不同艺术风格的漫画家，于1937年8

---

[①] 吕澎：《中国艺术编年史》，第478页。

月 14 日成立了上海漫画界救亡协会。上海漫画界救亡协会曾制订了《战时工作大纲》，对协会的任务做出了以下规定："A. 为当地报纸刊物作稿。B. 制作巨幅宣传画，悬挂于重要地点。C. 举办抗敌漫画展览会。D. 举行抗战漫画游行会……"①《战时工作大纲》号召漫画家利用一切可能的形式进行抗日救亡宣传，他们在不同地域、岗位，以不同的方式实践着《战时工作大纲》的号召，其中以救亡漫画宣传的实践影响最大。

**图 3 - 2 - 8　救亡漫画宣传队沿途进行宣传**
（图片来源：以笔作刀枪——上海抗日漫画宣传队暨抗战漫画主题文献展）

---

① 《抗战漫画》，1938 年第 4 期。

为使漫画更加深入发挥战斗性,上海漫画界救亡协会成立后,叶浅予和鲁少飞商量,打算组织一部分漫画家赴南京开展抗日宣传活动。这个倡议立刻受到漫画界的响应,一天之内救亡漫画宣传队就成立起来。宣传队全称是"上海市各界抗战后援会宣传委员会漫画界救亡协会漫画宣传队第一队",原准备成立三个队,后二、三队因工作方针改变而流产。[①] 1937 年 8 月 31 日,由叶浅予领队,张乐平、特伟、胡考等组成的第一队队员,从上海西站出发前往南京,肩负起为救亡而呼号的历史重任,沿途进行抗战宣传活动。

**图 3－2－9　救亡漫画宣传队在桂林**

(图片来源:以笔作刀枪——上海抗日漫画宣传队暨抗战漫画主题文献展)

在南京,"救亡漫画宣传队"举办了"抗敌漫画展",在夫子庙等地巡回展出,每天有数万观众参观,影响颇大,受到了群众的热烈欢迎。他们边行进,边工作,常常冒着敌人的轰炸进行宣传。

--------

① 先后参加漫画宣传队的有叶浅予(领队)、张乐平(副领队)、特伟、胡考、梁白波、廖冰兄、宣文杰、张仃、陶今也、陶谋基、陆志庠、廖末林、席以群、黄茅、叶冈、麦非、章西等。

南京沦陷后，救亡漫画宣传队被迫撤到武汉，归编入国民政府军事委员会政治部第三厅，和第三厅所属的抗敌演剧队以及其他从事抗日宣传的漫画家们合作，成为当时最精锐的一支漫画宣传队伍。救亡漫画宣传队的主要工作是绘制大幅宣传画、标语、发放传单等各式对敌宣传品，动员广大人民的反抗。编辑出版了《抗战漫画》半月刊，以扩大漫画宣传，到 1938 年 10 月从武汉撤退前，总共出版了 12 期；编辑了《日军暴行录》，向人民群众进行更广泛的宣传激励。1938 年冬季，武汉失守，宣传队先转战长沙，后赴桂林。救亡漫画宣传队到桂林后，为了扩大宣传，分为两队，一队赴前线东南战区，一队留在大后方桂林。1939 年，救亡漫画宣传队部分队员撤到重庆。此时东南战区一队由张乐平率领，重庆一队由特伟率领，他们沿途做了大量漫画宣传工作。1940 年，国民政府军事委员会政治部第三厅改组，郭沫若受到排斥并卸任，救亡漫画宣传队经费停发，队员们为解决生活问题，不得不各谋出路。1941 年"皖南事变"后，救亡漫画宣传队无法继续活动下去，只好宣布解散。

5. 新安旅行团

1935 年 10 月 10 日，江苏省淮安县新安小学的 14 名学生，在校长汪达之的带领下，组成了第一个少年儿童抗日团体——新安旅行团，简称"新旅"。他们以陶行知倡导的"生活即教育，社会即学校"的理论为纲领，以孙中山的"必须唤起

图 3-2-10　新安旅行团创建人汪达之

（图片来源：《抗战烽火中的"新安旅行团"》，抗日战争纪念网）

民众及联合世界上以平等待我之民族，共同奋斗"①的遗训为主旨，创造性地以修学旅行的方式走出课堂，跋涉于全国抗日运动的中心和边缘，宣传抗日救国的道理。

"新安旅行团的征途东起黄海之滨，南至港澳地区，西达兰州以远，北抵内蒙百灵庙，行程五万余里，先后参加该团的有六七百人之多，在全国二十个省市留下了的足迹。1938年1月，'新安旅行团'在绥远慰问了百灵庙大捷中的抗日将士，之后赴甘肃平凉，经'新旅'总干事徐志贯与中共陇东特委秘书长联系，在'新旅'中建立了第一个共产党党支部。5月下旬，汪达之、徐志贯前往八路军驻西安办事处，见到了中共代表林伯渠，林伯渠亲切地对他们说：'你们在国民党统治的广大地区开展抗日救亡运动，尤其是在西北这么闭塞和落后的地区，普及抗日宣传，留下了巨大的社会影响，这是你们今后继续在国民党统治区宣传抗日的有利条件。'"②

**图3-2-11 新安旅行团在武汉**

(图片来源：《抗战烽火中的"新安旅行团"》，抗日战争纪念网)

① 孙中山：《国事遗嘱》，1925年2月24日。
② 秦九凤：《炫公集》，北京：中国文史出版社2004年版，第56页。

"新安旅行团 1938 年 6 月从西安来到国民党战时的临时首都武汉,正逢国民政府军事委员会政治部第三厅组织发起的纪念七七抗战一周年和保卫大武汉的宣传活动,开展民众的献金活动,本身资金短缺的'新旅',仍捐了好不容易存下的 10 元钱。7 月 2 日,'新旅'在汉口举行记者招待会,向社会介绍了 3 年来的活动和历程,表演了抗日文艺节目,各大报刊都进行了专题报道,为'新旅'扩大了宣传,获得更多的支持和合作。'新旅'还录制了抗日文艺节目,并在电台播放。参加政治部三厅组织的抗敌歌咏大会 、救亡文艺晚会等,演出秧歌舞,在街头演讲,发起献金活动,一边为群众表演文艺节目,一边号召群众献金抗日。期间,'新旅'多次举行义演活动,用义演卖得的票款,捐给前线所需。1939 年儿童节,'新旅'又在桂林发起了'万元儿童献金运动'。"①新安旅行团还参与伤兵救助活动、慰问伤兵助势力,到达苏北抗日根据地,拥护新四军的活动,发起儿童拥军优抗大活动,组织抗日儿童团等活动。

在武汉、桂林等国民党统治的心腹地区,他们为抗日救国的神圣事业奔走呼号,以文艺为武器,团结人民,教育人民,先后帮助建立了150 多个抗日少年儿童团体,被人们誉为"中华民族的小号手"。新安旅行团的孩子们肩负着两重使命:一面宣传抗日救国,一面通过修学旅行。新安旅行团举办的文艺宣传形式花样繁多,内容多以民俗为主,有电影、幻灯、影子戏、秧歌剧、话剧,各种形式的演唱双簧、快板,还有各类舞剧、杂耍,如打花辊、解放花鼓、胜利腰鼓等群众喜闻乐见的艺术形式,在群众中取得最好的宣传效果。②

---

① 秦九凤,《炫公集》,第 68 页。

② 王阑西,《新安旅行团的光辉历程》,陈明等编,《烽火五万里:回忆新安旅行团》,北京:中国城市经济社会出版社 1989 年版,第 264 页。

**图 3‑2‑12 新安旅行团在武汉"七七献金"活动中的游行队伍**

(图片来源:上海市新四军历史研究会、淮安市新安旅行团历史陈列馆编:《风云五万里——新安旅行团画册》,上海:上海人民美术出版社 1989 年版)

在美术宣传方面,新安旅行团美术组的团员每到一个地方都会在主要的街道上绘大幅宣传壁画和张贴抗日标语、诗歌,画小型彩色套印的宣传卡片,竖立大型抗日宣传牌等。团员王德威经常带领美术组的成员拎着装有石灰水和颜料的铅桶,去写"打倒日本帝国主义""全国人民团结起来,坚持抗战到底"等大幅标语。他们经常向《抗战儿童》《少年抗战》等儿童刊物,《救亡日报》等副刊上投稿美术作品,内容都是揭露日军轰炸、屠杀平民的罪恶行为,再配上诗歌和标语,吸引了许多百姓,激发了群众对敌寇的痛恨。新安旅行团中的一群孩子,没有经过任何专业美术训练,自学速写、临摹,宣传品的组稿、编辑、印刷、发行全靠自己完成,编绘了不少画片、宣传品,送到前线慰问抗日战士,燃起他们对保卫民族、保卫家园的信心。[1]

---

[1] 肖峰:《难忘的抗日烽火》,《人民政协报》,2015 年 6 月 5 日。

**图 3‑2‑13　新安旅行团西南工作队在桂林**

（图片来源：上海市新四军历史研究会、淮安市新安旅
行团历史陈列馆编：《风云五万里——新安旅行团画册》，上
海：上海人民美术出版社 1989 年版）

**图 3‑2‑14　新安旅行团创作的宣传画报**

（图片来源：画报书影）

　　在苏北敌后根据地，新安旅行团办起了儿童刊物《儿童生活》和《儿童画报》。该报是油印小报，从驻地到印刷厂，要走几十里路，印好后又把报纸送到各学校和县、区、乡儿童团团部。[①] 曾在苏北盐阜区工作过的美术家沈柔坚、鲁莽、胡考、吴耘等都给予了新安旅行团很大的帮助，如鲁莽在阜东八滩区进行采访期间，经常来辅导新安旅行团绘画和木刻。美术组集体创作了大幅连环画《夏伯阳之死》，以动画一帧一帧的形式画在纸上，再连接在一起，晚上用油灯背后照明，像"拉洋片"那样转动，再配上音，制成了"土电影"。

**图 3 - 2 - 15　1949 年，纽约时报记者在上海拍摄到的新安旅行团活动**
（图片来源：《抗战烽火中的"新安旅行团"》，抗日战争纪念网）

　　新安旅行团成立于 1935 年，结束于 1952 年，历时 17 年。他们的战斗行程多达 22 个省，长达 5 万多里。在抗日战争期间，受到国共两党领导人的支持和赞誉，被誉为"中国少年儿童的一面旗帜"。

---

① 张拓：《张拓：忆油画家王德威同志》，《文汇月刊》，1985 年。

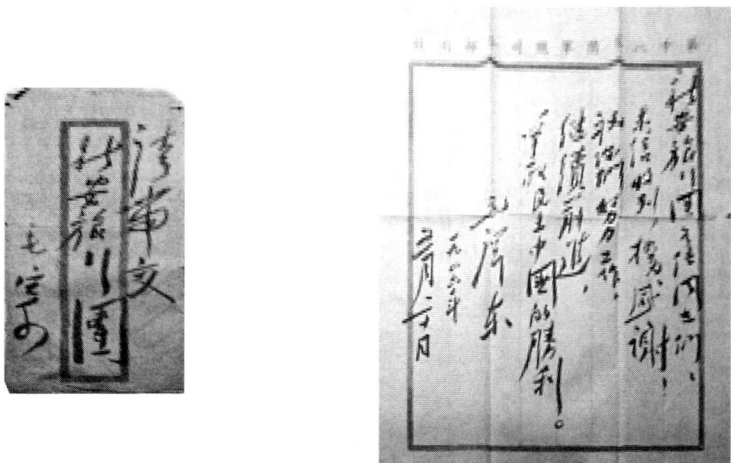

**图3－2－16　1946年5月，毛泽东主席给新安旅行团的信，刊登于《文汇报》，1949年8月10日。内容为：新安旅行团各位同志们：来信收到，极为感谢，祝你们努力工作继续前进，争取民主中国的胜利。毛泽东 一九四六年五月二十日**

（图片来源：上海市新四军历史研究会、淮安市新安旅行团历史陈列馆编：《风云五万里——新安旅行团画册》，上海：上海人民美术出版社1989年版）

## 二、美术团体的抗日实践

举办各种美术展览是抗战美术宣传的重要形式。参与募捐展览的不仅有美术界的知名艺术家，也有名不见经传的无名小辈，还有一些美术爱好者，可以说每一位艺术工作者或多或少地以自己特有的方式为抗战出力，为祖国做贡献。

美术家充分意识到自己肩上的民族职责，表现出高度的国民意识和社会责任感，积极开展书画义卖赈灾酬金等展览会，用于难民救济和战备物资。早在1931年12月6日，何香凝便计划为抗战发起筹备"救济国难书画展览会"，在华安饭店八楼举行第一次筹备会，出席者为当时上海美术界名人数十人，12月12日又举行展

览会的征集会,当场确认捐助书画 1000 多件,经过筹备于 12 月 28
日正式在上海西藏路宁波同乡会开幕,当日入场者即达 2000 多
人,以致会场拥挤不堪。各名家即席挥毫,更是观者如堵。① 浙江
新昌县六逸书画会吕曼丞女士及杭州褚雪琴女士,均来函接洽,言将
有大批画件捐助与该会。由于群众热情不减,原计划进行 3 天的书
画展览会实际历时 6 天。展会共义卖作品 700 余件,筹款 2 万余元,
义卖所得三分之一款项用以捐助抗日各团体救伤医药费和援助反日
罢工工人,其余款项用以创办国难妇女救护训练班,开展救护工作。②

图 3-2-17　1949 年,宋庆龄(左)与何香凝(右)在北京
(图片来源:《旧时光老照片:二十世纪的伟大女性宋庆
龄》,中国文物网)

---

① 《民国日报》,1931 年 12 月 12 日;《何香凝援助葫芦岛抗日》,《葫芦岛日报》,2009 年
　 10 月 30 日。
② 《民报》,1931 年 12 月 26 日。

　　1932 年 12 月 26 日，上海市商会、总工会、律师公会等团体发起组织的救济难民游艺会之书画展览在上海新世界百货公司三楼举行，展品 60 余件，有钱瘦铁、孙雪泥、冯超然、陈小蝶、吴湖帆、唐冠玉、刘海粟、江小鹣、汪亚尘等人的 60 余件作品，李盛钧又特捐助古画 10 件，游艺会共汇出捐款 2 万元救济东北难民；[①]1932 年 12 月 28 日，现代书画名家救济东北难民展览在上海举行，展品数百十件，有冯超然、吴湖帆、陈小蝶、孙雪泥、钱瘦铁、汪星伯、张幸光、刘海粟、汪亚尘等；[②]1933 年 2 月 5 日，现代名家小品国画展览在冠生园食品店楼上举行，展出何香凝、王一亭、王济远、张泽、张大千、黄宾虹、庞薰琹、陈小蝶等小品国画 40 余幅，标价出售，所得款项救济东北难民。[③]

　　1937 年 11 月，上海除了苏州河以南的今共租界和法租界以外皆被日军占领，这一小块区域形成一座孤岛。战前欣欣向荣的上海艺术氛围已不复存在，陷入了美术活动的滞待期。大部分学校停办，美术社团活动停止，美术家或撤离上海，或奔赴抗体前线，或滞留上海，移居到成为"孤岛"的租界中，深居简出。虽然在生活上十分困难，留日的美术家仍自发举办了众多的抗日宣传活动和赈灾筹款的美术展览活动，如：1938 年 10 月 11 日，画家宋人英鉴于孤岛难民天寒需衣，以鬻书画所得悉数为难民购捐寒衣；[④]1938 年 12 月 10 日，中国画会第七届书画展览会在南京路大新公司举办，

① 《新闻报》，1932 年 12 月 26 日、27 日。

② 朱亮亮、王韧：《刘海粟二十世纪上半叶美术展览活动考述》，《南京艺术学院学报（美术与设计）》，2018 年第 3 期。

③ 王震：《二十世纪上海美术年表（1900—2000）》，上海：上海书画出版社 2005 年版，第 336 页。

④ 《宋人英书画为难胞制寒衣》，《申报》，1938 年 10 月 11 日。

征集书画名家近作 400 余件，又陈列王一亭遗作 14 件，为难民筹集过冬御寒的衣物；①1939 年 1 月 14 日，刘海粟近作展览在大新会司四楼举行，展出作品 150 幅，凭券参观，所有入场券收入捐助难民协会；②"1939 年 4 月 10 日，上海鉴藏家、艺评家举办'义卖历代书画展'，为难民募集医药费"；③1939 年 5 月 12 日，由上海工商业美术作家协会主办的"上海市美术界义卖救难展览"在大新公司四楼举办，上午开幕售去 1000 元；④1939 年 6 月 1 日至 6 日，上海美术专科学校为筹集难民医药救济金，在南京路大新公司画廊举办了"吴昌硕遗作展览会"。陈列展出吴昌硕书画作品 136 件，金石作品 30 件，并陈列其遗物 20 件，展览所售门票收入作为难民医药救济金；⑤"1940 年，上海美术界为赈济难民，于大陆商场开救灾画展，颜文樑以多幅作品捐助参展，每张 100 元，所得款金悉数捐赈"；⑥"1944 年，以画'白菜'著名的郑午昌在上海永安公司举办'郑午昌卖菜画展'，画价以画中的菜数论，100 幅展品一周内便售空，义卖所得，悉数捐给赈灾单位"。⑦

由于全国政治中心的迁移，和各地迁居的美术家多聚集于在重庆和成都，所以在此募捐画展更多。"1937 年 12 月，成都女子书画国债劝购展销会在青年会展出，门票收入为捐助受伤将士做棉

①《中国画会第七届书画展览会》，《申报》，1938 年 12 月 10 日。

②《刘海粟作展览会开幕，今日起在大新举行》，《申报》，1939 年 1 月 14 日。

③ 王震：《二十世纪上海美术年表》，第 455 页。

④《美术界义卖救难》，《申报》，1935 年 5 月 13 日。

⑤《吴昌硕遗作展览会，今日最后一天》，《申报》，1939 年 6 月 6 日。

⑥ 朱伯雄、陈瑞林：《中国西画五十年（1898—1949）》，北京：人民美术出版社 1989 年版，第 99—200 页。

⑦ 斯舜威：《海上画派》，上海：东方出版中心 2010 年版，第 235 页。

衣用"①;1938 年 1 月 15 日,四川漫画社在成都春熙路青年基督教会,举办"救亡漫画展览会",展览作品 130 余幅,作品标价义卖,收入之款全部捐助难童;②"1939 年 6 月 25 日,广西美术会、紫金艺社联合举办济难募捐美展,展出各类作品 200 幅,除展览会开销费用外,所得收入 500 余元,全数支援难民,暂时缓解了桂林部分难民的生活困难";③1942 年 4 月 4 日,广西各界救济归国侨胞委员会在桂林市榕荫路 46 号举行"救侨美展",展品包括国画、书法、油画、浮雕、木刻、摄影等共 304 件。展出作品全部售出,共募集善款24925 元全部用作救济费用。④

"除了国内的大城市主办义卖和筹赈画展外,在小城镇也有类似活动,如浙江台州的温岭 1941 年举行了'台风书画展览',除了书画家展出的作品外,一些青年中学生绘画爱好者也参加作品展览。展览期间,以县长出面,作品尽数义卖,所得之款,作为抗战之用。"⑤另外,全国各地如江西贵溪、湖南衡阳、广西柳州、云南凯里和安顺、四川乐山和涪陵等地,都有为抗战而出现类似的书画义卖活动。

① 四川省地方志编纂委员会编:《四川省志·文化艺术志》,成都:四川人民出版社 2000
  年版,第 323 页。

② 《新新新闻》,1938 年 1 月 13 日。

③ 柴刚:《艺术与国运:抗战时期桂林美术届的文化救亡行动》,《广西师范大学学报(哲
  学社会科学版)》,2009 年第 2 期。

④ 《大公报》(桂林),1942 年 4 月 17 日。

⑤ 王伯敏:《中国绘画通史》(下册),北京:生活·读书·新知三联书店 2000 年版,第
  384 页。

**图 3-2-18　《南海鹰扬》,水彩画,梁又铭,1938 年**
(图片来源:国家博物馆:《悲壮！梁又铭笔下的中国空军抗战》)

　　一些画家个人还举办了"义卖"性画展。梁又铭曾为了捐献飞机而举办"航空艺术展览大会"。1940 年 12 月 23 日,张书旂在重庆嘉陵宾馆举办画展,展品三分之二被订,获法币 1 万元全部作为张自忠将军奖学基金。[1] 同月,董寿平在此处举办个人画展,展出历年所集之精品,当场被订购百余幅,所得酬金全部捐给抗战将士。1941 年 11 月 30 日,复旦大学文学院院长伍蠡甫在中苏文化协会举办"献机画展",展出作品百余幅,卖画所得现金捐给政府以作买飞机之用。[2] 1942 年,谢趣生漫画展在成都青年会展出,收入捐助社会福利事业。"除了张善孖、徐悲鸿、刘海粟等

---

[1] 《益世报》(重庆),1940 年 12 月 20 日。
[2] 《新闻报》,1941 年 11 月 30 日。

知名画家外,甚至一些不太知名的普通画家也通过卖画所得来支援抗战和救济难民。例如江苏盐城的中学教师周涤钦,来到长沙后,向徐悲鸿谈及想卖画用以支援抗日和救助难民,得到了徐悲鸿的赞赏和支持。"①徐悲鸿亲自为周涤钦写了卖画启事一则,刊登在《长沙日报》上。启事说:"抗战之初,周先生方任职镇江,即以其作品展览出售,获巨资以献国家。今来长沙,见战区被难者颠连无告,慨然发宏愿,拟得万金为救济流亡之用。其画已精妙如此,而其仁人之心,与其高贵之艺,益为斯世珍重也,不候钦佩之余,谨为介绍。"②

　　抗战时期的募捐画展,从经济和物质上支援了抗战事业。这一切历史事实表明,在民族利益和艺术理想之间,中国的美术家没有沉醉于艺术的象牙塔中,而是将国家和民族的利益为艺术理想之上的最高利益,以民族精神为艺术的最高精神,以高度的责任感和使命感投身于抗战之中。

## 第三节　美术界名人的义举

　　不能阵前杀敌,他们便在后方用手中的画笔为抗战尽绵薄之力。而除了美术界集体性的募捐行为,艺术家个人的募捐展览,是抗日战争时期的一大特色,美术家认识到为抗战募集资金是为国家出力的最好方式。此期间的许多美术作品,亦成为艺术家个人的代表作。张善孖指出:"多卖出一幅画,就多一颗射向敌人的子

---

① 中共盐城县委编修史志办公室、盐城县档案馆编:《盐城史话》,1982年3月。
② 王钦韶、宁静:《中华现代名人掌故》(上),郑州:河南人民出版社1994年版,第47页。

弹，多一份支援国家抗战的力量。"①徐悲鸿曾说："战士为国不怕牺牲，我徐悲鸿只能用自己的画笔去战斗了。"②"身居后方者，无论如何努力，总比不上前方将士兵器悬殊无间寒暑之苦战。出钱者，无论数量如何之大，必不能比得为民族而牺牲性命者之贡献。"③

## 一、把艺术献给人民的徐悲鸿

1939 年 1 月 4 日，徐悲鸿赴新加坡举办筹赈画展，宣传抗战。在他给两个孩子写了一封信中说："伯阳、丽丽两爱儿同鉴，我因要尽到我个人对国家之义务，所以想去南洋卖画，捐与国家。"④1939 年 3 月初，徐悲鸿在陈嘉庚等著名侨领组成的"星华筹赈会"预备会上说："抗战一年来忧国忧家，心绪纷乱，作品减少，我希望能凭借画笔，为国家抗战尽责任。"⑤充分体现了他的强烈的爱国主义精神。

1938 年，著名印度诗人泰戈尔邀清徐悲鸿去印度考察。10月，他携带了大批作品离开重庆，先后在香港、新加坡、吉隆坡、槟榔屿等地开筹赈展览会，1939 年至 1942 年之间，展览所得近 10 万美金。1941 年徐悲鸿赴马来西亚，筹得 6 万余元，汇交当地南洋筹赈会，用以赈济国内伤兵难民，《良友》画报报道了徐悲鸿在新加坡、吉隆坡、怡宝及槟榔屿等地举办筹赈画展的成绩。在举办画展同时，结交了泰戈尔，并为甘地写像。⑥

---

① 王东伟:《张善孖和他的抗日宣传画》,《四川文物》,1986 年第 2 期。

② 杨先让:《徐悲鸿》,北京:文化艺术出版社 2002 年版,第 68 页。

③ 颜退省:《在国难声中对美术作家进一言》,《中国美术会季刊》第 1 卷第 4 期,1937 年 1 月 1 日。

④ 王震:《徐悲鸿年谱长编》,上海:上海画报出版社 2006 年版,第 199 页。

⑤ 王震:《徐悲鸿年谱长编》,第 203 页。

⑥ 王震:《徐悲鸿年谱长编》,第 186—237 页。

**图 3－3－1　1940 年,徐悲鸿与泰戈尔在印度合影**

(图片来源:《良友》,1940 年第 152 期)

**图 3－3－2　新加坡《南洋商报》正版报道徐悲鸿**
　　　　　　　**画展**

(图片来源:《南洋商报》(新加坡),1939 年 3 月 16 日)

　　他的国际活动不但为抗战募集了资金,而且促进了对外文化
交流,获得了一定的政治影响。徐悲鸿在抗战时期的代表作,以浪
漫主义的手法创作了如油画《放下你的鞭子》、中国画《愚公移山》
等。1939 年 10 月,徐悲鸿看了由田汉改编的抗战街头剧《放下你
的鞭子》,于是邀请主演王莹担任模特,创作了其代表性油画《放下
你的鞭子》,南洋筹赈会将此件画作印制成明信片,在当地民众中
广泛发行。1940 年 1 月 15 日的《良友》画报发表了徐悲鸿的《放下
你的鞭子》(图 3 - 3 - 4),向国内民众传达了南洋各界华人为抗战
积极募捐的热情。

**图 3 - 3 - 3　1939 年 10 月,徐悲鸿在南洋华侨中举办赈
灾画展,图为徐悲鸿在其所绘抗体街头剧
《放下你的鞭子》前与王莹合影**

(图片来源:《南洋商报》(新加坡),1939 年 3 月 16 日)

**图 3－3－4　1940 年,徐悲鸿油画作品《放下你的鞭子》**

（图片来源:《良友》,1940 年第 150 期）

## 二、卖画救国的刘海粟

　　1931 年"九一八"事变后,刘海粟与上海美术专科学校师生就开始积极组织和参加各种支援抗战的活动。1937 年 9 月 10 日,郭沫若组织"文化界救亡协会"成立难民收容所,郭沫若致信刘海粟,希望刘海粟能提供上海美术专科学校的校舍作为场地,刘海粟随即答应并无偿提供。

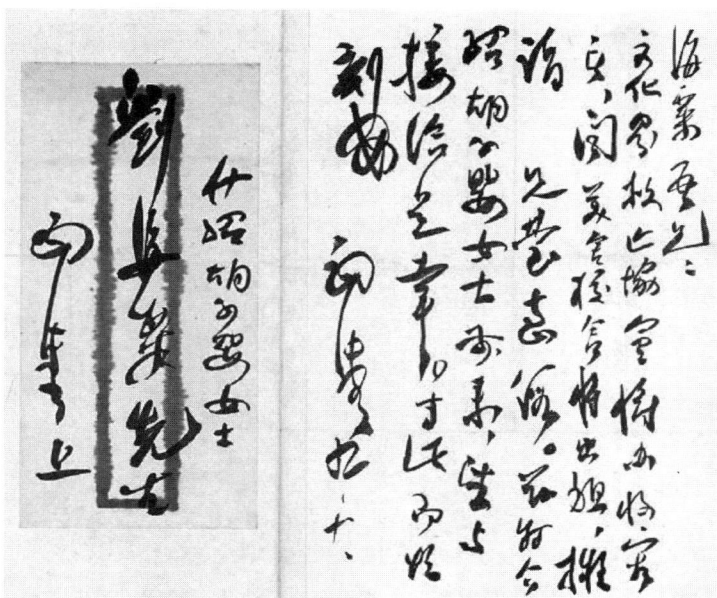

**图 3－3－5　1937 年,郭沫若致信刘海粟**

（图片来源:梁晓波编:《沧海真源——刘海粟文献史料集》,沈阳:辽宁美术出版社 2020 年版）

1937 年 10 月 26 日,"四行仓库保卫战"爆发。四行仓库与租借相邻,地形易守难攻,因距离租借很近,日军不能使用重火力攻击,战况激烈且相持不下。10 月 28 日,战况白热化,苏州河对岸聚集了超过 3 万名民众的围观和沸腾的助威。期间,刘海粟对景创作了油画《八百孤军苦守之四行仓库》(图 3－3－6),记录了四行仓库飘扬起国旗的历史时刻。

1939 年 1 月 25 日,刘海粟组织并主持了上海美术专科学校师生为救济难童而举行的书画展览会,展出书画 400 幅,为难童教养院兴建院舍三幢;[1]4 月 11 日,刘海粟联同著名医学家、收藏家丁惠康举办了"中国历代书画展览会",其门票收入,悉数捐予上海医

---

[1]《导报》,1939 年 1 月 27 日。

**图 3－3－6　《八百孤军苦守之四行仓库》,油画,刘海粟,1938 年**①
(图片来源:谢海燕编:《刘海粟》,南京:江苏美术出版社 2002 年版)

师公会作为前线医药费用;②5 月,上海美术专科学校校友陆抑非
征集海上名家扇面作品义卖筹赈;6 月 1 日,刘海粟筹划组织了上
海美术专科学校举办"吴昌硕遗作展",门票收入捐予上海医师公
会为前线医药费用。③

　　1939 年底,刘海粟应东南亚侨胞的邀请,赴南洋举办筹赈画展。
1940 年 1 月 20 日,在巴达维亚(今印度尼西亚雅加达)中华总商会举办

---

① 1939 年 9 月 10 日,此画作为上海美术专科学校校刊《美术界》创刊号的封面,但标题
　 隐晦地改作《廿六年十月廿八日》。抗战胜利后,1947 年的《京沪周刊》第 1 卷第 12 期
　 重刊这一画作时,画题才正名为《八百孤军苦守之四行仓库》。该原作今存刘海粟美
　 术馆,从早期发表的图片可见,原作并无落款,现存"海粟 1938"的题款,以及被涂改
　 的中华民国国旗,是刘海粟后来所作。

② 《正报》,1939 年 4 月 11 日。

③ 《新闻报》,1939 年 5 月 31 日、6 月 6 日。

"中国现代名画筹赈展览会"(图 3－3－7)，展出刘海粟、王济远、朱文侯、吴杏芬等 92 人的作品计 342 件，1940 年第 2 期《读书通讯》中报道了刘海粟在爪哇举行个人画展筹款呈现政府的情况：我国著名艺术家刘海粟，于上月间在爪哇中华总商会举行个人画展。极得彼邦侨胞及荷印政府各部长之赞誉，闻此项售画 150 余帧，得款 15 万元，悉数交由巴城慈善会转呈中央，协助抗战，刘氏此次赴爪哇，非但筹得巨款，呈现中央，而于宣扬我国文化，联络邦交，慰劳侨胞，厥功尤伟云。① 1940 年3 月 15 日—18 日，筹赈画展于泗水举行，由中国驻泗水总领事曹汝栓、筹赈会主席黄超龙主持并撰序，东爪哇省省长偕夫人、女儿三度参观展览并购藏刘海粟作品。② 5 月，画展于垅川举行，由垅川慈善会主席张天聪主持；③7 月，画展于万隆举行，筹得 4 万元。④

**图 3－3－7　刘海粟"中国现代名画筹赈展览会"于 1940 年 1 月20 日在巴达维亚(今雅加达)开幕**

(图片来源：《读书通讯》，1940 年第 2 期)

---

① 《刘海粟在爪哇举行画展筹款呈现政府》，《读书通讯》1940 年第 2 期。

② 《星光》(新加坡)，1940 年第 15 期；《新闻报》，1940 年 4 月 7 日。

③ 刘海粟：《刘海粟陈述在巴城等地为抗战展画筹赈函》，1941 年 2 月。

④ 刘海粟：《刘海粟陈述在巴城等地为抗战展画筹赈函》，1941 年 2 月。

图 3-3-8　1940 年 1 月,刘海粟在巴城(今雅加达)中华总商会举
行"中国现代名画筹赈展览会",画展印行了《巴城现
代中国名画展览筹赈大会特刊》,刊有中国驻印尼总
领事丘元荣序言以及上海美术专科学校友叶泰华等
文章,对刘海粟的筹赈义举与艺术成就予以极高评价

(图片来源:《中国红十字会月刊》1940 年第 60 期)

實尚有遜色，四月八日中美。

中國紅十字會月刊

◉劉海粟繪畫畫資悉匯貴陽紅十字會

泗水通訊，劉海粟來泗主辦之現代中國各畫展籌振大會，已於三月十四日下午六點正式開幕，展覽場所在商會之前廳，後廳，以及議事廳均張掛許多現代中國名畫，有屏條，有中堂，五點半以後，被邀請之中外來賓，已陸續而至，當地各官到者，有束爪省長，副府尹，經濟部代表法院院長，美國領事，前任勒痕，美術館館長，不下三四十人，而僑胞男女，到者尤衆，六點正，由畫展籌備委員會主席王副領事夫人，操英語致開會詞，開幕後，連日參觀者衆，已決定延期四日，開幕後二日內已售出畫九十餘幀，畫值已超出一萬一千盾，門票收入亦在二千盾以上，兩合仲國幣十一萬元，與吧城相埒，吧城泗水兩處已得二十三萬元，以現在情形預測，以後至三寶壟，萬隆展覽結果至少可得四十萬元。此項畫款悉數由當地慈善會直接匯貴陽紅十字會施振，四月七日新聞。

一六

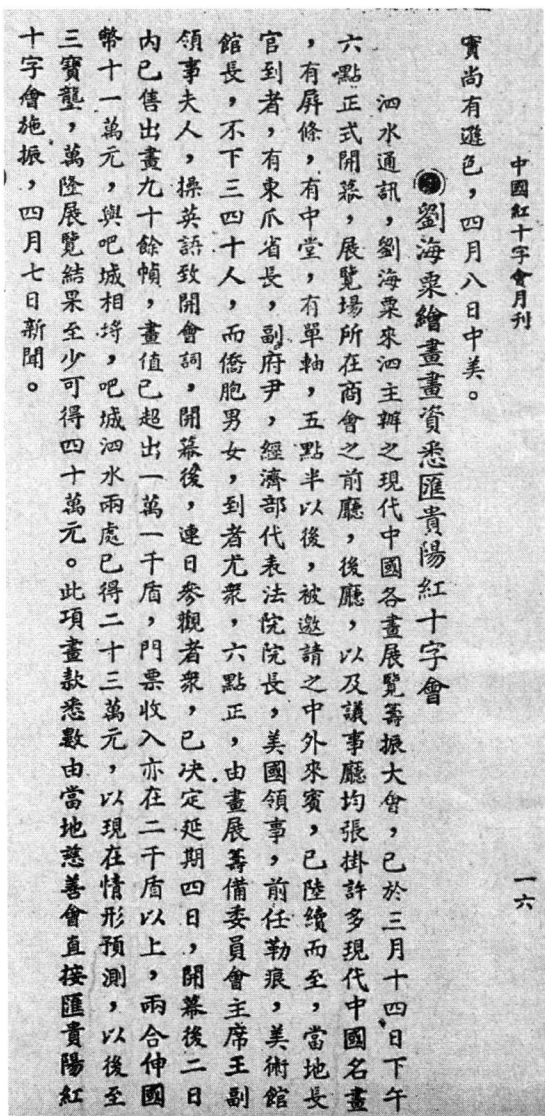

图 3 - 3 - 9　《中国红十字会月刊》以《刘海粟绘画画资悉汇贵阳红十字会》为题报道刘海粟赈灾画展

（图片来源:《中国红十字会月刊》1940 年第 60 期）

　　1940 年 12 月 21 日,刘海粟应新加坡南侨筹赈会邀请赴新筹赈,20 日,印尼巴达维亚华侨公会为刘海粟举行了饯行茶会,中国驻印尼总领事葛祖煌以及华侨公会各董事数十人出席,刘海粟在答谢词中表示:"中国永远不能被征服、中华文化决不能被消灭","海粟不论在何处、不论在何时,无论如何穷,绝不变节!"[1](图 3 - 3 - 10)

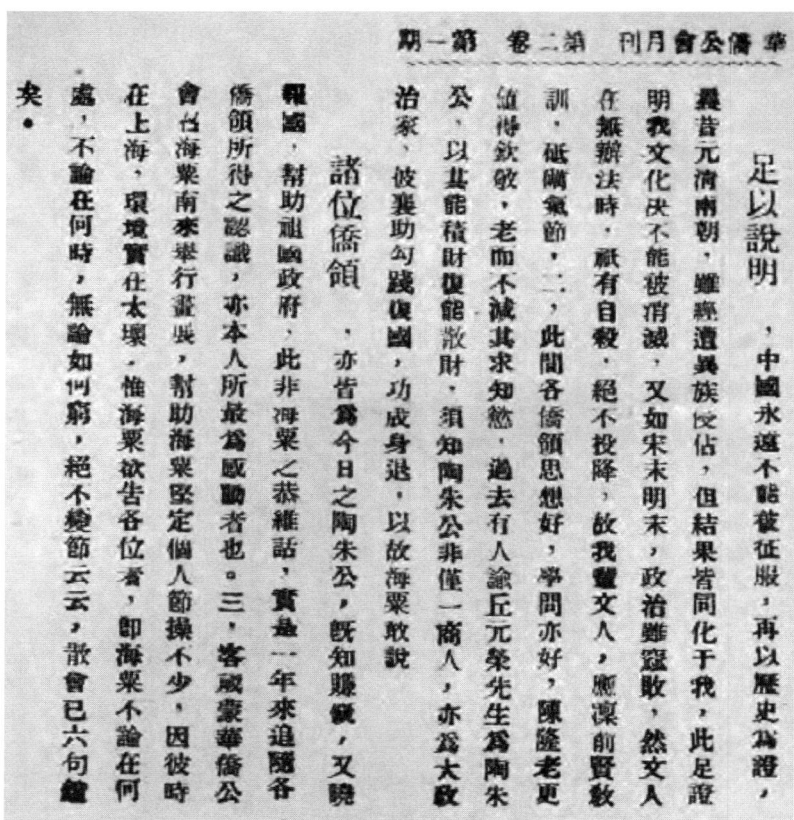

華僑公會月刊　第二卷　第一期

足以說明，中國永遠不能被征服，再以歷史爲證，昔元清南朝，雖經遺異族侵佔，但結果皆同化于我，此足證明我文化決不能被消滅，又如宋末明末，政治雖窳敗，然文人在無辦法時，祇有自殺，絕不投降，故我輩文人，應凜前賢敎訓，砥礪氣節，二，此間各僑領思想好，學問亦好，陳隆老更值得欽敬，老而不減其求知慾，過去有人諭丘元榮先生爲陶朱公，以其能積財復能散財，須知陶朱公非僅一商人，亦爲大政治家，彼襄助勾踐復國，功成身退，以故海粟敬說

諸位僑領，亦皆爲今日之陶朱公，既知賺錢，又曉報國，幫助祖國政府，此非海粟之恭維話，亦本人所最爲感動者也。三，答藏蒙華僑公會台海粟南來舉行畫展，幫助海粟堅定個人節操不少，因彼時在上海，環境實住太壞，惟海粟欲告各位者，即海粟不論在何處，不論在何時，無論如何窮，絕不變節云云，散會已六句鐘矣。

图 3 - 3 - 10　该公会为刘海粟举办饯行茶会详情,《巴达维亚华侨公会月刊》刊"会务概况"介绍

(图片来源:《巴达维亚华侨公会月刊》第 2 卷 1 期,1941 年)

[1]《巴达维亚华侨公会月刊》第 2 卷第 1 期,1941 年。

1941 年 2 月,刘海粟在新加坡致函时任教育部部长陈立夫,汇报南洋巡筹赈画展的情况,并强调"吾国有伟大悠久之文化,暂时受外侮侵凌,吾人必须戮(勠)力同心,共渡难关":

> 窃海粟于二十八年十二月被迫离沪,挟画南渡,先至爪哇各埠展画筹赈、宣扬文化,慰劳侨胞,以尽国民天职。二十九年一月,画展首次在巴城举行,葛总领事、慈善会丘主席元荣主持其事,会场在中华总商会,会期共九天。……侨胞以拙作在国际艺坛占有地位。莫不奔走呼号、眉飞色舞、流连忘返、踊跃认购。既可助赈,又得收藏,结果得国币十五万余元。……三月间移展泗水,由驻泗漕领事、筹赈会主席黄超龙等主持,成绩亦达国币十四万元。……五月间在珑川举行。由慈善会主席张天聪君等主其事,成绩亦达国币七万元。七月间移到万隆,主持人为慈善会当局,数日件亦售得四万元,并予该地荷人以绝大之轰动,自动购画者极众,计共售得国币四十余万元。数扫数由各地慈善会直接汇寄贵阳外国红十字会。[1]（图 3-3-11）

1941 年 2 月 23 日,星华筹赈会主办的"刘海粟教授近作展览会"在新加坡中华总商会举行,中国驻新加坡总领事高凌百剪彩,陈嘉庚、高凌百、刘海粟相继致辞。[2] 郁达夫在为画展印行的特刊所作序言中表示:"艺术大师刘海粟氏此次南来,游荷属一年,为国

---

[1]《刘海粟写给教育部长陈立夫的信函》(1941 年 2 月),转引自马海平:《图说上海美专》,南京:南京大学出版社 2012 年版,第 166—167 页。

[2] 姚楠:《星云椰雨集》,新加坡:新加坡新闻与出版有限公司图书出版部 1984 年版,第 179 页。

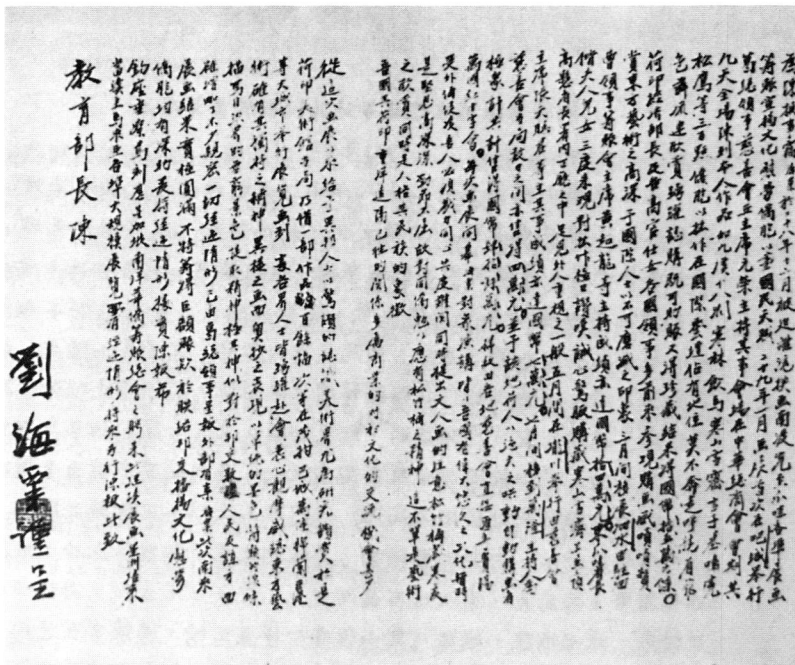

**图 3-3-11　1941 年 2 月，刘海粟给时任民国政府教育部长陈立夫的汇报信，陈述了其在巴城等地举办抗战画展筹赈的情况**

（图片来源：马海平：《图说上海美专》，南京：南京大学出版社 2012 年版）

家筹得赈款，是实实在在、已经很有效地尽了他报国的责任了。"①画展原定 3 月 4 日结束，因观众踊跃，延至 3 月 8 日结束。9 月 18 日，刘海粟于怡保举办筹赈画展，备受各大媒体关注。②

　　刘海粟在赴南洋的一年时间里，筹得了近 70 万元，这笔资金对国内战事来说是雪中送炭。更重要的是，通过这一系列的活动，刘海粟获得了国际名声和地位，以文化名人的影响力，宣扬中华民

————————

① 《刘海粟教授近作展览会特刊》。

② 袁志煌、陈祖恩编著：《刘海粟年谱》，第 157 页。

族团结一致，不屈不挠，共渡难关的民族凝聚力和民族精神。

1941 年 12 月，太平洋战争爆发，南洋各地相继沦陷，刘海粟的筹赈活动被迫终止，开始其隐居躲避的流离生涯。1943 年还创作了国画《山水》，题杜甫《茅屋为秋风所破歌》以明志。

**图 3‑3‑12　《群牛图》，国画，刘海粟，1943 年（1953 年请章士钊、叶恭绰、张伯驹重题）**

（图片来源：谢海燕编：《刘海粟》，南京：江苏美术出版社 2002 年版）

1943 年 5 月，刘海粟被日军发现并软禁，不久与同期被日军俘获的前外交部长陈友仁、前教育部长叶恭绰、京剧名伶梅兰芳一同被日军用专机遣返上海。刘海粟早年游行艺于日本和欧洲，在当时艺术界具备十分的国际影响力，也与日本皇室及政界、艺界均建立了良好的私谊。抗战期间，日本方面多次意欲拉拢刘海粟，但刘海粟仅做表面的应酬，始终坚拒出任一切伪职，他曾通信指示上海美术专科学校绝对不能向伪教育部登记。日本媒体对其大肆吹捧，刘海粟都应付了事。这种情况在梅兰芳身上亦同样发生，日军曾安排来华劳军的"日本舞后"崔成喜"拜会"梅兰芳，梅兰芳被迫勉为应酬，表面上客套以维护自身安全，但也丝毫不失个人尊严与民族气节。刘海粟积极支持抗战、持节不屈的高尚情操在抗战胜利后也得到社会各界的高度肯定。

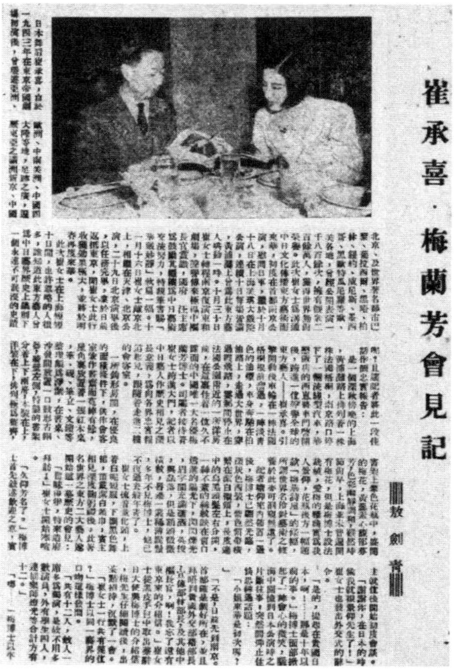

崔承喜·梅蘭芳會見記

敖劍青

图 3-3-13 1944 年 10 月，日伪胁迫梅兰芳与来华“劳军”的舞伎崔承喜会面，《太平洋周报》1944 年第 1 卷第 93 期以《崔承喜梅兰芳会见记》为题报导

（图片来源：《太平洋周报》第 1 卷第 93 期，1944 年）

## 三、为国献身的张善孖

1938 年至 1940 年底，张善孖赴欧美国家举办画展并筹募救国资金，在宣传中国人民英勇无畏的精神和建立良好的国际关系上，都做出了卓越的贡献，获得了强烈的国际影响。1939 年 2 月 11 日，张善孖在法国举办画展，观者如堵，法国总统阿尔贝·勒布伦、教育部部长等亲往参观，为其爱国精神和行动所感动，并称赞他是

"东方近代艺术代表"①。同年 4 月,张善孖跟随大主教于斌赴美国,在纽约、芝加哥、费城、旧金山、波士顿等地举办画展。张善孖为感谢芝加哥华人社团对国内抗战事业的支援,创作了《下山虎》《虎》等作品赠送。华人社团安良工商会特地出资国币 1 万元收藏张善孖的巨幅画《虎踞龙盘》。② 同年 12 月,经中国驻美大使胡适的帮助,张善孖在纽约 Nierendorf 画廊举办展览,总统夫人埃莉诺专程前往参观,林语堂夫妇、赛珍珠等国内外文化名人亲临,③《华盛顿日报》于 12 月 14 日以'虎圣'为题撰文介绍张善孖以及这次画展的情况。张善孖在华盛顿还受到时任美国总统罗斯福和夫人在

图 3 - 3 - 14　　美国《华盛顿日报》载文《虎圣》

(图片来源:美国《华盛顿日报》,1939 年 12 月 14 日)

①《中央日报》(重庆),1939 年 3 月 14 日;《新闻报》,1939 年 4 月 18 日。

②《新闻报》,1939 年 8 月 18 日;《前线日报》,1939 年 12 月 23 日。

③《中央日报》,1940 年 2 月 8 日。

白宫的多次接见,美国《华盛顿日报》曾以《虎圣》(图 3-3-14)为题刊载了张善孖的肖像以及他赠予罗斯福总统的画《虎》作品,并介绍了他在美国举办画展的情况,赞叹其所画之虎具有象征意义,唤醒了中华民族的自我觉醒和战斗意志。①

1940 年,张善孖在美国的展览募捐活动更为频繁。芝加哥安良工商会、费城华侨抗日会、协胜公会、鹤山公所、中华会馆、国民党费城支部等机构都先后出面为他举办展览。对所有画展募捐所得款项,他均不经手,皆由展览主办方悉数寄回国内。4 月 19 日,《纽约时报》报道说:"张善孖为他的祖国正在周游世界,进行抗日筹款募捐,已募得善款 20 万美元。"②

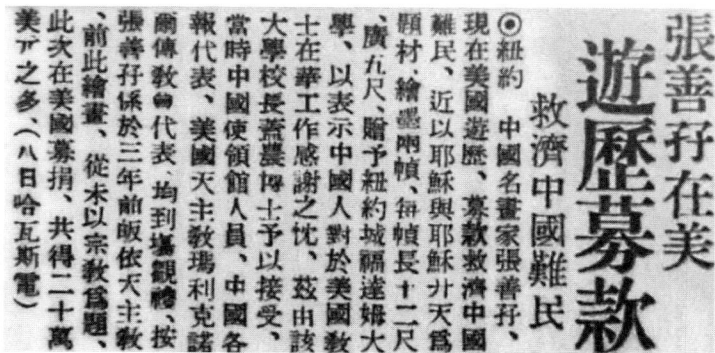

图 3-3-15 《申报》刊《张善孖在美游历募捐款救济中国难民》的报道

(图片来源:《申报》,1940 年 5 月 10 日)

1940 年 4 月,中国航空委员会顾问、美国将军陈纳德拟组建美国空军志愿队援助中国抗战,张善孖知道这个消息后十分激动,精心创作了《飞虎图》赠送陈纳德将军。陈纳德后来将其率领的美国

---

① 《华盛顿日报》,1939 年 12 月 14 日。
② 《纽约时报》,1940 年 4 月 19 日。

空军命名为"飞虎队"，并按《飞虎图》做了许多旗帜、徽章分发给部下。6 月，在美国医药援华会的协助下，张善孖将他带去的 100 余件作品和张大千的中国画作品《勇猛精进，一直怒吼》（图 3－3－16）巨幅宣传画在 20 届世界博览会国际展区展出，这件高扬中华民族气节的作品给来自世界各国的观众留下深刻的印象。

图 3－3－16　1940 年 6 月，美国纽约世博会《勇猛精进，一直怒吼》的巨幅广告
（图片来源：《美术界抗战时期的领军人物——张善子先生生平》）

张善孖在美国先后举办了 100 多次募捐，共得捐款 20 多万美元，悉数寄回国内支援抗战。1940 年秋，张善孖辗转回到国内，顾不上旅途疲劳，又立即为抗日事业奔走呼，积劳成疾，于 10 月 20 日病逝。11 月 2 日，国民政府以公报的形式颁发对张善孖的褒扬令，国内多家报纸予以转载（图 3－3－16），张善孖成为抗战期间唯一受到国民政府褒扬嘉奖的艺术家。

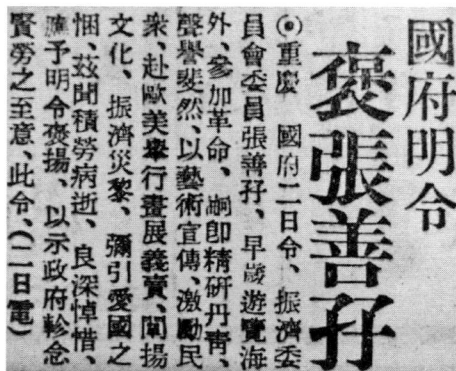

**图 3‑3‑17 《申报》刊《国府明令褒张善孖》**

（图片来源:《申报》,1940 年 11 月 3 日）

## 四、保持名族气节的齐白石

抗日战争时期,沦陷区的各界人士中,有不少人受日军的威逼利诱,沦为汉奸,丧失国格,出任伪职。也有不少美术家,在危机四伏、艰难困苦的环境中,仍能保持民族气节,威武不屈,以各种方式进行抗争。

"九一八"事变,齐白石对张学良弃守东北逃入关内的行为十分愤慨。适逢重阳,齐白石与友人登宣武门,写下"莫愁天倒无撑著,犹峙西山在眼前"的诗句,讽刺当权者幻想依赖国际力量,抑制日军的侵略。10 月,齐白石参加胡佩衡、金潜庵等发起组织的古今书画赈灾展览会,用自己的作品筹集善款以资国难。

北京沦陷后,齐白石毅然请辞国立北平艺术学院的教授之职。敌占期间,敌伪人员在北京活动频繁,不乏仰慕齐白石的人欲求画。日本控制下的北平伪机关曾接走齐白石,强迫他宣传"中日共荣"的理论,齐白石坚决拒绝,恼羞成怒的日本人扣留了齐白石三天,被保释回家后,他愤然写下"子子孙孙不得做日本官"的遗言,表示自己抗争到底的决心。当时日本侵略军驻华北地区的头目曾诱劝他到日本去,加入日本国籍,齐白石断然拒绝:"齐璜中国人,不去日本。你们要齐璜,可把齐璜的头拿去。"由于经常有敌伪和日本人找齐白石索要字画,于是他在大门上贴了"画不卖与官家,窃恐不祥","白石老人心病发作,停止见客"等字条,甚至干脆写了"白石已死"几字贴上。有人劝他不要正面抵触这些头目和势力,齐白石毫不畏惧,宁可受冻挨饿也不向敌人低头取媚。他在给家乡老友回诗里的话写道:"寿高不死羞为贼,不丑长安作饿饕。"显露出他不屈不挠的民族气节。①

伪华北政务委员会委员长王克敏曾威逼齐白石,将齐白石在银行的存款全部没收,逼齐白石就范为其作画,听到此消息,齐白石作画一张派人送往给王克敏。恰逢当天王克敏在家举办宴会,敌伪华北头面人物聚集一堂,王克敏以为齐白石送画祝贺,喜出望外,当众将画打开,该画为《群鼠图》,上题词:"群鼠群鼠,何多如许?何闹如许?既啮我果,又剥我黍,烛烬灯残天欲曙,寒冬已换五更鼓。"讽刺汉奸的卖国行为。观者目瞪口呆,王克敏羞恼得说不出话来。②

齐白石不屈不挠的民族气节,获得了人们的赞誉。1946 年 1 月,齐白石在重庆举办画展,展出作品 100 余幅,《新华日报》发表专文对齐白石的画艺和人格做了高度评价:"白石先生不仅在画技上有超人之处,以先生的品格来说,北平陷敌后,在那里住了八年,未作一画,并拒绝了敌伪的教授之聘,这种高尚的节操,实为艺林生光。"③

---

① 吴继金:《齐白石愤画〈群鼠图〉》,《钟山风雨》2005 年第 4 期。
② 王心文:《铮铮铁骨的爱国画家》,《广东党史》2010 年第 1 期。
③ 王心文:《铮铮铁骨的爱国画家》,《广东党史》2010 年第 1 期。

## 第四节　抗战美术展览与美术出版物

### 一、美术展览

　　抗战时期的救国美术展览会，是中国美术界联合社会各阶层、各团体，为抵御侵略者，组织发起的统一战线美术活动。美术家们通过美术展览掀起爱国主义热潮，一方面团结一切能够团结的美术力量，组织"木刻宣传队""漫画宣传队""战地写生队"奔赴抗战前线，深入社会民众生活，以各种形式的美术展览宣传抗战、鼓舞士气；另一方面，美术家们通过反映现实生活、揭示社会现状的美术作品，满足了民众对于战况的关注和对爱国主义教育的诉求。

　　进入全面抗战时期，武汉、重庆、桂林所举办的美术展览会层出不穷，且绝大部分展览都是为了宣传抗战和助赈军民。据统计，仅重庆一地，自 1937 年 7 月至 1946 年 6 月所举办的各类美术展览就有 320 余次，其中全国性美术团体、机构主办的大型展览有 30 余次；桂林地区自 1937 年 7 月至 1944 年 6 月，共举办大大小小的各类美术展览 280 余次，其中宣传抗战和募款劳军的展览有 150 余次。[①] 大后方的美术家团结一切美术力量，鼓舞士气，激励民众，团结各阶层国民，同仇敌忾，为国家尽自己的一份力。

　　早在 1931 年，中国美术界便行动起来，组织各类赈灾救济展览会。"九一八"事变后，身在巴黎的何香凝为抗日救国之事，急忙赶回上海，与宋庆龄、柳亚子等商谈时局，讨论对策。

---

① 冯艳：《抗战时期桂林美术展览纪事》，《艺术探索》2012 年第 1 期。

图 3-4-1　何香凝

（图片来源：《人民日报海外
版》，2018 年 7 月 25 日，第 6 版）

图 3-4-2　柳亚子

（图片来源：张明观：《柳
亚子史料札记》，上海：上海
人民出版社 2008 年版）

　　1931 年 12 月 6 日下午 3 时，何香凝等人在上海华安大楼八楼
举行"救济国难书画展览会"第一次筹备会议。会议出席者有数十
人，先由何香凝做报告，继有郑洪年、钱瘦铁、张聿光、俞剑华、王济
远、刘海粟、汪英宾、余雪杨等发表意见。会议议决，12 月 7 日下午
3 时，仍在华安大楼八楼召开常务会议，商酌销售券及募集书画事
宜。① 大会推举贺天健、汪英宾负责宣传事宜；郑洪年、叶恭绰负责
销售券事务；征集书画之事，由刘海粟、钱瘦铁负责；孙雪泥、薛保
伦二人负责展览会场之布置。提纲挈领、总揽全局者为何香凝、朱
少屏、柳亚子三人。② 展览会的组织筹备工作强劲有力，负责各项

---

① 《申报》，1931 年 12 月 7 日。会议最后推定何香凝及郑洪年、叶誉虎、狄平子、张善孖、
　刘海粟、王济远、钱瘦铁、李秋君、李祖韩、汪英宾、贺天健、李盛钧、薛保伦、孙雪泥、黎
　沛华、朱少屏、柳亚子等为常务委员。

② 贺天健：《救济国难书画展厄言》，《申报》，1931 年 12 月 29 日。

事务者均为一时之选,这是成就展览会成功的必要前提。12 月 26 日下午 3 时半,"救济国难书画展览会"召开筹备委员会。经过广泛讨论,会议议决:(一)胡文虎捐飞机两架,专作救护之用,请关汉光前去接洽。(二)通告销券委员销券之款,请送仁记路二十五号五楼五百零九号兆福公司本会会计关汉光处。(三)请众书画名家,如王一亭、张红薇、侯疑始、俞逸芬、钱瘦铁、刘海粟、谢公展、符铁年、贺天健、汪英宾、孙雪泥、马孟容、王个簃、王师子、萧娴、张善孖、张大千、郑曼青、马万里、陈蝶野、李秋君、李祖韩、何香凝、黎沛华、柳亚子,自二十八日起至三十一日止,开会期间每日午后当席挥毫。(四)乙、丙两种券抽签赠品,除美术印刷外,尚有抽得何香凝及诸书画家小品之希望。① 12 月中旬,"救济国难书画展览会"筹委会曾致电北平及广东各报馆转征各地书画作品,结果反响热烈,京报馆邵漂萍夫人汤修慧女士来电,言派员分洽,已有成绩,28 日前亲送到沪。当日,汤女士果携平津书画名家作品 10 件,亲自由北平抵达上海。作品参与创作者多为中国画学研究会成员,其中不乏名家。② 此外,生生美术公司捐送招贴 4500 张;商务印书馆、中华书局、开明书店捐赠画册甚多,用作奖励用品。③ 浙江省新昌县六逸书画会吕曼丞及杭州褚雪琴等,均来函接洽,希望捐助大批画作。④

　　1931 年 12 月 28 日,"救济国难书画展览会"在西藏路宁波同乡会正式开幕,参观者多达 2000 多人,各名家即席挥毫,会场十分

①《申报》,1931 年 12 月 27 日。出席者有何香凝、王一亭、钱瘦铁、贺天健、王瑞竹、包振玉、黄寄萍、朱少屏、柳亚子、关汉光、黎沛华、李盛钧、林庚白、李祖韩、李秋君、何品泉、陆晶清、刘蘅静、张善孖等。

②《申报》,1931 年 12 月 29 日。

③《申报》,1931 年 12 月 27 日。

④《申报》,1931 年 12 月 29 日。

拥挤。12月29日,《申报》以《何香凝画展开幕》为题,报道了当日盛况,贺天健撰写《救济国难书画展厄言》一文,对于此次展览性质和意义三致意,同时对何香凝筹展极表感佩,表达了上海书画界的爱国心声。开幕当天,军界要人蒋光鼐、戴戟,均认购定价500以上画作一幅。设在四楼的抽奖现场更是热闹非凡,北苏州路199号振元纱号陈光裕购1元券1张,抽签时抽得有正书局印行美术特刊1部,值价20元。而北浙江路18号罗希三购1元券1张,抽得何香凝女士函1幅。由于陆续加入作品日多,参观者日众,救济国难书画展览会不得不延长3天展期。①

救济国难书画展览会规模和规格很高,展览的盛况空前,共展出国内古今知名书画家作品2000多件,时间历时6天,超出计划展览时间一倍,义卖作品700余件,共筹款20000余元,显然展览会非常成功,获得了很好的社会影响和实际效果。②"《时事新报》一月二十二日以《何香凝救国画展结束,收款捐助抗日救国活动》为题,对其进行了总结报道。在结束会上,经何香凝提议,此次义卖所得三分之一款项用以捐助抗日各团体救伤医药费和援助反日罢工工人。其余款项,如其初衷,用以创办国难妇女救护训练班,开展救护工作。"③

"救济国难书画展览会"结束不足一月,淞沪抗战爆发。上海人民积极热情地支援抗战,创办不久的国难妇女救护训练班,立即改组为国难战士救护队赴上海闸北前线,执行紧急救护工作。④"一九三二年五月五日,《上海停战协定》在沪签定,淞沪战役结束,

---

① 《申报》,1931年12月29日。

② 《时事新报》,1932年1月20日。

③ 张长虹:《留取丹青照汗青——何香凝与救济国难书画展览会》,《荣宝斋》2007年第2期。

④ 《申报》,1931年12月29日。

但东北义勇军仍与日军作艰苦卓绝的战斗。为救护东北抗日将士，何香凝创办国难救护队，准备奔赴东北援助。由于救护任务繁重，便另成立了一个国难救护队后方理事会，何香凝任主席，柳亚子任副主席兼经济部长，办理向海内外募捐及后方有关事宜。一九三二年七月和十一月，国难救护队先后有两批救护队员奔赴东北，随军开展战地救护工作。"①在何香凝的牵头组织和影响下，全国各地的知识女性响应何香凝的号召，也积极参与美术救国事业。救济国难书画展览会的成功，是全国文艺界共赴国难的一个起点。

1940 年 4 月 5 日，中华全国美术界抗敌协会在重庆举办了"劳军美术展览会"，主要参与的美术家是西安、成都、昆明、贵阳滞沪暨沦陷区等地的美术家，展出作品近千件，作品出售，收入作劳军之用。② 1942 年 12 月 25 日至 1943 年 1 月 10 日，国民政府第三次全国美术展览会于重庆举办，参展人员 960 余人，展出作品 1943件，全部收入捐献劳军。③ 展出的作品区别于前两次全国美展，大部分为抗战题材，如唐一禾的油画《女战士》、方干民的油画《陪都炸后之春》、司徒乔的油画《放下你的鞭子》等经典之作，这场全国最高规格的美术展览，是抗日战争时期美术家对国家命运和现实关注的最直观的体现。④

抗战时期大后方的美术展览以木刻和漫画为主力，因其通俗易懂，讽刺性强烈，艺术语言犀利，并且展览形式更加流动方便，既能在武汉、重庆、南京、上海等重要城市展出，又能深入大后方的城

① 张长虹：《留取丹青照汗青——何香凝与救济国难书画展览会》，《荣宝斋》2007 年第 2 期。

②《新闻报》，1940 年 4 月 6 日。

③《中样日报扫荡报联合版》，1942 年 12 月 19 日、31 日。

④ 张道藩：《社会教育季刊》（重庆）第 1 卷第 2 期，1943 年。

市和偏远的乡镇或农村地区,深刻揭露社会现实,而具有极为实际的价值和重要的意义,大大小小规模的展览,或在美术馆,或在工厂学校,或在街头巷尾,或在田间村头举办,展览形式丰富多样,如街头画展、集市画展、游行画展、墙壁画展等。1938 年 2 月,中华全国漫画作家抗敌协会成立后,在湖南、桂林等地与中华全国木刻界抗敌协会联合,多次举办街头诗画展。8 月底成立的救亡漫画宣传队几乎集中了当时上海漫画界的全部精锐力量,自上海出发,第一站到达南京,举办了一个大型"抗敌漫画展览会",将漫画绘制在画布,悬挂于带有轮子的板车上,拉着宣传车流动巡游展出(图 3-4-3)。从 1937 年 9 月 18 日开始,历史一个多月,先后在南京的新街口大华大戏院、夫子庙、江苏省立图书馆、下关兴中门、卸甲甸永利化学厂展出,吸引了数万群众的关注,当地的各大报纸也争相报道此次展览。① 1937 年 11 月 19 日至 25 日,漫画宣传队应江西省抗敌后援会之邀于南昌百花洲省立图书馆举办"抗敌漫画展览",南昌市民参观热情高涨,并且被漫画所表现的中国军民的艰苦战斗精神深深感动,展会现场充满了团结一致的爱国热情,南昌各大报刊纷纷报道宣传。1938 年 6 月,由张乐平、叶冈、廖冰兄等组成的分队赴浙江、安徽、江西等地开展宣传工作,特别是在江西上饶,展览形式丰富多样,例如在城镇开展连环布画巡回展、沿途展、游行展,以及深入农村的小型流动漫画展,引得无数群众争相观看(图 3-4-4)。他们利用农民赶集的时机,在热闹的地段将街头画展与街头剧、歌咏等形式相结合来吸引老百姓,或以吟唱和说戏的形式解释或宣传漫画作品,这样通俗易懂,群众喜闻乐见,真正做到老人、孩子都能接受到爱国主义教育。

---

① 《中央日报》,1937 年 9 月 15 日、23 日;《抗敌画报》1937 年第 3 期。

**图 3‑4‑3　1937 年在南京街头举办的"抗敌漫画展览会"宣传车**

（图片来源：以笔作刀枪——上海抗日漫画宣传队暨抗战漫画主题文献展）

**图 3‑4‑4　漫画宣传队在江西上饶举办街头画展时,民众看得热情高涨**

（图片来源：以笔作刀枪——上海抗日漫画宣传队暨抗战漫画主题文献展）

"中华全国木刻界抗敌协会自1938年6月12日在汉口成立以来,先后组织'七七抗战一周内抗战木刻画展''第三届全国抗战木刻展览会''纪念鲁迅先生木刻展览''中国木刻十周年纪念展览''战时木刻展览会''第二次全国木刻展览会'以及连续三届的'双十节全国木刻展览'等,涵盖几乎所有大后方的大型木刻展览会,在武汉、重庆、柳州、长沙、桂林、泉州等地掀起了木刻展览热潮。……中华全国木刻界抗敌协会的重庆会员在1938年开展了乡村流动木刻展,分三批沿川、滇、渝的郊县农村,把木刻作品、卡片及各种宣传画带到群众中间展示和分发,激励大家投入到抗日救国之中。1939年2月19日至21日,中华全国木刻界抗敌协会桂林办事处在桂林市中心十字街头举行木刻街头展览。3月6日,以廖冰兄、黄茅等组成的救亡漫画宣传队在全州、零陵等地举办漫画巡回展览,其中廖冰兄创作的《抗战必胜》连环画通俗易懂,深得群众欢迎。5月21日,桂林行营政治部漫画宣传队派陆志庠、黄茅携漫画作品150余幅展开了为期两个月的漫画流动展览,先后到达阳朔、平乐、荔浦、柳州、桂平、梧州、南宁等地,受到沿途民众的热烈欢迎。他们还联络、辅导当地的美术工作者进行自主创作。"①

抗战时期的美术展览,以灵活多样的形式,利用一切材料在不同的时间、地点等条件下,将爱国主义木刻、漫画、版画等作品广泛地展示给人民群众,以最通俗易懂的形式,让不同文化层次和阶层的民众都能看得明白,实现全民的爱国主义教育和宣传。

## 二、美术出版物

翻阅民国时期的报纸杂志,就会发现这样一个规律:在1931

---

① 朱亮亮:《抗日战争中的救国美术展览》,《中国国家博物馆馆刊》2017年第4期。

年"九一八"事变以前,出现在报纸杂志上的木刻版画很少,而"七七事变"以后,几乎所有的报纸杂志都以大量的木刻画和漫画作插图、刊头画、封面。出现这种现象的原因,一方面是木刻画和漫画因其本身所具有的大众化、通俗化的特点而备受新闻媒体的宠爱;另一方面,由于战时物质匮乏,印刷条件受限,木刻画与漫画成为印刷制版的主要方式。因此,全面抗战时期几乎所有的报纸杂志都以木刻画或者漫画作为插图。浙江三北游击司令部政治部的《战斗报》改为铅印后,该报副刊《文艺周刊》的刊头画、《战斗画报》创刊号封面,以及重庆的《新华日报》及其副刊《青年生活》《新华副刊》《国民公报》《新蜀报》等很多报纸都采用木刻版画作为插图,并且创办有木刻、漫画副刊,尤其是《新华日报》,几乎每期的刊头都附木刻画,1938 年至 1945 年的《新华日报》,共登载 376 幅以抗战救国为题材的木刻作品。

《战斗画报》于 1937 年 9 月 18 日在武汉创刊,主编宋一痕,该刊集文字、漫画、摄影于一体,主要记录日军在中国的暴行以及抗战将士反侵略斗争的活动。[1]

《抗战画刊》于 1938 年 1 月在武汉创刊,在冯玉祥的资助下,由赵望云和老舍在武昌千家街 47 号创办了《抗战画刊》,赵望云任主编。[2] 该刊利用图文结合的方式进行抗战宣传,内容主要叙述民间抗战故事、描绘大后方的民众生活以及军民合作故事等,作品具有视觉冲击力,内容亲民,在群众之间广为流传。

---

[1]《战斗画报》文字编辑有翦伯赞、冯乃超、蒋锡金、光未然,漫画编辑有特伟、陆志庠、叶浅予、梁白波,摄影记者有刘旭沧、张印泉、罗毅苏、郑用之。

[2]《抗战画刊》主要撰稿人有赵望云、高龙生、汪子美、张文元、老舍、冯玉祥、侯子步、黄秋农等人。

**图 3－4－5　1938 年春,《抗战画刊》成员与冯玉祥合影。左起:高龙生、张文元、老舍、冯玉祥、侯子步、黄秋农、汪子美、赵望云、冯玉祥侍卫**
(图片来源:以笔作刀枪——上海抗日漫画宣传队暨抗战漫画主题文献展)

　　《抗战漫画》于 1938 年 1 月 1 日在武汉创刊,特伟主编,漫画宣传队编辑出版发行。《抗战漫画》是《救亡漫画》的延续,由上海漫画界救亡协会主办的《救亡漫画》仅生存了 55 天,1937 年漫画宣传队撤往汉口,驻扎在汉口交通路 62 号,决定创办《抗战漫画》来接替《救亡漫画》。《抗战漫画》主要表现中国抗日军士的英勇事迹、前线战况以及揭露日军暴行,并大量报道全国各地的抗日救亡宣传动态,以文字和漫画的形式记录军民抗战生活情况,以及各地漫画家的抗战事迹。

　　1939 年 4 月,从延安“鲁艺”回来的王琦与卢鸿基、冯法祀、黄铸夫等在重庆创办《战斗美术》,进行抗战美术的宣传工作。该杂志每期出版后都寄往延安“鲁艺”图书馆,并请延安美术界供稿。《战斗美术》第 2 期上刊载过一篇《美术活动在延安》的文章,向大后方美术界介绍了延安美术界的情况,“有人说延安城是标语和图画装成的,这是真话,一座不十分大的城里,无论大街小巷、墙壁上、门板上、土堆上,甚至一棵树上都贴满了'巩固和扩大抗日民族统一战线''坚持持久战'等一类的抗战标语,红的绿的,煞是引人注目。同样,延安城的每个角落,也没有一处找不到抗战宣传画和木刻的痕迹,而且在吸引观众的力量这一点上,往往后者比前者来得大"①。生动反映了人民群众的抗战情况。

除此以外,以美术组织或个人出版的抗战出版物,梳理有以下内容:

| 报刊名称 | 创刊日期 | 地点 | 周期开本 | 主编主笔 | 备　注 |
|---|---|---|---|---|---|
| 《中国时事漫画》 | 1932年2月 | 上海 | 4开本 | 黄士英 | 中国漫画研究会出版发行。中国漫画研究会是1931年10月在上海成立的一个漫画群众团体,由黄士英、贾希彦、徐午同3人发起 |
| 《时代漫画》 | 1934年1月 | 上海 | 16开本 | 鲁少飞 | 该刊内容丰富,栏目众多,漫画作者汇集了当时全国知名画家。现代漫画史上唯一的知名女漫画家梁白波,也是该刊的特约撰画者。后该刊改名《漫画界》,以王敦庆主编的名义继续出版 |
| 《木刻纪程》 | 1934年10月 | 上海 | 仅一期、8开本 | 鲁迅 | 该刊是我国木刻期刊中的重要刊物,它是鲁迅亲自编辑,募集作品、自费出版发行的 |

① 季植:《美术活动在延安》,《战斗美术》,1939年第2—3期。

（续表）

| 报刊名称 | 创刊日期 | 地点 | 周期开本 | 主编主笔 | 备　注 |
|---|---|---|---|---|---|
| 《现代版画》 | 1934 年 12 月 | 广州 | 半月刊 | 广州现代创作版画研究会 | 该刊是现代创作版画研究会在每月举办木刻作品展览会后,评选出一些较好的作品,汇集出版的一份木刻期刊。初为半月刊,自第 11 期起改为月刊、16 开本 |
| 《铁马版画》 | 1936 年 1 月 | 上海 | | 郑野夫 | |
| 《抗战版画》 | 1938 年 1 月 | 南昌 | | 刘岘 | 该刊的作者和读者大多是从军的士兵 |
| 《漫画界》 | 1936 年 4 月 | 上海 | | 上海漫画建设社 | 该刊是被查禁的《时代漫画》的后身,原《时代漫画》主编鲁少飞面对当局的强制行为,"来个换瓶不换药,改名《漫画界》以王敦庆的名义主编继续出版" |
| 《漫画世界》 | 1936 年 9 月 | 上海 | 16 开本 | 黄士英 | 该刊所发表的漫画也都以抗战为背景,还发表了力群、陈烟桥、野夫、温涛、江丰等人的木刻画 |
| 《漫画半月刊》 | 1936 年 9 月 | 上海 | 32 开本 | 杨小梵 | 该刊为一小型漫画期刊,撰画者均是全国出名的漫画家 |
| 《前线画报》 | 1937 年 7 月 | 延安 | | 延安八路军政治部 | 主编和撰稿人由陈钧等人先后担任。主要画家有华君武、蔡若虹、马达、陈钧、钟灵、杨宾、郑沧波、丁里、钟惦棐、钱辛稻、一虹等,内容以版画为主,配有文字说明,通俗易懂。绘画题材反映了八路军战斗、学习、生产大运动等活动,并揭露日伪政权和汉奸的卖国行径 |

| 报刊名称 | 创刊日期 | 地点 | 周期开本 | 主编主笔 | 备　注 |
|---|---|---|---|---|---|
| 《救亡漫画》 | 1937 年 9 月 | 上海 | 4 开本 | 王敦庆、鲁少飞 | 编辑委员有叶浅予、张光宇、蔡若虹、廖冰兄、特伟，张乐平、胡考、朱金楼、汪子美、陆志庠、张仃、华君武、张文元、丁聪等。每期可容纳大小作品四五十幅，并有少量文字。该刊除在上海直接发行，还出有南京、汉口、广州、香港等版，发行数址超过以往任何一种漫画刊物。该刊是中国现代漫画史上销售量最多的一种漫画期刊 |
| 《木刻周刊》 | 1938 年 | 广州 | 周刊 | 李桦主编 | 广州《市民日报》副刊 |
| 《抗战画刊》 | 1938 年 1 月 | 汉口 | 初为旬刊，后为月刊 | 抗战画刊社 | 该刊是抗战时期居住在武汉的漫画家赵望云、汪子美、高龙生、张文元、江粘等人合作编辑出版的一份以木刻、漫画为主要内容的画刊。该刊在出版过程中得到爱国军人冯玉祥的鼎力协助 |
| 《抗战漫画》 | 1938 年 1 月 | 汉口 | 半月刊、16 开本 | 特伟 | 该刊不仅发表大量的抗战漫画，同时还注意刊登一些质量较高的漫画理论研究文章。《抗战漫画》出版了 12 期，武汉失守后，在重新又出版了 3 期，后来由于经费困难等原因终止了出版 |

（续表）

| 报刊名称 | 创刊日期 | 地点 | 周期开本 | 主编主笔 | 备　注 |
|---|---|---|---|---|---|
| 《战画》 | 1939 年 2 月 | 浙江 | 16 开土纸本 | 浙江省战时美术工作协会战画编辑部 | 该刊内容分漫画和木刻两大部分，偏重于木刻 |
| 《救亡木刻》 | 1939 年 2 月 21 日 | 桂林 | 十日刊 | 赖少其 | 刊登木刻作品、木刻理论文章和木刻、漫画运动的消息，1939 年 2 月 21 日创刊，同年 5 月 11 日停刊，自第 9 期后改为《救亡漫木》，加入漫画内容 |
| 《救亡画刊》 | 1938 年 1 月 | 广州 | 周刊 |  | 广州《救亡日报》副刊 |
| 《漫画战线》 | 1938 年 4 月 | 广州 | 月刊、16 开本 | 张谔、特伟等 |  |
| 《抗敌画报》 | 1938 年 6 月 |  | 4 开本 | 吕蒙等 | 该刊是一份至今仍极为罕见的美术期刊。该刊出版的主要任务是为配合时事政策进行宣传教育 |
| 《木刻导报》 | 1939 年 3 月 | 湖南 |  | 李桦 | 该刊是湖南地区战时所出版的唯一美术期刊。介绍全国木刻抗敌运动的消息、动态、画家去向为主要内容 |
| 《全国抗战版画》 | 1939 年 3 月 | 上海 | 丛刊、32 开本 | 仇宇 |  |
| 《战斗美术》 | 1939 年 4 月 | 广州 | 16 开本 | 王琦、卢鸿基、冯法祀、黄铸夫 |  |
| 《漫画与木刻》 | 1939 年 4 月 | 重庆 |  | 中大木刻研究会 | 该刊就是该会成立后不久，编辑出版的一份专门刊载漫画、木刻作品的期刊 |

（续表）

| 报刊名称 | 创刊日期 | 地点 | 周期开本 | 主编主笔 | 备　注 |
|---|---|---|---|---|---|
| 《工作与学习·漫画与木刻》 | 1939 年 5 月 16 日 | 桂林 |  | 刘季平、赖少其、黄新波、刘建庵等 | 是由《漫画与木刻》与《工作与学习》两份刊物合并而成，由桂林生活教育社的刘季平负责"工作与学习"部分编辑工作，赖少其、黄新波、刘建庵负责"漫画与木刻"部分的编辑工作，1939 年 5 月 16 日创刊，1939 年 9 月停刊，共出 6 期 |
| 《战地真容》 | 1939 年 6 月 | 江西 | 半月刊 | 罗清桢 | 该刊是以宣传抗战为主要内容的木刻期刊。该刊现已绝版 |
| 《敌后方木刻》 | 1939 年 7 月 | 太行山 |  | 胡一川 | 该刊是《新华日报》华北版的副刊之一，是一份宣传党中央坚决抗战思想的木刻期刊 |
| 《漫木旬刊》 | 1939 年 7 月 | 桂林 |  | 黄新波、赖少其、刘建庵、特伟 | 该刊是桂林《救亡日报》副刊之一。该刊是在抗日战争时期出现的漫画与木刻相结合的漫木运动鼎盛时期出版的一份美术期刊 |
| 《战时木刻》 | 1939 年 11 月 | 浙江 | 半月刊、16 开本 | 金逢孙、郑诚之 | 该刊是作为浙江省战时美术工作者协会战时木刻研究社研究组函授班学员的教材和通讯出版物。此外，函授班还出版一种丛刊《木刻丛集》，作为示范木刻卡片 |

（续表）

| 报刊名称 | 创刊日期 | 地点 | 周期开本 | 主编主笔 | 备　注 |
|---|---|---|---|---|---|
| 《木刻丛集》 | 1939 年 11 月 | 浙江 | | 浙江战时美术工作者协会 | 该刊是战时木刻研究社举办的"战时木刻函授班"时与《战时木刻半月刊》同时出版的一份木刻期刊 |
| 《木刻阵地》 | 1939 年 11 月 | 广东 | 月刊、16 开本 | 张慧 | 该刊设木刻作品和木刻理论两个专栏 |
| 《抗战木刻》 | 1939 年 11 月 | | 周刊 | 全木协湖南分会 | 湖南《开明日报》副刊 |
| 《中国画刊》 | 1940 年 1 月 | 西安 | 16 开土纸本 | 郭冷厂、黄志诚 | 该刊是战时西北地区出版的一种影响较大的漫画、木刻、宣传画期刊 |
| 《漫画木刻月选》 | 1940 年 1 月 | 桂林 | 半年刊 | 赖少其、刘建庵等 | |
| 《画阵》 | 1940 年 6 月 | 浙江 | 月刊 | 陈振龙 | 该刊是以宣传抗日思想为宗旨,号召美术工作者以抗敌救亡为己责,用笔代枪,投入抗日救亡运动 |
| 《半月漫画》 | 1940 年 6 月 | | 4 开本 | 章西 | 该刊所登漫画,都具有鲜明的抗战思想,及鼓舞全国人民齐心合力坚决抗战的决心 |
| 《战时后方画刊》 | 1940 年 7 月 | 成都 | 半月刊、16 开本 | 战时服务团战时后方画刊社 | 该刊是"有关抗战建国之漫画、木刻、歌谣、艺术文论"的综合刊物 |
| 《木艺》 | 1940 年 11 月 | 桂林 | 双月刊 | 桂林中华全国木刻界抗敌协会 | 该刊是现代版画史上一份重要的出版物,全国的多位木刻名家均是该刊的特约撰稿人 |
| 《现实版画》 | 1940 年 12 月 | 重庆 | 月刊、16 开本 | 李慧中、梅健鹰等 | |

（续表）

| 报刊名称 | 创刊日期 | 地点 | 周期开本 | 主编主笔 | 备　注 |
|---|---|---|---|---|---|
| 《战地真容》 | 1941 年 1 月 |  | 旬刊 | 罗清桢 | 内容以宣传中国人民抗战的光辉业绩及暴露日本帝国主义的罪行为主,并大量以木刻作品反映中国人民抗日救亡的运动 |
| 《版画集》 | 1941 年 1 月 | 兰州 | 双月刊 | 兰州新西北社 | 该刊是甘肃地区现代史上唯一的版画期刊 |
| 《漫画木刻丛刊》 | 1941 年 4 月 | 上海 |  | 牧野 |  |
| 《木刻艺术》 | 1941 年 9 月 | 浙江 | 16 开本 | 郑野夫、杨嘉昌等 | 该刊除了刊登全国著名版画家的木刻作品外,还注重发表于木刻艺术研究的理论文章 |
| 《半月木刻》 | 1941 年 10 月 | 重庆 | 半月刊 |  | 重庆《新蜀报》副刊 |
| 《刀笔集》 | 1941 年 11 月 | 香港 | 月刊、16 开本 | 香港刀笔社 | 该刊是一种木刻与杂文的综合期刊 |
| 《木刻运动》 | 1942 年 4 月 | 福建 | 旬刊 | 丽水白燕艺术木刻研究组 | 该刊是白燕艺术木刻研究组的木刻新作和创作木刻画的心得集成 |
| 《拂晓画报》 | 1942 年 |  | 不定期刊 | 张力奔、张景华 | 苏中《拂晓报》副刊 |
| 《胜利版画》 | 1942 年 6 月 | 重庆 | 月刊、16 开本 | 梅健鹰 | 该刊全部刊登木刻作品 |
| 《晋察冀画报》 | 1942 年 7 月 |  | 季刊、16 开本 | 石少华、沙飞、罗光 | 该刊以漫画和木刻为主 |

（续表）

| 报刊名称 | 创刊日期 | 地点 | 周期开本 | 主编主笔 | 备　　注 |
|---|---|---|---|---|---|
| 《半月版画》 | 1942 年 9 月 | 安徽 | | 东南漫画木刻杜 | 安徽屯溪《中央日报》副刊，1943 年 6 月 19 日停刊，每半个月出刊一期。创办时间一年零八个月，期间共发行 37 期。该刊由三部分组成：作品、文章以及不定期报道消息的《木刻简讯》《木运消息》《木运通讯》《木刻动态》《木讯一束》《木讯》，另外《编者的话》栏目会不定期报道副刊版面和出刊时间 |
| 《中国木刻》 | 1942 年 12 月 | 上海 | 月刊、16 开本 | 上海中国木刻社 | 该刊分文字和木刻画两部分 |
| 《木刻研究》 | 1943 年 3 月 | 重庆 | 周刊 | 中国木刻研究会出版组 | 重庆《国民公报》副刊，出了 11 期，以刊登木刻作品和木刻论文为主 |
| 《漫画与木刻》 | 1945 年 4 月 | | 不定期、32 开本 | 涂克 | 该刊是新四军的出版物 |

　　（表格信息来源：许志浩：《中国美术期刊过眼录（1911—1949 年）》，上海：上海书画出版社 1994 年版；王震：《二十世纪上海美术年表》，上海：上海书画出版社 2005 年版）

# 第四章　战时中国画的时代精神

从美术作品本体来看，抗日战争时期的理论与学术趋向，明显区别于战前文艺思想的活跃和多元，取而代之的是文艺思想中关于民族复兴、民族精神的倡导。许多画家在十分恶劣的环境中，不仅保持着民族气节，而且在艺术上的实践也充满了时代精神，许多艺术家在此时形成了不同的创作体验和风格。爱国主义画家的理论与实践是一致的，如蒋兆和作品中所体现的现实主义精神，徐悲鸿作品题跋中所体现的忧国忧民情怀，高剑父抗战画中表现出的对家国破碎的悲愤，张善孖猛虎画中破纸而出的革命斗志。抗战时期的中国美术家们，将传统的审美理想自主地转变成以抗日救亡为主导的审美意识，充满着强大的生命力，从而在战火纷飞、国家动荡的岁月里，为中国现代美术史留下了具有现实意义和审美价值的美术史料。

## 第一节　审美趣味的重大转变

中国走传统道路的美术家，不但面临着艺术思潮的剧变，还要面对民族危机的动荡，传统创作观在如火如荼的抗日救亡运动中毫无可取之处，美术家也备感冷落。传统自上而下的被视为少数精英参与的中国画相关活动，脱离了现实情况和需求，风花雪月、闲庭信步、超凡脱俗、清雅柔美的题材和风格与战争格格不入，中国传统的绘画形式如何能与烽火连天的战争现实相结合，这是中国的美术家从未面临过的情况。

此时美术界对非抗战的诸多现象进行过猛烈的抨击："在今日国家民族危急存亡之秋，全国人民都感到匹夫有责之义，或奋起从军，或则毁家纾难。甚至妇孺僧道，亦不肯落人后。惟独被人称为时代先驱的画家，却学宋明覆亡后的画人，作隐遁山林，逃避现实打算……"①这种批评画家避世的行为算是温和的，而把那些安居于室，画一些与抗战无关的题材的美术家评为"时代艺术的叛徒，民族新生的奸人"②的言论，就十分尖锐。这种以政治倾向为标准来划分美术家阵营的现象，使得抗战前期许多有名望的美术家成了被奚落、被嘲讽甚至是被攻击的对象，特别是传统派的中国画家多被视为落伍者。《抗战后方画刊》上曾刊登一篇题为《当代画家述评》的文章，把当代名家分为三种类型：一类是创作紧跟抗战现实和民众的画家，如李桦、赵望云等；一类是关心抗战，但没有直接表现抗战或没有"正确"表现抗战"没有理解抗战中艺术家之责任"的画家，如刘海粟、徐悲鸿、林风眠、丰子恺等；一类是"与抗战无关的画家"，如齐白石、张大千等。该文认为齐、张二人"在抗战中却都仍然啸嗷林泉，生活与作品两皆无关抗战，是抗战中阻碍抗战艺运，主张国画超抗战的落伍艺人之代表"③。相似的言论和批评在

① 梁又铭：《谈战时绘画》，《新艺》第 4 卷第 2 期，1944 年 12 月。
② 朱乃：《中国艺术的再造》，《抗战画刊》第 28 期，1939 年 9 月。
③ 白风：《当代画家述评》，《战时后方画刊》1940 年第 2 期。

当时的许多报纸杂志上都有刊载。不仅如此,就连那些"售画献金"的行为也被评价为对抗战的贡献仅停留在物质方面,没有什么作用。

实际上无论是自发的还是被社会舆论所启发,中国美术家的民族荣辱感并没有减退或者消失,恰恰相反,中国画出现了一种特别的面貌,在正义与邪恶、光明与黑暗的对抗中获得新的转机、新的发展。认识战争、描绘战争、批判战争,争取民族团结自由的题材,建立起了新的审美需求和审美意识。封建社会后期,由文人雅士主宰的沉迷笔墨情趣、构筑超逸精神家园的萎靡气息被追求生命的存在、人民的自由和慷慨激昂的情怀取代,它呼吁一切爱国艺术家应该从风雅倜傥的情怀转向抗战,因为"抗战中自有伟大的题材,敌人的残暴横行,同胞的惨遭屠杀,前线将士的浴血牺牲,城市村庄的轰炸毁灭,真是中国几千年来未遭遇过的大劫难"①。

要求描写战争,追求崇高的审美理想,必然拒绝传统的个人精神情感抒发诉求。这个时期的情感,是集体的精神意志,是对时局的情感反馈,任何与时局无关的情感似乎都不再是主观情感的代名词。在主张"艺术应服从于抗战"的美术家看来"抗战期间仍旧扭扭捏捏去画玲珑剔透的抒情画,就如同人家要你打一把杀人见血的钢刀,你去孜孜把工夫用在刻花镌字的讲究上。杀牛不能用缚鸡之力,刺虎不能用捉兔之势"②。甚至认为战争状态下艺术院校让学生研究人体,画"曲线美"是与战争的时局不和谐的,"在升平景象中,你们尽管在柔美上去下工夫,可是当这炮火连天、民族

---

① 星廊:《以艺术为武器》,《抗战画刊》1938 年第 6 期。
② 《新蜀报》(重庆),1941 年 1 月 11 日。

危机的时候，就应该换点硬性的作风了"①。带有一些曲线或象征曲线美的对象，例如女性人体、苹果和花瓶都被视为是不能表现硬性作风的，是与时代的审美理想相悖的。还有一些不能直接表现抗战题材的绘画也会被不客气地批评，叶浅予的漫画因为是趣味性曾遭到过进步青年的批评，认为是享乐主义。在为某种集体目的而服务的美术审美标准下，艺术的工具化必然成为最终结果。

抗战美术在创作语言上排斥优美抒情的线条和色彩，在创作形式上不推崇静态的表现，拒绝一切风雅的、柔美的和个人的情感抒发，崇尚硬朗的表现，追求崇高的精神高度。有表现力的作品，在创作内容上就必须是战斗的、现实的；在创作语言上要简洁、朴素、动态、明朗；在表现方式上要强烈、雄伟、有震撼力。花鸟、山水这些题材是大众不需要的，不应是战时美术家应该创作的，美术家应去表现社会和民族抗战的现实。

## 一、中国画坛的现代风

抗战之前的中国画坛，有不少美术家依然以象征精神纯净的题材为表现对象，依然迷恋于花鸟鱼虫、高山流水。虽然出现过中国传统美术、西方古典写实主义美术和西方现代派美术三分天下的局面，也产生过如火如荼的美术思潮论辩，但是随着抗战爆发后时局的需要，现实主义美术迅速占据了主流美术创作，另两派随之消减。中国传统艺术及西方现代派艺术从意识形态到表现形态，都不能适应此时的社会现实对艺术提出的创作要求，中国现代美术的格局也逐渐从世纪初的多元并存转向较为单一的抗战现实主

---

① 画工：《绘画与现实》，《抗战画刊》第 28 期，1939 年 9 月。

义美术中来。这一点我们可以从决澜社和中华独立美术协会①后期的衰落中看出,决澜社 1935 年举办第四次画展,时抗日战争已经开始,参观人数极少,表明此时人们对"为艺术而艺术"的作品已不再关注,而决澜社就是在这样冷淡的情况下结束了它的历史。1937 年全面抗战开始后,中华独立美术协会与决澜社一样黯然落幕。

另一方面,对于中国近现代美术来说,现实主义在 20 世纪初的中国画坛,仍然是具有现代意义的一场美术变革。从第一代美术家留学归来将西方写实主义带入中国,就被美术家当作"中国画革新"的一把利器,被政治家当作革命的手段,认为改变中国画颓靡之气就必须摒弃传统的文人美术观,甚至是摒弃传统绘画技法。写实主义在左翼美术思想中发展延续为现实主义美术,被称作"中国新兴版画之父"的鲁迅,评价德国著名版画家珂勒惠支②的作品"是和颇深的生活相联系","是紧握着世事的形象",从这里可以看出鲁迅对于美术中现实主义精神的推崇。由于现实主义作为中国思想变革的主要思潮,是中国现代美术变革的必然,因为它是在中国社会现实的需要下,直接参与了中国政治变革和社会变革,废旧立新,以图革命。

那么当民族危亡成为国家的主题,唤醒沉睡的国人不再停留

---

① 中华独立美术协会于 1934 年在日本东京成立,其核心成员包括李东平、赵兽、梁锡鸿、曾鸣等一批在日本学习的西画留学生。中华独立美术协会在成立之初即有"超现实主义"这一明确的信条和理论支架,他们"主张以现代西方的超现实主义绘画流派为效法对象,来'独立'地从事创作,反对以模拟现实生活为艺术目的"。

② 凯绥·珂勒惠支(Käthe Kollwitz, 1867—1945 年),原名凯绥·勒密特(Käethe Schmidt),德国版画家、雕塑家,20 世纪德国最重要的画家之一。她一生经历了德国政局动荡和两次世界大战,作品多反映普通人民的贫苦生活和战争带给人们的灾难。罗曼·罗兰称赞她的作品"是现代德国的最伟大的诗歌,它照出穷人与平民的困苦和悲痛"。20 世纪 30—40 年代,经鲁迅介绍引进中国版画。很多进步木刻青年都受到过珂勒惠支的影响,如李桦、江丰、胡一川、黄新波等一批版画家的新兴木刻作品,鲜明而强烈的形象和木刻语言,便折射着珂勒惠支版画所具有的力量。

在美术的层面而是上升为国家课题，现实主义的突出优势便显现出来，迅速占领了中国美术界，成了"现代"的主流。即使是传统中国画家，也在很大程度上担负了中华民族救亡图存的使命。赵望云、李可染、沈逸千、冯法祀等美术家都在抗战初期便投入到抗日宣传画的创作活动中，很多美术家亲赴抗战一线，在亲身经历了战争后，他们意识到战时的美术应该是波澜壮阔、生死气节的，而这种意识反映在美术创作中，对中国主流美术和教育界产生了巨大影响，出品了许多经典的中国画作品。

## 二、民族绘画的持续发展

抗战时期，仍有不少国画家在继续维系民族艺术的命脉。尽管传统艺术也有"成教化助人伦"的功能，但传统美学的核心价值观是出世的，具有超越形象的审美价值。由于根植于对中国传统美学和价值观的观念，一方面，在多数传统派中国画家的内心仍然以超功利的心态区分所谓"纯美术"与应用性的"图案美术"或"工艺美术"，这点在黄宾虹、傅抱石、张大千、林风眠等一批国画大家中都有广泛的共识；另一方面，由于中国绘画不追求对客体的再现性描绘，而是以笔墨趣味为核心的审美理念，当需要靠写实手法表现现实题材的内容时，国画家们，特别是当时已经形成了自己绘画体系的国画家们难以适应社会的要求。

然而，选择传统中国绘画美学观的画家，仍然要面临对艺术传统从美学观到表现方式的扬弃与重构的双重任务，如张大千、傅抱石、谢稚柳、董寿平、陆俨少、陈之佛等人在各自原先的艺术创作上，进行深化而产生新的创作风格。他们不再从古人经典或者文人画中再发掘，而是跳出文人画的体系和框架，对敦煌和西北的佛教和少数民族艺术产生了极大兴趣，从而重新构建传统艺术的内涵。

**图 4 - 1 - 1　张大千携弟子于敦煌临摹壁画(约 1940 年代)**

(图片来源:金陵艺术:《纸上敦煌:张大千临摹敦煌壁画作品欣赏》)

**图 4 - 1 - 2　傅抱石**

(图片来源:《百年巨匠》)

向自然和传统回归,是战时中国绘画的特征之一。战争使一大批国画家离乡背井,迁居西南大后方。画家走出画室,游青城、峨眉、剑阁、巫峡,重拾传统文人游目骋怀的艺术情怀。抗战时期张大千久居四川青城,数次上峨眉山,同时创作了大量作品,其中仅以青城山为题材的作品就达 1000 多幅。傅抱石旅居四川八年,也曾游青城山、峨眉山、凌云山、乌尤寺、都江堰等蜀中名胜,吸蜀水灵秀之气,山石

流泉、苍松古木、朝霞落日、烟雨阑珊的自然秀景,激发了他的创作
灵感,他创作出其极具代表性风格的绘画作品流传至今,成为经
典。试想如果不是抗日战争的时局之缘,也不一定会使中国画在
此契机下发生新的变革。

**图 4 - 1 - 3 《巴山夜雨》,国画,傅抱石,1942 年**

(图片来源:傅抱石:《傅抱石作品专辑》,《中国书画》
(第 40 辑),北京:人民美术出版社 1995 年版)

　　然而，国画家在"为抗战而艺术"的呼声中，并不是一味避世，而是用自己力所能及的贡献表达爱国热忱。在举办众多抗战义卖赈灾展览中，国画家都是最主要的参与者。陈之佛、张大千、张书旂、赵望云、黄君璧、谢稚柳、叶楚伧、吴稚晖、潘韵等人都曾拿出自己的书画精品，积极筹款抗日。

**图 4 - 1 - 4　《苍松》，中国画，黄君璧，1938 年**

（图片来源：陈履生编著：《黄君璧》，澳门：澳门出版社有限公司 2009 年版）

## 第二节　画派及其画家

### 一、写实主义及代表画家

徐悲鸿是 20 世纪倡导写实主义的宗师。在 20 世纪的中国美术思潮中,形成完整体系并始终坚持首推徐悲鸿,而他推崇的写实主义思想体系的确在抗战中发挥了巨大的作用。客观地看,徐悲鸿选择写实主义作为革新中国美术的主张,不只是个人的审美爱好,更因其顺应了时代潮流,是历史的选择。

清末以来"西体中用"的改革思潮在艺术领域的表现,导致对传统文人画偏激的否定,而其内核所倡导改革的方法论是与五四新文化运动的"民主""科学"精神相合拍的。在这种环境下,徐悲鸿既是康有为的弟子,又被蔡元培赏识,他对传统绘画和西洋绘画均有一定的理解,所以 1918 年,24 岁的徐悲鸿写出《中国画改良之方法》,是第一个以画家的身份支持用写实主义改良中国画的人,并且提出实施方法,主张运用西方绘画技巧,特别是写实之法,为其艺术创作和艺术教育的终身旗帜。此后,徐悲鸿从理论探讨和实践探索两方面深化和建立更成熟的思想体系,通过出国学习考察,对比研究中西美术,在学术辩论中良性交流,不断地深造、拓展或进行调整,最终形成较为完整的写实主义思想体系。

徐悲鸿的写实主义实际上包含了现实主义艺术原则和写实的表现技法两方面。如果说 1918 年的徐悲鸿对写实主义的理解还较浅显,那么经过数年的欧洲游学经历,在亲眼看见西方从古至今的美术作品以后,他对写实主义有了更为清晰和坚定的认识。1926 年徐悲鸿欧游归国,在对大学生的演说辞中明确提出"吾个人对于中国目前艺术之颓败,觉非力倡写实主义不为功"①,非常明确改良中国绘画的第一可行性方法。20 世纪中国美术的"主义"之争,在"为人生而艺术"和"为艺术而艺术"两种价值取向中,徐悲鸿坚定地选择了前者,他宣称"艺术有三大原则即真善美是也"②。他多次反复论述三者之间的关系:"当然艺术最重要的原则是美,可是不能单独求美而忽略了真和善,这恐怕是中国艺术界犯的通病吧。"③"夫人之追求真理,广博知识,此不必艺术家为然也,惟艺术家为必须如此。故古今中外高贵之艺术家,或穷造化之奇,或探人生究竟,别有会心,便产杰作。"④"穷造物之情也,恒得真之美,探人生究竟者,则能及乎真之善。顾艺术家之能事,往往偏重建立型式,开宗立派之谓也。若其挥斥八极,隘九州,或真宰上诉天应泣者,必形式与内容并跻其极。庶乎至善至美,乃真实不虚构。"⑤徐悲鸿认为美术的功能是追求真善美最大限度的统一,其中"真"为首要,因为真实性是美术作品的根本要求,缺乏真实性的作品不可能帮助人们正确地认识生活的真理。然而艺术的"真"既不同于普通实际生活的"真"也不同于科学的"真",它不仅是现象的"真",更是本质的"真",不仅是形象的"真",更是艺术升华了的"真",这种显现着真理的本质的艺术形象也就是艺术的美。所以徐悲鸿经常说"真者精诚之至也",赞赏"真宰上诉""真气远出"的艺术境界,有

---

① 徐悲鸿:《古今中外艺术论——在大同大学讲演辞》,《时报》,1924 年 4 月 23 日。
② 徐悲鸿:《中西画的分野——在新加坡华人美术会讲话》,《星洲日报》,1939 年 2 月 12 日。
③ 徐悲鸿:《对中国近代艺术的意见》,《工商日报》(香港),1937 年 5 月 12 日。
④ 徐悲鸿:《中国新艺术运动回顾与前瞻》,《社会教育季刊》1943 年第 2 期。
⑤ 徐悲鸿:《李唐〈伯夷叔齐采薇图〉序》,上海:中华书局 1939 年版,第 109 页。

时甚至干脆说"艺术以真为贵，真即是美"①。理解了徐悲鸿的艺术价值观，也就领会到他那强烈的爱国主义激情，以及他那高度的社会责任感和历史使命感。他的价值观念决定了他不可能选择以自我表现为宗旨的西方现代诸流派，这也就是他之所以选择写实主义的深层的、内在的动因。而这又与传统儒家思想"尽善尽美""成教化，助人伦"有着文脉联系。②

　　在徐悲鸿写实主义造型手法上，提倡"惟妙惟肖""妙之不肖者乃为至肖"。他说："画之目的，曰'惟妙惟肖'。妙属于美，肖属于艺。故作物必须凭实写，乃能惟肖。待心手相应之时，或无须凭实写，而下笔未尝违背真实景象，易以浑和生动逸雅之神致，而构成造化，偶然一现之新景象，乃至惟妙。然肖或不妙，未有妙而不肖者也。妙之不肖者，乃至肖者也。故妙之至肖为尤难。故学画者，宜摒弃抄袭古人之恶习（非谓尽弃其法）。"③"妙属于美"中的"美"，是画家通过直觉感受，情感灌注，艺术加工后创造出的艺术境界，"肖属于艺"中的"艺"是指画家准确描绘物象的技艺、技巧。也就是说，写实是画出好作品的第一步，是学画必须经过的过程。"惟妙"是写实技艺的高阶段境界，是心手相应后的产物，这种阶段的作品不一定写实，但一定不违背艺术的真实。按照这种思想，徐悲鸿认为绘画应该以写实为基础，再发展各家风格，他说："吾归也，于艺欲为求真之运动，倡智之艺术，思以写实主义启其端"④，"总而言之，写实主义是以治疗空洞浮泛之病，今已渐渐稳定。此风格再延长二十年，则新艺术基础乃

---

① 徐悲鸿：《在栖霞师范的讲话》(1930 年)，转引自王震：《徐悲鸿研究》，南京：江苏美术出版社 1991 年版，第 159 页。
② 马洪增：《徐悲鸿写实主义思想体系的重新解读》，《美术》2003 年第 6 期。
③ 徐悲鸿：《中国画之改良方法》，《北京大学日刊》，1918 年 5 月 23 日—25 日。
④ 徐悲鸿：《悲鸿自述》，《良友》第 46 期，1930 年 4 月。

固，尔时将有各派挺起，大放灿烂之花"①。按照他的设想，到 20 世纪下半叶，写实主义的根基已稳，美术家经过了写实技巧的锻炼和提炼，将会出现各种风格流派共同繁荣的局面。

图 4 - 2 - 1　《巴人汲水》，中国画，徐悲鸿，1938 年（局部）

（图片来源：刘曦林：《二十世纪中国画史》，上海：上海人民美术出版社 2012 年版）

徐悲鸿这种"以科学入画"的精神和倡导科学的写实技法，其思想根源于康有为、蔡元培等，其实践根源于他在法国的老师达仰，而他又传递给他的学生，如李斛、宗其香等人。李斛②在中央大学学习期间，正值抗战时期，学习条件艰苦，更为重要的是青年李

---

① 徐悲鸿：《中国新艺术运动回顾与前瞻》，《社会教育季刊》1943 年第 2 期。

② 李斛(1919—1975 年)，原名李心源，号柏风，四川大竹县人，画家、美术教育家。他是一名在中国画技法上有着开创性成就的国画家。1942 年，考入中央大学艺系，在著名画家、美术教育家徐悲鸿、黄显之、吕斯百、傅抱石、谢稚柳等先生的指导下，刻苦钻研，成绩优秀，尤以素描、肖像画最为突出。他坚持用中国画的笔墨进行西洋画法的写生，并对素描基本功十分重视，创作了大量别开生面的夜景山水画。他还具有全面的造型能力，在人物肖像画方面有独到的成就，留下了《印度妇女像》《关汉卿像》《齐白石像》等杰出作品。"文化大革命"时期被当成黑画家遭到迫害，于 1975 年去世，享年 56 岁。

斛亲历了战争的残酷，目睹了中国人
民的苦难。他立志用手中的画笔反映
现实生活的现状，而不再采用传统中
国绘画中自我精神世界的抽象表达手
法。他认为对待"自己民族的传统，采
取虚无主义的态度是错误的，但是，拒
绝西洋绘画的科学因素，那种保守的、
闭关自守的态度也是不对的。应该把
眼光放得远些，宽些，敢于吸收西洋绘
画的优点。只有广收博取，通晓古今
中外的美术，并把各种有益的因素很

**图 4 - 2 - 2 李斛**

（图片来源：北京画院：《李斛画集》，北京：文化艺术出版社 2009 年版）

好地结合起来，溶（融）化在一起，才能创作出具有民族特点，又有
时代精神的新的中国画"①。李斛在艺术实践中将中国画水墨技巧
与西洋绘画相结合，采用反映人民现实生活的题材，创作出具有民
族特色和时代风貌的作品，如 1944 年创作的《战火中的难民》《中
渡口担煤工人》等。《战火中的难民》以水彩画速写的方式描绘了
战火中被迫离开家园的男女老幼，简单勾勒填彩，但有一定的体积
和空间感。1946 年，创作的《嘉陵江纤夫》《磨刀工人》《赶车》等作
引起社会舆论的重视。《嘉陵江纤夫》（图 4 - 2 - 3）运用西画的透
视和比例，将素描技法的明暗融入中国画的笔墨晕染，表现人体肌
肉结构和质感，描绘劳动中的纤夫动势，具有力量感。徐悲鸿对其
中国画改革的尝试深表赞扬，曾在他个人画展上欣然为之题词：
"中国画向守抽象形式，虽亦作具体描写，究亦不脱图案念味。李

---

① 姚有多：《胸怀远志，不畏近难——李斛的艺术探索和修养》，《美术研究》1979 年第
　2 期。

斠弟独以水彩画情调写之,为新中国画别开生面。""以中国纸墨用西洋画法写生,自中大艺术系迁蜀后始创之,李斠仁弟为其最成功者。"①给予李斠以极大的鼓励。

**图 4 - 2 - 3　《嘉陵江纤夫》,中国画,李斠,1946 年**
(图片来源:北京画院编:《李斠画集》,北京:文化艺术出版社 2009 年版)

**图 4 - 2 - 4　宗其香**
(图片来源:吴为山主编:《为画而生:20 世纪中国画名家宗其香》,北京:文化艺术出版社 2019 年版)

1939 年,22 岁的宗其香②流亡求学到重庆,考入中央大学艺术系后,便开始了中国画改革的探索。他常常于夜晚徘徊在嘉陵江畔,实践创作了以嘉陵江夜景为主题的水彩画。他将作品寄给徐悲鸿请其指点,获得了徐悲鸿的赏识和建议,让其在夜景中加入灯光产生明暗效果,用墨色的浓淡表现夜景的不同明暗层次,这为宗其香的画作找到了表现的突破口。宗其香家境贫寒,成

---

① 见 1946 年徐悲鸿为李斠展览题词。

② 宗其香(1917—1999 年),江苏南京人。幼家贫,自学美术。1937 年当徒工时,《山水》即入选教育部第二次全国美展。1939 年考入中央大学艺术系,1944 年毕业,被徐悲鸿聘为中国美术学院助理研究员。历任国立北平艺术专科学校讲师,中央美术学院教授、水彩教研室主任、中国画系山水科主任、中国美术家协会会员。擅人物、山水画,尤长夜景。代表作品有《艺君像》《漓江夜》《寺前小集》等。有《宗其香画集》行世。

长环境艰苦,这使得他对世间的疾苦富有深切的关怀,他对底层人民能够同悲同戚,因此,宗其香的作品富有时代性和社会责任感,《秋风里》(图4-2-5)、《朱门之外》等一系列作品表现了生活在社会底层境遇的劳苦人民的生存现实,充满了困苦和悲悯的味道。《嘉陵江纤夫》也曾是他反复研究和创作的课题,表现纤夫的形象不仅是重庆劳动人民的典型代表,也是宗其香对劳动者同情的表现。1945年春,他应聘援华美军美国战略情报处心理作战部,绘制了大量的抗日宣传画,批量印刷后投入敌营,以瓦解敌军士气。1949年8月,参加中国人民解放军南下,被编入三野政治部任文化教员,为部队培养了大批美术人才。①

**图4-2-5　《秋风里》,中国画,宗其香,1942年**

(图片来源:吴为山主编:《为画而生:20世纪中国画名家宗其香》,北京:文化艺术出版社2019年版)

①《宗其香年表》,《中国书画》2017年第11期,第76—81页。

## 二、抗战现实主义及代表画家

　　写实主义在流派纷呈的美术界逐渐占据最高位置,与此同时,新写实主义即抗战现实主义的美术观和创作方法一统抗战时期的画坛。"五四运动"以来的新美术运动浪潮被抗战引向现实主义的风口之上,虽然从美术发展的角度上来看,失去了美术作品的多元化特点,但是由于抗战美术与现实的结合,美术作品真正做到了向大众普及,获得了更广阔的生存空间,美术创作不断获得新的原始资料和创作理念,中国的美术在实现大众化和民族化的道路上获得了重大的进展。值得一提的是,适逢民族存亡大时代的青年美术家们正处在美术训练的基础时期,他们并没有坐在画室内一笔一划描摹人体、石膏和欣赏缤纷多彩的美术流派的条件,不可能全身心投入纯粹的美术训练中。但是在为民族解放而斗争中树立起来的"为人生而艺术"的信念,通过抗战美术创作的不断磨砺,确立起了他们的艺术信念和创作模式。当民族战争结束,当中华人民共和国成立,这批在战争中成长和成熟起来的美术家就成了中国美术的中坚力量,他们的创作模式成为中国美术的主流美术形态。

　　在抗战现实主义的国画实践中,形成了三种力量,以不同的形式积极投入相同的美术救国主题。一是以战争导致的残酷社会现实为主题的国难写真,二是以战场惨烈情景为主题的岭南派"抗战画",三是深入战地,纪实性写真的战地写生。

　　蒋兆和(1904—1986年),原名蒋万绥,四川泸州人。1920年于上海工作,曾学广告画、服装设计,自学西洋画。1927年结识徐悲鸿,并受聘于南京中央大学,为图案系教员。1930年9月至1932年1月任上海美术专科学校西画系人体教授。"一·二八"事变后积极投身爱国宣传运动,所绘油画抗日将领《蔡廷锴像》《蒋光鼐像》

被印成大量彩色画片而影响广泛。1935 年至北平,次年返四川正式开始现代水墨人物画创作。1937 年 4 月返北平,1938 年任京华美术学院教授,教素描和图案。1946 年受聘于国立北平艺专。蒋兆和被称为 20 世纪中国现代水墨人物画的一代宗师,中国现代画坛独领风骚的艺术巨匠。[①]

蒋兆和的艺术成就在于不仅开拓了写实主义的现代水墨人物,更发展了现实主义题材的中国绘画,成为中国人物画的里程碑。1936 年《卖小吃的老人》(图 4-2-7)是蒋兆和进行水

图 4-2-6 蒋兆和

(图片来源:马海平:《上海美专名人传略》,南京:南京大学出版社 2012 年版)

墨人物画探索的开始,随后《缝穷》《流浪的小子》《乞妇》《儿子有了媳妇》《阿 Q 像》《一个铜子一碗茶》等,直至 1943 年完成的《流民图》,达到了现代中国水墨人物画的高峰。《流民图》的创作意图最初并不是要做抗战宣传,而是出于蒋兆和个人对难民同胞的同情。虽然画家创作目的不在于抗战的宣传,但是面对死亡线上痛苦挣扎的难民,展现出饿殍遍地、生灵涂炭的人间悲剧,速写了战争下的社会情况,无疑是抗战时期现实主义的代表之作。他的水墨人物利用中国画勾勒皴擦、笔墨的晕染来表现,同时符合西方“科学”的造型法则,是以“西学为体,中学为用”改良中国画的成功典型。

---

① 马海平:《上海美专名人传略》,南京:南京大学出版社 2012 年版,第 125 页。

**图 4 - 2 - 7　《卖小吃的老人》,中国画,蒋兆和,1936 年**
(图片来源:蒋兆和:《蒋兆和画选》,北京:人民美术出版社 1988 年版)

　　张安治(1911—1990 年),江苏扬州人,擅国画,任教于中央美术学院。1928 年考入中央大学教育学院艺术科,1929 年入西画班学习。1931 年毕业于南京中央大学艺术科,1935 年任中央大学助教。1946 年赴英国伦敦大学科塔艺术研究院研修。①

　　张安治 1928 年考入中央大学艺术科,师从徐悲鸿、吕凤子、宗白华等人。抗战爆发后,从事抗战美术。这一时期他的作品现实性极强,具有代表性,他说:"绘画的伟大题材,跟其他诸艺术的题材一样,唯有从现实生活里面去摄取,这是毫无意义的,要创造民族形式的绘画更不是凭空虚构所能成功,画家们应该用敏锐的眼光,从现实生活中搜寻那可以代表民族风格与生活特色的题材,再用新鲜的形式去表现它。"②《避难图》(图 4 - 2 - 8)作于 1940 年,描绘的是桂林遭到空袭后逃难的难民群图,画中男女老幼肩扛手提,

① 张安治:《张安治美术文集》"扉页",北京:人民美术出版社 1991 年版。
② 张安治:《中国绘画的民族形式》,《音乐与美术》第 2 卷第 1—2 期,1941 年。

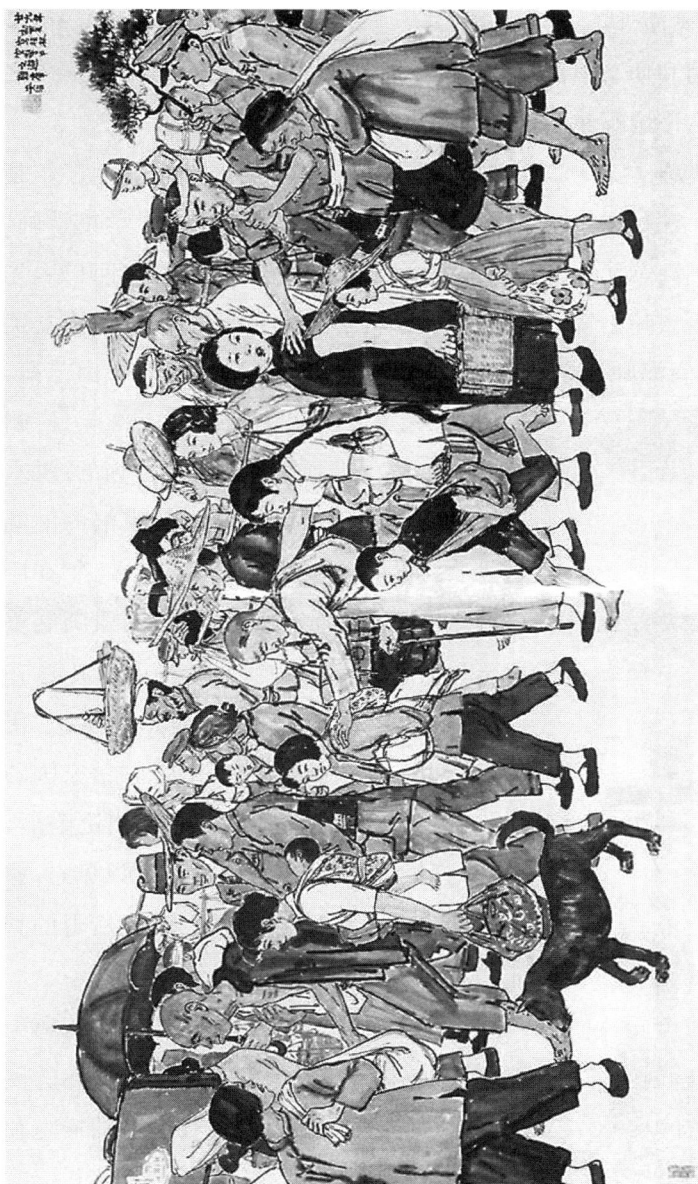

图 4 - 2 - 8 《避难图》，中国画，张安治，1940 年

（图片来源：袁武：《广西：艺术家笔下美丽神奇的南方》）

携带生活用品和行李,行色匆匆地向前行进,构图已伸出画面前后,表达画面外还有众多的人群。人物以单线作勾写,简单晕染,人物深情和动态丰富,作品右上方题"廿九年初夏,写桂林空袭之避难群",使这幅作品具有纪实性质。

　　黄少强(1901—1942 年),原名宜仕,字少强,号止庐,广东官窑群冈小江村丰湖里人。1920 年,19 岁时到高奇峰美学馆学画,次年又随高剑父学画,后又至上海美术专科学校。1926 年开始,先后在家乡敦睦小学任名誉校长,任教于佛山秀德小学、佛山市立美术学院、南海师范学校、广州培桂中学、广州第一中学、岭南艺苑、

**图 4-2-9　黄少强**

(图片来源:黄少强:《走向民间》,北京:人民美术出版社 2001 年版)

广州市立美术学校等。1932 年,广州举办"国难画展览会",黄少强的《洪水图流民图》以其描写国仇家恨的淋漓尽致,被评为全场之冠。1934 年在广州举办了"黄少强个人民间绘画展览会"。1935 年在广州纸行街通灵道 10 号创办了民间画馆。1936 年组织"民间画会",提出"到民间去","谱家国的哀愁,写民间之疾苦"。广州沦陷后,迁居香港,成立"岁寒画社"以见志,并在港举办抗战画展 18 次,把所得的款捐献救济难民。[①]

　　1932 年至 1935 年黄少强北上旅行写生,见到了因洪灾流离失所的民众,创作了《洪水流民图》(图 4-2-10)。被洪水毁坏的屋舍和四散的难民,被画家以速写的方式记录下来,在树石的描写和

---

① 《黄少强艺术活动年表》,《美术学报》2005 年第 1 期。

衣纹的勾勒上明显地保留了传统的笔墨语言。1932年,黄少强的
巨幅作品《洪水流民图》参加"广东各界国难共济书画展",该作品
售得2000两白银,但他将款项全数捐献赈灾。[1] 他的抗战爱国义
举,不仅被美术界人士高赞,也为当时政界要员所赞同。

**图4-2-10 《洪水流民图》,中国画,黄少强,1932年**

(图片来源:黄少强:《走向民间》,北京:人民美术出版社2001年版)

叶因泉(1903—1969年),原籍广东台山,出身于商人家庭,曾
在香港华仁书院读书,1920年因其父的花生油厂失火焚毁,家道中
落,叶因泉流落广州,1925年开始给上海孙雪泥主编的《世界画报》
和广州电版厂老板谢俊主编的《字纸笠》投漫画稿。1928年,叶因
泉与李凡夫发起成立"广州漫画社",两人合作连环漫画《阿老大》。

叶因泉1925年开始给上海孙雪泥主编的《世界画报》和广州
谢俊主编的《字纸笠》投漫画稿,1930年他给香港《骨子》杂志所绘
的封面漫画《鱼肉尽了》,揭露国内军阀搜刮民脂民膏,老百姓瘦弱

---

[1] 中共佛山市南海区委宣传部、佛山市南海区文体旅游局、佛山市南海区档案局编:《南
海"非遗"南海书画 南海诗联(南海书画篇)》,广州:中山大学出版社2012年版,第
58页。

成骨的惨状,引起关注,从而扬名。1933 年叶因泉创办《半角漫画》
周刊,在该刊上创作《阿老大》。全面抗战后,《半角漫画》被迫停
刊,叶因泉在香港过着街头卖画的生活,直到 1942 年香港沦陷,
叶因泉因此踏上了流亡之路,他将途中所见的难民形象用画笔记
录下来,画成 102 幅反映战争灾难下民众凄惨遭遇的《抗战流民
图》(图 4 - 2 - 11)。画家在流亡与逃难的遭遇中,设身处地体会
到底层民众的生活,传统文人精英的观念自然瓦解,从实际出发
转向平民阶层。作品单独成幅,用意笔线条及淡着重色的方式,
表现了南方逃难路途中及沦陷区难民悲惨的生活情景,表达了对
难民的深切同情。

**图 4 - 2 - 11　《抗战流民图》(局部),中国画,叶因泉,1942 年**

(图片来源:广东历代绘画展览组委会编:《广东历代绘画展览图录》
(上、下),广州:岭南美术出版社 2010 年版)

　　1946 年,司徒乔的 5 米长卷《义民图》(图 4 - 2 - 12、图 4 - 2 -
13)在"灾情画展"上展出并且轰动一时。这幅反映战争灾情的作
品,郭沫若看过这幅画后评论道:"我们应该欢迎一切向现实主义

接近的倾向，向人民艺术接近的倾向，我们在这种倾向中应该听取这样强烈的一个呼声：坚强地，更坚强地，像巨人一样从灾难中崛起，组织自己的能力，克服一切的灾难！"①1946 年 1 月底至 1946 年6 月初，司徒乔随赈济队，进行了漫长的粤、桂、湘、鄂、豫战后灾情五省纪行。游历途中，司徒乔亲眼看到了支离破碎的土地上，劫后余生的人民得不到救助的绝望处境。他看到了人间地狱般的惨景，到处是饿殍流民。司徒乔在武汉完成了《义民图》。用毛笔描述了战后灾民痛失亲人、流离失所的悲惨境遇，并且在画作上用文字记录了受访灾民的遭遇，画种饱含人文关怀和现实批判色彩而为世所重。

**图 4-2-12　《义民图》(局部 1)，中国画，司徒乔，1946 年**

(图片来源：司徒乔：《司徒乔画集》，北京：人民美术出版社 1980 年版)

---

① 郭沫若：《郭沫若：从灾难中像巨人一样崛起》，《清明》第 4 号，1946 年。

图 4 - 2 - 13　《义民图》(局部 2)，中国画，司徒乔，1946 年
（图片来源：司徒乔：《司徒乔画集》，北京：人民美术出版
社 1980 年版）

　　在中国画领域，岭南画派的画家最为积极地投入抗战题材的
创作。"七七事变"后，岭南派画家对待日本的态度迅速转变为对
立，大批岭南画家投入抗战题材的创作，使得这一时期岭南画派的
艺术风格逐渐鲜明并具有代表性。第一代岭南派画家高剑父、高
奇峰、陈树人虽然早年以"国画革命"的思想极力提倡艺术的现实
性，但他们对现实人物的表现却极少，而他们的弟子，以黄少强、方
人定、关山月等为代表的诸多岭南派画家，在延续"国画革命"的理
念之上，更发展为"革命国画"的理念，完全不同于古人对生活现实
的视角和人文理想的表达，而是以新文化背景下大众化的视角来
审视现实社会，描绘现实生态的普通民众。在抗战期间，他们创作
了大量的救亡艺术作品，以唤起社会大众的抗日斗志，而岭南画派

这种独具特色的中国画，被称为"抗战画"。

什么是"抗战画"？高剑父说："在'抗建'的大时代当中，抗战画的题材，实为当前最重要的一环，应该要由这里着眼多画一点。最好以我们最神圣的、于硝烟弹雨下以血肉作长城的复国勇士为对象，及飞机、大炮、战车、军舰，一切的新武器、堡垒、防御工事等。……他如民间疾苦、难童、劳工、农作、人民生活，那啼饥号寒，求死不得的，或终岁劳苦、不得一饱的状况，正是我们的好资料。"① 可见，"抗战画"的"国画革命"主张，在抗战时期顺应了对国难现实的记叙，积极融入了抗战救亡的大时代之中。

"'抗战画'的特点，在于最大限度地打破了中国画清远淡逸的美学格调。"②20 世纪 30 年代初期潘天寿曾说过："中国画自有中国画的格调，只宜于表现清远淡逸的东西，过分激烈、过分麻烦的情景，战争同流血之类的事，无论如何是不能放进去的。"③然而抗战画，就是表现"激烈的""麻烦的""流血的"，高剑父 1932 年创作的《东战场的烈焰》(图 4 - 2 - 14)表现了上海淞沪会战时东方图书馆被炸毁的情景，画面中战火燃烧，红色火光照亮了一片，远处还有被炸毁的残垣断壁。"抗战画"是高剑父早年主张"艺术革命"的

① 高剑父：《我的现代绘画观》，《美术杂志》1941 年第 1—3 期。转引自广州美术学院岭南画派研究室编：《岭南画派研究》(第 1 辑)，广东：岭南美术出版社 1987 年版，第 17—18 页。(按：收编在高剑父《高剑父诗文初编》第 235—263 页的《我的现代国画观》，在内容上与前皆有所出入，系《我的现代绘画观》的扩充稿。本处的引文出自于风整理的高剑父手稿。)

② 殷双喜、曾小凤：《艺术与救国：岭南画派的"抗战画"及 20 世纪中国画的革新转型》，《文艺研究》2013 年第 7 期。

③ 水轫：《猫耳朵碗前的题目》，《亚丹娜》(半月刊)第 1 卷第 3 期，1931 年。转引自李伟铭：《图像与历史——20 世纪中国美术论稿》，北京：中国人民大学出版社 2010 年版，第 24 页。

**图 4－2－14　《东战场的烈焰》,中国画,高剑父,1932 年**

　　(图片来源:殷双喜、曾小凤:《艺术与救国——岭南画派的"抗战画"及 20 世纪中国画的革新转型》,《文艺研究》2013 年第 7 期)

革命情怀的延伸,其核心都是针对中国社会现实所提出的。时国难抗战的现实与艺术界呼吁描写现实相合,为高剑父"艺术救国"理想的实践提供了契机,因此,"抗战画"成为艺术家积极投身艺术宣传、教育的武器。

高剑父 1906 年去日本留学,大受日本绘画的影响,开始吸收日本绘画的一些特点,如环境和背景的营造与渲染等。他回国后创办了《真相画报》,提倡以摄影照片来辅助作画,[①]是在对中国画能够运用写实的表现技法来改造绘画语言的另一种实践。[②] 不过,这些创作方法都是紧紧围绕着"我以为艺术要民众化,民众要艺术化,艺术是给民众应用与欣赏的"[③]思想,表达着写实的绘画技巧,有利于普通民众对绘画内容的理解,因此有利于实现"艺术救国"的理想。1936 年出版的《中国现代艺术史·绘画》中记录了他对传统中国绘画一派的黄宾虹和"二高"的评价,他认为黄宾虹的绘画"不易领略其妙处",而"二高"的绘画"很受观众拥戴",[④]这似乎是对高剑父倡导并且实践出的中国画绘画语言最好的肯定。

岭南画家中的关山月在救亡美术方面也有突出表现,他在抗

---

① 如《真相画报》第 15 期刊出"天然画(鹰类)"摄影照片,旁注:"鹰,种类甚多,性皆猛鸷,顾盼雄肆,有横厉长空、搏击群生之概。画家之好资料也。上摄四图,皆苍鹰类,其神情姿态,盖有足以入画者。特刊之,以为绘鹰者模范之一助。"此外,"二高"的绘画中也不乏借助摄影照片来进行中国画变革的例子,如高剑父的《烟寺晚钟》等作品。

② 如高剑父认同的"新国画"的定义(颖公:《春睡画院访问的印象》,1939 年),以宋院画为基础而参以各国艺术之长,并融入"远近法""透视学""色彩学"等近代科学方法,可以看作是他对中国画写实语言的重塑。

③ 高剑父:《我的现代绘画观》,转引自广州美术学院岭南画派研究室编:《岭南画派研究》(第 1 辑),第 19 页。

④ 梁得所:《中国现代艺术史·绘画》,上海:良友图书印刷公司 1936 年版,第 37 页。

战时期的美术实践为其之后的美术创作打下了坚实的基础，并且在后来的岭南画派中获得较高的成就和领导地位，类似的还有方人定和黄少强，也是这时期成绩突出的岭南画家。由于画家抗战救亡的激情以及不懈努力，1938 年以后直至整个 20 世纪 40 年代成了岭南画派的鼎盛时期，岭南画派获得了灿烂成就。

图 4－2－15　关山月
（图片来源:《百年巨匠》）

关山月（1912—2000 年），原名关泽霈，1912 年生于广东阳江。1948 年，任广州市艺专教授。1958 年后，历任广州美术学院教授兼院长、广东艺术学校校长、广东画院院长等职。还曾为中国美术家协会副主席、常务理事，广东省文联副主席，广东省美术家协会副主席。①关山月的作品秉承岭南画派"折衷中西，融汇古今"的精神，具有鲜明的时代感和写实性。

关山月 1935 年正式进入春睡画院，跟随高剑父学画，此时高剑父的国画革新的艺术观念和创作方法已经成熟。1938 年秋，广州沦陷，关山月此时在乡下写生，听说高剑父去了澳门，就不顾重重困难，随着逃难的人群到了澳门。1939 年至 1940 年，关山月随高剑父入住澳门普济禅院，并且继续学画，他经常外出写生，将"新国画"的创作方法运用到"抗战画"的题材中，创作了一批直接反映国难现实的作品，如根据写生画稿创作的《三灶岛外所见》《渔民之劫》《寇机去后》（图 4－2－16）等作品，将传统山水画的图式运用于新国画技法，创作了《从城市撤退》

① 陈湘波:《关山月年表》,《中国书画》2012 年第 10 期。

**图 4 - 2 - 16　《寇机去后》, 中国画, 关山月, 1939 年**

（图片来源：陈红娟：《为国难写真——关山月抗战主题作品赏析》）

《中山难民》《侵略者的下场》等作品。1939 年夏,关山月在一所澳门中学开了"抗战画展",引起港澳文艺界、新闻界的重视。1940 年,他挂念危难的祖国,想用画笔参加抗战,就靠画展忍痛卖了一些画,所得的钱作为旅费,于 1940 年春决心拜别了恩师高剑父,离开了澳门。①

图 4 - 2 - 17 方人定
(图片来源:夏和顺:《方人定:革故鼎新再造国画》)

方人定(1901—1975 年),幼名四钦,复名士钦,广东中山沙溪人。1926 年从广州法政专门学校及广东法官学校高等研究部毕业,后专攻美术。1923 年入春睡画院,师从高剑父习画,主张国画革新。1928 年获比利时万国博览会金奖。擅人物、花鸟、山水、书法。1938 年赴美游历,开画展。历任华南人民文学艺术学院美术部教授、广东画院副院长、中国美术家协会广东分会常务理事、广州市政协常委等,著有《方人定画集》。② 方人定是岭南画派第二代画家,也是岭南派人物画代表画家。他的绘画以人物著称,兼工花鸟、走兽、山水。他的人物画,坚持表现现实,表现人生,反映人民疾苦,表达民族精神。

方人定在"九一八"和"一·二八"事变后,创作了系列表现难民的作品,如《战后的悲哀》《风雨途中》《雪夜逃难》(图 4 - 2 - 18)等。方人定在表现抗战和难民的题材上,画风较为唯美,内容和形式存在一定的矛盾,所以在表现苦难悲恸的感情上,缺乏了感染

---

① 林林:《谈关山月的画》,《中国美术》1982 年第 1 期。

② 郎绍君、云雪梅:《年表简编》,《中国名画家全集——方人定》,石家庄:河北教育出版社2003 年版,第 224—235 页。

力。但是艺术形式上对题材表现力的欠缺不代表没有热情，方人定对战争的控诉和人民的同情之意是不容忽视的。

**图 4 - 2 - 18　《雪夜逃难》，中国画，方人定，1932 年**

（图片来源：殷双喜、曾小凤：《艺术与救国——岭南画派的"抗战画"及 20 世纪中国画的革新转型》，《文艺研究》2013 年第 7 期）

黄少强在"九一八"事变之后，创作了《抵抗之女》《抗日宣传》《还我河山》《国难之秋》等描写战争灾难的作品。黄少强的"抗战画"主要描绘家庭悲剧和民间疾苦，如 1932 年黄少强作《仓皇弱质逐风尘》，画中是因淞沪会战匆忙出逃的妇女，远处是被炮火摧毁的城市，着重突出妇女悲伤的神情；1938 年作《失母儿哀啼饥》（图 4 - 2 - 19），是黄少强北上途中见到的场景，失去亲人的难民逃到城市遭到城市警卫驱逐，画题："失母儿哀咽，啼饥逐客遥。剧怜老父泪，慰尔语几声。漂泊曾无地，稽巡质大衢。未言双泪落，酸苦不胜摹。庐墓都沦陷，山妻已作俘。虎狼逢弱肉，涎陌满肌肤。遥识伤心地，悲呼儿与夫。烽烟今处处，民族未昭苏。戊寅四月，写岭北征途所见闻，黄少强。"深刻描写了战争造成的人民苦难和强烈的哀伤之感。

**图 4 - 2 - 19　《失母儿哀啼饥》，中国画，黄少强，1938 年**

（图片来源：黄少强：《走向民间》，北京：人民美术出版社 2001 年版）

在抗战时期，能够完全深入民间社会、走进抗日战场，以作品反映现实社会的国画家，除了关山月等岭南画家，在大后方最具代表性的画家是赵望云和沈逸千。

赵望云（1906—1977 年），河北束鹿（今河北辛集）人，又名新国。1925 年秋由表兄王西渠资助赴北京入私立京华美专学习绘画，半年后转入国立北京艺专专攻国画，京华美术专科学校肄业。1928 年在北京师范任教，1930 年在北京吼虹艺术社任主编，1932 年任上海中华书局编辑，1933 年至 1935 年任天津《大公报》旅行记者，1933 年在河北农村写生，作品在《大公报》连载。1934 年至 1936 年到山东、江苏、浙江、河南、河北等地农村写生，作品描绘了饱经战乱摧残的农民的贫苦生活，在社会上引起极大反响，获"平民画家"的称号。1935 年应冯玉祥邀请，合作出版了《泰山社会写

生诗画石刻集》。抗日战争期间在冯
玉祥的资助下,和老舍在武汉创办《抗
战画刊》,后深入西南、西北各地旅行
写生,在西北风土人情影响下,形成简
括淡远、朴实含蓄的独特艺术风格。
20 世纪 40 年代转赴西北,描绘西北地
区的山川风光和农村风物,并作敦煌
之行,临摹石窟壁画。①

图 4-2-20  赵望云
(图片来源:《再识赵望云:在
"长安画派"的盛名之外》,雅昌艺
术网)

20 世纪 20 年代,赵望云就在《大
公报》上发表了系列关注社会民生现
实的作品,如 1928 年的《疲劳》《雪地
民生》《贫与病》《郁闷》等,并整理出版
了《农村写生集》《塞上写生集》《泰山社会写生石刻诗画集》等画
集,尝试着用中国画的笔墨来描写贫民生活,这类作品受到当时进
步文艺理论家王森然②的支持,并在其主持的天津《大公报》的《艺
术周刊》上连载。由于有了坚定的艺术理念和丰富的艺术实践,抗
战开始后,赵望云便自觉地融入了现实主义救亡美术之中。1938
年,赵望云跟随冯玉祥退守武汉,在冯玉祥的资助下主编《抗战画

①《赵望云年表》,《中国书画》2006 年第 6 期。

② 王森然(1895—1984 年),原名王樾,字森然,号杏岩,曾用哑公、子燕、杏楠、黑衣、菊
子、涤楼、养吾等 70 个笔名,河北定县人。国画家,美术教育家。擅长美术教育、美
学、美术史论、中国画。他积极地投身于新文学运动,着意介绍革命文学,痛斥封建主
义的腐朽文学,提倡现实主义的革命文学。1926 年起,他发表和出版了大量新文学
理论专著,正确地阐述了文学对社会生活的依赖性、文学的阶级性、文学的革命功利
性以及文学本身的一些特殊规律,为马克思主义文艺思想在中国的传播做出了卓越
贡献,1930 年他将研究成果汇集为《文学新论》,在中国现代文学史上有着重要的
地位。

刊》。关于中国画在抗战时期的作用,赵望云说道:"国画是地道的
在中国生长起来的,它应该对自己的国家民族加倍的关心,在外敌
侵入的时候,它为了报效民族几千年来对它培养的恩惠而有所努
力,以笔当枪,在宣传上尽力发挥斗争精神才是。"①1940 年刊登于
《抗战画刊》的《三个游击战士》(图 4 - 2 - 21),运用了速写的方式,
先速写再从速写稿中提炼形象,创作成一幅写生画,这种方式在当
时被称为"写生通讯"(图 4 - 2 - 22),即把画面内容和文字结合起来
通报信息、宣传抗战,如《鲁西流民图》(图 4 - 2 - 23)描写难民排队上
火车的景象,近处有休憩的老弱妇孺,附有文字"济军车站、扶老携
幼、向战运难民之火灾车移动情形"来解释图片。

**图 4 - 2 - 21　《三个游击战士》(局部),中国画,赵望云,1940 年**

(图片来源:《抗战画刊》,第 2 卷第 3 期,1940 年,第 59 页)

---

① 赵望云:《抗战中国画应有的新进展》,《中苏文化(1940 年抗战三周年纪念特刊)》第
　213 页。

图 4 - 2 - 22　《大公报》上的"写生通讯"，赵望云

（图片来源：《再识赵望云：在"长安画派"的盛名之外》，雅昌艺术网）

图 4 - 2 - 23　《鲁西流民图》，中国画，赵望云，1935 年第 4 版

［图片来源：《大公报》（天津），1935 年 9 月 27 日，第 4 版］

赵望云明确主张将中国画作为宣传抗战的武器，运用写生通讯的方式，通过水墨速写时事内容和文字的补充说明来做看图说话式表达。这种方式虽然能够以更通俗易懂和快捷的方式表现战时生活，结合文字起到宣传教育作用，但也在无形中减弱了中国画的独立性和笔墨技巧的艺术效果，更多地像漫画性质的宣传画。尽管如此，对于本身处在变革和向现实生活转变的时期的中国画，赵望云以写生的方式来进行战时的中国画写生，仍具有一定的现实意义。

如果以游走乡间写生、实践现实题材美术创作的赵望云算是一个自觉的"农民画家"的话，那么长期创作军队题材的沈逸千则是个完全的"军旅画家"。

**图 4 - 2 - 24　沈逸千**

（图片来源：《大公报星期影画》1937 年第 9 期）

沈逸千（1908—1944 年），江苏古镇嘉定（今属上海）人，祖籍松江。早年师从旅沪日本画师细川立三学习素描，后考入上海美专西画系深造，在校期间开始尝试将西洋画素描写生技法和中国画笔墨技巧结合。1932 年 7 月从上海美专毕业，成为职业画家。1931 年"九一八"事变爆发后，沈逸千参加"上海美专国难宣传团"离沪北上，经南京、武汉、长沙等城市举办国难宣传画展，最后抵达北京，在中山公园举行了大型国难画展。1934 年，"上海美专国难宣传团"改名"上海国难宣传团"，继续北上赴华北、河南、陕西、哈尔滨、绥远等地以并内蒙古 30 多个旗写生并举办爱国宣传画展。1935 年，国难宣传团被迫解散。回沪后，沈逸千陆续在报刊上报道了在内蒙古考察的见闻作品,引起了读者的兴趣,随后上海时代图书公司出版了沈逸千的《蒙边西北专号》,并把阳翰笙的话剧《塞上风云》改变成电影,由沈逸千担任顾问。1936 年,沈逸千应邀出任《大公报》特约写生记者,5 月被派往晋北、内蒙进行旅行写生报道。沈逸千于 1936 年 11 月完成写生,结束旅程。①《大公报》从 1936 年 5 月 30 日至 11 月 19 日分 13 辑连载了沈逸千的 115 幅写生作品和图注,同时发表沈逸千的摄影作品,引起了广泛的影响。1937 年 1 月,《大公报》将这些写生作品合编为《察绥西蒙写生集》出版。同年 3 月以后,沈逸千的包括塞北写生在内的作品于南京、上海、杭州展览,反响强烈。当年曾任《大公报》副刊编辑的作家萧乾在晚年回忆道:"那时大公报社并没有专编美术的,可是版面上经常有些风格别致的图画。报社当时有两位客卿:一位是画大西北的赵望云,另一位就是这位沈逸千。"②

1937 年全面抗战后,沈逸千开始了战地写生工作,他赴北平、石家庄、太原、雁门关、平型关、五台山等地采访、写生、摄影,与周恩来、朱德、彭德怀等人均有接触,并且绘制了大量速写。1939 年,沈逸千到重庆,发起组织了"中国抗战美术出国展览筹备会";1940 年,又组织"战地写生队",赴各个战区乃至缅甸中国远征军进行驻地写生,在大后方举办写生画展,鼓舞了战时的民心士气。其水墨写生画与赵望云具有相似之处,如《在山西敌后,训练新兵,实弹练习打靶》(图 4-2-25)一幅,用速写式的笔墨勾勒人物的动态,使用墨笔晕染,描绘机枪手训练时的情景。另外

---

① 马海平:《上海美专名人传略》,南京:南京大学出版社 2012 年版,第 416 页。
② 萧乾:《跑江湖采访人生——我的旅行记者生涯》,《新文学史料》1991 年第 4 期。

从《大公报》刊登的沈逸千写生通信作品《德王的私生活》(图 4 -
2 - 26)中可以看到,作品运用写生速写的方式,再配以文字说明
来延展画面的意义,阳翰笙评论:"总之,在沈逸千先生的刚健雄
浑的笔触下,是很能燃烧起我们抗敌救亡的热情,很有把我们带
到国防前线的绥、蒙捍卫国土的感动力的。这就是逸千先生的艺
术的成功处。"①

图 4 - 2 - 25  《在山西敌后,训练新兵,实弹练习打靶》,中国画,沈逸千,
1941 年

(图片来源:《中华》(上海),1941 年第 102 期)

可能是沈逸千的抗战绘画引起了日军方面的注意,1944 年沈
逸千正准备出国展览,在四川万县和重庆连遭汉奸特务两次暗杀
未遂,于同年中秋前夜在重庆神秘失踪,时年仅 36 岁,此后再无任
何音讯。②

---

① 阳翰笙:《沈逸千绥蒙画展观后》,《申报》,1936 年 4 月 14 日。
②《大公报》(香港),1948 年 9 月 1 日。

**图 4 - 2 - 26　《德王①的私生活》②，中国画，沈逸千，1936 年**

（图片来源：《大公报》（天津），1936 年 10 月 27 日，第 10 版）

　　萧乾后来回忆道："（赵望云所绘）《流民图》刊出后，赈捐立即更为踊跃了。我自然也从中得到一个启示：那些用数字表示的灾情报告，感动不了谁。特写应诉诸读者的视觉。"③相较着重审美角度的绘画作品，赵望云、沈逸千等战地写生艺术家的写生作品较少有艺术再创造和加工的成分，所绘对象皆为时局对象，这种形式的

---

① 德王（1902—1966 年），即德穆楚克栋鲁普亲王，字希贤。内蒙古的王公，主张内蒙古独立。察哈尔地区锡林郭勒盟苏尼特右旗人，1908 年，袭札萨克多罗杜稜郡王爵职。1913 年，北洋政府授他为札萨克和硕杜稜亲王。1919 年，执掌旗政。1936 年，德王出任察哈尔蒙政会副委员长，2 月 10 日在日本关东军支持下成立蒙古军政府任总司令、总裁。11 月 24 日，傅作义调派第三十五军主力攻克伪蒙古军第七师驻守的百灵庙，是为"绥远抗战"。1937 年"七七事变"后，日本关东军很快就控制了华北和内蒙古之间的平绥铁路，10 月 17 日占领包头。德王、李守信等人投靠日本人，出任伪蒙疆傀儡政权首脑。

② 在《德王的私生活》的配图文字中，沈逸千谈到德王的理想是"蒙古人起来救蒙古"，但结果却是"不能摆脱外力的压迫"，并充满同情地描绘了"绥远抗战"结束之后，德王在寂寞的雪夜一个人以拆装枪机为消遣的孤独侧影。

③ 萧乾：《跑江湖采访人生——我的旅行记者生涯》，《新文学史料》1991 年第 4 期。

报道既是事实,较于文字报道又能够提供更为丰富的细节和有趣的信息,能够充分发挥情感渲染作用,从而更广泛地进行抗战宣传。

## 第三节　中国画的抗战题材

### 一、以抗战宣传为题材的人物画

战时国家的存亡和前途命运是国家共同的课题,人民在战时的状况,是对现实最直接的反映,也是最容易引起艺术共鸣的题材,美术创作的思想和社会功能必然围绕"以人为本"这一课题展开,人物画则首当起这一重任。主题意识形态在写实中国人物画的题材变革中占有主导地位,在抗战时期,取材于真实人物、直观且视觉感真实的写实性绘画具有高效率的叙事性。艺术家们的爱国热情通过人物画来反应,国画革新的勇气通过现实题材来择取,题材内容的革新、艺术表现形式的创新进一步升华了主题,使写实主义与现实题材有了进一步结合。

徐悲鸿是写实主义绘画的先行者,他的绘画主张和实践对于写实中国人物画形式的形成具有导向性的作用和意义,蒋兆和随后的继承和发展,确立了写实水墨画形式。作于 1940 年的《愚公移山》(图 4 - 3 - 1)以西方裸体画的形式为素材,采用明暗的表现手法和解剖学理,用中国画线条勾勒人物的造型,交代骨骼、肌肉的走向,用墨和色彩渲染结构,形成肌肉的块面感,准确描绘了人体结构。

《愚公移山图》是徐悲鸿投入最大热情、倾注最多心血的经典作品,愚公移山的精神也是他终其一生颂扬的中华民族精神。愚

图 4 - 3 - 1　《愚公移山》，中国画，徐悲鸿，1940 年

（图片来源：贾德江主编：《中国现代十大名画家画集：徐悲鸿》，北京：北京工艺美术出版社 2003 年版）

公移山不移志的故事,可以给当时民族危机、政治动荡、时局混乱、痛失家园的中国人以力量的支柱,同时,愚公移山的精神即代表了民族意志也代表了徐悲鸿对中国画改革的意志。徐悲鸿以运用古典人物和故事为母题,通过借古喻今的象征主义创作手法对这个古老神话再阐释,不但继承了传统,体现了中国人民坚韧不拔的民族气节,也为中国现代美术在母题的拓展、继承和发扬立下汗马功劳。同样,傅抱石的《苏武牧羊》(图 4-3-2)以及张善孖的《精忠报国》《文天祥正气歌图》等作品,都运用老百姓熟知的古典题材创作,借古喻今来激励抗战中的人们。

**图 4-3-2 《苏武牧羊图》,中国画,傅抱石,1943 年**
(图片来源:故宫博物院)

张安治的《劫后孤女》(图 4-3-3)作于 1940 年的桂林,刻画了一位衣衫褴褛的女孩神情忧虑地靠在墙上,手挽着竹篮,似乎是出门乞讨而无果,充满了疲惫和无助。战时的桂林有无数流浪

**图 4‑3‑3　《劫后孤女》,中国画,张安治,1940 年**

（图片来源:张安治:《中国近现代名家画集:张安治》,北京:人民美术出版社 2005 年版）

到街头的逃难人,张安治描绘的这个女孩只是千万个不幸人民中的一员,是抗战时期流离失所的国人的一个缩影。画面呈现出的黑白灰的素描关系,使得画面空间感明显。可以从画面明显感受到,画家传达出的痛心和怜悯的情感,从一个典型形象的表现,来揭露侵略者给全体中国人民带来的深重苦难,以唤起民众的觉醒和抗争意识。

　　"在中国现代绘画史上,《流民图》(图4-3-4)堪称一幅里程碑式的鸿篇巨制,它标志着中国人物画在直面人生、表现现实方面的巨大成功,也是蒋兆和最具代表性的作品。1941年,在北平沦陷区蒋兆和以超凡的胆识开始巨幅《流民图》的创作,为防干扰,他画一部分,藏一部分。1943年10月29日,此画以《群像图》为名在太庙免费展出,但几小时后,就被日本宪兵队勒令禁展。1944年,此画展出于上海,被没收。1953年,半卷霉烂不堪的《流民图》在上海被发现,后半卷下落不明,现世只有残存的上半卷。1998年蒋兆和夫人萧琼将此残卷捐献国家。"①全画长约27米,宽2米,刻画了100多名因战争而无家可归的难民形象,这幅画作并没有直接描写战争中炮火连天的场面,而是通过对一个个疲惫不堪、面容悲哀充满忧愁的难民群体的刻画,揭示了日本侵略军对中华民族造成的毁灭性创伤,具有博大的人道主义精神和震撼人心的感染力量。

　　除此以外,蒋兆和还有《劫后余生》(图4-3-5)、《流浪小子》《卖子图》等作品,深刻表现了战后底层人们的悲惨状况,正如蒋兆和所言:"我不知道艺术之为事,是否可以当一杯人生的美酒,或是

---

① 刘曦林等主编:《20世纪中国美术·中国美术馆藏品选》,杭州:浙江人民美术出版社;济南:山东美术出版社,第92页。

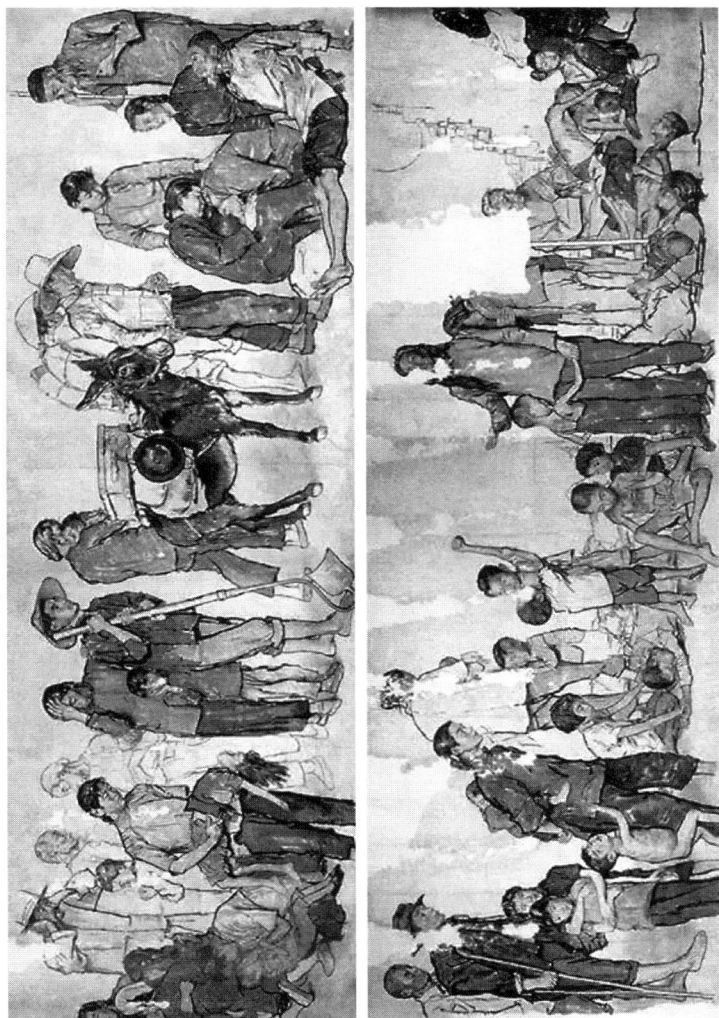

图 4 - 3 - 4　《流民图》,中国画,蒋兆和,1943 年

（图片来源:蒋兆和:《蒋兆和画选》,北京:人民美术出版社 1988 年版）

一碗苦茶？如果其然，我当竭诚来烹一碗苦茶，敬献于大众之前，
共茗此盏。"①

**图 4-3-5 《劫后余生》，中国画，蒋兆和，1939 年**

（图片来源：蒋兆和：《蒋兆和画选》，北京：人民美术出版社
1988 年版）

　　1944 年新春，沈逸千创作了《神枪手》（图 4-3-6），表现了驰
骋沙场、英勇杀敌的民间英雄形象，表达了他对抗战必胜的信念和
愿景。画面上骏马腾空跃起，后蹄着地，站立前蹬，马背上的神枪
手左手执缰绳，右手持枪，瞄准身后的敌人，表现出紧张、紧迫感，
讴歌了跃马战场的民族英雄。

---

① 蒋兆和：《蒋兆和画册》（一册）"自序"，1940 年版。

**图 4-3-6 《神枪手》,中国画,沈逸千,1944 年**

(图片来源:《"画坛怪杰"沈逸千的塞上风云》,《东方早报》,
2014 年 9 月 24 日)

## 二、抗战时期的其他题材中国画

中国传统艺术中向来有"托物言志"的手法，象征主义色彩的作品比比皆是，郑板桥的竹、陶渊明的菊、八大山人的鸟和鱼，南宋画家李唐就曾以一幅《伯夷叔齐采薇图》(图 4‑3‑7)来抒发自己对江山沦丧的痛心和不屈的气节。[①] "以古鉴今"的用典方式在中国文学和艺术中是常规手法。

**图 4‑3‑7　《伯夷叔齐采薇图》(局部)，中国画，(南宋)李唐**
(图片来源：故宫博物院)

从传统中国文艺表现手法来看，抗战早期的一些评论者，以作品是否直接表现抗战来判断画家是否爱国，不免有失偏颇。这里，就需要说明另一个问题，即抗战美术是否等同于现实主义美术？如上文所述，徐悲鸿《愚公移山》、傅抱石《苏武牧羊》等作品，用古人的民族气

---

[①] 伯夷、叔齐是商末孤竹君的儿子。相传孤竹君遗命立三子叔齐为君。孤竹君死后，叔齐让位给伯夷，伯夷不受；叔齐尊天伦，不愿打乱社会规则，也未继位，哥俩先后出国前往周国考察。周武王伐纣，二人扣马谏阻。武王灭商后，他们耻食周粟，采薇而食，饿死于首阳山。

节来借喻今朝的民族气节,虽然不是标准意义上的现实主义美术,但他通过写实的手法表现中国家喻户晓的古典人物,借助传统人物的影响力和画家本人的影响力,将民族精神进行新的诠释,激励民众。

　　除了古典人物,徐悲鸿在抗战期间还作了以公鸡、马、狮等为题材的作品,以这些走兽为表现对象,比喻了中华民族的顽强精神,唤起民族斗志,同时,也成就了徐悲鸿艺术形象的典型,如作于1937年的《风雨鸡鸣》,画一只仰首高唱的雄鸡站立在山岩之上鸣叫,四周风雨如晦。画的左上角有题款:"风雨如晦,鸡鸣不已,既见君子,云胡不喜?悲鸿怀人之作,桂林。"这是引用《诗经·郑风·风雨》的第三段,诗的意思是:凄风冷雨阴沉沉的天,鸡叫声声盼黎明,见到我的亲人了,怎不叫我喜在心?作者借画中风雨鸡鸣的形象比喻黑暗过后亲人相聚,希望中华民族的同胞能够在光明到来后,振奋起来。衬景的竹子,在中国文化中就代表着气节,也是宣扬刚正不阿的民族骨气和昂扬向上的精神。《负伤之狮》(图4-3-8)作于1938年,画一头负伤后坐地、在风中回首的雄狮,神情有一丝惊恐和愤怒,并在画的右上角题"国难孔亟,时与麟若先生同客重庆,相顾不怿,写此聊抒忧怀",以负伤的雄狮比喻国家的危难和重创,作为一名艺术家对国家命运的深切担忧,何尝不是爱国的思虑。同题材的还有1938年的《雄狮》、1941年的《前进》、1942年的《会师东京》、1944年的《群狮》等作品。鹰在徐悲鸿作品中也有诸多象征意义,例如1944年的《鹰击长空》(图4-3-9),题款:"我神鹰队袭击倭机,毁其百架,为长沙大胜,余韵兴奋无已,写此以寄豪情,卅三年大暑,悲鸿并记。"中国军队在战场上的胜利,牵动着美术家的心。徐悲鸿在1937年之后作了许多鹰为表现对象的作品,鹰在此时成了英雄主义象征,鼓舞着同胞带来抗击日军的信心和勇气。

**图 4 - 3 - 8　《负伤之狮》,中国画,徐悲鸿,1938 年**

（图片来源:徐悲鸿纪念馆）

**图 4 - 3 - 9　《鹰击长空》,中国画,徐悲鸿,1944 年**

（图片来源:上海嘉德拍卖）

　　张善孖画虎，虎虎有生气。抗战期间他多有画虎题材的作品，将勇猛精进的象征寓意恰如其分地融入抗战的意识。1937 年，张善孖抵达重庆，他积极创作并在全国各地巡回展览，作有《正气歌像传》，传主为名垂青史的文武之士，宣扬英雄精神和民族正气；创作《怒吼吧！中国》（图 4－3－10），画面以 28 只猛虎象征当时中国 28 个省。"雄大王风，一致怒吼！威震河山，势吞小丑！"1938 年，张善孖被聘为国民政府赈济委员会委员，为配合政府举办的"八一三"周年纪念活动，创作巨幅中国画《中国怒吼了》（图 4－3－11），画面上一只雄狮站在象征中国土地的高山上，怒视前方，图下题跋："中国怒吼了，中国怒吼了。谁说中华民族懦弱？请看那抗日烽火，照耀着整个地球。中国怒吼了，中国怒吼了。我们已团结一致，万众奋起，步伐整齐，不收复失地不罢休。中国怒吼了，中国怒吼了。'八一三'浴血搏战，爱国健儿，奋勇直前，杀得敌人惊破胆。"铿锵有力地表达中国人民的抗战决心和力量。

图 4－3－10　《怒吼吧！中国》，中国画，张善孖，1937 年

（图片来源：《天津民国日报画刊》1947 年第 64 期）

**图 4‑3‑11 《中国怒吼了》,中国画,张善孖,1938 年**

(图片来源:王平:《怒吼吧中国:国家象征与张善孖的
抗战图像解读》,《内江师范学院学报》2021 年第3 期)

　　1938 年 12 月,张善孖带着作品出国巡展,先后在法国、美国巡展,举办 100 多场展览,历时 2 年,募得捐款 20 多万元全部捐给国内。1940 年,张善孖在美国听说当时中国航空委员会顾问克莱尔·李·陈纳德将军在美国组建空军志愿队援华抗日,便把《飞虎图》(图 4－3－12)赠送给了陈纳德,画面的底部是纽约市鳞次栉比的高楼大厦,天空中两只展翅飞天,正俯身低吼着准备进攻的猛虎,十分壮观,左下方落款为:"大中华民国张善孖写于纽约",极具象征意义的历史画面。陈纳德按《飞虎图》做了许多旗帜和徽章分发给部下,以鼓舞战士,它成为抗战时期美国援华陈纳德将军所率飞虎队的象征,后来"飞虎队"在华作战连连告捷,重创日机,日军飞行员闻风丧胆。至于到底先有飞虎队,还是

图 4－3－12　《飞虎图》,中国画,
张善孖,1940 年
(图片来源:四川建川博物馆)

先有《飞虎图》,这在收藏界、史学界,甚至画界都有不小的争议,但无论怎样,张善孖的爱国热忱和美国飞虎队的勇猛及伟大的国际主义精神是有目共睹的,这也是这件文物最宝贵之处。[1]

———————————

[1] 陈世松、贾大泉主编,温贤美著:《四川通史》(第 7 册),成都:四川大学出版社 1994 年版,第 296 页。

图4-3-13　美国飞虎队队徽
（图片来源：四川建川博物馆）

无论在国内的抗战宣传还是国外的赈灾画展，张善孖都影响具甚，国内的《申报》《中央日报》《新华日报》《大公报》，美国的《纽约时报》《华盛顿日报》等均有多篇报道，时任法国总统勒伯伦曾亲自观展并且称赞张大千为"近代东方艺术代表"，在其积劳成疾去世之后，国民政府还颁布了《褒扬张善孖令》，这是当时绘画界除他以外无人获得的荣誉。张善孖身为画家，却怀有满腔英雄主义式的爱国热情，身体力行地为国"战斗"。且不论张善孖在美术史上的影响力，他对中华抗战的贡献也是鲜有齐驱的。

图4-3-14　1939年3月，张善孖义卖画展在法国巴黎国家博物院举办
（图片来源：北京诚轩拍卖《侠之大者，为国为民》）

　　抗战中的传统型画家被激进的抗战美术青年斥责为"艺术的逃兵"，但这些画家并未忘记作为一个中国人的使命和作为一个中国美术家的职责。傅抱石 1944 年在《中国绘画在大时代》一文中写道："我以为在这长期抗战以求民族国家的自由独立的大时代，更值得加紧发扬中国绘画的精神，""中国画的精神，既是中国民族精神的最大表白，而这种精神又是和民族国家同其荣枯共其生死的。"①潘天寿更是明确地指出："一民族之艺术，即为一民族精神之结晶。故振兴民族艺术，与振兴民族精神有密切关系。'②

　　20 世纪的中国画家，经历了世纪初社会对传统美术的冷遇和批判，又承受了抗日战争的考验，伴随着社会的转型和重重的危机，寻找着适宜生存和开拓创新的艰难探索之路，诞生了一个又一个令后人敬仰的国画大师，在他们为弘扬中国艺术、坚持民族精神、发扬民族艺术的一项又一项成就中，展现了伟大的民族气魄和艺术精神，以独具特色的中国画现代化面貌，述说抗日战争的历史图像，延续中华民族的不熄之火。

---

① 傅抱石：《中国绘画在大时代》，《时事新报》，1944 年 4 月 25 日。
② 潘天寿：《听天阁随笔》，上海：上海人民美术出版社 1980 年版，第 19 页。

# 第五章　战时油画的民族化

国难当头,救亡图存是第一位的要求,所有的社会资源都要为之服务和让位,包括艺术这一文化力量。美术社会功能的增强、政治功能的形成,不仅表明美术家这一群体社会意识的改变和觉醒,更代表了 20世纪 30 年代以后中国艺术的审美理想和价值体系的重塑。因抗战而改变的中国艺术价值体系,中心在于对爱国主义、英雄主义、理想主义的讴歌,在于抒发慷慨激昂的悲壮情怀所形成的崇高的审美理想。抗日战争让人们从沉浸于艺术的纯粹审美功能中醒过来,明确艺术服务于民族的核心价值,明确艺术重塑民族精神的必要,这种艺术必须以雄壮的审美理想为目标,以抗战的价值为取向,这些都为写实油画的发展提供了良机,因其介入现实的功能是实现崇高的、大众的审美理想的最佳手段,那么为艺术或为人生的讨论随即告一段落,艺术必然地走向了为人生的方向。

## 第一节　战时主题性油画的创作

### 一、民族形式

20 世纪初留学生们将西方的写实派、印象派、现代派陆续引进到

中国本土,他们将西方的绘画流派和风格发展至各个学校,组成不同的
团体,在各种空间展示。在对美术风格兼容并包的时期,这些风格流派
都相安无事。然而,不同的流派、不同的风格、不同的绘画语言意味着
不同的艺术取向、艺术观念,从文化的角度来看,是对中西方文化价值
的判断和思考。有"百家"就必然会有"争鸣",著名的例子便是"二徐之
争"。[1]"二徐之争"是油画进入中国本土后的一次方法、观念与派
别的争议,其争议焦点是:何种油画对中国本土的文化现实更有
益、有效?因为伴随着油画进入本土,人们开始思考油画艺术的本
质问题:油画在中国应该有何种担当?是为艺术,还是为社会、为
人生?除了最初改良中国画的现实意义,油画自身还有何种作为?
这些问题关乎油画在本土的立足点,油画"民族化"的思潮就在这
一过程中产生。[2]

---

[1] 1929 年,国民党政府教育部举办了第一届全国美术展览会,在此期间,当时在颇有影响
的艺术家,如徐悲鸿、徐志摩等人之间,展开了一场友好、直率而又针锋相对的论争,论
争的焦点集中在如何看待西方印象派和野兽派绘画上。徐悲鸿认为,马奈、雷诺阿、赛
尚、马蒂斯等人的绘画庸、俗、浮、劣,甚至无耻、卑鄙昏聩、黑暗堕落。法国现代派画家
中,即使是最脍炙人口之美术家,也多带几分商业性质。徐志摩也在同期《美展汇刊》上
发表《我也"惑"》,认为在艺术品评上真与伪的界限不是单凭经验也不是纯恃直觉所能
完全剖析的;在艺术上品评作家态度真伪,简直是难。因为艺术的真伪是指一个作家在
他的作品里所表现的意趣与志向,风尚是一个最耐寻味的社会与心理的现象。主张衡
量艺术的天平上最重要的是一个不依傍的纯真的艺术的见解与一点纯真的艺术的感
觉。在艺术上和人事上需要兢兢然寻求的,是一些新鲜的精神的流露,一些高贵的生命
的精华。徐悲鸿读了徐志摩的文章后,觉得"诵所致书,有大段言弟所欲言其以为快",
为尽其意,又写了《"惑"之不解》和《"惑"之不解(续)》分别在《美展汇刊》1929 年第 9 期
和增刊上发表,认为徐志摩之所以竭力为塞尚辩护只是基于侠情的义愤而已,表示了自
己对写实主义的坚执。与二徐的论争相呼应,李毅士也在《美展汇刊》1929 年第 8 期上
写了一篇《我不"惑"》,就艺术家与评论家态度之不同,艺术家的天性和艺术的社会效应
等发表了自己的看法,认为艺术的社会效应是艺术价值的标准。

[2] 李昌菊:《1900—2000 中国油画本土化百年》,北京:人民出版社 2017 年版,第 55 页。

**图 5 - 1 - 1　李毅士**

（图片来源：范美俊：《"写实"与"新派"：关于西方艺术思潮的"二徐"论辩》）

对于油画如何"民族化"，在方法论方面有许多代表性观点，如杨邨人①主张现实主义、张安治主张绘画反映民族生活与民族风情等。

将油画的题材本土化，是画家探索的重要方面，不少油画家描绘本土日常所见的景致、人物，也有通过民族古典题材展开创作的，例如上文所述的徐悲鸿，在继承写实技艺上表现中国古典传奇英雄人物题材，形成浪漫主义倾向的特点，创作有《田横五百壮士》《傒我后》等作品，虽然作品没有直接表现现实，也并非严格的写实主义，但是赋予了本土化的历史寓意。在表现传统题材方面，李毅士②也是

---

① 杨邨人（1901—1955 年），广东潮安人，被历史遗忘的"第三种人"。1925 年加入中共（入党监誓人为董必武），曾是 20 世纪 30 年代第一个由中国共产党直接领导的我国著名文学团体"太阳社"的主要创建人之一，为我国第一个党领导下的戏剧组织"左翼戏剧家联盟"的首任党团书记。

② 李毅士（1886—1942 年），原名祖鸿，江苏武进（今属常州）人。1903 年与其兄弟二人去日本留学，兄弟二人先后考入法律和士官学校。他因不好仕途而笃信科举，一年后转赴英国。1907 年考入英国格拉斯哥美术学院，在那里接受了 5 年严格的学院式正统训练，1912—1916 年在学完美术后，又以留学生身份公费进入格拉斯哥大学物理系。1918 年开始担任北京大学画法研究会黑白画导师并参加阿博洛学会。当时徐悲鸿刚从日本回来，尚未留欧，与陈师曾、李毅士一同受蔡元培之邀，在研究会里任导师。1919 年兼任北京高等师范图画手工专修科西画教授和北京美专西画科主任。1924 年应刘海粟邀请，去上海美专接替刚亡故的吴法鼎任教务长的职务，并任透视学教授。1926 年兼任南京高等师范工艺科技法理论教授，来往于沪宁之间。1927 年经蔡元培先生推荐，任南京中央大学教育学院艺术科西画教授、主任。1929 年还兼任该校工学院建筑学西画教授。抗战爆发后，只身随中央大学艺术系迁居重庆。他喜爱用西法画中国历史画，依据白居易长诗《长恨歌》中唐明皇与杨贵妃的故事，历时 9 年，《长恨歌诗意图》行世。

重要人物,他 1916 年回国后,以写实手法描绘了中国传统文学中的经典画面,如《长恨歌画意》(图 5－1－2)、《宫冤图》等,这种"旧瓶装新酒"的方式,不但能尝试油画的"民族化",也能让一般民众从文化传统题材开始接受西画。再如方君璧、关良等,皆从民族传统形象着手对西画进行本土化的改造,形成带有文化情结的民族油画。

**图 5－1－2　《长恨歌画意》(部分)，水彩，李毅士，1929—1933 年**

(图片来源:李宗真、李宗善、李宗美编:《李毅士画集》,天津:天津人民美术出版社 2020 年版)

另外,在表现语言如线条、色彩、造型、笔法、意境等方面,中国的西画家也做了多番探索,例如台湾地区画家王悦之,将中国线描与工笔重彩移入油画,赋予作品国画神韵;潘玉良在回国的十年期间,学习了中国画,其后的油画与早期相比减弱了写实的造型和明暗体积,向中国画的平面画发展,并且运用国画线条造型。同类的还有张弦、关紫兰等西画家。还有的用中国画的笔法和写意性融入油画,强调"表现性",如刘海粟、林风眠等。实际上从 20 世纪初油画在本土扎根起，关于油画民族化的尝试就一直持续，画家们自由发展，西画形式多元，分庭抗礼，直到战乱的现实做了最终的裁决。

　　抗日战争时期，艺术走向民间、走向大众成为时代文艺的迫切要求。在文艺走向大众的过程中，对民族形式探讨提上了讨论的议程。尽管战争导致物资匮乏，人民生活都极为艰难，这样的情况下，油画工具更是稀缺，但是画家并没有因此废弃对美术事业的热情，他们克服创作和生活上的困难，走进民间探求乡土文化，远赴敦煌、蒙古、西藏研究少数民族生活，对现实、对传统、对民族的视角产生了全新的变化。不同于战前的轻松环境和轻松题材，战时的画家更关注现实，题材的内涵趋于深重，而少数民族文化使得油画的表现内容与方法更本土化，回归传统——直接催生了油画的本土和民族特色。

　　战时的"民族形式"首先与艺术大众化挂钩，创作能够被大众理解和接受的文艺作品，是"民族形式"的首要目的。文艺界展开了理论的探讨，如提出"中国作风""中国气派""民族化"等观点。1938 年 10 月，毛泽东在中共六届六中全会上做了《中国共产党在民族战争中的地位》的报告，提出了马克思主义的"中国化"和宣传的"民族化"号召，要"创造中国老百姓所喜闻乐见的中国作风和中国气派"。[①] 1939 年初，延安宣传部门和文化界开展了一场以"旧形式利用"的方式创造文艺"民族形式"的文化运动。美术界对于如何创作有"民族形式"的作品，陈叔亮[②] 1940 年在《绘画的民族形

---

① 李昌菊：《1900—2000 中国油画本土化百年》，第 160 页。

② 陈叔亮（1901—1991 年），名寿颐，浙江黄岩人。1981 年 5 月任中国书法家协会首届副主席，主持日常工作。擅长中国画、版画、书法。20 世纪 30 年代毕业于上海美术专科学校，"七七事变"后，带领一些爱国青年赴延安。1938 年赴延安鲁迅艺术学院任教，曾参加延安文艺座谈会。1946 年任山东《海滨画报》社长，1951 年任华东文化部艺术处副处长、文化部艺术局美术处处长、艺术教育司副司长，1958 年后任中央工艺美术学院副院长、院长等职。

式》一文中指出，民族形式不是国粹主义，而是在继承前人经验的基础上创造出新的民族形式绘画；民族形式不是排外主义，对于西方绘画的理论和技法，应该很好地采用，与中国绘画结合发展民族形式；民族形式是大众，既不是统治阶级的画也不是民间画，而是能被理解的画；民族形式是现实的、科学的，应该是能抓住对象特点，能深入大众的核心，无论是题材还是形式通过艺术手段的洗练后的现实感的东西；民族形式的绘画，应该成为民族的大众的革命斗阵的武器。在今天，我们应当把握当前具体的抗战的政治情势，深刻地反映到画面上来，以教育大众、组织大众、动员大众，一齐为抗战的前途而奋斗。[1]

张安治从表现民族精神、民族生活等方面阐释"民族形式"的内涵，认为民族形式不是靠作画工具是西洋的还是中国的来判断，而是要体现中华民族淳朴仁厚的精神，表现民族生活的特色，并且是被大众理解、时代需要的，因此"民族形式"必须具备"民族风格""生活特色"以及"大众喜爱"，即"不是旧形式的复活；不是盲从西方形式；不是旧瓶装新酒；不是迁就大众；与世界性不冲突"[2]。洪毅然[3]认为中国二三十年来的艺术运动是半封建半殖民的过程，一方面西洋画流行的是西方现代派，一方面中国画仍旧未脱离"四

---

[1] 陈叔亮：《绘画的民族形式》，《救亡日报》，1940 年 5 月 22 日。本段对原文有删减。

[2] 张安治：《中国绘画的民族形式》，转引自杨益群：《抗战时期桂林美术运动》，桂林：漓江出版社 1995 年版，第 27—32 页。本段对原文有删减。

[3] 洪毅然（1913—1990 年），又名洪徵厚。字季远，号达人，四川达县人。1927 年春，洪毅然赴成都人四川美术专门学校普通师范科，开始正式学习绘画。1931 年秋，考入国立杭州艺专西画系，期间广泛涉猎西方、前苏联乃至印度等国哲学、艺术学等流派学说，受其影响，逐渐由绘画实践转向艺术理论、美学探索的道路。1937 年毕业于杭州艺术专科学校绘画系。后在成都西南美术专科学校分校、四川艺术专科学校任教。

王"的窠臼,因此赞成"西洋画的中国化""中国画现代化"。[1]

以上观点虽然从不同的角度提出"民族形式"的内涵,但是都一致认为油画需要运用民族形式,表现国家现实,体现民族生活,彰显民族精神,坚持大众化的路线。

值得一提的是,走向西部是战时美术民族化的另一方向的探索。全面抗战的爆发,使文化力量发生了向西南的转移,除了一部分画家留居上海,如刘海粟、江亚尘、陈抱一、颜文樑等,其他美术家、美术社团和美术学校从东部迁向了西南,美术力量的西迁成为中国美术史上的一个独特现象。20世纪40年代,孙宗慰、韩乐然、吴作人、常书鸿、董希文等西画家,先后从重庆、成都出发,开始西北之行。他们既从敦煌壁画中寻找民族形式,也在旅途中感受民族生活。

吴作人1943年7月开始出游甘肃、青海、陕西等地,9月赴敦煌游学。1944年6月又开始西康之行,直至1945年回成都,两年的西部游学成为他艺术上的重要转折点,艺术风格发生大的变化。1945年至1946年,吴作人先后在成都、重庆、上海举办3次个人画展,受到艺术界的好评。《祭青海》(图5-1-3)、《藏女负水》(图5-1-4)、《高原傍晚》《哈萨克》等作品不仅表现了西北的壮丽景色和人民生活,而且带有民族特色。

1945年至1947年,韩乐然赴西北写生,并秘密从事国民党西北地区上层的统战工作。他的足迹遍布新疆、甘肃和青海等地,他对敦煌、高昌、龟兹、克孜尔石窟艺术进行了临摹、考古和写生等工作,对克孜尔石窟美术考古的研究做出了重要贡献。首创以油画、

---

[1] 洪毅然:《抗战绘画的"民族形式"之创造》,《战时后方画刊》1941年第1期。本段对原文有删减。

**图 5－1－3 《祭青海》,油画,吴作人,1943 年**

(图片来源:《中国近现代名家画集·吴作人》,北京:人民美术出版社 1996 年版)

**图 5－1－4 《藏女负水》,油画,吴作人,1946 年**

(图片来源:《中国近现代名家画集·吴作人》,北京:人民美术出版社 1996 年版)

水彩等西洋画技法,临摹壁画,对美术的民族化,做出开创性的工作。这一时期,韩乐然创作了大量作品,并在兰州、迪化(乌鲁木齐)等地举办了10多次画展,描绘当地风物,关注民众生活。其反映西北题材的作品有《库车妇女卖鲜果酸奶》《河西走廊耕地》《兰州城外纺牛毛》《拉卜楞庙前的歌舞》(图5-1-5)等。值得一提的是,韩乐然在西行期间对古遗迹进行了临摹、记录和整理工作,如临摹了敦煌壁画和克孜尔洞窟壁画(图5-1-6)。韩乐然的临摹带有创作意识,在绘画材料方面,有别于其他临摹壁画的艺术家所用的国画材料,是以水彩和油画为媒介,主要运用西画材料的特点,如油画的厚重和肌理特性,以突出壁画色彩的醇厚与丰富层次,或者借助水彩轻快与透明的材料特性突出表现对象的轻盈特质。

　　1945年,司徒乔在新疆游历了大半年后,在重庆举办展览,作品以大量油画、水彩、粉笔画为主,这些作品色彩明丽,气氛明快而热烈。

**图5-1-5　《拉卜楞庙前的歌舞》,油画,韩乐然,1945年**

(图片来源:崔龙水主编:《缅怀韩乐然》,北京:民族出版社1998年版)

**图 5 - 1 - 6　《天花板上的三佛像》(克孜尔 67 窟壁画),油画临摹,
　　　　　韩乐然,1946 年**

(图片来源:崔龙水主编:《缅怀韩乐然》,北京:民族出版社 1998 年版)

1940 年,孙宗慰随张大千赴敦煌临摹壁画,并在蒙古族、藏族居住区考察写生。敦煌壁画对他的作品影响颇深,他吸收了传统壁画的线条表达和色彩运用,并运用到自己的创作中,例如《蒙藏人民歌舞图》(图 5 - 1 - 7)就是其中代表。

1943 年,常书鸿到达敦煌投入文物保护、整理工作,而他的作品在技法和情调表象上都富有传统趣味,如《临摹工作的开始》(图 5 - 1 - 8)表现两位正在壁画前工作的女性,将壁画作为背景,而壁画上的色彩也被运用于人物和桌布上。

1943 年,董希文到敦煌后临摹了许多壁画,在他的创作中也巧妙运用壁画的表现因素,如《哈萨克牧羊女》(图 5 - 1 - 9)造型和装饰带有北魏壁画风格,甚至运用浅色而非黑色勾线这样的特点,让作品富有传统壁画的特色。

**图 5-1-7　《蒙藏人民歌舞图》，油画，孙宗慰，1943 年**

（图片来源：孙宗慰：《孙宗慰画选》，北京：人民美术出版社 1984
年版）

**图 5-1-8　《临摹工作的开始》，油画，常书鸿，1944 年**

（图片来源：敦煌研究院：《常书鸿画集》，长春：吉林美术出
版社 2004 年版）

**图 5‑1‑9　《哈萨克牧羊女》,油画,董希文,1948 年**

（图片来源:董希文:《董希文画集》,北京:人民美术出版社 1996
年版）

也有一些艺术家根据个人对民族化的理解创作出的作品,如苏天
赐的《林蒂娜》(1948 年)、《黑衣女像》(1949 年)(图 5‑1‑10)、吕
斯百的《鲶鱼》(1944 年)等。

　　事实证明,"民族形式"的绘画,在艺术家表现抗战现实的创作
中得到了迅速发展,并且成为主流,这种对"民族形式"的创造,在
抗战时期因现实需求而生,基于发动民众的思考,在实践的层面上
持续不断地有所成就。

**图 5‑1‑10　《黑衣女像》，油画，苏天赐，1949 年**

（图片来源：邵大箴主编：《第三代中国油画家研究·
苏天赐》，南宁：广西美术出版社 2001 年版）

## 二、抗战题材

　　如果按照 20 世纪初至 30 年代油画的发展趋势，中国油画在
20 世纪三四十年代能够逐渐沉淀，发展本土化的油画，并且呈多
元化的发展态势而最终形成中国油画的风格。但是突如其来的
战争改变了绘画的发展。抗战期间大部分油画家的油画创作停
滞了，转向水墨画，如刘海粟、徐悲鸿、林风眠、汪亚尘、关良等，油
画发展较 20 世纪 20 年代兴盛的"洋画运动"时期出现了巨大的
回落，战前的那些风景、静物画也难以被纳入抗战文化的主流。

但另一方面，油画家的流失与新兴并存，陈抱一、张弦、王悦之、李毅士、唐一禾等相继去世，潘玉良赴法国，陈澄波回台湾地区；有些油画家将创作转向抗战宣传画，如倪贻德、冯法祀、王式廓、周多等。然而 20 世纪三四十年代，那些在上海美专、国立艺专、南京中央大学艺术系的学子们开始投入油画创作的队伍，成为新兴的油画家力量，如赵无极、孙宗慰、郁风、董希文等，他们在第一代、第二代油画家创造的实践经验之上，进一步从绘画的题材、作品的精神内涵、表现形式上本土化，其中表现战争的题材，是与现实最为紧密的。

　　虽然战争时期的条件艰苦，还是有一些画家克服重重困难，创作了一批宣传抗战、反映现实题材的油画作品。"西洋画中国化"为抗战服务，转向写实性和现实主义题材。写实主义绘画在抗战的形成与徐悲鸿的个人主张是分不开的，他说："抗战改变吾人一切观念，审美观念在中国而得无限止之开拓。当日束缚吾人之一切成见，既已扫除，于初尚彷徨，今则坦然接受，无所顾忌者，写实主义是也。"①这个时期产生了极具感染力的作品。1937 年张充仁的《恻隐之心》，表现上海市民积极救助前方战士的情景。1938 年至 1940 年，吕斯百创作了《农民》《庭院》等，表现了西南地区的朴实民众与质朴生活。1939 年徐悲鸿在新加坡创作了《放下你的鞭子》，赞美了反侵略、反压迫的精神。吴作人 1940 年的《重庆大轰炸》有力地控诉了战争的破坏性，1941 年的《不可毁灭的生命》表现了战后的集市，反映人民积极生活的态度。唐一禾在 1938 年至 1944 年创作了《厨工》《女游击队员》《穷人》《七七号角》等作品，直接表达了投身抗战、保家卫国的意愿。冯法祀

---

① 徐悲鸿：《中国新艺术运动回顾与前瞻》，《社会教育季刊》1943 年第 2 期。

1942 年创作的《捉虱子》真实表现了战时的艰苦条件。胡善余
1942 年的《无家可回》表现了难民的苦难。在解放区,因为油画
材料的匮乏,所以油画作品屈指可数,庄言①在延安期间除了进
行木刻创作,还创作了一些表现边区景象的题材的油画,如 1942
年的《陕北好地方》《陕北庄稼汉》,同样的还有莫朴、涂克等。这
些抗战油画作品,虽然数量不多,但确代表了抗战油画在那一时
期的主要面貌。

　　总的来说,抗战油画的题材有三大类:一类是直接表现战争场
面的,如《重庆大轰炸》《平型关大捷》《台儿庄大血战》《搜索》等;一
类是表现战争造成人民困苦或奋起反抗的状态的,如《空袭下的母
亲》《不可毁灭的生命》《捉虱子》《七七号角》《女游击队员》《穷人》
《正义的战争》《还我山河》等;一类是以中外典故为题材表现抗战
或寓意抗战胜利的,如《胜利与和平》《田横五百壮士》《徯我后》《愚
公移山》《放下你的鞭子》等。

## 第二节　油画的浪漫、现实主义

### 一、抗战浪漫主义与代表画家

　　西方的浪漫主义油画,创作题材取自现实生活、传说和文学名
著,在绘画上主张具有典型特征的描绘方式,表现对象经过筛选后
再重组,而非日常生活的再现,以宣扬人的精神价值为内核,争取

---

① 庄言 (1915—2002 年),江苏镇江人。1932 年入上海美术专科学校,1937 年陕北公学
　毕业,参加保卫大武汉宣传及演剧三队。1941 年任延安鲁艺美术部研究员,民族革
　命艺术学院教师。与胡蛮、罗工柳、辛莽编绘洋片油画《赵天顺翻身》。

个性解放和人权为思想原则，主张表达自己的感受。浪漫主义绘画具有强烈的感情色彩和富有感染力的艺术魅力，浪漫主义的意义是存在于精神感受上的。

　　在中国，世纪初的李铁夫、冯钢百等表现民主革命，表现崇高的自我，第二代油画家徐悲鸿、林风眠等宣扬民族独立、民族美学，将浪漫主义油画带入国内并且发展出本土化的浪漫主义油画。

　　1930 年徐悲鸿创作的《田横五百士》(图 5-2-1)，高 2 米，长 3.5 米，取材于《史记》田横的故事，①讲述农民领袖田横在刘邦称帝后将到洛阳接受招安，他手下 500 名战士为他送行的情景。画面选取了田横与五百壮士诀别的场面，田横神态坚毅、自信，壮士们有的悲伤哭泣、有的愤怒、有的依依不舍，渗透着东方英雄视死如归、侠肝义胆的慷慨之情。1931 年至 1933 年，徐悲鸿又创作巨作油画《徯我后》(图 5-2-2)，高 2.3 米，长 3.2 米，取材于《尚书·仲虺之诰》，描写的是夏桀暴虐，商汤带兵去讨伐，受苦的老百姓盼望有人来解救他们，说"徯我后，后来其苏"，意思是说："等待我们贤明的领导人，他来了，我们就得救了。"

---

① 楚汉相争时期，刘邦的大军打败了故齐王田横，封韩信为齐王，田横则带领 500 余部属流落海外一座小岛。高祖两次派人劝降，许诺：如愿降大则封王，小也封侯，并以性命相威胁。田横本不愿降，但为了保全岛上的 500 余部属，田横只好带两名勇士随汉使渡海。当来到洛阳城外 30 里处时，田横说出"刘邦要的是我的首级啊"，悲愤不已，自刎身亡。刘邦闻言，又惊又喜，以王礼厚葬田横。随行的两名壮士，在田横墓前掘穴自尽。岛上的 500 名勇士随后来到洛阳，得知田横已死，皆不愿降汉为臣。他们集体来到田横墓前，哭喊震天。祭拜后，全部自杀身亡，无一生还。高祖皆厚葬之。

**图 5－2－1　《田横五百士》，油画，徐悲鸿，1930 年**

（图片来源：贾德江主编：《中国现代十大名画家画集·徐悲鸿》，北京：北京工艺美术出版社 2003 年版）

**图 5－2－2　《徯我后》，油画，徐悲鸿，1933 年**

（图片来源：贾德江主编：《中国现代十大名画家画集·徐悲鸿》，北京：北京工艺美术出版社 2003 年版）

1933 年,周扬①引进苏联的"革命浪漫主义",在延安发表了《关于社会主义的现实与革命的浪漫主义》一文,主张文艺作品要具有乐观性、理想性和英雄性,把"英雄主义"和"现身精神"定义为革命的浪漫主义,"不但要描写现实中存在的东西,而且要描写现实中可能存在的东西"②,主张"现实的与浪漫的"文学艺术。

1938 年后,毛泽东提出文化艺术工作者要在实践中"丰富社会经验",实现"抗战的现实主义、革命的浪漫主义"③的文化艺术,把客观的现实与情

图 5 - 2 - 3　周扬
(图片来源:三峡区县志:《长子曝光——我的父亲周扬》)

感的浪漫相结合。1942 年在《延安文艺座谈会上的讲话》,强调"文艺服从于政治","革命的政治内容和尽可能完美的艺术形式的统一"④思想,确定了中国革命浪漫主义的发展方向。

---

① 周扬(1908—1989 年),原名周运宜,字起应。现代文艺理论家、文学翻译家、文艺活动家。1928 年毕业于上海大夏大学(今华东师范大学),同年冬留学日本。1930 年回上海投身左翼文艺运动。1937 年到延安,历任陕甘宁边区教育厅厅长、鲁迅艺术文学院副院长、延安大学校长等。中华人民共和国成立后,一直从事文化宣传方面的领导工作,任职中共中央宣传部副部长、文化部副部长,中国文联副主席、主席、党组书记,中国作协副主席等。

② 周扬:《关于社会主义的现实主义与革命的浪漫主义》,《现代》,1933 年 4 月。

③ 毛泽东:《在鲁迅艺术学院的讲话》,《毛泽东文集》(第 2 卷),北京:人民出版社 1993 年版,第 121—123 页。

④ 毛泽东:《在延安文艺座谈会上的讲话》,《毛泽东选集》(第 3 卷),北京:人民出版社 1991 年版,第 858 页。

**图 5-2-4　司徒乔**
（图片来源：开平市美术馆）

1939 年，徐悲鸿创作《放下你的鞭子》（图 5-2-5）。该画的题材原是田汉根据德国作家歌德的长篇小说《威廉·迈斯特的学习时代》中迷娘的故事改编而成的独幕剧，该剧后来再由陈鲤庭、崔嵬等人集体改编成了抗日街头剧。该剧讲述了东北沦陷区逃出来的一对父女以卖唱为生，诉说日本侵华，家园被毁，到处流亡的辛酸，激起台上青年及台下观众抗日救国情绪。① 1939 年10 月，徐悲鸿来到新加坡，他于广场上看了《放下你的鞭子》演出，剧中香姐的表演者是当时知名女星王莹。② 王莹的表演深深感动了台下的徐悲鸿，并激发了他创作油画《放下你的鞭子》。这幅画有别于徐悲鸿借古喻今的其他作品，是以当下发生的社会时事作为题材，将当年中国人民的慷慨激昂、忧国忧民反映在画作中。

司徒乔在 1940 年以同名同题材创作油画《放下你的鞭子》（图 5-2-6），这两幅油画在新加坡曾引起关注，诗人刘楚材曾在新加坡《星洲日报》副刊《繁星》发表题为《题司徒乔为赵洵王莹画"放下你的鞭子"》诗两首："怎耐街头鬻艺何？流离骨肉怒天魔。阿爷痛惜娇痴女，哭向东风泪更多。""毛羽摧残辄奈何！伤怀家国发悲歌。金刚忍辱恋雏凤，莫对樊笼怨语多。"③司徒乔（1902—1958 年），广

① 胡志毅：《中国话剧艺术通史》（第 1 卷），太原：山西教育出版社 2008 年版，第284 页。
② 1937 年上海文艺界迅速成立了抗敌演剧队，著名戏剧家洪深和金山领导的是抗敌演剧二队，队员包括王莹、冼星海、颜一烟等艺术家。演剧二队经由桂林至香港，而后再到南洋的马来亚、新加坡等地进行抗战宣传及募捐活动。
③ 刘楚材：《题司徒乔为赵洵王莹画"放下你的鞭子"》，《星洲日报》，1940 年 8 月 14 日。

**图5－2－5　《放下你的鞭子》,油画,徐悲鸿,1939 年**

(图片来源:贾德江主编:《中国现代十大名画家
画集·徐悲鸿》,北京:北京工艺美术出版社 2003
年版)

东开平人,原名司徒乔兴,擅长油画、素描。1924 年至 1926 年就读
于燕京大学神学院。1926 年在北京中央公园水榭举办个人第一次
画展。1928 年赴法国留学,师从写实主义大师比鲁。1930 年赴美
国,以绘壁画为生。1931 年回国,任教于岭南大学。1934 年至
1936 年任《大公报》艺术周刊编辑。来去缅甸仰光养病,1939 年辗
转新加坡,作《放下你的鞭子》。1942 年返回重庆,1943 年赴西北
写生,并于 1945 年在重庆举办新疆写生画展。1946 年曾远涉广
东、广西、湖南、湖北等地作《义民图》多幅,并先后在南京与上海展

出。后赴美国养病,1950 年回国途中作《三个老华侨》。曾任中央
美术学院教授,有《司徒乔画集》行世。①

**图 5－2－6　《放下你的鞭子》,油画,司徒乔,1940 年**
(图片来源:司徒乔:《司徒乔画集》,北京:人民美术出版社 1980 年版)

　　徐悲鸿在 1940 年创作了油画《愚公移山》(图 5－2－7)。②
1940 年,徐悲鸿在印度为甘地画像时,被这位不屈不挠为民族独立
奋斗的印度灵魂人物深深感动,于是计划创作《愚公移山》。1940
年 7 月,徐悲鸿完成中国画《愚公移山》,9 月,徐悲鸿在喜马拉雅山
下的大吉岭完成巨幅油画《愚公移山》。③《愚公移山》借用了中国

---

① 吴为山主编:《司徒乔艺术年表》,《赤子之心——20 世纪中国油画名家司徒乔》,北
　京:文化艺术出版社 2017 年版。
② 1940 年徐悲鸿创作了 3 幅《愚公移山》,其中中国画 1 幅,尺幅 144cm×421cm;油画 2
　幅,1 幅似乎是大幅油画的母稿,尺寸 46cm×107.5cm,大尺幅油画尺寸 213cm×
　462cm。本文所述为大尺幅油画《愚公移山》。
③ 王震:《徐悲鸿年谱长编》,上海:上海画报出版社 2006 年版,第 229 页。

神话典故,颂扬人类战胜自然的不屈不挠、持之以恒的精神,特别是此时身居异乡的徐悲鸿,胸怀对灾难深重的祖国的悲愤情怀,以古借今的浪漫主义情怀,期望祖国儿女以愚公移山的毅力抗击日军的侵略。

**图 5 - 2 - 7　《愚公移山》,油画,徐悲鸿,1940 年**

(图片来源:贾德江主编:《中国现代十大名画家画集·徐悲鸿》,北京:北京工艺美术出版社 2003 年版)

唐一禾的《胜利与和平》(图 5 - 2 - 8)创作于 1942 年,采用西方宗教题材,用象征的手法来表现战争与和平的主题。天使寓意胜利与和平,她正在为擦拭长剑的勇士佩戴橄榄花冠,坐在地上的妇女仰望勇士,怀抱着婴孩,象征着受到欺压的平民,倒地的暴徒手捂腹部,似乎刚被勇士刺伤而败。这种带有幻想色彩的画面,以西方宗教题材为母题,它与中国观众熟悉的题材和内容拉开了距离,而画中的胜利女神和中国男子放在一起,这样两个不同文化中的人物拼凑,似乎也显得有些别扭。但是,这幅作品的重点不在风格而在寓意,作品蕴含着强烈的象征性,表达不畏强暴,奋起反击而获得正义的伸张。作品虽然从西方古典宗教题材的选取到表现手法,都具有很浓的模仿痕迹,这在 20 世纪三四十年代是极少见的,但是用西方的神话来比喻民族战争,塑造中国英雄人物,表达正义战胜邪恶的主题,富有作者浪漫主义的想象力和对英雄、对胜利的理想。

**图 5‑2‑8 《胜利与和平》,油画,唐一禾,1942 年**

(图片来源:唐一禾:《唐一禾画集》,北京:人民美术出版社 1958 年版)

## 二、抗战现实主义与代表画家

抗日战争时期,各种类型的美术作品都表现了日军的暴行和中国人民顽强抗战的现实,以美术的图像力量增加了抗战力量。特别是在中国共产党文艺思想的指引下,美术走向人民大众,"为人生而艺术"的现实主义精神几乎占领了整个文艺界。1940 年苏联莫斯科举行了大规模的"中国艺术展览会",除了部分故宫博物院的古代藏品,其余的主要是抗战时期的作品。美术作品转向与社会现实相结合，为中国的现实主义美术扎根生长提供了理论支持。

吴作人（1908—1997 年），安徽宣城泾县人，生于江苏苏州，1926 年入苏州工业专科学校建筑系，1927 年至 1930 年初先后就读于上海艺术大学、南国艺术学院美术系及南京中央大学艺术系，从师徐悲鸿先生，并参加南国革新运动。1930 年赴欧洲学习，先入巴黎高等美术学校，后考入比利时布鲁塞尔王家美术学院白思天院长画室学习。1935 年回国，在中央大学艺术系任教。抗战期间，随校西迁重庆。1938 年，率"战地写生团"赴前线作画。1943 年至 1944 年，赴陕甘青地区写生，临摹敦煌壁画。1944 年至 1945 年初赴康藏高原，深入少数民族地区，写各色风貌，作大量写生画，举行多次展览。①

**图 5－2－9　吴作人**

（图片来源：丁建中：《吴作人：复活一个中国的艺术面貌》）

---

① 沈平子：《吴作人》，苏州：古吴轩出版社 2000 年 7 月，第 138—142 页。

　　吴作人在抗战时期的作品有记录日军飞机空袭重庆的《重庆大轰炸》、战争进行时的《搜索》(图 5 - 2 - 10),还有表现大轰炸后的景象《空袭下的母亲》和废墟上人民重新生活的速写《不可毁灭的生命》(图 5 - 2 - 11)。1941 年的油画《空袭下的母亲》(图 5 - 2 - 12)参加了 1942 年 12 月 25 日开幕的第三次全国美术展览会。这一展览在重庆中央图书馆举行,并一直持续到 1943 年 1 月 10 日闭幕。吴作人描绘了在侵略者的轰炸之下,母亲失去了孩子的痛心场面。目前这幅油画已不知所踪,仅留下一张草图。抗战时期吴作人的另一幅重要作品是 1942 年的油画《防空洞》(图 5 - 2 - 13)。战时为了躲避敌机轰炸而躲进防空洞在重庆是常事,当时还曾发生过防空洞洞口坍塌的事故,导致了 1000 多人闷死洞内的惨案,而吴作人的创作正来源于这样的真实事件。《防空洞》不只是一幅美术作品,它实际上是一个历史的证据,对战争以及战争造成的惨案进行记录和控诉。创作于 1943 年的《重庆大轰炸》(图 5 - 2 - 14)①描绘了重庆遭受日机无差别轰炸后的惨烈场景,以俯视的角度,表现了长江两岸弥漫着黑黄的烟雾,红色的火光映照着大地。作品色彩凝重,笔触粗放,充满了强烈的情绪。实际上,对比吴作人其他时期的作品,抗战期间的作品在塑造上并不是严格意义上的写实,在对表现对象的刻画上相对简略。可以想象条件的艰苦,逃难的紧迫,生存困难的情况下没有固定地点和充裕的时间创作,所以速写式的创作能够更有效地完成作品。

---

① 按:吴作人曾经画过两幅《重庆大轰炸》,1943 年他画了第一幅小的,不幸散失。后来,他凭印象又创作了一幅大一倍尺幅的《重庆大轰炸》,托宋美龄赴美拍卖,为宣传抗战筹集资金。图为小幅,来源于一境外藏家,该藏家原先购于成都某画廊。该幅作品的真伪尚未证实。

**图 5 - 2 - 10 《搜索》,油画,吴作人,1938 年**

（图片来源:"西学·西行——早期吴作人（1927—1949）"展览,中华艺术宫和吴作人国际美术基金会主办）

**图 5 - 2 - 11 《不可毁灭的生命》,油画,吴作人,1940 年**

（图片来源:"西学·西行——早期吴作人（1927—1949）"展览,中华艺术宫和吴作人国际美术基金会主办）

**图 5-2-12　《空袭下的母亲》,草稿,吴作人,1941 年**

（图片来源:陈天白编:《救亡美术——中国抗日战争美术作品精选集》,
南京:江苏凤凰美术出版社 2015 年版）

**图 5-2-13　《防空洞》,油画,吴作人,1942 年**

（图片来源:"西学·西行——早期吴作人(1927—1949)"展览,中华艺
术宫和吴作人国际美术基金会主办）

**图 5 - 2 - 14 《重庆大轰炸》,油画,吴作人,1943 年**

(图片来源:冯宇:《中国这么大! 我想去看看:"画"说长江》,艺术中国网)

艾中信(1915—2003 年),师从并追随徐悲鸿、吴作人等第一代油画大师,他提倡现实主义,主张创作立足于生活,是参与推进中国现代油画的优秀先驱。艾中信 1936 年考入国立中央大学艺术系,在中央大学他不仅浸染了中西方的双重传统,受到徐悲鸿、吕斯百、吴作人等指导,而徐悲鸿的写实油画风格和为人生而艺术的主张更是影响了他的人文情怀。1942 年创作的《枕戈达旦》(图 5 - 2 - 16),歌颂了抗日战争时期游击队员夜以继日战斗、不畏艰苦的精神。这幅作品原是艾中信受到艾青《青纱帐》一

**图 5 - 2 - 15 艾中信**

(图片来源:艾中信:《艾中信艺术全集》,北京:中国大百科全书出版社 2007 年版)

诗的启发产生的构图，徐悲鸿看到后亲自定题为"枕戈达旦"并鼓励艾中信按照现实关怀的思路画下去。①

图 5－2－16　《枕戈达旦》，油画，艾中信，1942 年

（图片来源：艾中信：《艾中信艺术全集》，北京：中国大百科全书出版社 2007 年版）

　　表现战争场面的还有冯法祀和王式廓，1938 年他们在国民政府军事委员会政治部第三厅美术科的美术工场里，以满腔热忱分别创作了巨幅的水粉画《平型关战役》和《台儿庄会战》，一同张挂在武汉街头，在当时社会上引起过强烈的反响。

---

① 吴为山：《通往优雅与宏阔》，《中国艺术报》，2016 年 1 月 13 日。

冯法祀（1914—2009 年），别名
"骆风"，安徽庐江人。1933 年考入南
京中央大学教育学院艺术科，受业于
徐悲鸿、颜文樑、吕斯百、潘玉良等师
门下。1937 年中央大学毕业后，时值
抗日战争爆发，参加中国工农红军（后
改编为第八路军），并到过革命圣地延
安。后又迁移至四川省江津县（今重
庆）的武昌艺术专科学校任教。1940
年参加抗敌演剧队，从事绘画创作活
动，抗战期间曾举办过 6 次个人画展，
其爱国主义的作品受到广泛好评。

图 5－2－17　冯法祀

（图片来源:《百年美院·口述
历史——王琦:走过漫漫革命路
风尘仆仆登讲台》，澎湃新闻网）

1942 年受聘为中国美术学院副研究员，
1943 年受聘为国立社会教育学院副教
授，1946 年随徐悲鸿到北平，参加北平
国立艺术专科学校的创办工作。①

王式廓（1911—1973 年），山东省掖
县（现为莱州市）人，1932 年秋入私立北
平京华美术学院，1933 年入国立杭州艺
专。1934 年 2 月插入上海美专西画系学
习，1935 年 7 月毕业。1936 年考入日本
东京美术学校。1937 年回国，参加抗日
救亡活动。1938 年 1 月，王式廓从鲁西

图 5－2－18　王式廓

（图片来源:《王式廓》，艺
术中国网）

---

① 范迪安主编:《年表》，《艺为人生——20 世纪中国油画名家冯法祀》，合肥:安徽美术
出版社 2014 年版。

北到达武汉,积极参加绘制抗日宣传活动。不久后,王式廓到政治部第三厅文艺处美术科任少校服务员,创作了《台儿庄会战》(图5-2-19)、《南口大战》等巨幅宣传画,并参加了黄鹤楼大壁画的绘制工作。1938年8月到延安,在鲁艺学院美术系任教员兼研究员,并于1942年9月加入中国共产党。在大生产运动中获得劳动模范称号。[①] 王式廓在延安期间,创作的代表作有木刻《开荒》、油画《自卫军宣誓》《平型关战斗》、漫画《希特勒的战车》、素描《安塞县女县长》、黑白版画《二流子转变》等反映现实的美术作品。1947年调到晋冀鲁豫边区北方大学任教授兼研究员。1948年调华北大学任教授、研究员。后随军进驻北平。

**图5-2-19　《台儿庄会战》,油画,王式廓,1938年**

(图片来源:李超:《中国现代油画史》,上海:上海书画出版社2007年版)

唐一禾(1905—1944年),湖北武昌县人。1922年考入私立美术专科学校。1924年就读北平艺术专科学校。1926年肄业后到武汉,在革命军中从事政治宣传工作。1928年毕业于武昌艺术专

---

[①] 马海平:《上海美专名人传略》,南京:南京大学出版社2012年版,第356页。

科学校,并留该校任教。1930 年春赴
法国留学,入巴黎美术学院,从劳伦斯
学习油画。其素描当时颇受中外人士
的推崇。1934 年毕业归国,在武昌艺
专从事美术教育工作,并任教务主任
兼西洋画系主任。抗日战争初期,带
领学生积极开展宣传活动,他绘制的
抗战宣传画当时收到很大的社会效
果。1944 年赴重庆参加"中华全国美
术会"会议并当选中华全国美术会常
务理事,途中因江轮倾覆罹难,年仅 39
岁。[1] 全面抗战爆发后,面对祖国的山

**图 5－2－20　唐一禾**

(图片来源:唐一禾:《唐一禾
画集》,北京:人民美术出版社
1958 年版)

河破败,唐一禾将自己的视角转向颠沛流离的苦难大众,对抗日的
军民有深切的同情,油画作品《七七的号角》《胜利与和平》《女游击
队员》是抗战油画中很具分量的几幅作品,也奠定了他在中国近现
代美术史上的地位。《七七的号角》(图 5－2－21)是一幅油画草
图,以写实的表现手法,描绘了知识分子走上抗战道路的情景。画
面在看似平静的情绪中,产生了号召之力。唐一禾的绘画是一种
合有时代艺术共性与个人艺术气质的风格,兼有浪漫抒情的笔调和
现实主义的严谨。另一幅代表性油画《女游击队员》(图 5－2－22),
曾被朱金楼[2]在《中央日报》上撰文批评道:"我们曾经主张目前

---

[1] 熊明谦:《唐一禾先生年谱》,《唐一禾画集》,北京:人民美术出版社 1958 年版。

[2] 朱金楼(1913—1992 年),上海人。擅长油画、美术理论。早年毕业于上海美术专科
学校。1935 年在上海任《中国漫画》月刊编辑,又与顾逢昌合办《电影漫画》。抗战期
间,为《救亡漫画》编委,并在广西及武汉、重庆等地绘制抗日宣传画等。1949 年后,
从事美术教育和美术理论工作。

**图 5 - 2 - 21　《七七的号角》,油画,唐一禾,1941 年**

（图片来源:唐一禾:《唐一禾画集》,北京:人民美术出版社
1958 年版）

**图 5 - 2 - 22　《女游击队员》,油画,唐一禾,1942 年**

（图片来源:唐一禾:《唐一禾画集》,北京:人民美术出版
社 1958 年版）

中国画家应多作有关抗战的作品,但对这类作品的题材处理,和体验的深刻,尤其重要,即如唐先生笔下的女战士,也就不应该随便拉一个艺专女学生,全身披挂起来,便以为她真是战士了。"①可能是唐一禾塑造的女游击队员形象略有娴静之感,朱金楼批评其作品缺乏现实性,并不能体现战士的精神气貌,与战时提倡的力量、炽烈有一些距离。

　　在战火纷飞的环境中进行油画创作,本身就非常不易,材料缺乏,创作条件恶劣,所以很多美术作品都并不完美。像冯法祀创作《捉虱子》(图5-2-23)时,就是冒着危险深入中缅前线的。作品展现的是抗战时前线的一个再普通不过的瞬间:战场条件艰苦,国军士兵们身上长满了虱子,他们利用战斗间隙在战壕里互相捉身上的虱子。士兵专注而略带苦涩的神情与战友间朴素的关怀瞬间被画家捕捉,这一平凡似略显粗鄙的生活场景使得作品真实而充满生活气息,仔细看画面似有某种未完成感。1945年,冯法祀在中缅前线深入生活中完成构思,在路南中学开始油画《捉虱子》的创作。《捉虱子》在题材上似乎不登大雅之堂,画面没有反映鼓舞人心的正面杀敌,反而是底层士兵窘迫的战场间歇片段,其实这正是真实日常的战场场景。作品和《七七号角》以及其他诸多油画作品类似,有一种未完成感的粗率,但毕竟从现实主义角度上审视,《捉虱子》给中国美术史提供了一个虽不够完美,但异常可贵的经典瞬间。

---

① 赵力、余丁编著:《中国油画文献》,长沙:湖南美术出版社2001年版,第781页。

**图 5－2－23　《捉虱子》，油画，冯法祀，1946 年**
（图片来源：冯法祀：《冯法祀画选》，北京：人民美术出版社
1981 年版）

　　抗战油画虽然数量少，从绘画创作的角度来看存在诸多不足，但是从这些作品中，我们能够看到每一位美术家对国难下社会的积极贡献，因此每一件作品的出现都弥足珍贵，展现了美术家对投身抗日民族救亡的热情和责任心，以及共赴国难的献身精神。

# 第六章　木刻版画的黄金时代

　　抗战美术是中国现代美术史的重要发展阶段和组成部分,是连接中国近代美术与现代美术的纽带。而抗战时期的美术史几乎就是一部新兴木刻的发展史。战时物质匮乏的中国,颜料和绘画工具的缺乏,使得在战前发展得如火如荼的西洋画界陷入题材和条件两难的迷茫境地。相比而言,在战前缓慢起步的木刻版画,此时进入迅速发展期。木刻制作工具简便、便捷,只需要一块木板、一把刻刀便能进行创作,尤其在大后方山区,板材随处可取,因而当时的"鲁艺""美术系则几乎变成了木刻系"①,再加之版画印刷可以多产,适合抗战的大规模宣传需要。战时木刻版画艺术在社会政治环境和艺术自律的共同作用下,形成较稳定的创作思想和创作模式。木刻版画作为抗战文化形态之一,与抗战形成了互助关系,体现强烈的时代特征。从地域上来看,抗战时期木刻版画的重地是大后方木刻以及以延安为中心的解放区木刻,两大木刻中心在救亡图存的旗帜下,共同构筑了战时木刻版画的灿烂篇章。

---

① 王培元:《延安鲁艺风云录》,桂林:广西师范大学出版社 2004 年版,第 113 页。

## 第一节　新兴木刻版画

### 一、鲁迅的战时美术观

　　1928 年,鲁迅领导成立了左翼文艺运动时期第一个革命美术团体"朝花社",并在《一八艺社习作展览会小引》中写道:"现在新的,年青(轻)的,没有名的作家的作品站在这里了,以清醒的意识和坚强的努力,在榛莽中露出了日见生长的健壮的新芽。自然,这,是很幼小的。但是,惟其幼小,所以希望就正在这一面。"①鲁迅是左翼美术运动的发起者,也是中国新兴木刻版画的导航人。他的直面人生的艺术观,为人民呐喊的民族责任感,在木刻版画艺术中有着最直接的体现。面对国家和人民的生存危机,鲁迅以敏感的艺术眼光,推行具有感染力和力量感的艺术载体,中国新兴木刻版画开始登上中国革命斗争的历史舞台。无论从艺术形式还是艺术思想的方面来看,鲁迅推行的木刻版画是历史的必然,一方面,木刻版画的艺术效果,可以很好诠释刚毅的力量之美,具有直观的图像和强烈的对比,这与战争的主调相符;另一方面,鲁迅倡导的直面社会现实和劳苦大众的艺术内容,是战时文化艺术的主流,所以,适合的艺术形式和适宜的艺术内容与国家民族的命运产生了联系,荣辱与共。

　　1931 年 8 月 17 日至 22 日,鲁迅邀请日本版画家内山嘉吉先生讲授木刻版画技法,举办了"木刻讲习会",鲁迅亲自担任翻译。

---

① 鲁迅:《一八艺社习作展览会小引》,张望编,鲁迅著:《鲁迅论美术》,北京:人民美术出版社 1982 年版,第 81 页。

一八艺社、白鹅绘画研究所、上海美专和新华艺专 4 个单位派出 13
位青年学员参加培训，他们多数成了新兴版画运动的骨干。

**图 6－1－1　1931 年 8 月 17 日至 22 日，鲁迅在上海主办"木刻讲习
会"，此为结业时的师生合影。从左至右依次是钟步
青、郑启凡、苗勃然、乐以钧、黄山定、顾鸿干、李岫石、
郑川谷、胡仲明、江丰、鲁迅、陈铁耕、内山嘉吉、倪焕
之、陈卓坤**

（图片来源：《刘晴：同行，为了同一的目标——鲁迅的红色朋友圈》，《光
明日报》，2021 年 2 月 1 日）

鲁迅为什么要倡导新兴木刻呢？

其一，作为人民大众革命的武器。"当革命时，版画之用最广，
虽极匆忙，顷刻能办"[1]，"是正合于现代中国的一种艺术"[2]。中国
的新兴木刻与抗日战争同时生起，同时发展。国画和西画由于创
作所需工具的获得和使用方面都受条件限制，在物质极匮乏的战

---

[1] 鲁迅：《新俄画选》"小引"，张望编，鲁迅著：《鲁迅论美术》，第 76 页。

[2] 鲁迅：《木刻创作法》"序"，林非主编，鲁迅著：《鲁迅著作全编》（第 3 卷），北京：中国社
会科学出版社 1996 年版，第 370 页。

争年代缺乏适宜发展的客观条件,并且由于美术传统创作规律的
原因,二者在创作题材方面并不关注现实,当革命号角吹响之时,
美术必须与革命同步,木刻能成为"战斗的艺术""大众的艺术"①。
从创作目的方面来看,木刻"大都能从现实中提取他们创作的意
欲,与中国的革命息息相关"②。从制作的方面来看,木刻制作工具
简单,制作过程快速方便,并且由于木刻具有复制性的特点,能够
快速反复印制版画作品,用于各种刊物和宣传活动,担负起抗战救
国的历史使命。

　　其二,强有力的艺术表现力。"所谓创作木刻者,不模仿、不复
刻,作者捏刀向木,直刻下去。……这放刀直干,便是创作底版画
首先所必需,和绘画的不同,就在以刀代笔,以木代纸或布。"③鲁迅
极力推介德国版画家珂勒惠支的版画,也正是因为她的作品揭露
了资本主义的吃人本质,表现了对无产阶级的同情。首先,那些遒
健、壮丽、雄伟、坚实的美感与木刻的黑白对比强烈、与明快的表现
力相匹配,体现了"有力之美",以及反映了生活的快捷,且表现手
法简练,都是其倡导木刻的原因。其次,鲁迅指出木刻的实用目
的,即当革命之时"虽极匆忙,顷刻能办",木刻版画制作的效率与
艺术效果是其最大的优点。而且,只能在"有精力弥满的作家和观
者,才会生出'力'的艺术来,'放笔直干'的图画,恐怕难以生存于
颓唐小巧的社会里的"④。这种艺术语言被吸收进中国木刻的创作
中,形成了中国木刻版画艺术早期的风格。木刻特有的刚健有力
的艺术感染力好似"匕首"和"投枪",在革命战争中能激发民众的

---

① 唐英伟:《抗战中的木刻运动》,《大公报》(香港),1940 年 1 月 6 日,第 4 版。
② 艾青:《略论中国的木刻》,《新华日报》,1938 年 1 月 30 日,第 4 版。
③ 鲁迅:《近代木刻选集小引》,《朝花》(上海)第 12 期,1929 年 3 月 21 日。
④ 鲁迅:《近代木刻选集小引》,《朝花》(上海)第 12 期,1929 年 3 月 21 日。

斗志,起到宣传、教育的作用。

其三,符合人民大众的需求。鲁迅认为我国文盲众多,木刻可以图像的方式来唤起民众的意识,满足民众对文化的需求,改善文化的落后,新兴木刻是应了作者和社会大众的内心的一致要求。木刻版画发展初期的创作者多是青年人,他们血气方刚,对革命充满热情,作品充满战斗气质和感染力,这对于抗战期间利用美术进行的民众宣传极为有效。

新兴木刻版画艺术,虽然是新美术运动开展以来,最后被传入中国的美术形式,但是一经传入便迅速发展,在抗日战争时期,培养出了一批木刻版画家,创作了一批经典的优秀作品。正因为鲁迅的美术眼光,理论水平以及正确的指导思想,使得木刻版画艺术能够在中国生根发芽,拓展了中国美术领域的画种。

## 二、战时木刻版画的特点

### 1. 科学的技法

中国画的根本特征,是以东方美学和哲理为内在价值取向,表现东方情调及由此建构以情感为核心的意象造型。但是新文化运动后倡导的科学精神,基于严谨的透视学、解剖学,以写生为主要训练手段的写实技法,是以西方科学美术观为核心价值,它被作为拯救中国绘画的主要手段,由此,自新兴木刻版画发展以来,科学化的问题就成为木刻版画的首要课题,并以此为发展、成长及繁荣过程的核心内容。并且,自抗战爆发以后,在现实主义美术观的要求下,木刻版画的科学化进一步被明确。特别是早期从事木刻版画的美术青年,大多处在学艺期,所以木刻作品突出的问题是造型基础的欠缺,表现为素描基础的不扎实。木刻家卢鸿基以中国画为例子,强调木刻科学化的重要性:"而尤其可算为大缺点的是它的不合科学。……中国的绘画是不讲究透视、比例、光暗的。艺术是反映和描写现实的,图画上的描写和表现现实的最好方法就是起码要依靠这些方法才能够把一个对象描写出来,就不能不讲究科学的透视法;近者大,远者小,近者清楚,远者模糊;要把一个人物画成一个逼真的,使人感动的人物,就必须用解剖学比例法来探求头多大,身子多大,手足多长,不会使人看了觉得不舒;同样要把一件物体表现出来它仍是一个有体积的物体,而不光是一个面,就必须运用光暗的关系。"①

训练和提高科学观察和表现方式的主要手段是写生。早在1923年,民国教育部学制改革之时,就已经将写生作为美术必修课程修订,当时教育部艺术审查方面的负责人,汪亚尘写道:"民国十二年春教育部修改课程,对于艺术科的纲要,也修正一次。把学校里的艺术科定为必修科,课程的内容讨论许久,其最要的一点,把学校艺术科的图画,须改临摹为写生。"②全国各大设有美术专业的学校,都将写生课程列为必修课,科学方法广泛的普及和推广,而素描、解剖、色彩等课程为主要学习内容。

被当时认为的科学的美术观,是事物被描绘表现得越像,写实就越成功。"照相主义"是战前写实主义中的一种表现形式,20世纪40年代初"照相主义"在木刻界产生。③ 从艺术的本质与特征上来看,"照相主义"的作品是未经艺术加工的,其实质是提取事物的表面,并不具有艺术性。然而,战时的木刻工作者既扮演了艺术家又扮演着革命家的双重角色,对美术所起的社会功能具有更高要

---

① 卢鸿基:《关于木刻的通讯——从中西艺术到黄守堡的三张木刻》,《大公报》(香港),1940年9月15日,第4版。

② 汪亚尘:《近代艺术运动与艺术教育》,《民报》,1933年7月17日,第4版。

③ 刃锋:《木刻上的照相主义和八股主义》,《国民公报》,1943年4月15日,第4版。

求,他们要充分利用木刻的战斗性作为战胜敌人的武器。因此,要求木刻工作者要将对生活的感受和情感通过木刻的形式传达给人民大众,要有感染力,面对木刻这种新兴艺术形式,科学化的表现技法能够更快获得群众的理解,从内容到形式的生动,这样的作品才会产生社会意义和艺术价值。

　　2. 大众化的题材

　　大众化问题最早不是在抗战时期提出的,也不是由美术界首先提出来的,而是文学界。早在清末,以梁启超为代表的清末知识分子,已经开始注意到利用文艺形式来启蒙大众,他注意到大众文化小说的社会作用,在《论小说与群治之关系》中,提出新小说必须具有的四种基本情感认识:“熏、浸、刺、提”①,这些情感认识,既不是针对作家,也不是针对内容,而是对读者情感共鸣的表述。直到五四新文化运动将文化启蒙变成了现实,新文化运动最重要的内容就是提倡平民文学。不过,此时大众化并没有作为一种口号被提出来,但已经包含着后来文艺大众化运动最初的倾向和思想。

　　1930 年 3 月,中国“左翼作家联盟”在上海成立,文艺大众化问题被正式提出。美术的大众化成为左翼美术家思考的问题,在“左联”组织者许幸之写的《中国美术运动的展望》中成为明确的规定:

　　　　新兴美术家应当参加一切政治斗争和经济斗争,以切实的把握无产大众的阶级意识,从自己的作品中传达出来。

　　　　新兴美术家应该走进工场,和工人劳动者共同生活,彻底的理解工人劳动者的生活,从自己的作品中传达出来。

　　　　不仅如此,新兴美术家应当把这些情况用强有力的、写实的技术表现出来,并使自己的作品深入群众中去,以组织工人

①　梁启超:《论小说与群治之关系》,《新小说》,1902 年 11 月 14 日。

劳动者的斗争情绪,且加强他们的革命意识。

　　并且,新兴美术家不仅用自己的作品对工人劳动者加以宣传、煽动,还应当用自己的作品劝诱他们,教育他们,以推进普罗列塔利亚文化的向上[①]。

左翼美术团体美术青年沿途创作后的作品在城市和乡村流动展出,明确提出"美术同文化一样是教育、组织并引导劳苦大众斗争的武器。作为普罗美术家的我们应当如何制作着极有力的大众的食粮"[②],要担负起这一任务,美术家必须在群众中生活,不但要在广大的劳苦群众中生活,而且要在革命的斗争中生长,精炼出敏锐的阶级的眼睛与阶级的手。

从中可以看出,左翼美术行动纲领受到了苏联普罗艺术观的影响。普罗艺术观中的"大众"特指"工农劳动者",他们不再只是普通意义上的艺术接受者,是启蒙的对象,而且具有了阶级身份,代表的是一个革命的阶级。因此,这个时候中国的普罗艺术观离不开阶级斗争的内容来讨论艺术大众化问题。

抗日战争的爆发将文艺大众化大规模实践,战争环境使得文艺工作的生活环境和创作环境发生了极大改变,特别是在精神意志上的刺激,使得文艺工作者走上文艺政治化、功能化、大众化的必要道路,投身抗日的洪流中,从现实中选择、提取创作的题材,用文艺的形式真正做到大众文艺的启蒙和教育,并且最大限度地起到宣传作用,团结对敌,为抗战服务。所以,木刻艺术大众化的任务不仅是创作通俗易懂的作品,同时应该通过作品提高大众的文化修养和审美能力,使人民获得艺术修养的大众化。

-------------------

① 许幸之:《中国美术运动的展望》,《河仑月刊》1930 年第 1 期。
② 违忌:《普罗美术家与作品》,《文艺新闻》1932 年第 6 期。

3. 民族形式的探讨

"民族形式"是抗战时期在中国文学界率先引发的问题讨论，其后它在艺术领域产生直接的影响，在木刻版画界则采用民间形式的方法论为创作实践作指导。40年代在文艺界形成了一股关于文艺"民族形式"讨论的浪潮，毛泽东曾多次发表关于"民族形式"的观点。1940年初，毛泽东的《新的民主主义的政治与新的民主主义的文化》在《中国文化》上发表，其中明确提出"中国文化应有自己的形式，这就是民族形式"①。木刻家李桦针对木刻界民族形式的实践曾说："中国木刻工作者这几年来的努力，仍然没有显著而具体的表现。"②但总体来说，木刻界关于"民族形式"的探讨和实践是积极的、进步的。

木刻家王琦、李桦、胡一川、谢梓文、呐维、亦支等人就木刻"民族形式"发表了见解。他们对木刻"民族形式"的探讨主要集中在以下几个方面：1. 民族形式与旧形式的关系；2. 民族形式与外来形式的关系；3. 民族化与世界化的关系。深怀民族主义情景的木刻作者们满怀信心地宣称，中国文化已有5000年历史，这光荣的文化传统，足以同化外来文化，而使之成为中国的文化。③王朝闻、古元、力群、彦涵、江丰、祜曼等人，于1945年4月12日发表了《关于新年画利用神像格式问题》的文章，提出了"大胆的（地）吸取年画的优点创造新年画"④的主张。接着，王朝闻于5月18日在《解放日报》发表了《年画的内容和形式》一文，主张"年画宜描绘能够引

① 毛泽东：《新的民主主义的政治与新的民主主义的文化》，《中国文化》1940年第2期。
② 李桦：《试论木刻的民族形式》，《木刻艺术》1941年第1期。
③ 谢春：《抗战时期关于中国新兴木刻"民族形式"的讨论》，《南京艺术学院学报（美术与设计）》2009年第3期。
④ 力群、王朝闻等：《关于新年画利用神像格式问题》，《解放日报》，1945年4月12日，第4版。

起愉快感情的生活、可纪念的英雄、胜利的斗争故事等"①,"情节要丰富,要有适于歌颂的形象和色调,适应群众的欣赏习惯和接受能力"②。可见,借鉴中国传统民间艺术形式,如年画、剪纸、皮影等,是战时木刻界在民族形式方法论上的主要选择。

当然,民族形式并不等同于旧形式,而应在旧形式的基础之上革新,创造新的形式,创造既为大众熟悉的元素又有新内容和新面貌的图示。同时,民族形式也并非降低艺术价值以迎合大众为目的,那么对于如何平衡古代木刻与新兴木刻之间的关系,李桦说:"我们对遗产的研究并不是要学它的毛皮,而是(1)要看它的精神在哪里;(2)要看它的传统技巧是什么;(3)更要看它给予当时和后代的影响怎样。"③并认为,不要以为大众喜欢的旧东西就是典型的民族形式,"不能盲目模仿充塞在街头书摊上的《七侠五义》石印连环图画的格式,而要加以改造。固然要换过一种新的内容,连技巧都要提高到艺术的水准"④,强调运用新内容的必要性。

新兴木刻想要在现代中国的社会条件下生存下去,就必须既能反映社会现实,又要为大众所喜闻乐见,就必须寻找适合的新形势以求发展,"最要紧的是要消化,把外来文化的精华吸收了,消化了,而变为自己特有的文化,不然自己固有的文化便会被消减"⑤。可以看到,抗战时期的木刻家们对欧洲木刻版画的态度并不是排外和蔑古的,而是积极地接纳和理性地汲取,找到与中国艺术相契合的优良成分并结

① 王朝闻:《年画的内容与形式》,《解放日报》,1945 年 5 月 18 日,第 4 版。

② 王培元:《延安鲁艺风云录》,桂林:广西师范大学出版社 2004 年版,第 117 页。

③ 杨亚宁:《木刻的民族形式——献给昆明木刻分会诸先生》,《云南日报》1939 年 4 月 22 日,第 4 版。

④ 李桦:《试论木刻的民族形式》,《木刻艺术》1941 年第 1 期。

⑤ 李桦:《试论木刻的民族形式》,《木刻艺术》1941 年第 1 期。

合,运用多种表现手法创作,使其为中国新兴木刻民族化而工作,使新兴木刻成为"民族化"的一门艺术。周扬在谈及利用旧形式时认为要吸取外国木刻版画的优良之处:"外国的东西只有在被中国社会实际需要的时候才能吸收过来"①,并且"由于实际需要从外国输入的东西,在中国特殊环境中具体地应用了之后,也就不复是外国的原样,而成为中国民族自己的血肉之一个有机构成部分了"②。鲁迅曾提出:"'年画'和欧洲的新法融合起来,也许能创造出一种更好的版画"③,那么对于中西结合的尝试,正式接受外来木刻版画形式的正面态度,是创造民族形式的必要条件之一,不应过于保守而一味反对。采纳外国木刻艺术中优良的成分,并在此基础上结合中国人的审美兴趣,将内容加以改造,将各种风格和艺术手法加以融合,是木刻版画"民族化"的正确道路。木刻版画作为后起之秀,在民族化形式的探讨上逊色于文学界、戏剧界,但工科工作者在实践中还是创造出了不少优秀作品。

木刻家们在民族形式的探讨中,重新认识传统与当代、艺术与现实、艺术与社会的关系,在对向西方美术学习的过程中,重新审视中国木刻版画民族化的内涵与方法,并付诸实践的美术运动,在抗日战争的历史时期,强化了民族意识和民族文化进步的意识。今天,我们对美术民族化的探讨仍然在进行,而抗战时期文艺界的民族形式的讨论,为我们的理论研究和创作实践提供了历史借鉴。

---

① 周扬:《对旧形式利用在文学上的一个看法》,《中国文化》,1940 年。
② 周扬:《对旧形式利用在文学上的一个看法》,《中国文化》,1942 年。
③ 马蹄疾、李允经:《鲁迅与中国新兴木刻运动》,北京:人民美术出版社 1985 年版,第 27 页。

## 第二节　抗战木刻版画运动与传播

1937 年,全国政治、军事、文化、经济中心迁往西南内陆,重庆成为战时首都,大量美术工作者、美术学校、美术人才随之内迁,全国形成了以大后方为主,其他地区为辅的美术活动新区域。木刻版画的运动在美术力量的新区域中,以大后方与大后方对应的延安为主,展开木刻版画的运动和传播活动,与此同时,木刻艺术人才、新闻出版机构等也逐渐发展。

### 一、国统区的木刻版画

抗日民族统一战线的形成,是建立文艺界抗日民族统一战线的必要条件。虽然国共两党形成二次合作,但随着抗战的深入,两党抗战路线的不同和两党间的政治态度转变,使得在不同的地区和阶段,木刻版画的运动也有所不同。木刻工作者的审美心理、审美情趣等在生活中受到了熏陶,并且从木刻的对象、内容和形式都发生变化。因此美术大众化、民族形式等问题更为突出,并产生了热烈的讨论,这意味着美术工作者在新的形势和任务面前观念的转变。全面抗战初期,全民抗战激情强烈,文艺界抗战出现热潮,因此包括国统区的木刻版画运动发展迅速,规模庞大。

#### 1. 文化中心的木刻版画活动

抗战时期的木刻版画界,一个突出特征是更富组织性。全国木刻版画家因战时局势,改变了以个人为阵到以团体为阵的局面。1938 年 6 月 12 日,"中华全国木刻界抗敌协会"成立,中华全国木刻界抗敌协会的木刻版画运动以抗战时期的文化中心地带为主,其他地区为辅的网络,但随后的几次迁徙,从 1938 年 4 月 16 日首先成立了武汉木刻人联谊会即中华全国木刻界抗战协会的前身开始,至 1941 年 3 月被国民党政府以"非法组织"的罪名撤销,地域经历了武汉、重庆、桂林,时间经历了 3 年。1942 年 1 月 3 日,原中华全国木刻界抗敌协会部分成员,经过组织筹谋,将原协会名改为"中国木刻研究会",成立于重庆。中国木刻研究会在白色恐怖笼罩下的重庆活动了 4 年多时间,把曾沉寂一时的木刻版画运动搞得热火朝天。除举办木刻函授班等活动外,中国木刻研究会的主要活动方式仍是木刻展览会,其中规模较大的是两届双十木刻展,即每年 10 月 10 日在全国各地同时举行的木刻展。"双十木刻展"在 1942 年 10 月于全国 7 个地区 10 多个城市举行,作品来源包括国统区和解放区的优秀木刻作品,其中所反映的两种社会状态和风格同时呈现,形成鲜明对照。这次展览吸引了各界人士,著名画家徐悲鸿也到了会场,并发表了评论文章,对古元等人的木刻版画大加赞赏。中国木刻研究会成立后,得到中共南方局文化组的大力支持,至 1946 年迁往上海,再次更名为"中华全国木刻协会"。[1]

2. 浙江的木刻版画活动

全面抗战爆发后,原先在上海从事木刻版画活动的野夫、杨可扬、张明曹、金逢孙、王良俭、林夫等先后回到浙江进行木刻版画活动,如组织画会,培养木刻新人,举办各种展览,创办木刻刊物。乐清有以木刻为主的"春野美术研究会",以王良俭、郑野夫等人为骨干,出版有《春野木刻集》。1937 年冬,温州有张明曹、陈沙兵、夏子颐、葛克俭等组织的"黑白木刻研究会",参加者数十人,张明曹刻的一套木

---

[1] 齐凤阁:《中国现代版画史(1931—1991)》,广州:岭南美术出版社 2010 年版,第 47 页。

刻连环画《仇》销售数达 5000 册。林夫、陈尔康、野夫、金逢孙、万湜斯、项荒途在丽水成立了"七七版画研究会"。1939 年 11 月，"浙江战时木刻研究社"成立，由鲁迅的老友、子民美育院院长孙福熙任社长，金逢孙、万湜思任副社长，为了培养木刻新生力量，他们与野夫、张明曹、项荒途等筹办起木刻函授班，参加者 100 余人，分布在浙江、福建、江西、广东、湖南、云南各省，出版了《木刻半月刊》，并在各地区聘请了导师，木刻活动如火如荼，以至浙江的数十所中学也开设起木刻版画课，成立起木刻队，出板报，搞展览，用版画进行抗日宣传。浙江版画活动中值得提及的还有"木刻用品供应社"，后

图 6－2－1　梁永泰

（图片来源：聂崇正：《〈从前没有人到过的地方〉里"K 字桥"与"帝国主义"影子》）

改为"浙江省木刻用品供给合作社"（简称"木合社"），由野夫、金逢孙负责，杨涵、夏子颐、葛克俭、叶秦等都做了许多工作。他们在极困难的条件下，集资打制木刻工具，供应范围远及许多省份。此外，木合社还附设美术书报供给部，以解决木刻工作者之需，同时办有《木合》（杨可扬主编）、《木刻艺术》（野夫、杨可扬主编），报道木合社的活动情况，发表有关木刻艺术的文章等活动。①

3. 广东的木刻版画运动

1934 年 6 月，"广州现代创作版画研究会"成立于广州市立美术专科学校，是对鲁迅先生倡导的新兴木刻版画运动的响应，发起人为该校西画系教师李桦，最初会员有赖少其、唐英伟、陈仲纲、张

---

① 齐凤阁：《中国现代版画史（1931—1991）》，第 49 页。

在民、刘宪、潘学昭、胡其藻、司徒奏、刘憬辉、潘业等 27 人,他们与全国各地革命美术家和美术青年密切联系,出版了 18 期《现代版画》画册,在全国有重要影响,其活动至 1937 年 7 月"七七事变"为止。① 1938 年 10 月,广州沦陷,省会迁至曲江,这里成为战时广东的文化中心,黄新波、刘仑、梁永泰、陆无涯、林慕汉、蔡迪支等先后集中于此开展木刻版画活动。1939 年 4 月,《战时画报》创刊,美术作品以木刻版画为主,蔡迪支负责编辑了《建军画报》,赵延年②负责编辑了《民教木刻》,为作品提供了发表平台。无论是连环木刻还是独幅画,大都是以抗战为题,如梁永泰③的木刻连环画《游击队夜袭张八岭》,刘仑④的独幅画《同志,还有一个在这里》(图 6 - 2 - 2)等。1940 年夏,中华全国木刻界抗敌协会广东分会成立,刘仑、梁永泰、蔡迪支等主持会务,在曲江举办了大规模的抗战画展

① 齐凤阁:《中国现代版画史(1931—1991)》,第 26 页。
② 赵延年(1924—2014 年),浙江湖州。1938 年进上海美术专科学校学习木刻。毕业于广东省立战时艺术馆(后改为"广东省艺术专科学校")美术系。1939 年他与几位同学创建了铁流漫画木刻研究会,进行抗战美术宣传。1941 年参加中华全国木刻界抗敌协会。作品有《负木者》《鲁迅先生》《起来饥寒交迫的奴隶》等,木刻连环画《阿 Q 正传》,出版有《赵延年版画选》等。
③ 梁永泰(1921—1956 年),广东惠阳县(今惠州桥东)人。1938 年中学辍学谋生,参加第十二集团军政训处工作。受鲁迅的影响,爱上木刻艺术,刻苦学习西欧和苏联的美术作品。抗日战争期间,先后创作《血的动脉》和《铁的动脉》二套抗战画集。1940 年,成为中华全国木刻界抗敌协会广东分会负责人之一。1942 年,到韶关广东省立艺术专科学校教授版画。1943 年,美国《时代》杂志刊出《中国木刻之页》共 7 幅作品,其中有梁永泰的一幅。后来美国出版的《战时中华》也收入他的作品。1946 年元旦,延安举行木刻展览会,展出作品 180 多幅,梁永泰作品亦在其中。
④ 刘仑(1913—2013 年),广东惠阳人。毕业于广州市立美术学院,曾渡日深造。1934 年参加鲁迅倡导的新兴版画运动。1935 年参加"一二·九"运动并加入广州现代版画会。1936—1949 年被选为全国木刻界抗敌协会理事、常务理事,主持全国木刻协会广东分工作,主编《抗战木刻》。

和第二次抗战画展,作品多为广东地区的木刻版画作品,在当地获得了较大影响。另外,由于一些木刻工作者在中学执教,学校便成了木刻版画活动的阵地,如梅县中学的吴志翰、邹耀明、张文源等成立起"抗战漫画木刻宣传队",出版《抗战画刊》,在校内外广泛开展抗日宣传工作。吴中翰把中外版画展品带到曲江等地,举行流动展。1942年11月,罗清桢在故乡广东兴宁病逝,张慧由于国民党反动派的迫害也改行结束了木刻生涯,1944年刘仑、梁永泰离开广东,广东木刻版画活动告一段落。

**图 6-2-2　《同志,还有一个在这里》,木刻版画,刘仑,1940 年**

(图片来源:陈天白编:《救亡美术——中国抗日战争美术作品精选集》,南京:江苏凤凰美术出版社 2015 年版)

4. 江西的木刻版画活动

最早在江西地区进行木刻版画活动的是段干青。段干青（1902—1956年），山西省永济县人。1931年供职于国民党陕西省某部，并随党部迁址北平，1934年参与"平津木刻研究会"。1935年段干青由北平回到江西，在南昌举办过木刻训练班和木刻展。抗战爆发后他便离开了江西，奔赴解放区从事抗战宣传运动。1937年冬，李桦随军到达南昌，面向全国征集木刻版画作品，举办了抗战木刻展。陆田与武石到达江西吉安后，武石曾与项飞编辑出版木刻刊物《新中国》，但只出了一期便被国民党顽固派禁止发行。陆田与项飞为战地文化社编辑《半月版画》并出版有《陆田木刻集》，但不久也离开了江西。1940年7月7日，中华全国木刻界抗敌协会东南分会在江西上饶成立，并举办了"七七抗战三周年木刻流动展览会"，《前线日报》辟有《版画专页》作为会刊。半年后发生"皖南事变"，分会被迫停止活动。荒烟1941年由福建到江西，1942年于江西赣州主持了"五四画展"和"荒烟个人画展"，1944年2月举办"荒烟个人木刻素描流动展览"，展品200余幅，他是抗战时期在江西工作时间较长的木刻版画家。此外，在江西影响较大的展览是"中外版画展"，1944年4月吴忠翰把他主持的这一展览移至江西，与荒烟、梁永泰联合主办，并加进了他们个人收藏的外国作品200余幅，全部展品共400余件，展品除了当时国统区有影响的木刻版画家作品外，还有麦绥莱勒的《一个人的受难》《苏联版画集》《凯绥·珂勒惠支版画选集》及其他西方版画印刷品。展期一周，观众达5000余人次。①

---

① 齐凤阁：《中国现代版画史（1931—1991）》，第51页。

5. 福建的木刻版画活动

1940 年 7 月,中华全国木刻界抗敌协会福建分会成立,分会工作由宋秉恒、荒烟主持,筹办"七七抗战三周年木刻流动展览会",在几个地区同时举行。福建分会下设两个支会,由许霏主持分会工作,编有《福建木运》双周刊。1942 年 9 月,吴忠翰、朱一雄、枫野组织成立厦门大学木刻研究会,他们办展览出画集,推动了福建版画运动的发展。在福建的木刻版画团体中活动时间最长、影响较大的是"白燕艺术社",该社获得了中共地下党的支持下,1940 年 1 月在泉州由许霏、史其敏、许天啸等人组织各种木刻版画活动,活动持续了 5 年。他们除了举办展览,还在《福建日报》上编发《木刻运动》副刊等,开办"木刻函授班",培养了大批木刻版画人才,木刻函授班结业时,举办"结业作品展览会",并出版木刻特刊及《新军》木刻集。由于效果良好,中国木刻研究会拟办的中华全国木刻函授班也委托白燕艺术社筹备,1944 年 3 月正式开学,全国划分十几个指导区,聘请 20 余位木刻版画家为导师,学员达到 300 人。但由于国民党反动派的破坏,白燕艺术社不久便停止活动。1945 年 4 月,木刻函授班转移到乡下继续工作,但因信件经常被扣被查,活动终于停止。福建地区出版的较有影响的木刻刊物还有《战时木刻画报》《刀尖》《大众画刊》《新兴艺术》半月刊等。

6. 湖南的木刻版画活动

1937 年 8 月,李桦、李海流、陆地、罗络、温涛在长沙组织成立中华全国木刻界抗敌协会湖南分会。但成立不久后长沙会战爆发,李桦去了湘东茶陵,10 月初在茶陵与温涛相会,为《开明日报》编辑出版了不定期期刊《诗与木刻》,半月之后又出版了《抗战木刻》周刊,并发行了《木运广播》月刊至年底停办。1940 年元旦,李烨与温涛创作一对木刻作品《抗战门神》,随《开明日报》发行,很受群众欢迎，后因日报迁址衡阳，李桦、温涛也先后离开茶陵。1940年6月，大批木刻工作者聚于长沙，使湖南木协分会的工作得以恢复；7月7日，"七七抗战三周年木刻流动展览会"在长沙举行，展品300余幅，在长沙展览后又到衡阳等地展出，随后还出版了《抗战木刻选集》，同时在《阵中日报》由李桦主编《木刻导报》副刊。湖南木刻分会举办的木刻函授班也由李桦做主任，他编辑了木刻函授班自学讲义《绘画十讲》并在《木刻导报》上陆续登出，学员达百余人，遍布西南各省。

抗战期间，国统区各地举办变幻多端的木刻版画活动，以及大小版画展览不胜枚举，创办的刊物虽多但大多持续时间短，尽管如此，刊物的数量还是惊人的。除了举办展览外，木刻函授班所培养的新生木刻版画工作者遍布各地，使木刻版画队伍空前壮大起来。

遗憾的是，国民党政府自1939年1月的五届五中全会以后加紧了反共策略，开始对解放区实行封锁、包围，对国统区进步的文艺工作进行压制、迫害，导致木刻运动受阻。

## 二、解放区的木刻版画

1935年，红军长征到达陕北，开辟了抗日根据地。以延安为中心的陕甘宁、晋察冀、晋冀鲁豫这些解放区的木刻艺术异常活跃昌盛，成果巨大，是抗战时期木刻版画的中心地带。

### 1. 延安的木刻版画活动

解放区以延安为中心，它是中共所在的革命圣地，也是木刻版画的中心地。延安的美术，与"鲁艺"息息相关，因为它既来源于抗战艺术，又为抗战艺术鞠躬尽瘁，培养了大批的文艺战士和文艺干部。从发起人的名单便可看出它对于革命的重要性，其中有毛泽东、周恩来、林伯渠、徐特立、成仿吾、艾思奇、周扬。"鲁艺"的办学条件异常艰苦,有时露天上课,美术系师生没有材料和工具,便就地取材,想尽一些办法创作。白天开荒生产农作,夜间在油灯下作画,在从事物质生产的同时,也从事精神产物,师生团结奋斗。

虽然物质条件简陋,但解放区的生活环境相对安定,使画家们能够安心于艺术创作与研究。画家们能够深入生活,深入军民,熟悉自己的创作对象,并且和他们一起投身于火热的劳动和现实生活中,一手拿锄,一手拿刻刀,在劳动中获得创作的灵感,汲取现实的题材,创作出有灵魂、有感染力的作品。特别是抗战爆发以后,一大批进步美术工作者先后奔赴延安,集中在"鲁艺"的木刻版画家就有温涛、胡一川、沃渣、江丰、马达、陈铁耕、黄山定、张望、刘岘、力群等,优秀木刻版画家的到来必定会带来木刻版画运动和作品的繁荣,木刻版画家们切磋技艺,共同进步,再把新兴版画传授给下一批青年。由于物质缺乏,当时有的油画家、漫画家如王式廓、陈叔亮等也都搞起了木刻。"鲁艺"的美术系在 1940 年 2 月扩大后改称"美术部",实际以木刻为主,并成立了美术工厂,实际也等于木刻工厂,先后培养出古元、彦涵、王琦、张映雪、焦心河、罗工柳、夏风、戚单、牛文等一批优秀版画家。

"鲁艺"的良好创作氛围,给予了木刻版画家们极大的创作热情,个展、联展、毕业展等各种类型的展览促进了学员间的交流,形成了浓厚的学术氛围。1938 年 8 月 19 日,鲁迅先生逝世两周年之际,举行了大规模的木刻展览会,展出 200 余幅木刻,不仅有解放区的木刻版画,而且有国统区的木刻版画,1942 年 1 月边区美协也举办过"反侵略画展"等。[①] 在延安的木刻工作者,近距离接受中共文艺思想的熏陶,特别是 1942 年开始的整风运动、5 月 23 日毛泽

---

① 齐凤阁:《中国现代版画史(1931—1991)》,第 66 页。

东所作《在延安文艺座谈会上的讲话》以及 5 月 30 日毛泽东亲自
到"鲁艺"对全体师生的讲话,澄清了文艺工作者关于无产阶级文
艺的认识,解决了无产阶级文艺本质问题,诸如"文艺为什么人"、
文艺工作者的立场、感情问题,文艺的源流、普及与提高的问题,以
及从新文化运动开始便提出而未深入解决的文艺大众化、通俗文
艺形式等问题。经过这场文艺思想的洗礼,木刻工作者明确了工
作方向和目标,深入农村、部队,了解军民的审美习惯和审美趣味,
熟悉他们的生活,表现他们的生活,向民间艺术学习,在作品的表
现上既反映现实边区的生活和战斗,又以百姓喜闻见乐的艺术形
式创作,摆脱欧洲木刻版画创作方式的影响,具有一定的民族特
色。1944 年以后,美术系掀起了新年画的创作热潮,在传统剪纸和
年画的样式上,结合新兴木刻版画创作了大量作品,在当时受到民
众的广泛喜爱。不论我们今天怎样评价这些作品的艺术价值,但
是当时的木刻工作者勇于探索、广征博引的创作精神是值得肯定
的,其积极的探索也加速了促进了中国新兴木刻版画民族化的
进程。

　　与稳定的延安相比,晋绥、晋察冀、晋冀鲁豫等其他解放区的
条件艰苦得多。在日军频繁的扫荡下,除了美术工作者中的木刻
版画家,部队中的木刻工作者也在木刻版画史中留下了足迹。例
如,新四军既要对日抗战,又要反击国民党顽固派的围剿,还要在
险恶艰苦的条件中进行美术创作,这样的工作热情和毅力是难以
想象的,其意义已经不仅仅是美术史上的意义,更是整个中国抗战
史上的特殊一隅,彰显了民族精神的价值。

　　2. 晋察冀的木刻版画活动

　　晋察冀敌后抗日根据地的木刻工作者,多由天津和延安的木
刻工作者组成,著名的有金肇野、杨袞、沃渣等。他们在敌后艰苦

的战争环境中,没有任何中外木刻版画的作品能够参考,在行军途中,能够见到最多的美术品只有土庙中的泥塑和壁画,作品非常简陋。1939年底,华北联合大学自延安到边区,充实了边区的美术力量。同年,中华全国美术家抗敌协会晋察冀边区分会在阜平县成立,并举办了边区第一届美术展览会,1940年、1941年分别举办了边区艺术节,其中的木刻作品会后又到冀中等地巡回展出,扩大了木刻版画的影响。晋察冀边区出版的美术刊物,其中发表有大量木刻版画作品,如西南联合大学办的《木刻壁报》,西北战地服务团出版的《木刻壁报》《战地木刻集》,边区美协办的《晋察冀美术》等。由于出色的抗战宣传,有不少优秀作品获得边区鲁迅文艺奖,如沃渣的《八路军铁骑兵》,徐灵的《日兵之家》,陈九的《运输队》《二虎回家》,联大师生合作的10幅《军民誓约》等,获政治攻势奖的有徐灵的木刻连环画《反正》。

　　在晋察冀的木刻版画作品中,沃渣的《夺回我们的牛羊》和徐灵的《日兵之家》等是代表作。沃渣在30年代便加入了左翼美术运动,是我国初期木刻版画运动的组织者之一,也是在延安最早向民间美术学习的木刻家之一。沃渣(1905—1973年),别名程庆福,浙江衢县人。1926年考入上海新华艺术专科学校,1928年加入中国共产主义青年团。后被叛徒出卖,在杭州被捕,监押4年后,经组织营救出狱。1932年,沃渣到上海新华美术专科学校复学,在校参加研究木刻艺术的"野风会"。1933年

图 6-2-3　沃渣

(图片来源:林阳:《刀笔人生:沃渣与他的木刻连环画创作》)

春,沃渣和陈烟桥等人发起组织"野穗木刻会"和"涛空画会",编辑出版《木版画》。1937 年 10 月,沃渣奔赴延安,任"鲁艺"美术系主任、晋察冀边区参议员、华北联合大学美术系主任。在延安创作大型木刻《向七大献礼》,并加入中国共产党。抗战胜利后,调任东北大学"鲁艺"美术系主任。[1]《夺回我们的牛羊》(图 6-2-4)刻画了军民勇敢善战冲向敌人,从敌人手中夺回牛羊时激动人心的战斗场面作品的气氛渲染较为成功,画面以阴刻为主,线条简练但很好表现了复杂的场面,敌人被炸得惊慌失措,有的举手投降。这幅作品是沃渣的代表作,也是我国新兴版画史中有特色的作品。

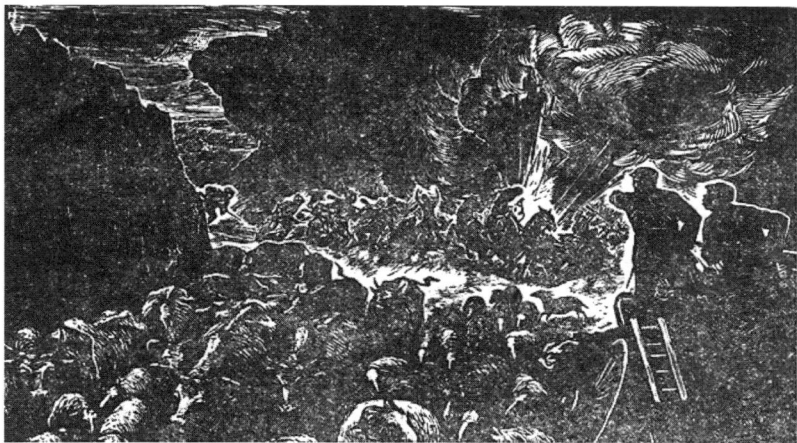

**图 6-2-4　《夺回我们的牛羊》,木刻版画,沃渣,1945 年**

(图片来源:曹振峰主编,徐灵绘:《徐灵作品选》,北京:中国书籍出版社 1995 年版)

---

[1] 衢州市地方志编撰委员会:《衢州市志》,浙江:浙江大学出版社 1994 年版,第 1305 页。

**图 6-2-5　徐灵**

（图片来源：曹振峰主编，徐灵绘：《徐灵作品选》，北京：中国书籍出版社 1995年版）

徐灵的《日兵之家》（图 6-2-6）是一幅木刻明信片，为瓦解敌人，策动日军反战、厌战的宣传而作。当时晋察冀"敌军工作部"协同延安"在华日人反战同盟"晋察冀支部，对敌开展政治宣传攻势，向敌占区投送这些明信片和美术宣传品。《日兵之家》刻画的是日兵赴华参战，家中妻儿卧床，贫病交加，无人照料的困境，老母在默默地祈祷的情景。

**图 6-2-6　《日兵之家》，木刻版画，徐灵，1942 年**

（图片来源：孙新元、尚德周编著：《延安岁月》，西安：陕西人民美术出版社 1985 年版）

　　陈九也是当时较活跃的青年木刻家。1938年作《光荣的战绩》
（图6-2-7）等抗日木刻版画作品，可惜1943年死于日军的枪杀，
结束了短短27年的生命和艺术生涯，在晋察冀从事过木刻宣传工
作的还有许多画家，如吴劳、阎素、刘蒙天、刘旷等，都曾发表过许
多作品。

**图6-2-7　《光荣的战绩》，木刻版画，陈九，1938年**

（图片来源：李树声主编《怒吼的黄河：抗日战争中的中国美
术》，南昌：江西美术出版社2005年版）

4. 晋绥的木刻版画活动

1941 年春,晋西北木刻工厂成立,李少言任主席,成员有黄薇、黄再刊、陈岳峰、赵力克、刘正挺等,他们出版了设色年画,水印套色木刻领袖像、木刻连环画以及对敌宣传品,还出版有 32 开本的《晋西北大众画报》。

**图 6-2-8　李少言**
(图片来源:李咏玫主编:《烽火淬铁刀　德馨塑画坛——李少言文献作品集》,成都:四川美术出版社 2017年版)

1942 年,李少言创作了独幅版画《挣扎》与《重建》,揭露日本帝国主义的罪行与革命人民不屈的性格。李少言(1918—2002 年),山东临沂人,1937 年参加革命,1938 年加入中国共产党。1939 年从延安随华北联大到晋绥抗日根据地,分到八路军一二〇师司令部给贺龙司令员和关向应政委当秘书,并于1940 年独立创作大型木刻组画《一二〇师在华北》①,大约有 100 幅之多,真实地记录了一二〇师的演习、行军、英勇战斗。李少言当时正给一二〇师司令员贺龙与政委关向应当秘书,他的创作得到了贺龙与关向应的支持和鼓励。这套木刻组画虽技巧尚不成熟,但内容丰富,真实感人,具有一定的史料价值。1943 年,李少言调入晋绥边区《抗战日报》(后改为《晋绥日报》),任美术科长。

---

① 王巨才主编:《延安美术家》,《延安文艺档案:延安美术》(第 47 册),西安:太白文艺出版社 2015 年版,第 645—646 页。

《挣扎》(图6-2-9)表现一个日本兵企图污辱中国妇女,妇女正拼命挣扎,用牙齿咬得日本兵手指鲜血淋漓的搏斗场面,构图明快,人物造型科学清晰,线条流畅。《重建》(图6-2-10)表现一幅军民劳作,重新砌造断墙的场景,近景着力刻画一位身负巨石,佝偻迈步的农民背影,令人联想到被战争压迫的中国民众,激发起军民的抗日激情。作品刀法细腻,刻画出木、石的不同质感和结构,在解放区木刻版画中是一幅杰出的作品。

**图6-2-9　《挣扎》,木刻版画,李少言,1942年**

(图片来源:李少言:《李少言版画选》,成都:四川人民出版社1982年版)

图 6－2－10　《重建》,木刻版画,李少言,1942 年

（图片来源:李少言:《李少言版画选》,成都:四川人民出版社 1982 年版）

5. 南方新四军的木刻版画活动

抗日战争爆发后,在南方湘、鄂、赣、豫、闽、粤、浙、皖 8 省坚持游击战争的游击队,合编为国民革命军新编第四军(简称"新四军")。1938 年 1 月,新四军军部成立于南昌,随后进军江南,总部设于皖南歙县,于是一支文化新军也随之诞生并逐渐扩大。上海及南方各大城市的美术工作者,纷赴皖南,集中在新四军战地服务

团美术组、抗敌画报社等有关单位，展开了轰轰烈烈的美术宣传活动。①

　　战地服务团美术组充分利用了木刻这一战斗武器，以新四军军歌为内容创作的木刻组画 18 幅，曾手拓 100 册，用丝线装订后，分送国内外。出版物《抗敌》画报由时任新四军政治部文艺科科长的吕蒙主编，并与同为编辑的李清泉两人自编、自画。开始是 4 开单张，1939 年 9 月后由赖少其任主编，改为成本的画报，以套色木刻为封底、封面，当时颇受欢迎。画报的稿件主要由战地服务团美术组供稿，其成员有梁建勋（组长）、涂克（副组长）、沈柔坚（后为组长）、孙从耳、芦芒、费星、张祖尧、关锋、费立必、翁逸之等，后来都成为新四军各师的美术骨干。

　　1941 年"皖南事变"后，国统区与沦陷区的进步文化人士来到苏北解放区，与新四军原文艺工作者一起集中在苏北盐城，于 1941 年初在盐城成立了"鲁艺"华中分院。当时到新四军工作的刘少奇主持了建院工作，分院由文学、戏剧、音乐、美术四个系组成，版画家莫朴任美术系主任，戴英浪任教务科副科长，洪臧、吴耘任干事，美术系教师有许幸之、庄五洲、刘汝醴等，大家边学边服务，美术系师生开展了向民间艺术学习的活动，吸收民间"牛印""担浪""门画"等艺术形式，进行木刻创作在报纸上发表，并印有木刻集。1941 年 8 月，苏北第一次反扫荡胜利后，学院分成军部鲁工团和三师鲁工团，盐城的画家们也都分散到各师工作。② 1941 年 4 月，在淮南地区，分别成立了抗日军政大学第八分校的文化队和淮南艺术专科学校。文化队设有美术系，由吕蒙负责，淮南艺术专科学

---

① 齐凤阁：《中国现代版画史（1931—1991）》，第 88 页。

② 齐凤阁：《中国现代版画史（1931—1991）》，第 88 页。

校美术系由程亚君负责,后改为美术队,程亚君任队长。新四军还办有各种形式的美术培训班,培养了大批以木刻为主的美术人才。①

新四军新的军部成立后改编为 7 个师,木刻工作者都分散到各师开展各种宣传工作,刻钞票、邮票,为铅印报纸刻地图、报头、美术字,为书籍刻封面、插图等,在条件允许的情况下,结合解放区的减租减息、参军、备战、冬学、春耕等活动创作木刻版画作品,在各师的报纸、杂志、画报上发表。为了加强版画工作者之间的联系,促进木刻运动的开展,1943 年 10 月,赖少其给苏中各分区、各部队,及淮南、苏北的木刻工作者写信,倡议组织"木刻同志会",为了解决木刻教材与刻刀的困难,赖少其曾写了一本《第一幅木刻》的小册子,油印 100 本,木刻版画家杨涵亲自打了十多副木刻刀,以后又成立了木刻刀工厂,由费星筹划工具及材料,杨涵指导《苏中画报》的工作人员,奋战几个月,打制出一批刻刀。新四军的木刻版画活动开展热烈,在为抗战服务、宣传教育群众、打击敌人方面起了重要作用。②

木刻连环画《铁佛寺》(图 6 - 2 - 11)创作者是莫朴、吕蒙、程亚君,由 110 幅作品构成,这套木刻连环画所表现的是淮南根据地来安县古城与陈仓之间的铁佛寺里发生的一个真实的故事,一位民兵队方队长被暗杀于铁佛寺,我军通过发动群众力量,最终使匪徒们落网。作品描绘了军民与土匪恶霸的斗争过程,教育人民保持高度的革命警惕性,捍卫抗日根据地。这套木刻连环画是在敌情紧张的时刻突击刻印的,以每天三四幅的速度刻制,三人采取流水作业法,分

---

① 王伯敏主编:《中国美术通史》(第 7 卷),济南:山东教育出版社 1996 年版,第 72 页。
② 齐凤阁:《中国现代版画史(1931—1991)》,第 375 页。

工画草图，一起讨论修改，由莫朴专刻人物的脸与手脚，程亚君刻服装身体，吕蒙刻背景，形式风格显得比较统一。作品在将近完成时，因敌人又将开始扫荡，人员变动，莫朴去了延安，程亚君转移皖江，只有吕蒙一人留在淮南，所以剩下的部分是吕蒙一人完成的。

**图 6‐2‐11　《铁佛寺》，木刻连环画，莫朴、吕蒙、程亚君，1942—1943 年**

（图片来源：莫朴、吕蒙、程亚君编绘：《木刻连环画·铁佛寺》，北京：人民美术出版社 1984 年版）

　　还有一些木刻家充实了新四军木刻版画的内容，为抗日战争尽到了自己的努力，如项荒途、林夫等甚至献出了自己的生命。

　　新兴木刻版画生来就不是在艺术课堂中诞生的，它是在与民族命运抗争的战斗中，决定了它作为革命武器的作用，更体现了它美术革命的尖兵作用。它只需一块木板，几把刻刀，就能创作出无数张版画来，较之其他画种，更具宣传性、鼓动性、实用性，这正是抗战时期没有哪一个画种能像木刻版画这样活跃、这样繁荣的原因。

## 第三节　木刻版画家及代表作

　　新兴木刻兴起之时正是新美术运动开展得轰轰烈烈之时，美术界占主导地位的是从日本、欧美留学引进的时髦"学院派"，无论是西方写实还是现代派，都是"体面"的，木刻版画根本不可登大雅之堂。然而，新兴木刻的参与者却都是象牙塔中的美术青年，他们具有更为强烈的民族责任感和热情，在革命意识的驱使下，将木刻版画作为其炙热艺术激情的出发点，从事新兴木刻不仅是一项美术事业，更是一种革命担当。

**图 6 - 3 - 1　胡一川**
（图片来源：李树声主编：《怒吼的黄河：抗日战争中的中国美术》，南昌：江西美术出版社2005 年版）

　　胡一川（ 1910—2000 年），原名胡以撰，福建永定人，曾化名胡白夫。少时在印度尼西亚读小学，1925 年从印尼回国，1926 年入厦门集美中学读书。1929 年考入杭州西湖国立艺术院，在校期间与同学组织"一八艺社"，参加鲁迅领导的新兴木刻运动。1930 年加入中国左翼美术家联盟，1932 年"一·二八"事变后，他将目睹日本侵略军进攻上海的情景刻成闸北风景，并以《失业工人》《恐惧》《到前线去》参加"春地美术研究所"举办的木刻展览会，此外，还参加野风画会和 MK 木刻研究会活动，同年 7 月被捕入狱。1936 年出狱后，胡一川在厦门《星光日报》当木刻记者，并任厦门美术专科学校木刻教员。1937 年后任延安"鲁艺"教员、木刻工作团团长和天津美术工作队队长。他曾率领"鲁艺"木刻工作团深入敌后开展宣传工作，并创办木刻工厂，大量印制木版年画和宣传画。1939 年冬试制水印套

色新年画，受到敌后根据地群众欢迎，之后创办木刻工场，并为新
华日报华北版编辑《敌后方木刻》。[①]　1942 年参加延安文艺座谈
会。1932 年的《到前线去》(图 6 - 3 - 2)是他抗战时期代表作之一，
画面刻画了一位手持旗杆，挥手呼叫，号召人们奔赴抗战前线的百
姓形象，其身后是群起的人民队伍，画面具有极强的艺术感染力。
作品中的黑白块面的分割，形成强烈的对比，夸张的人物表情和姿
势，增强了激愤的氛围感和激情。1938 年 11 月"鲁艺"成立木刻工
作团，胡一川随团赴太行山前线进行抗战宣传。胡一川在木刻工
作团的两年半时间中，深入抗战前线和人民群众，明确了美术宣传
工作的意义与方法，以宣扬中共政策、鼓励人民对日作战以及宣扬

**图 6 - 3 - 2　《到前线去》，木刻版画，胡一川，1932 年**
(图片来源：陈天白编：《救亡美术——中国抗日战争美术作品精选集》，
南京：江苏凤凰美术出版社 2015 年版)

① 胡一川：《胡一川美术活动年表》，《胡一川油画风景选》，广州：岭南美术出版社 1983
　年版，第 28 页。

图 6-3-3 《八百壮士》,木刻版画,胡一川,1938 年

（图片来源:陈天白编:《救亡美术——中国抗日战争美术作品精选集》,
南京:江苏凤凰美术出版社 2015 年版）

图 6-3-4 刘岘

（图片来源:李树声主编:《怒吼的黄河:抗日战争中的中国美术》,南昌:江西美术出版社 2005年版）

抗战必胜为主题,创作了《卢沟桥抗战》(1937 年)、《出击之前》(1937 年)、《八百壮士》(1938 年)(图 6-3-3)、《八路军开赴华北前线》(1938 年)、《卢沟桥抗战》(1938 年)、《坚持抗战反对投降》(1940 年)、《轰炸》(1942年)、《不让敌人通过》(1943 年)、《挖壕沟》(1944 年)、《攻城》(1944 年)等木刻作品。

刘岘(1915—1990 年),原名王之兑,河南兰考人。1932 年考入北平艺专西画专业,后转往上海美术专科学校,与黄新波组织"无名木刻社",参加鲁迅先生指导的新兴木刻运动,1934年赴日本留学,1938年赴延安在"鲁艺"教授木刻,1940年任陕甘宁边区文化协会美术工作委员会主任,中华人民共和国成立后历任人民文学出版社美术编审,中国美术馆研究部主任。①

　　刘岘的一些木刻重冷静的客观写实。他往往不是通过呼号的人物形象、夸张的造型手段,宣泄胸中的激情,而是力图以准确的造型和深沉的笔调,表达他对社会的感受。1934年,他赴日本留学,仍以更多的时间为文学作品作木刻插图。在日本,向他的老师、著名版画家平塚运一学习木刻,在技法上打下了坚实的基础,也确定了他后来的艺术取向。1938年以后,刘岘在延安"鲁艺"和陕甘宁边区文化协会协工作,也曾到新四军中任职,因此其创作既有表现延安风光的《杨家岭》《延安夜景》《延河溜冰》,也有表现战斗生活的《反扫荡》《巩固团结,抗战到底!》(图6-3-5)、《河淀袭敌》《雁领队》(图6-3-6)、《伏击敌人火车》等作品。刘岘的勤奋当时曾得到毛泽东的鼓励,毛主席看了他送去的作品后为他题词:"……刘岘同志来边区不久,刻了许多作品,希望继续努力,为创造中华民族的新艺术而奋斗。"②

---

① 马海军:《上海美专名人传略》,南京:南京大学出版社2012年版,第322页。
② 刘岘:《琐事纪实》,载孙新元、尚德周编著:《延安岁月》,西安:陕西人民美术出版社1985年版,第143页。

图 6‑3‑5　《巩固团结，抗战到底！》，木刻版画，刘岘，1938 年

（图片来源：刘岘：《刘岘版画选》，成都：四川美术出版社 1985 年版）

图 6‑3‑6　《雁翎队》，木刻版画，刘岘，1945 年

（图片来源：陈天白编：《救亡美术——中国抗日战争美术作品精选集》，南京：江苏凤凰美术出版社 2015 年版）

陈铁耕(1908—1970 年),原名陈耀唐,广东兴宁人。1927 年入杭州国立艺术院学习,1930 年到上海从事木刻运动和革命文艺宣传工作。1930 年,陈铁耕与江丰、陈卓坤等人发起组织"一八艺社研究所木刻部",1931 年参加鲁迅举办的木刻讲习会。会后,经常寄木刻作品给鲁迅。陈铁耕寄给鲁迅的新作,有泥版连环画《廖昆玉的故事》、丁玲小说《法网》的插图和鲁迅小说《阿 Q 正传》的插图等。鲁迅曾将陈铁耕《母与子》《殉难者》等 17 幅木刻推荐到法国参加"革命的中国新艺术展览会"展出。1931 年在上海加入一八艺社研究所及中国左翼美术家联盟。同年参加鲁迅举办的木刻讲习会。"九一八"事变爆发,曾和江丰等油印抗日画报和木刻组画传单,张贴街头,宣传抗日。1938 年赴延安,在"鲁艺"任教。1940 年在太行山根据地创办"鲁艺"分校并任校长。抗战胜利后在沈阳鲁迅美术学院执教。1933 年的作品《屠杀》(图 6-3-7)刀法粗狂,黑白块面多,造型整体而对比强烈,表现了一个平民被侵略军屠杀倒地的情景。

图 6-3-7　《屠杀》,木刻版画,陈铁耕,1933 年

(图片来源:齐凤阁:《中国现代版画史(1931—1991)》,广州:岭南美术出版社 2010 年版)

　　罗清桢与何白涛也是 30 年代木刻运动中的活跃人物,可惜贫困和疾苦,使他们过早谢世,离开了自己心爱的木刻艺术。但在他们短暂的木刻生涯中,留下的作品却不少,光寄给鲁迅的木刻,罗清桢有 100 余幅,何白涛有 30 余幅,鲁迅曾多次复信,对他们帮助指导。罗清桢(1905—1942 年),广东兴宁县宁新镇高陂

**图 6‑3‑8　罗清桢**
(图片来源:齐凤阁:《中国现代版画史》,广州:岭南美术出版社 2010年版)

村人。20 年代末期到上海就读新华艺术大学西画系。1930 年毕业后,先后在梅县丙村中学、松口中学、大埔百侯中学担任美术教员。后听挚友陈铁耕介绍鲁迅倡导木刻,经 5 个月工夫便刻出 50 多幅木刻,他把较好的《起卸工》等 10 幅,编印成木刻第 1 集,寄去向鲁迅请教,从鲁迅的复信中得到鼓舞和教益。抗战时期创作的《敌人越深入,越增加困难》(1940 年)(图 6‑3‑9)、《乘胜追击》(1939 年)(图 6‑3‑10)、《打倒大汉奸》(1940 年)、《打出关外去》(1940 年)、《汽笛响了》《全国人民总动员》《准备收复失地》等一系列战斗性强、艺术性较高的作品,与诗歌配合,印成卡片,在各地广泛流传,以唤起民众,抗战到底。罗清桢一直从事抗日宣传工作,常带领一批青年,画国难图画,写抗日标语和抗日春联,还登台演讲,在粤赣边区各县一路走一路作画。他创作的《抗战三部曲》,直接表现中共人民军队进行英勇抗战的雄伟场景。

　　何白涛(1913—1939 年),广东汕尾人。1929 年到广州私立明远中学就读,1932 年秋考进广州市立美术学校西洋画系,因成

**图 6‑3‑9 《敌人越深入,越增加困难》,木刻版画,罗清桢,1940 年**

（图片来源:齐凤阁:《中国现代版画史(1931—1991)》,广州:岭南美术出版社 2010 年版）

**图 6‑3‑10 《乘胜追击》,木刻版画,罗清桢,1939 年**

（图片来源:齐凤阁:《中国现代版画史(1931—1991)》,广州:岭南美术出版社 2010 年版）

绩优异,在教师的荐举下,又考进上海新华艺术专科学校西洋画系。① 同年冬,与陈烟桥、陈铁耕等在上海新华艺专成立"野穗社"。由于家庭贫困,1934 年毕业后,回到广东南海县樵西中学执教,业余从事木刻创作,常将木刻作品寄赠鲁迅先生求教。其木刻作品多表现下层人民的生活状态,如 1933 年所作的黑白木刻《失业者》《街头》(图 6-3-11)等。

图 6-3-11  《街头》,木刻版画,何白涛,1933 年

(图片来源:齐凤阁:《中国现代版画史(1931—
1991)》,广州:岭南美术出版社 2010 年版)

陈烟桥(1911—1970 年),曾用名陈炳奎,笔名李雾城、米启郎,广东深圳人。1928 年入广州市立美术专科学校西画科,1931年入上海新华艺术专科学校西洋画系,不久开始版画创作。1932

①《海陆丰历史文化丛书》编纂委员会编:《海陆丰历史文化丛书(卷 1)·人文志略》,广
    州:广东人民出版社 2013 年版。

年冬,与陈铁耕、何白涛等在校组织"野
穗社",1933 年在鲁迅的鼓励与支持
下,继续从事版画创作。抗战爆发后,
陈烟桥积极投身抗日救亡工作,参加了
全国木刻界抗敌协会、全国文艺界抗敌
协会,并到部队绘制抗日宣传画。1937
年出版了《抗日宣传画》,1938 年与叶
浅予等人在香港举办了"抗日宣传画
展",为爱泼斯坦《人民战争》一书创作

**图 6 - 3 - 12　陈烟桥**

木刻插图 6 幅。期间,经常为郭沫若主
持的《救亡日报》,以及上海《救亡漫画》、香港《星岛日报》、广州
《救亡日报》等报刊撰写文章,创作抗战漫画、宣传画。1939 年秋,
陈烟桥在重庆加入新华日报社,担任美术组主任,期间创作了大量的
反映社会黑暗、宣传反对内战、要求民主的宣传画。陈烟桥的版画多
表现普通劳动者的生活和劳动,手法写实,画风质朴,抗战期间表现
抗战题材的作品有《苦战》(图 6 - 3 - 13)、《伏击列车》《欢迎》等。

**图 6 - 3 - 13　《苦战》木刻版画,陈烟桥,1936 年**

**图 6 - 3 - 14　张望**

（图片来源：《张望：佩公刀代笔，赖以文战功》，光明网）

张望（1916—1992 年），广东潮州人，原名张发赞，笔名致平、克之、张抨，1931 年入上海美术专科学校西洋画系，9 月，他与王绍络、钟步清等同学组织"MK 木刻研究会"，同年在上海内山书店结识鲁迅。1933 年张望加入左翼美术家联盟，1935 年 1 月毕业回广东汕头，他分别在汕头回澜中学、海滨师范、神美艺术学校任教，业余从事木刻创作，并与陈坚、谢海若等人发起组织"大众木刻研究会"，编辑出版《回澜木刻》。1936 年任潮安《大光日报》副刊《生活木刻》主编，1938 年任职于《抗战日报》社。1939 年他赴重庆，在国民政府军事委员会政治部从事木刻宣传工作，后辞职转入育才学校任教，其间曾任《新华日报》编辑。1941 年秋在延安"鲁艺"、八路军陕甘宁边区留守兵团部队艺术学校任教。1934 年，张望创作的抗战题材作品《负伤的头》《出路》，深得鲁迅的赞赏，被收入鲁迅主编的画集《木刻纪程》。《负伤的头》（图 6 - 3 - 15）是张望的代表作，作品以强烈的艺术语言，揭示了反动势力的凶残，显示出革命者不屈的性格。作者充分调动艺术手段，揭示人物的内心世界，愤怒的表情，痉挛的肌肉，变形的嘴角，抛向两边的头发，加之怒目圆睁，使整个头部凝聚着力量、勇气和仇恨。另一幅作品《出路》（图 6 - 3 - 16）风格别具一格，画面背景漆黑一片，只用寥寥几条阴线刻画出失业工人的身躯和动态。作品使用大面积的黑色底子虚化，突出想要表现的吊绳、地上的工具和精神崩溃的人，更显困苦无助的境况。

**图 6－3－15　《负伤的头》,木刻版画,**
**张望,1934 年**

（图片来源:齐凤阁:《中国现代版画史
(1931—1991)》,广州:岭南美术出版社 2010
年版）

**图 6－3－16　《出路》,木刻版画,**
**张望,1934 年**

（图片来源:齐凤阁:《中国现代版画史
(1931—1991)》,广州:岭南美术出版社 2010
年版）

**图 6 - 3 - 17　力群**

（图片来源：齐凤阁：《中国现代版画史（1931—1991）》，广州：岭南美术出版社 2010 年版）

　　力群（1912—2012 年），山西省灵石县郝家掌村人，原名郝丽春。1931 年考入国立杭州艺术专科学校。1933 年参加中国左翼美术家联盟，发起组织"木铃木刻研究会"，开始从事版画创作。1933 年 10 月 10 日，因"木铃"事件，同曹白、叶洛一起被国民政府逮捕，1935 年出狱。1938 年后参加国民政府军事委员会第三厅美术科、中华全国木刻界抗敌协会。1940 年任教于延安"鲁艺"，翌年加入中国共产党。1942 年参加延安文艺座谈会，奠定了其艺术为人民的方向。作品《抵抗》（1935 年）（图 6 - 3 - 18）、《抗战》（1937 年）、《保卫祖国》（1938 年）是其抗战题材的木刻代表作品。延安文艺

**图 6 - 3 - 18　《抵抗》，木刻版画，力群，1935 年**

（图片来源：陈天白编：《救亡美术——中国抗日战争美术作品精选集》，南京：江苏凤凰美术出版社 2015 年版）

座谈会后，力群的创作在表现手法上有了很大的转变，把民间艺术的一些元素运用到自己的作品中，创作出一批深受老百姓喜爱的木刻作品，如套色木刻"新年画"《丰衣足食图》，表现了大生产运动后解放区人民丰衣足食，全家欢喜过年的情景，作品借鉴了民间剪纸与年画的表现方法，画面色彩艳丽明快，对比强烈，富有装饰性。

李桦（1907—1994 年），广东省番禺县人。1926 年毕业于广州市立美校。1930 年自费留学日本，入东京川端美术学校学习。1932 年回国后任教于母校。1933 年冬开始自学版画，翌年举办了一次个人版画展，从此投身新兴木刻运动。1934 年在广州组织现代版画会，主编不定期木刻画刊《现代版画》，并开始与鲁迅先生通信。1936 年受全国木刻界之托，组织第二届全国木刻流动展览会。"七七事变"后投笔从戎，转战于苏皖赣鄂湘等省，

图 6 - 3 - 19　李桦

（图片来源："桃李桦烛——李桦诞辰一百一十周年"纪念展，中央美院）

在历次战役中，作战地素描近千幅。① 李桦初期的木刻，表现出题材、手法的丰富性，他在进行各种"新路的探险"之后，作品中较早地出现了东方韵味。1934 年的《怒吼吧！中国》（图 6 - 3 - 20）的意义，则绝不仅仅在于手法上挣脱了欧风的羁绊，而在于内容上的震撼力。作品采用象征手法，表现了一个男人被紧紧捆绑，双眼蒙住，痛苦针扎的形象，预示一个民族终要起而怒吼和抗争的忍无可

---

① 刘曦林：《中国美术馆藏品选：20 世纪中国美术》，第 146 页。

忍的选择,愤怒地狂吼和拼命扭动的身躯,带有漫画式的夸张,然
而唯有这样才能把感情推向了极致,给人以力量和鼓舞,在唤起民
族反抗意识这一点上,无异于雷鸣或战鼓。这幅画显露出李桦战
士画家的品格,作品有强烈的视觉冲击力,是中国版画史上新兴木
刻的力作之一。

图6-3-20　《怒吼吧!中国》,木刻版画,李桦,1935年

(图片来源:齐凤阁:《中国现代版画史(1931—1991)》,广
州:岭南美术出版社2010年版)

　　赖少其（1915—2000 年），广东省汕头市人。他独创的"以白压黑"技法，成为新徽派版画的主要创始人。赖少其 1932 年考入广州市市立美术学校西画系，1934 年起致力于木刻创作。1936 年毕业于广州美术专科学校。1937 年在广东、广西举办"巡回抗日木刻漫画展览"。赖少其 1938 年参加中华全国木刻界抗敌协会。1938 年任广西桂林《工作与学习》《漫画与木刻》抗战刊物的编辑兼发行人。曾被鲁迅誉为"最有战斗力的青年木刻

图 6 - 3 - 21　赖少其
（图片来源：赖少其旧照）

家"。1939 年 10 月参加新四军，1941 年在"皖南事变"中被捕，关押在上饶集中营，在狱中坚贞不屈、顽强斗争，后越狱回到苏北解放区。1942 年至 1948 年先后历任《苏中报》副刊编辑、新四军一师宣传部文艺科长、四纵队二十九团政治处副主任、四纵队宣传部副部长、八纵队宣传部部长。① 在作品的题材方面，其木刻作品多反映了战时社会现状以及军民抗战等方面的主题，在技法方面，将金石技术运用到版画中，其作品的刀味坚实有力如同金石味。赖少其抗战题材的木刻作品有《殖民地狩猎图》（1936 年）、《帝国主义地的囚徒》《怒吼着的中国》（1938 年）（图 6 - 3 - 22）、《游击战争的开始》（1938 年）、《奔赴前线的中国妇女》（20 世纪 30 年代）等。

---

① "广州美术百年"书系编委会编：《其命惟新·广东美术百年 21 大家》，广州：岭南美术出版社 2017 年版，第 235 页。

**图 6‑3‑22    《怒吼着的中国》,木刻版画,赖少其,1936 年**

(图片来源:《木刻界》1936 年第 2 期)

**图 6‑3‑23    黄新波**

(图片来源:齐凤阁:《中国现代版画史(1931—1991)》,广州:岭南美术出版社 2010 年版)

黄新波(1916—1980 年),广东台山人,原名黄裕祥,笔名一工。1933 年赴上海,参加中国左翼作家联盟、中国美术家联盟,并与刘岘组织"无名木刻社",在鲁迅先生指导下从事新兴木刻运动。1936 年发起成立上海木刻工作者协会,并参与举办第二届全国木刻流动展览,出版了第一本木刻作品集《路碑》。1936 年创作有抗战题材作品《为民族生存而战》并作为王明所著《为民族生存而战》(*China Can Win*)(图 6‑3‑24)一书的封面,于 1937 年 11 月美国纽约工人书屋出版。1938 年参加在武汉成立的中华全国木刻界抗敌协会,1939 年转移到桂林,成为该会主持人之一。"皖南事变后"为纪念殉难烈士,创作了《他并没有死去》等作品。1943年流寓昆明,9月出版了木刻集《心曲》。[①] 黄新波木刻版画的特点是运用象征的手法,通过高度概括的形象,表达某种寓言或哲理,如1941年的《他并没有死》(图6-3-25)以"皖南事变"为背景,抗诉国民党顽固派的罪行,这幅作品的尝试为他以后的创作确立了艺术趋向。《孤独》是黄新波根据从香港回到桂林的流亡途中所见创作的,画面表现寒冬的夜晚,一个孤儿徘徊在荒无一人的山村乡野路上,远处有一只野狗在狂吠,漆黑的天空中划过一颗流星,画面充满了寂寞与凄凉感,表达了对遗孤的同情,也是对造成女孩命运的恶势力的谴责和批判。黄新波作品构图也不复杂,黑白对比强烈,往往以大块的黑和少许的白形成鲜明的对照,线条排列有序,刀法严谨细密,其艺术构思既自由想象,又冷静思考。

图6-3-24 《为民族生存而战》,木刻版画,黄新波,1936年

(图片来源:王明:*China Can Win*,纽约:工人书屋出版1937年版)

---

① 广东省博物馆编:《现实关怀与语言变革:20世纪前半期一个普遍关注的美术课题》,沈阳:辽宁美术出版社1997年版,第216页。

**图 6-3-25　《他并没有死》，木刻版画，黄新波，1941 年**

（图片来源：齐凤阁：《中国现代版画史（1931—1991）》，广州：岭南美术
出版社 2010 年版）

**图 6-3-26　王琦**

（图片来源：马海平：《上海美
专名人传略》，南京：南京大学出版
社 2012 年版）

王琦（1918—2016 年），重庆人，
又名文林、季植。1937 年毕业于上海
美术专科学校，1938 年在延安"鲁艺"
美术系学习。王琦是位功底扎实、修
养全面的版画家。1938 年底结业后，
开始从事木刻创作，但在此之前，已在
上海美术专科学校西洋画系接受了 3
年的专业训练，与同时期的其他年轻
木刻家相比，在表现方式和艺术语言
上都更加成熟。1939 年初，王琦返回
重庆，一面与卢鸿基主编《战斗美术》，
一面加入中华全国木刻界抗敌协会，

从事木刻运动。1939年2月28日，重庆《新华日报》副刊首次刊发了王琦的木刻《在冰天雪地中的游击队》（图6-3-27）。抗战期间，王琦主要在自己的故乡重庆度过，通过一些小幅版画表现战时大后方人民的痛苦生活与山城重庆的自然风光。《肉弹勇士》（1938年）、《野蛮的屠杀》（1940年）、《当警报解除之后》（1940年）、组画《不忘此仇》等作品揭露了侵略者狂轰滥炸、野蛮屠杀的罪行，《拉纤》《侯水》《人市》《车场成了难民》等作品是战时人民苦难生活的写实。王琦的版画风格不以夸张或震撼力取胜，没有特写镜头，没有激烈的情绪表现，而是以写实的手法刻画自然的生活场面，他的木刻作品尺寸不大，但刻工精细，构图完整，富有生活气息。像这样没有浓郁的政治色彩，注重艺术追求的风俗性作品，在战争年代的版画中，也算别有一番风趣。

图6-3-27　《在冰天雪地中的游击队》，木刻
版画，王琦，1939年

（图片来源：中国美术馆）

图 6‑5‑28  荒烟

荒烟（1920—1989 年），广东兴宁县人，原名张伟耀。荒烟没有上过美术学校，凭借对美术的兴趣，自学木刻。1937 年初中毕业后，参加抗日绘画宣传工作，同时开始学习木刻。他的第一幅木刻版画作品《雪中行军》登在 1939 年 4 月香港《大公报》副刊《文艺》上，署名"雪松"。1940 年 3 月，由木刻家张慧介绍到福建省军管区政治部《大众画刊》任编辑，从此成为专业木刻工作者。1941 年 5 月，荒烟应罗清桢邀请，由福建去江西分宜县与罗清桢合编《华光日报》副页《战地真容》画刊。荒烟与罗清桢共事期间，从言传身教中受益不浅。半年中，画刊出版了 13 期，每期都刊登了他的木刻版画作品，少则 1 幅，多则 4 幅。这是他创作最多的时期，也是他个人艺术风格形成的时期，如《神枪手》（1939 年）、《神圣的任务》（1940 年）、《搜索残敌》（1941 年）、《敌后游击队》（1941 年）等作品。在 1943 年 5 月召开的木刻研究会临时会员大会上，荒烟当选为理事，这期间，他曾用 4 个月的功夫精雕细镂，创作了被公认为是他代表作的《末一颗子弹》（图 6‑3‑29）。在这幅图中，烟雾的浓淡层次处理得井然有序，作品表现了誓与敌人血战到底的英雄气概。1945 年 4 月，《末一颗子弹》在美国《生活》杂志专页上刊出，后被收入美国纽约约翰出版公司出版的 *China in Black and White*。抗战时期的许多木刻版画制作粗糙，艺术水平不高，而荒烟的作品则精雕细琢，场景宏大，其技法受西洋画风影响，精雕细刻，严谨细腻。他多用三角刀和排刀，线条均匀，层次分明，构图考究,黑白明暗层次丰富,尤其一些以战地生活为题材的版画,具有较高的艺术水平。

**图 6 - 5 - 29　《末一颗子弹》,木刻版画,荒烟,1943 年**

(图片来源:陈天白编:《救亡美术——中国抗日战争美术作品精选集》,南京:江苏凤凰美术出版社 2015 年版)

古元(1919—1996 年),广东香山县那洲乡(现属珠海市)人。1932 年考入广东省立第一中学(广雅中学)。1939 年进入延安"鲁艺"美术系第 3 期学习。1940 年 6 月,古元于"鲁艺"毕业,到延安县川口区碾庄参加农村基层工作。1941 年 5 月,古元离开碾庄回到"鲁艺",在美术工场任木刻组长,并担任部队艺校美术教员。1942 年,延安开始整风运动,古元积极地投入到这一运动中去,并被选为代表参加了延安文艺座谈会,《哥哥的假期》(图 6 - 3 - 31)即作于延安文艺座谈会后,作品描绘了一名八路军战士,回到家中,与亲人、乡亲们欢聚的场景。对于古元的木刻版画,徐悲鸿曾给予很高评价,誉为中国新版画界的巨星。

**图 6 - 3 - 30　古元**

(图片来源:古安村:《鲁艺后人的回忆:父亲古元的延安木刻》,《中国艺术报》,2012 年 5 月 25 日)

　　1943年,古元随运盐队到三边体验生活,这一年创作成绩显著,《离婚诉》《宿营》《练兵》《八路军秋收》《减租会》《马锡五调解婚姻诉讼》都是这一时期的重要作品。①《减租会》(图6-3-32)是这一时期的代表作之一,描绘了农民与地主减租斗争,农民将地主团团围住,争论不休,画面人物众多,但神态各异,形象生动,既揭示了主题,又没有过分夸张。1944年,"鲁艺"美术工场改为研究室,古元任研究生、创作组长,创作了《给老炊事员祝寿》《人民的刘志丹》等优秀作品。

**图6-3-31　《哥哥的假期》,木刻版画,古元,1942年**

(图片来源:古元:《古元木刻选集》,北京:人民美术出版社1952年版)

---

① 《古元纪念文集》编辑委员会编:《古元年表》,《古元纪念文集》,北京:人民美术出版社1998年版,第425—426页。

**图 6 - 3 - 32　《减租会》，木刻版画，古元，1943 年**

（图片来源：古元：《古元木刻选集》，北京：人民美术出版社 1952 年版）

江丰（1910—1982 年），祖籍上海，原名周熙，笔名高岗、固林。1929年，到白鹅西画会学画。1931 年，参加上海左翼美术活动，筹建上海"一八艺社"研究所，参加鲁迅举办的木刻讲习会。1932 年，任中国左翼美术家联盟执委，参加春地美术研究所，创作、展览活动之后两度被捕。1936 年，参与组织"铁马版画会"和"上海木刻作者协会"。1937 年，筹组第三回全国

**图 6 - 3 - 33　江丰**

（图片来源：中国书画网）

木刻流动展览会并巡回展出。1938 年，赴延安，负责编辑《前线画报》，后任"鲁艺"美术部主任，陕甘宁边区政府文委委员，八路军后方留守兵团文委委员，当选陕甘宁边区美术界抗敌协

会主席。① 抗战期间的木刻作品有《日军进入山海关》（1931 年）、《要求抗战者·杀》（1931 年）、《"九·一八"日军占领沈阳城》（1931年）、《到前线去》（1931 年）（图 6 - 3 - 34）、《东北抗日义勇军》（1935

**图 6 - 3 - 34　《到前线去》,木刻版画,江丰,1931 年**

（图片来源：陈天白编：《救亡美术——中国抗日战争美术作品精选集》,南京：江苏凤凰美术出版社 2015 年版）

---

① 中国大学校长名典编辑委员会编：《中国大学校长名典》（下）,北京：中国人事出版社 1995 年版,第 53 页。

年)、《"一·二八"之回忆》(1935年)等。因从事革命美术运动而两次被捕入狱的江丰,对牢狱生活感受尤深,他在狱中仍坚持作画和斗争,曾因怒打叛徒而被加刑。1942年,他在创作的《国民党狱中的政治犯》中,把屋宇的墙壁、房顶及地板等自然地刻画出来,最重要的是人物的个性都从其脸孔表露出来。江丰更在画中刻了一首囚徒所写的歌:"坚壁和重门,铁窗和镣铐,锁得了我们的身,锁不了我们的心"[1],这是江丰在延安"鲁艺"时的一幅代表作品。江丰曾担任"鲁艺"美术部部长,积极组织开展新年画讨论与创作活动,他创作的木刻年画《念书好》,深受当时群众喜欢。他的观念与创作,对当时的新兴木刻版画探索民族化、大众化的道路都有促进作用。

郑野夫(1909—1973年),浙江省温州乐清县人,原名育英(毓英),字诚之,号绍虔。1928年考入上海中华艺术大学西洋画系,1929年开始木刻创作。1930年上海中华艺术大学停办,转学于上海美术专科学校西画系。1931年参加上海"一八艺社"研究所,从上海美专毕业。参加鲁迅和内山嘉吉举办的木刻讲习班,并结识鲁迅。后改名"野夫""EF""新潮"。1932年加入中国美术家联盟,与陈卓坤、江丰、黄山定、

**图 6-3-35　郑野夫**
（图片来源:宝藏网）

陈烟桥等人发起春地美术研究所,与陈卓坤、顾鸿干等在上海组织"野风画会"。1933年该会被迫停止活动,改名"上海绘画研究会",地址从江湾迁到跑马厅,和顾鸿干共同负责。1935年与沃渣、温涛、曹白会同北平的唐诃等一起在上海组织全国木刻联合展览会。

---

[1] 李铸晋、万青力:《中国现代绘画史·民国之部》,上海:文汇出版社2003年版,第248页。

1936 年与江丰、沃渣、温涛、力群等人发起成立铁马版画会,出版
《铁马版画》3 期。同年与黄新波、陈烟桥、江丰、力群、曹白、林夫等
人组织的"第二回全国木刻流动展览会"。1939 年与林夫、金逢孙
等人在浙江丽水成立"七七版画研究会",举办"七七抗战版画展览
会",翌年出版《五月纪念木刻集》。1941 年主编杂志《木刻艺术》
《反攻》木刻丛刊。1947 年负责中华全国木刻协会。郑野夫的作品
政治倾向和道德关怀鲜明,早期的创作模仿了麦绥莱勒等欧洲版
画家的风格样式,内容多反映工人运动和底层人民的生活,代表作
有《水灾》组画、《卖盐》组画等。抗战期间,他的创作表现主义特征
强烈,画面主调暗沉,人物和场景多采用阴刻手法,内容主要取材
于浙江的战时状况,表达现实的残酷、悲壮,以及民众内心的愤懑、
激越,如《搏斗》(1934 年)(图 6 - 3 - 36)、《送棉衣给北上抗日的新

**图 6 - 3 - 36　《搏斗》,木刻版画,郑野夫,1933 年**

(图片来源:罗一平主编《铁马野风:野夫的木刻艺
术》,广州:岭南美术出版社 2010 年版)

四军战士》（1940 年）、《冒着敌人的炮火前进》（1940 年）、《逃亡》
（1941 年）、《轰炸声中》（1942 年）、《寒酸与洋溢》（1943 年）、《救亡
歌声》（1944 年）、《战地妇女》（1944 年）等。郑野夫得以成为中国
新兴木刻运动的先驱和奠基者之一，不仅因为他是一位秉持现实
批判精神的木刻艺术先锋，同时还因为他是一位杰出的木刻运动
的组织者和推动者。抗战时期积极从事木刻创作并编辑了大量战
时木刻书刊，尤为难得地收录有力群、古元等解放区木刻家的作
品，显见其对抗日版画运动的有力推动。

　　彦涵（1916—2011 年），江
苏连云港人，1938 年毕业于延
安"鲁艺"美术系。同年加入中
国共产党。1935 年考入杭州艺
专绘画系预备科。本想预科结
束后出国留学深造，但抗日战争
爆发，他决定奔赴延安，投入抗
日洪流，在"鲁艺"美术系第 2 期
学习了 3 个月后便奔赴太行敌
后抗日根据地，在八路军中从事
木刻版画工作，并在晋东南"鲁

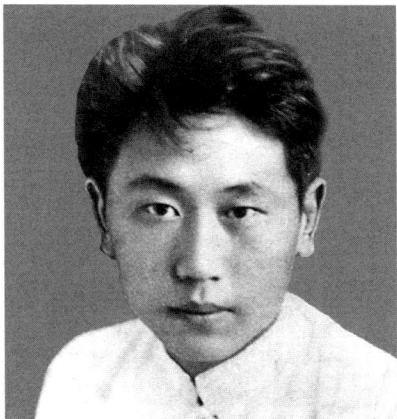

图 6‑3‑37　彦涵
（图片来源：艺术中国网）

艺"分校任教。1943 年至 1949 年先后任延安"鲁艺"美术系、华北
大学美术科教员。彦涵是解放区木刻版画的又一位代表人物，从
1938 年冬到 1943 年初，他在敌后战斗了 4 年，连环木刻《火烧阳明
堡敌人飞机场》，木刻年画《保卫家乡》，独幅木刻《背粮》《侦察员》
《不可征服的人》等就是其中的代表。① 而最具代表性的作品当数

---

① 齐凤阁：《中国现代版画史（1931—1991）》，第 80 页。

《彭德怀将军在抗日最前线》(1941 年)(图 6 - 3 - 38),描绘了彭德
怀亲临前线,手握望远镜,在聚精会神地观察敌情的情景,艺术技
巧受前苏联木刻影响,刀法细密,对比强烈,这是当时表现领袖题
材的作品中较为成功的一幅。在刻画战斗场面的作品中,彦涵充
分发挥出自己善抓动势的特长,以生动的造型、耐人寻味的构图,
把读者带入紧张的战斗氛围之中,如表现边区人民对付敌人扫荡
的作品《把她们隐藏起来》(1943 年)、《当敌人搜山的时候》(1943

**图 6 - 3 - 38　《彭德怀将军在抗日最前线》,木刻版画,**
　　　　　　**彦涵,1941 年**

(图片来源:李树声主编:《怒吼的黄河:抗日战争中的中国
美术》,南昌:江西美术出版社 2005 年版)

年)等,画面上那军民密切配合,齐心协力抗击的情节,带给人们一种极度紧张的情绪和崇高壮烈的美。《不让敌人抢走粮草》(1943 年)、《来了亲人八路军》(1943 年)等作品显示了中国人民抗战的决心、力量和智慧,是对人民伟大革命斗争的热烈赞颂。

罗工柳(1916—2004 年),广东开平人。1936 年入杭州艺术专科学校,自学木刻。抗日战争爆发后,投入抗敌宣传活动。1938 年在武汉参加筹组全国木刻协会,当选理事,并在政治部第三厅美术科参与黄鹤楼大壁画的绘制工作。1938 年到延安,入"鲁艺"美术系,不久参加"鲁艺木刻工作团",年底赴太行山抗日前线,任《新华日报(华北版)》美术编辑,从事

**图 6 - 3 - 39　罗工柳**

(图片来源:《罗工柳:从文艺战士到画坛耆宿》,南方网)

版画创作。① 罗工柳的木刻生涯不长,以抗战时期为中心前后只有十年左右。在"鲁艺"木刻工作团的 3 年多,是其中光辉的一页。尤其在《新华日报(华北版)》工作期间,每天都为报纸创作木刻插图。返回延安后的创作水平有所提升,如 1942 年《左权将军像》,可看出他在造型方面的功底。《马本斋的母亲》(图 6 - 3 - 40)是他的代表作,在日军枪口、刺刀的威逼之下,表现回民支队队长马本斋的母亲英勇不屈、大义凛然的气概可歌可泣,作品通过对比的手法突现英雄母亲的高大形象。

---

① 齐凤阁:《中国现代版画史(1931—1991)》,第 82 页。

**图 6 - 3 - 40　《马本斋的母亲》，木刻版画，罗工柳，1943 年**

（图片来源：陈天白编：《救亡美术——中国抗日战争美术作品精选集》，南京：江苏凤凰美术出版社 2015 年版）

**图 6 - 3 - 41　邹雅**

（图片来源：《不能忘怀的太行版画家——邹雅》，红色太行网）

邹雅（1916—1974 年），江苏省无锡人，原名亚明，又名大雅，别署"老木匠"。青年时期在上海出版界工作，致力于鲁迅先生倡导的新兴木刻运动，1938 年到延安"鲁艺"美术系学习，此后在敌后从事美术宣传工作。① 邹雅一直在敌后艰苦的环境中从事抗日宣传工作。因此创作了许多具有时代气息的、表现军民关系及战斗生活的作品。1946 年的《军民扬场》（图 6 - 3 - 42）是他的代表作，前景两个打绑腿的八路军扬起麦粒撒向天空，脱了军衣的战士着

---

① 林阳：《从鲁艺走来的艺术家、出版家》，载《中国近现代名家画集·邹雅》，北京：人民美术出版社 2014 年版，第 5 页。

重表现出他们晒黑的皮肤,增强了画面黑白色块的对比,画面明快生动,人物的动态也颇有美感,这样轻快自然的木刻在他的作品中是很突出的。此外,1944年的《破碉堡》,画面巧妙地用碉堡分为前、中、远三层,每一层都有军民挥舞着镰刀、锄头等工具,破坏敌人的碉堡,从各种人物的姿态,可以看出邹雅在刻画人物动态上的生动自然。

**图 6 - 3 - 42　《军民扬场》,木刻版画,邹雅,1946 年**

(图片来源:中国美术馆)

**图 6 - 3 - 43　马达**

(图片来源:齐凤阁:《中国现代版画史(1931—1991)》,广州:岭南美术出版社 2010 年版)

马达(1904—1978 年),广西省北流县人,原名陆诗瀛、林杨敬,亦名林扬波。青年时代即从事革命美术活动,1930 年毕业于上海艺术专科学校,并加入中国左翼美术家联盟,参加新兴木刻运动。在 1933年 2 月的局部抗战时期,马达等人联合北京、苏州、无锡、杭州等地美术学校的学生在上海举行"为援助东北义勇军联合画展",展品义卖作为捐款。7 月,马达在一次群众集会上被捕。出狱后的马达失业了,经常连饭都没得吃,但仍然坚持留在上海帮助青年学习木刻,坚持木刻和漫画创作。他和上海进步美术团体联合筹备宣传抗日的"国难画展",作品频频发表在上海的《读书生活》《现代杂志》及《申报》等进步报刊上。1938 年,他在武汉曾参加负责中华全国木刻界抗敌协会工作,同年在延安"鲁艺"任教,并先后在中共中央党校、晋冀鲁豫文联、华北大学工作,培养出了一大批包括世界著名版画家古元在内的美术人才。① 马达在抗日战争时期的代表作有《轰炸出云舰》(1938 年)(图 6 - 3 - 44)、《侵略者的末日》(1941年)等,以写实的手法再现了抗日战争中重大战事和事件。1942 年延安文艺座谈会后,马达的艺术风格发生改变,他的木刻从学习欧洲版画的技法转向民族题材和形式的表现,代表作品有《推磨》(磨豆腐)、《窑洞》《汲水》等。

　　中国新兴木刻艺术在血与火的洗礼中实现了艺术宣传性与艺术性的统一,规约了中国美术形态,标示了中国美术发展动向,也在抗战时期发挥了战斗武器作用。赖少其在《抗战中的中国绘画》一文中指出,"抗战二年来真正的(地)执行着这个任务的,却不是中国画,也不是西洋画,而是中国的漫画与木刻"②。不仅如此,不少外国学者也是通过中国新兴木刻版画来了解中国抗战历史的,例如美国著名作家赛珍珠作序的中国木刻集 *China in Black and White*,美国《生活》杂志在介绍中国木刻时,定义其为"木刻帮助中国人民进行战斗",可见新兴木刻版画的历史价值。木刻以主角的姿态加入到 20 世纪中国艺术运动的行列之中,中国木刻家们的艺

---

① 高慧琳编著:《群星闪耀延河边:延安文艺座谈会参加者》,北京:人民文学出版社 2012 年版,第 24 页。
② 赖少其:《抗战中的中国绘画》,《刀与笔(创刊号)》,1939 年。

**图 6‑3‑44　《轰炸出云舰》,木刻版画,马达,1938 年**

（图片来源:刘薇、杜滋龄主编:《马达美术作品选集》,
2004 年 11 月）

术创作歌颂了中国人民雄伟悲壮的战斗史迹,正如叶圣陶先生在
《抗战八年木刻选集》序言所言:"我国人民以生命写下历史,而这
本选集就是那历史的缩影。"①

① 叶圣陶:《抗战八年木刻选集》"序",中华全国木刻协会编:《抗战八年木刻选集》,上
海:开明书店 1946 年 9 月初版,1946 年再版,第 6 页。

# 第七章　漫画的战斗职能

漫画具有揭露和讽刺的功能特征，自从诞生之日起便成了重要的宣传武器。在中国人民救亡图存、争取民族解放的道路上发挥了巨大的作用。可以说，中国现代漫画诞生于革命硝烟里，成长于革命斗争的热潮中。在各种为抗战服务的文艺运动中，漫画由于它的群众性、通俗性、宣传性等特点，成为抗战美术运动中最能生动全面反映抗日战争的艺术形式。

## 第一节　抗战中的漫画宣传运动

### 一、抗战漫画运动的内容和形式

#### 1. 漫画团体的建立

1937 年 8 月 13 日，日军进攻上海，上海各界人民积极参加抗战，纷纷组织各类救亡协会支援。上海漫画界此时急需一个有组织的团体来团结漫画家群体。叶浅予、鲁少飞、王敦庆等漫画家筹划组织了"上海漫画界救亡协会"，它是全面抗战爆发后成立的第一个漫画救亡组织，此后全国各地的漫画家纷纷成立了各种漫画团体,其中影响较大的有"四川漫画社(1937 年,成都)、全国漫画作家协会战时工作委员会(1938 年,武汉)、全国漫画作家抗敌协会(1938 年,武汉)、全国漫协华南分会(1938 年,广州)、星火漫木会(1939 年,浙江)、延安鲁迅艺术学院漫画研究会(1939 年,延安)、香港漫画协会( 1939 年,香港)、革艺漫画木刻研究社(1939 年,上海)、一月漫画社(1940 年,福建)、全国漫协桂林分会(1940 年,桂林)等"①。这些漫画社的共同目标是一致的,即以抗战宣传为主旨,如救亡漫画宣传队在成立时明确指出其中心任务是:"一、使各地民众明了抗战救亡的意义;二、鼓动前线将士杀敌情绪;三、唤起并组织各地漫画界,负起同样使命。"②四川漫画社的宗旨是:"鼓舞抗日军民斗志,激励广大群众爱国热情。"③这些漫画社团是抗战漫画运动的组织者和发动者,团体组织的建立使得漫画宣传力量最大程度地集中并达成一致,极大地推动了抗战漫画运动的开展。

2. 漫画出版物的发行

漫画团体形成的同时,漫画刊物和漫画展览应运而生。1937年 9 月,上海漫画界救亡协会创办了《救亡漫画》,它是第一个战时漫画刊物,也是抗战初期全国抗日漫画运动的中心刊物。主编王敦庆在创刊号上发表了有关《漫画战》一文的"代发刊词",号召全国的漫画家"与日寇作一回殊死的漫画战","以争取抗敌救亡最后胜利"④。这既是《救亡漫画》的宗旨,同时也代表了全国漫画家的使命。

---

① 黄书亭:《新闻传播散论》,南京:南京大学出版社 2013 年版,第 207 页。
② 黄茅:《漫画艺术讲话》,上海:商务印书馆 1947 年版,第 36 页。
③ 乐以钧等:《记"四川漫画社"的抗日美术宣传活动》,《抗战文艺研究》1985 年 2 期。
④ 黄远林:《〈救亡漫画〉与〈抗战漫画〉》,《抗战文艺研究》1985 年 2 期。

　　继《救亡漫画》之后，上海、福州、西安、桂林、贵阳、成都等地的漫画家纷纷创办漫画刊物与其呼应。除了漫画刊物外，各大城市的报刊及其副刊也都纷纷刊载抗日漫画作品，如武汉的《新华时报》《武汉日报》《抗战晚报》，广州的《青年画报》《环球日报》《国华报》《公评报》，香港的《星岛日报》，桂林的《救亡日报》，成都的《新民报》《新新新闻》，昆明的《民主周刊》《观察报》，贡庆的《时事新报》《国民公报》《商务报》《新华日报》等等，这些报刊几乎每期都刊登漫画作品，深受读者欢迎，每每有新刊发行，民众都会抢购。报刊与漫画期刊一样，是"漫画战"的重要阵地。漫画家用自己的美术技能参与抗战宣传活动，对敌人进行图像轰炸，对人民寓教于乐。这些作品大多发表在报纸、杂志，有些甚至绘制在墙壁上。

　　也有许多漫画家出版个人作品集，"如丰子恺在抗战期间创作出版的漫画集有《漫画日本侵华史》《抗战漫画集》《漫画阿Q正传》《客窗漫画》《子恺漫画近集》《车厢社会》《画中有一诗》等，特伟的《特伟讽刺画集》《风云集》，黄尧的《漫画贵阳》《漫画重庆》，谢趣生的《新新漫画集》，黄苗子编的《全国漫画杰作选》，鲁少飞编的《抗战连环漫画集》，廖冰兄的《抗战必胜连环画》，余所亚的《投枪》，叶浅予的《逃出香港》《战时重庆》，在港漫画作家的集体作《如此汪精卫》等等"①。这些漫画专集作品揭露日军暴行，鼓励军民团结抗战，生动而幽默地描绘出侵略者的丑态和人间的世态，是漫画作家在抗战期间作品的总结。

<hr />

① 刘椿：《抗战漫画的创作特点和宣传形式、影响与作用》，载中共广东省委党史研究室编，杨汉卿、官丽珍、王国梁主编：《广东与抗日战争》，第507页。

3. 漫画展览的开展

1937年的"九一八"纪念日,救亡漫画宣传队在南京举办"抗战漫画展览会",他们以抗战斗士的姿态接受人民检阅。漫画作品此时突破了只发表于报纸杂志的局限性,而是以展览会的形式直接面向所有人民群众进行现场宣传。宣传对象的广泛化,使得宣传力度和深度大大增强。"从1937年12月至1938年9月,先后举办了漫画或含漫画在内的美术展览会有:抗战漫画展(1937年)、全国儿童抗敌漫画旅行展览(1937年)、抗战美术展览会(1938年)、淞沪抗战影画展览(1937年)、阎松圃抗战漫画展览(1938年)、抗战图画展览会(1938年)、抗战建国纲领漫画展览会等等。在桂林,1937年至1940年,共举办漫画展14次之多,而整个抗战期间,包括漫画作品在内的各类画展近200次。"①在延安,从1939年至

**图 7-1-1 漫画宣传队在进行抗战宣传展览**
(图片来源:《今日中国》第14期第2卷,1940年)

———————————

① 刘寿保:《桂林文化大事记》,第28—148页。

1942 年春的各类美术展览,每次都有大量漫画作品参展,其中影响较大的是 1941 年 8 月 16 日举办的边区美协第一次美展和 1942 年 1 月 4 日的"反侵略画展",展出蔡若虹、胡蛮、张谔、力群、华君武等 10 多人的 100 余幅作品,这两次展览引发了延安美术的批评标准,对日后的延安美术乃至中华人民共和国美术的价值追求、审美标准等都起到了深远影响。

### 4. 漫画运动中心的形成

随着抗日局势的改变,国民党军队在正面战场的失利,共产党抗日敌后根据地的建立,全国形成了三种政治中心:沦陷区、以重庆为中心的国统区、以延安为中心的解放区,以此为区域的漫画运动也发展出不同的情况。

国统区集中了当时中国绝大部分的漫画作家,如张光宇、叶浅予、张乐平、特伟、丰子恺等。漫画团体以"漫画宣传队"为主,依托政治部第三厅展开漫画宣传活动,同时也有众多的青年漫画家,可以说国统区的漫画力量雄厚,是抗战漫画运动的主力军。随着国民政府对抗日态度的变化,国统区的抗战漫画运动呈现出了阶段性的变化:全面抗战初期,国共第二次合作达成,统一战线建立,国民党政府积极抗日,所以对国统区的文化救亡运动采取了支持态度,抗战漫画运动顺利开展。抗战进入相持阶段后,国民党政府采取消极抗日的态度,对抗日民主运动采取镇压甚至迫害的措施,使得各种抗战活动一度消沉。抗战后期,太平洋战争爆发后,全民抗战热情再度高涨,抗战漫画运动在重庆再次掀起巨浪,各类漫画运动开展如火如荼,运动的矛头不但指向日军,也指向了国民党顽固派。

与国统区相比,解放区的漫画人才较少,物质条件差,各类物资短缺,在一定程度上限制了美术事业的发展。但与国统区不同

**图 7－1－2　1940 年,张仃与张光宇、胡考、丁聪、特伟一起去重庆**
(图片来源:艺术中国)

的是,解放区政治环境宽松,生活条件艰苦却相对自由,这为美术工作者提供了良好的创作氛围,美术工作者与军民共同生产生活,艰苦创业,使得解放区的美术力量不断壮大。所以,在全面抗战初期和抗战相持阶段,也有一些漫画家同其他美术工作者一样,加入了解放区的美术创作队伍,例如上海的华君武、蔡若虹、张谔和张仃等人的到来,使得解放区的漫画运动也有所成就。

　　解放区的漫画创作和运动,以 1942 年延安文艺座谈会为节点,呈现出不同的面貌。全面抗战爆发后,解放区的军民就十分重视利用漫画进行抗日宣传,画家李琦曾回忆:"1937 年秋,在我们快到陕北的路上,一些村镇住满了彭副总司令率领的开往抗日前线的八路军。我们每进一村,射入眼睑的首先是满墙的标语、漫画。记得其中一幅是:一个袖口上写着'中国'的大拳头,把小日本打得脚板朝天。"①在解放区的综合性美术展览中,时常有漫画作品参展,如 1942 年 1 月举办"反侵略画展",有华君武、蔡若虹、张谔、张仃的漫画参展,②晋察冀边区美协在 1939 年 1 月、1941 年 7 月所举办的美展有李劫夫、丁里等人的时事漫画参加。③ 由于解放区的许多漫画家来自国统区,起初他们的漫画作品在题材和立意方面,存在较多不良影响,问题集中反映在 1942 年延安举办的华君武、蔡若虹、张谔的三人讽刺画展,"当时他有一些漫画,轰动了延安的干部,后来却受到某些同志的非议"④。受到非议的原因在于漫画的打击面过大。毛泽东曾因此与华君武、蔡若虹、张谔三位漫画家谈过话,指出个别与全局的关系。⑤ 1942 年 5 月,召开了延安文艺座谈会,毛泽东发表了《在延安文艺座谈会上的讲话》,具体地运用马克思列宁主义基本原理来解决中国文艺运动中的根本问题,批评了当时一些文艺工作者在思想和艺术上存在的错误倾向,并且从理论上明确解决了文艺为什么人和如何为的问题,为包括漫画在内的革命文艺运动的发展,指出了明确的方向。《在延安文艺座谈会上的讲话》发表后,漫画家的创作目的和态度都受到了很大影响,将漫画创作的指导思想集中在民族抗日的主流之上,创作了不少优秀的作品。

---

① 王巨才主编:《延安美术家(二)》,《延安文艺档案》(第 47 册),第 628 页。
② 张望:《延安美术活动回顾》,《美术研究》1959 年 4 期。
③ 徐灵:《抗战时期晋察冀敌后美术活动》,《美术研究》1959 年 4 期。
④《抗战图画流动展》,《救亡日报》(桂林),1939 年 4 月 11 日,第 4 版。
⑤ 华君武:《漫画漫话》,北京:中国工人出版社 1999 年版,第 9 页。

**图 7－1－3　漫画宣传队在绘制《漫画旬刊》**

（图片来源：陈维东：《中国漫画史》，北京：现
代出版社 2016 年版）

### 5. 漫画运动形式的多元化

抗战漫画运动开展的形式丰富多样。漫画工作者不但为报纸
刊物提供漫画稿件，还制作巨幅宣传画张贴，或者直接绘制在墙壁
上，并时常配合其他宣传队举办各式的漫画展览会等。

其次，在开展漫画宣传的过程中，漫画工作者还经常协助演讲
队、歌咏队、街头游唱队、街头演剧队等其他文艺宣传团体开展活
动，把展地设在演剧队、歌咏队表演的场所，让群众在观看表演前
后欣赏漫画作品。这种协作的方式加强了彼此的宣传，并起到了
很好的效果。①

其三，漫画创作材料和工具丰富。战时漫画制作的工具，如

---

① 广西博物馆编：《广西博物馆文集》（第 1 辑），南宁：广西人民出版社 2004 年版，第
75 页。

**图 7 - 1 - 4　张乐平在创作大型宣传漫画**

(图片来源:陈维东:《中国漫画史》,北京:现代出版社 2016 年版)

纸、颜料、画笔短缺,但漫画家经过尝试后,发现竹笔、藤笔、猪血、土纸、锅灰、草席、旧衣服被单等生活用品也可以替代,并且容易获得,所以漫画创作的工具材料充足。[①]

其四,创作载体的多样化。漫画作品除了在报刊、宣传画、墙壁等载体上展示,还能在其他物品或场所展示,比如漫画可以用广告牌、商品包装纸、电线杆、西洋镜画片、门神、月份牌、商标等物品的形式创作,只要是能通过图画展现的方式,都可以使用漫画。据当时的报道,抗战漫画已经非常普遍地张贴或刻绘在都市的街道、店户的内壁、公路的沿线、乡镇的墙上,甚至极小的村庄角落等公共场所。[②]

其五,漫画展览形式的灵动性。漫画宣传队伍是一支游击队,抗战漫画展览会一般都采取巡回展出的办法,他们只要带上画笔、

---

① 广西博物馆编:《广西博物馆文集》(第 1 辑),第 75 页。

② 廖冰兄:《急需训练漫木干部》,《救亡日报》(桂林),1939 年 4 月 1 日。

稿纸以及创作好的作品就可以开展宣传活动,甚至只需要一两个人就可以完成一次展览。例如,四川漫画社派社员骑自行车携带展品赴成都周围的县乡流动巡回展出,救亡漫画宣传队也曾派队员张仃和陶今也从武汉携带作品到西安等地巡回展出。漫画展览会对地点和场所也比较随便,农场集市、学校操场、街头巷角、田埂空地等,只要是公开的场所都是理想的展览场所,"一到了好场就依据地形在树干上或草棚的柱子上敲上钉子,用绳子围起一个场子来,然后把漫画按内容依次分类挂起来"①。

**图 7-1-5　农村的漫画宣传展览**

(图片来源:陈维东:《中国漫画史》,北京:现代出版社 2016 年版)

---

① 沈振黄:《战地的墟集画展·小型单页画报》,《木艺》1941 年第 2 期。

## 二、抗战漫画运动的特点和效果

### 1. 抗战漫画运动的特点

漫画通过比喻、夸张、变形等艺术手法表现幽默与讽刺,看似与战争严肃而沉重的主题不相称,却是能够表现"悲喜剧"式的深刻旨意,具有揭露问题的能力,因而可以服务于抗战。

漫画评论家黄茅曾将漫画艺术与小丑表演做类比:"小丑往往穿了奇怪的衣裳把脸孔涂得花花斑斑,编织了一些偶然的故事、动作来引诱人发笑,但是你是不是光笑就完事呢? 不是的,当你笑完之后,你想到这些引诱你哈哈大笑的事情里面去,你就可以发现一种很深刻的意义,小丑的心并不如他的面孔那样在笑,而是很痛苦,不过他把人间的痛苦通过一张笑脸发泄出来。⋯⋯漫画艺术也是如此,带着一副小丑的面具出现,用反面、侧击的方法,把世间的病态讽刺一样,背面却暴露了一个严肃的问题,这样起先笑的人现在不但不笑,却反而来研究这问题的病源和改良的方法了。"①意思是说漫画的创作目的不仅仅是搞笑,而是要揭露问题,使人们从作品中得到启发。所以说,幽默与讽刺是漫画通过图像揭示更深层问题的方式。

以诙谐、滑稽的表现方式来讽刺、嘲笑,进行斗志昂然的抗战宣传以激励军民的斗志,是抗战漫画宣传的一个重要任务。如漫画家张谔1938年创作的《朝死路上走》,漫画中沉重的坦克与瘦弱的平民形成鲜明的对比,揭示了日本发动战争耗费了巨额军费,使得国内民生潦倒,反战情绪激增,得不到国人的支持,预言日本帝

---

① 黄茅:《刺穿人生面幕,剥下社会衣裳・漫画艺术》,《桂林文史资料》(第 30 辑),1995年 9 月。

国主义侵略战争的失败前景。

　　漫画的战斗之矛不仅刺向侵略者,也针对国民党顽固派的消极抗日、压迫民主的反动统治。漫画家廖冰兄 1946 年举办了"猫国春秋"漫画展,主题是揭露当时官僚腐败,国内民主斗争的政治问题。《猫国春秋》(图 7－1－6)刻画了"猫国"里统治者猫与本应是天敌的老鼠相互勾结的现象。画里的猫身着官服、头戴礼帽、手提公文包,神气活现,与本应是敌人的老鼠相互勾结,做尽了罪恶的勾当。廖冰兄运用比喻、拟人、象征的手法塑造荒诞不经的情节,揭露同样荒诞的本质,达到讽刺的效果,从而揭露统治者的腐败与黑暗。

**图 7－1－6　《猫国春秋》(部分),漫画,廖冰兄,1945 年**

(图片来源:陈天白编:《救亡美术——中国抗日战争美术作品精选集》,南京:江苏凤凰美术出版社 2015 年版)

　　漫画的"漫"字含有"漫不经心""没有限制"的意思,其本身并不具有目的性,然而抗战漫画运动的主旨是展开文化救亡运动,具有鲜明的针对性。救亡漫画宣传队在成立之初就明确指出其目的是："使各地民众明了抗战救亡的意义；鼓动前线将士杀敌情绪；唤起并组织各地漫画界,负起同样使命。"①"全国漫画作家协会战时工作委员会"的宗旨是团结和组织全国漫画作家以及各地漫画社团"进行抗日漫画宣传"。漫画社团是漫画运动的组织者和领导者,其宗旨明确了漫画运动的目标,如1937年9月18日,救亡漫画宣传队在南京大华电影院举办的"抗敌漫画展"《献词》中写道："抗敌救亡是一件至高无上的工作,也是每一个国民的天职,为了争取国家民族的独立和永存,为了保持东方古国数千年以来的正义和壮(庄)严,我们义无反顾的(地)忍受着一切的艰难辛苦而工作,以唤起全国国民,激发一切救亡力量。我们是漫画笔者,所以表现的,就是色彩与线条,请诸位来看我们的画,就是我们工作的具体表现。"②抗战漫画运动鲜明的目的性具体表现在漫画作品中,如揭露日军和汉奸的罪行,反映团结斗争的军民,树立抗战必胜的信心。也有一些漫画的主题不是反映抗战的,如丰子恺的《车厢社会》画集、廖冰兄的《猫国春秋》、谢趣生的《鬼趣图》、张光宇的《西游漫记》等,这些漫画以比喻的手法反映当时社会产生的各种问题,似乎与抗战的主题无关,但这些社会问题与抗日战争的大背景是有着直接或间接联系的,仍然可以视作服务抗战的优秀作品。因此,从社团的宗旨、开展的活动以及作品三方面,可以看出抗战漫画运动的鲜明目的性。

　　漫画家在开展抗战宣传运动过程中,始终保持着坚强的战斗性,这种战斗性不仅体现在漫画家个人创作行为和意识的传达之上,也体现在漫画作品所树立起的典型形象之上。

---

① 许志浩:《中国美术社团漫录》,上海:上海书画出版社1994年版,第84页。
② 林恩:《抗战以来的中国漫画运动》,《中苏文化》第9卷第1期,1941年。

全国漫画作家协会战时工作委员会制定的战时工作五项"戒条"中,其中有一条就是"不做汉奸",表明了坚定的民族立场。有的漫画家曾向全国同行表示:"万一紧急,我们参加游击持久战,要拿出真心来决心不屈服逃避。"①救亡漫画宣传队在1941年"皖南事变"后,便遭到经费和政治压迫的双重困难,直到1942年被迫解散,队员们虽然各谋出路,但仍克服困难继续坚持战斗。当然,抗战漫画运动的战斗性直接体现在漫画作品上,漫画家们撷取现实斗争中的某些瞬间,抓住一个点创作作品,并广泛传播,使得"抗"和"战"的特征被迅速、有力、广泛地发挥到极致。抗战漫画"都是射向日寇的炮弹"②,漫画家们从作品到活动所体现出来的战斗性,都是抗战漫画的斗争日志。

2. 抗战漫画运动的效果

正像各类抗战漫画团体宣扬的宗旨一样,抗战漫画取得了极为优秀的成绩。观众对这种富有娱乐性的美术宣传方式,表现出极大的热情和兴趣,从众多报刊报道可知,战时漫画展览随处可见,极为寻常,漫画宣传队举办街头画展时,"虽然头顶上有日寇飞机的嗡嗡声,他们(观众)仍然全神贯注地看画"③。在重庆举办漫画展览时,"观众如潮,其中有从沙坪坝步行几十里进城来观看的,也有排着长龙的各界群众"④。当漫画作品"在一个乡村的角落里——茶寮、酒店、圩集或学校附近——突然出现的时候,当许多画报雪片似的在一个群众的会场里散发着的时候,大家都会争先

---

① 毕克官:《抗日漫画》,《美术史论》1995年第3—4期。
② 廖仲宣:《谢趣生的抗战漫画》,《抗战文艺研究》1987年2期。
③ 宣文杰:《抗日战争时期的漫画宣传队》,《美术》1974年6期。
④ 禾子:《抗战时期重庆美术活动掠影》,《文史杂志》1997年4期。

恐后的来看它,来要它"①。人们之所以喜爱这些漫画,原因在于内容和形式的和谐统一。在内容上,"漫画家们以最大的勇气集中火力对准当时的黑暗统治和在这种腐化的政治制度下必然出现的社会问题,或者说是指出这些不合理的社会问题之所以形成的政治原因",②对现实的揭露能够引起群众的共鸣;在形式上,以连续的有趣情节、夸张的表现方法引起人们的兴趣,快速激发人们的阅读欲,进而在品味漫画故事的情节中深入思考、获得启示,最大限度发挥传播力,起到教育、鼓舞、宣传、组织群众的良好作用。

**图 7‐1‐7　在乡村举办的流动漫画展**

(图片来源:陈维东:《中国漫画史》,北京:现代出版社 2016年版)

---

① 沈振黄:《战地的好集画展·小型单页画报》,《木艺》第 2 期。
② 黄蒙田:《回忆"猫国春秋"漫画展》,载潘嘉俊、梁江编:《我看冰兄》,广州:岭南美术出版社 1992 年版,第 507 页。

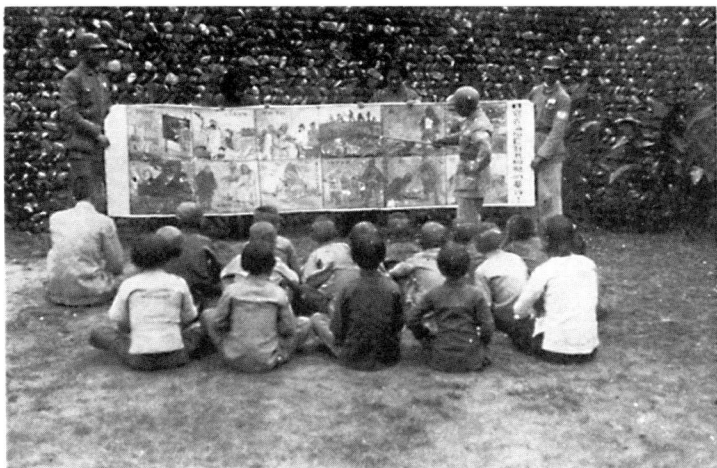

**图 7－1－8 给孩子们讲解漫画**

（图片来源：陈维东：《中国漫画史》，北京：现代出版社 2016 年版）

从作品的方面来说，漫画作品在动员群众方面起到了树立模范的作用，不少漫画家创作出的人物，成了人民学习的典型人物，例如 1938 年出版的《晋察冀画报》刊载了连环漫画《李铁牛》，"李铁牛"是以一个先进人物为原型创作的形象，"李铁牛"成为模范战士的代名词，深受广大战士欢迎，许多连队出现了诸如"李铁牛指导员""李铁牛战士"等模仿和学习的对象。在对外宣传方面，漫画家们制作了许多招降的宣传单，散发到战场和战区，配有中、日文解说，如鲁少飞、叶繁制作的《请把枪举起来走过来》《我长官欢迎你》《别井离家痛苦吧！》《中日大众联合起来打倒日本军阀》《日本军阀是中日大众的敌人》等，这些漫画传单从内容上来看是对日军侵略行为的讨伐，宣传优待战俘的政策，并对日本士兵背井离乡、妻离子散表示同情。据江有生回忆，解放区的美术工作者通过武工队，把漫画木刻等宣传品投到敌占区，甚至用弓箭把漫画木刻宣传品射到敌人碉堡里，或贴到敌人的炮楼上、城墙上、火车上，送到敌人营地里,"收到了瓦解敌人的效果"①。郭沫若也在《洪波曲》一书中提到"(漫画宣传队)印刷了无数的标语、传单、六种色彩的通行证"②,并记述有一次从一个日本俘虏身上搜出了这种"通行证"。可见,抗战漫画宣传活动在对内鼓舞士气、对外瓦解敌军士气上的双面作用。

## 第二节 漫画家群体的抗战力量

### 一、漫画家及代表作

**图 7 - 2 - 1 蔡若虹**

(图片来源:蔡若虹:《昨日的花朵:蔡若虹漫画集》,北京:西苑出版社 2003 年版)

"九一八"事变后,日本的侵略脚步紧逼,民族危机日益严重,抗日救亡成为全国人民的普遍要求。在这种情况下,漫画家们出于强烈的社会责任感,拿起画笔作武器,一方面反映人民水深火热的苦难,另一方面发出抗日救亡的高亢呼声。

1. 表现抗日救亡的漫画

表现抗日救亡的漫画分为两类,一类是直接反映抗日救亡运动情况的作品,如《学生救亡运动一幕》《一二·九》等,另一类通过揭露侵略者罪行、抨击汉奸卖国贼等形式,发出抗争的

---

① 江有生:《在抗日的战斗中》,《美术》1965 年 4 期。
② 宣文杰:《抗日战争时期的漫画宣传队》,《美术》1974 年 6 期。

呼声。

　　《学生救亡运动一幕》（图７－２－２），作者是蔡若虹（1910—2002），原名蔡雍，笔名雷萌、张再学，江西九江人。1930 年 9 月入上海美专西画系学习，1932 年 1 月毕业于上海美专西画系，同年加入上海参加左翼美术家联盟。20 世纪 30 年代与张谔、黄士英等主编《漫画生活》杂志，开始漫画创作。1939 年到达延安，在"鲁艺"任教并创作漫画。1941 年冬与华君武、张谔举办"三人讽刺画展"。

**图 7－2－2　《学生救亡运动一幕》，漫画，蔡若虹，1935 年**

（图片来源：中国现代美术全集编辑委员会编：《中国现代美术全集·漫画卷》，天津：天津人民美术出版社 1998 年版）

**图 7 - 2 - 3　华君武**

（图片来源：华君武：《华君武集》，石家庄：河北教育出版社2003年版）

1942年冬任延安"鲁艺"美术系主任，后任北平《解放三日刊》《晋察冀日报》《人民日报》美术编辑。[1]《学生救亡运动一幕》原载1935年出版的《大众生活》第1卷6期。1935年，国民党政府先后与日军秘密签订了《秦土协定》和《何梅协定》，日军还蠢蠢欲动，准备策动汉奸进行"华北五省自治运动"，成立"冀东防共自治政府"，而国民党政府不顾人民的反对呼声仍坚持卖国投降政策，对群众爱国活动进行镇压。作品描绘了当时学生爱国运动的斗争场面：如潮的青年挥舞着拳头，高举着"反对华北成立防共自治委员会""反对秘密外交"等标语，与手持长枪、刺刀和水枪的反动军警展开了面对面的激烈斗争的场面。

《一二·九》（图7-2-4），作者华君武（1915—2010年），原籍江苏无锡，生于浙江杭州。1933年，华君武赴上海求学，入大同大学附属高中。并开始在《时代漫画》《独立漫画》《申报》等报刊杂志上投稿。1936年选为第一届全国漫画展览筹备委员。上海沦陷后，他于1938年8月离开上海，辗转香港、广州、长沙、汉口、重庆、成都、西安等地，于1938年11月到达延安，在漫画的民族化与大众化方面进行了不懈的探索，并取得了令人瞩目的成就。1940年加

---

[1] 马海平：《上海美专名人传略》，南京：南京大学出版社2012年版，第277页。

入中国共产党，在"鲁艺"文艺干部班教授绘画理论。中华人民共和国成立后任中国文联委员、中国美术家协会副主席，并成为中国漫画界的"掌门人"。[①]《一二·九》是反映"一二·九"运动大场面的漫画，刊于 1935 年 1 月 15 日出版的《独立漫画》(张光宇主编)第 8 期上。这幅作品体现了华君武早期漫画对大场景的塑造特色，整个画面人物众多，很有感染力，是当时华君武漫画中很有代表性的一幅。

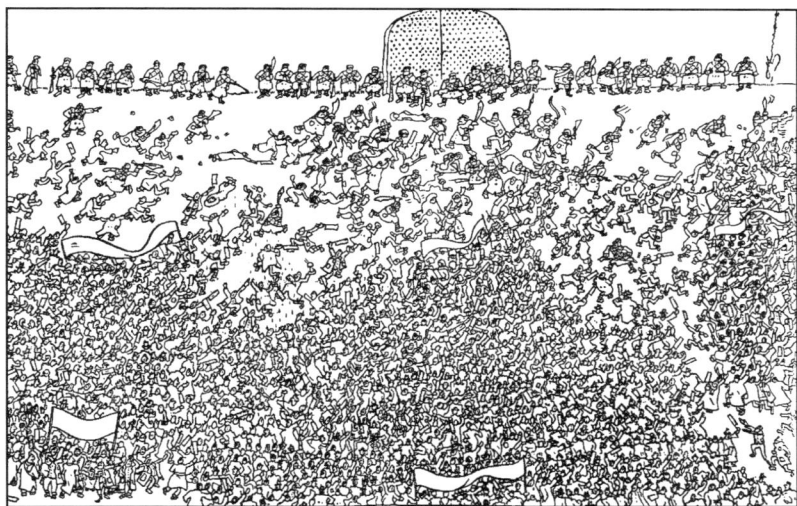

图 7 - 2 - 4　《一二·九》，漫画，华君武，1935 年

(图片来源：中国现代美术全集编辑委员会编：《中国现代美术全集·漫画卷》，天津：天津人民美术出版社 1998 年版)

　　20 世纪 30 年代，张乐平在《时代漫画》《独立漫画》上发表自己的作品。张乐平(1910—1992 年)，浙江嘉兴市海盐人，毕生从事漫

---

① 高慧琳：《群星闪耀延河边　延安文艺座谈会参加者》，北京：人民文学出版社 2012 年版，第 100 页。

**图 7-2-5　张乐平**
（图片来源：张乐平故居）

画创作。1927 年，在家乡反对军阀迎接北伐军宣传队作画。[1] 1932 年"一·二八"事变时，正在上海三友实业社广告部当绘图员的张乐平，目睹了日本侵略者给中国人民带来的灾难，从此将主要精力投入漫画创作。《社会日报》《时代漫画》《时代画报》《新闻报》《新闻夜报》《现象漫画》《漫画界》《立报》等数十种上海的报章杂志上都刊登有张乐平的漫画作品。1935 年，张乐平笔下的"三毛"在上海诞生，很快便跻身当时最热的漫画之列，"三毛"也成了漫画明星之一，张乐平被称为"三毛之父"。1935 年"一二·九"运动时，张乐平发表了谴责政府当局对内残酷镇压、对外闻风而逃的漫画，如此旗帜鲜明，在当时上海报章杂志的漫画中绝无仅有。抗战开始后他参加了漫画宣传队并任副领队，在南京、武汉开展抗战漫画工作，在《抗战漫画》上发表了《杀鸡儆猴图》《候敌深入，一鼓歼灭》《惟有军民合作，才能消灭敌人》《自取灭亡》《敌军个个怕死》《侵略运动》等作品。除此以外，还陆续发表了多幅宣传抗日的三毛漫画，如《三毛的大刀》《三毛的爸爸》《从敌人枪刺下逃出的三毛》等。《候敌深入，一鼓歼灭》（图 7-2-6）是张乐平抗战时期的另一幅代表作。这幅作品原刊于《抗战漫画》1938 年第 9 期封面，作品以恰当的比喻和象征手法，并发了连环漫画的艺术特长，将与日军作战的战略战术思想表达得准确而生动有趣，也可以说，做到了作品的思想性与艺术性的完美结合。

———————————

[1] 张乐平纪念馆编：《百年乐平》，上海：上海社会科学出版社 2010 年版，第 1 页。

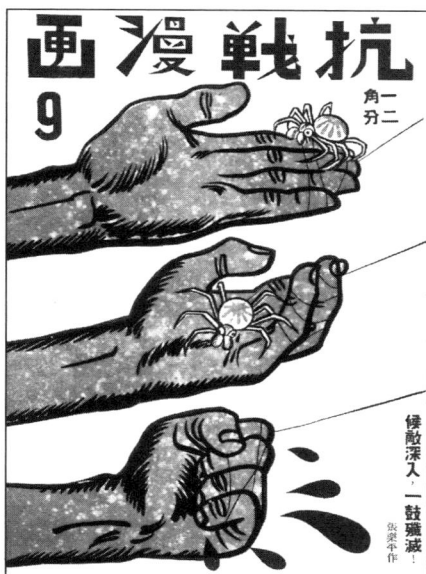

**图 7 - 2 - 6 《候敌深入，一鼓歼灭》，漫画，张乐平，1938 年**

（图片来源：中国现代美术全集编辑委员会编：《中国现代美术全集·漫画卷》，天津：天津人民美术出版社 1998 年版，第 361 页）

《历史的循环》（图 7 - 2 - 8），作者万籁鸣（1900—1997 年），名嘉综，字籁鸣，南京人。1918 年入上海美术图画院函授部学习，1919 年入上海商务印书馆，曾任商务印书馆《良友》画报美术编辑，后在活动影片部任职。20 世纪 20 年代初开始试制电影动画片，1925 年与弟弟万古蟾摄制动画广告《舒振东华文打字机》，成为中国动画片之雏形。1926 年加入长城画片公司。① 1935 年主编《现象漫画》，

**图 7 - 2 - 7 万籁鸣**

（图片来源：马海平：《图说上海美专》，南京：南京大学出版社 2012 年版）

---

① 马海平：《上海美专名人传略》，南京：南京大学出版社 2012 年版，第 361 页。

1936 年被推定为首届全国漫画展览会筹备委员，并以《家庭的负累》一画参展。此时期的重要漫画作品还有《历史的循环》（图 7 - 2 - 8）、《流亡》《墨索里尼之准备》《大地的彷徨》等。其作品形式、技法多种多样，富于装饰趣味，颇具个人风格特色。《历史的循环》原载《独立漫画》1935 年第 3 期。这是一件以浅浮雕贴在画面上拍摄而成的漫画，副题为《二千年前罗马的战士又活跃于黑人区》，作品借古讽今，揭露当时意大利法西斯对弱小的阿比西尼亚（即今埃塞俄比亚）的武装侵略，同时又以外喻内，以意大利侵略阿比西尼亚影射日本对中国的侵略野心。

**图 7 - 2 - 8　《历史的循环》，漫画，万籁鸣，1935 年**

（图片来源：中国现代美术全集编辑委员会编：《中国现代美术全集·漫画卷》，天津：天津人民美术出版社 1998 年版）

《天冕之王塞拉西来华访友》(图
7‑2‑10)是一幅照片剪贴漫画,作者
王敦庆,原刊于 1936 年 9 月出版的
《时代漫画》"社会讽刺漫画专号"上。
王敦庆(1899—1990 年),笔名王一
榴,浙江嘉兴人。1923 年毕业于上海
圣约翰大学文学系。他活跃于 20 世
纪二三十年代,参与了上海漫画会的
创建、第一届中国漫画展览的筹备,并
曾加入过"左联"。1937 年"八一三"
抗战爆发后,他和鲁少飞主编发行《救
亡画报》,这是上海出版界有史以来第
一张纯粹的漫画小报。从 1945 年直

图 7‑2‑9　王敦庆

(图片来源:陈维东:《中国漫
画史》,北京:现代出版社 2016
年版)

到 1962 年退休,一直在上海民立中学任教。①《无冕之王塞拉西来
华访友》采用了"照片剪贴"的方式,②原照片是一张蒋介石与抗日
将领冯玉祥在庐山的合影,在王敦庆的制作下,将蒋介石的头换成
了阿比西尼亚(今埃塞俄比亚)反抗意大利侵略的爱国皇帝塞拉西
的头,在作者看来,只有这样的领袖才有资格与中国的抗日将领冯
玉祥在一起合影。这幅画既表达了对保护国土、反对侵略者的领
袖们的赞扬,也是对蒋介石消极抗日的斥责。因此,王敦庆和《时
代漫画》也因为这张作品被反动当局判定犯有"侮辱领袖"罪。③

---

① 庸非:《中国当代漫画家辞典》,杭州:浙江人民出版社 1997 年版,第 261 页。

② 按:"照片剪贴"是漫画的一种表现形式,其构思是漫画式的,通常也都包括在"漫画"
之内。

③ 黄远林:《百年漫画:1898—1999 中国漫画点评》(上卷),北京:现代出版社 2004 年
版,第 156 页。

**图 7－2－10 《无冕之王塞拉西来华访友》，照片剪贴漫画，王敦庆，1936 年**

（图片来源：中国现代美术全集编辑委员会编：《中国现代美术全集・漫画卷》，天津：天津人民美术出版社 1998 年版）

《把中国的富源戽出去》（图 7－2－11），作者陈依范（1908—1997 年），祖籍广东中山，生出于"千里达"（现名"特立尼达"）群岛。自幼受英国教育。他的父亲陈友仁①曾任孙中山外事秘书和国民政府外交部部长。1927 年，19 岁的陈依范应父亲陈友仁要求回国，在武汉《人民论坛报》（英文版）工作，此时创作过一些揭露背叛

① 原名尤金・爱康穆（Eugene Acham，1878—1944 年），1911 年后回国，取名陈友仁（Eugene Chen），从事报纸评论和出版。1926 年 3 月出任外交部长。1927 年初，政府迁往武汉，他趁着群众的反帝浪潮，以灵活的外交手段，不动一刀一枪，和平收回汉口和九江的英国租地，扬名海内外。

孙中山理想和政策的政客和军阀的漫
画。① 1927 年 10 月赴苏联学习美术，
1930 年毕业于莫斯科高等工艺学院。
1936 秋再次来到上海，他的作品参加
了在上海举办的第一届全国漫画展。
此时他的重要漫画有《献给民族解放
斗争的战士》《炸药愈放愈近了》《把中
国的富源戽出去》等。抗日战争期间，
他在伦敦街头卖画，筹款支援祖国人
民抗日。1938 年，他以新闻记者身份

**图 7－2－11　陈依范**
（图片来源：中山漫画博物馆）

赴延安采访毛泽东等中共领导人。在《把中国的富源戽出去》（图
7－2－12）中，一个肥硕的日本军人正端着刺刀，逼迫瘦弱的中国
农民，把代表"华北富源"的水，抽"向日本去"，通过水车抽水的比
喻，一针见血地揭露了日本准备扩大侵略战争的动机。

**图 7－2－12　《把中国的富源戽出去》，漫画，陈依范，1936 年**
（图片来源：中国现代美术全集编辑委员会编：《中国现代美术全集·漫画
卷》，天津：天津人民美术出版社 1998 年版）

① 黄元：《陈依范与中国现代艺术国际巡展（1937—1939）》（上），《文艺理论与批评》，
2020 年 1 月。

**图 7 - 2 - 13　孙之俊**

（图片来源：笑写沧桑——民
国时期漫画家孙之俊作品展）

《无题》（图 7 - 2 - 14），作者孙之俊（1907—1966 年），原名孙信，又名付基、特哥，河北藁城人。1926 年考入北平国立艺专西画系，在校期间与冯翰、雷奎元（雷圭元）、宗维赓、童漪珊等一起创办了"北平漫画社"，与李苦禅、赵望云等当时具有革新思想的画坛友人成立了"中西画会—吼虹社"，开始发表作品。1928 年 5 月 3 日，山东济南发生了惨绝人寰的"五三惨案"，孙之俊与王君异、王石之、蒋汉澄、宋维赓等活跃在北平的青年漫画家"取国耻之日为名"，于 1928 年 5 月 27 日成立"五三漫画社"，并出版《五三漫画集》，以漫画为武器，对日军的暴行、政府当局的软弱无能和社会的涣散麻木进行了无情揭露和讽刺，很快成为当时北方最负盛名的漫画团体之一。1936 年在上海举办首届全国漫画展，孙之俊被推定为筹备委员，他参展的三件作品是《今朝有酒今朝醉》《大上海小市民的黄昏》和《分植》。1937 年"七七事变"前夕，孙之俊作为负责人，在北平中山公园举办了北京历史上第一次漫画展，在当时起到了鼓舞群众、宣传抗日、打击日军和汉奸的作用。[①] 孙之俊创作过两幅反映"五三惨案"的漫画，一幅是《无题》，一幅是《五三》。在《无题》中，象征日本侵略军的一把板斧狠狠砸在被捆绑的山东大汉头上，而其他省的官僚却视而不见，溜之大吉。《五三》则更为直接地反映了"五三惨案"，在该幅作品中，象征日本侵略者的沉重铁

---

① 孙燕华：《为了记住的纪念——孙之俊纪念文集》，北京：学苑出版社 2012 年版，第 138 页。

链,紧紧地勒着一个蜷伏在地上的"五三",很有鼓动性,它既揭示了日本侵略的危机和日本军队的残暴,又显示了救亡的紧急与迫切。

图 7‑2‑14　《无题》,漫画,孙之俊,1928 年

（图片来源:毕克官、黄远林:《中国漫画史》,

北京:文化艺术出版社 2006 年版）

2. 号召人民奋起抗争

《收复失土》(图 7‑2‑16),作者张仃(1917—2010 年),生于辽宁,1932 年考入北华私立美术专科学校中国画系,11 月在校长张恨水支持下,与同学荆林、陈执中组成"CCC战地宣传队",赴山海关东北军驻地请愿,宣传抗日,不久即投身于抗日漫画的创作。1934 年,学校二周年校庆,张仃展出揭露日军暴行和社会黑暗的漫画 30 幅,其中一幅以杜

图 7‑2‑15　张仃

（图片来源:张仃百年诞辰纪念展）

甫的《有吏夜捉人》为题,引起媒体关注,同年 4 月,被国民党宪兵逮捕,判处 3 年徒刑。后因年幼,改送苏州反省院。1935 年返回北

平后,不断向上海的漫画杂志投稿,与同学周维善、张振仕在北平
艺文中学举办"三人漫画联展"。1936 年开始职业漫画家生涯,他
的漫画笔锋一直指向革命的敌人,在《上海漫画》《泼克》《时代漫
画》《扶轮日报》等报刊上发表大量漫画作品。1938 年秋到延安,
1939 年至 1940 年在鲁迅艺术学院美术系任教,同时从事漫画、年

**图 7 - 2 - 16　《收复失土》,漫画,张仃,1937 年**

(图片来源:中国现代美术全集编辑委员会编:《中国现代美
术全集·漫画卷》,天津:天津人民美术出版社 1998 年版)

画和宣传画创作。1949年后到北京，担任中央美术学院教授。[①]
1937年发表于《救亡漫画》上的作品《收复失土》，画中的抗日军人一
手握枪，一手高举大刀，两腿横跨长城内外，背景是当时已陷入日军
之手而战火四起的东北。作品描绘抗日军人雄伟的形象，表达出无
数流亡的东北同胞收复失土的愿望。

　　《来吧！我们把头颅作炸弹》（图
7-2-18），这幅作品原载1938年
《抗战漫画》创刊号上，作者黄伟强
（1918—2008年），广东东莞人，20世
纪30年代即从事漫画创作，在日本
投降至解放前夕，他是广州最有影响
的漫画家之一。曾任广州《国华报》
总编辑。他的长篇连环漫画《茂叔》
曾出版单行本。《来吧！我们把头颅
作炸弹》描绘了一位身强体壮的国民
革命者，面对渺小的日军，取下自己
头颅作炸弹，决心与日军进行一场殊

图7-2-17　黄伟强

（图片来源：陈维东：《中国漫画史》，北京：现代出版社2016年版）

死的战斗，国军强壮的体魄与持枪的渺小日军形成强烈对比，充
分表达了中国军民誓死不做亡国奴，以及与日军血战到底的坚定
信念。黄伟强的漫画极具艺术性，他充分运用夸张与变形的表现
手法，塑造极强的视觉张力以突出漫画主题。

---

① 李兆忠：《张仃年谱》（上），《书屋》2017年第8期。

**图 7‑2‑18 《来吧！我们把头颅作炸弹》,漫画,黄伟强, 1938 年**

(图片来源:中国现代美术全集编辑委员会编:《中国现代美术全集·漫画卷》,天津:天津人民美术出版社 1998 年版)

　　"梁氏三兄弟"是国民党军中三位从事美术宣传工作的画家梁鼎铭、梁中铭、梁又铭。他们主要从事油画战史画创作,如梁鼎铭的《沙基血迹图》《惠州战迹图》和梁又铭的《中国空军抗战史画》等,同时也进行漫画创作。他们三人往往被称为"蒋介石政府的御用画家",美术史上很少提及。在兄弟三人中,以梁中铭的抗战漫画创作成就最高。

　　梁中铭(1906—1982 年),字协武,广东顺德人。幼时在上海随兄梁鼎铭习画,1927 年入广州黄埔军校,在政治部《入伍生》画报供

职。1932 年在南京任军委会政训处中校艺术股长,主编以漫画为
主的《革命军人报》。他在 20 世纪 20 年代已开始漫画创作,其作品
如 1929 年的《他们都是到中国去的》,1931 年的《在日本卵翼下的
东北伪组织》《富士山的白雪快淹没双十碑了》《马占山孤军抗日》
等,还有社会生活漫画《灾情与赈款》《卫生饭馆》以及肖像漫画《吴
铁城》等。梁中铭一生最辉煌的时期,就是在抗战时期主编《阵中
画报》的时期,这份面向军队宣传的漫画刊物,发表了梁中铭大量
抗战题材的漫画,如《保卫大武汉》《歼灭蹂躏我们民族的日军》等,
他还出版过漫画专集《抗战》。他的抗日漫画代表作《我们不怕鲸
吞! 我们只怕蚕食!》(图 7 - 2 - 19),刊于救亡漫画宣传队 1938 年
2 月 1 日在武汉编辑出版的《抗战漫画》第 3 期上,形象地展示出日
军侵略中国的"蚕食"政策。

图 7 - 2 - 19 《我们不怕鲸吞! 我们只怕蚕食!》,漫画,梁中铭,1938 年

(图片来源:中国现代美术全集编辑委员会编:《中国现代美术全集·漫画卷》,天津:天津人民美术出版社 1998 年版)

3. 直接表现中国人民抗日的作品

《游击战、迂回战、运动战,使暴敌手足失措》(图 7 - 2 - 20),此
画原载 1938 年 5 月 16 日出版的《抗战漫画》第 10 期,作者刘元
(1914—1998 年),江苏南京人。1929 年入上海美专西洋画系学
习,曾与沈逸千、陶谋基等人组织"黑猫漫画社",同时为沪、宁等地

报刊创作漫画。1936年，刘元积极参加了叶浅予和田汉组织的"救亡画展"及话剧的演出。1936年以揭露日军侵略罪行的《我们的南京》参加首届全国漫画展。1937年南京失陷后，先后在武汉、桂林《阵中画报》（梁中铭主编）和广西艺术馆工作。1945年在重庆举办"黔桂道上"个人画展。中华人民共和国成立后执教于南京晓庄师范。① 作品描绘了日军遭到抗日正规军和游击队的多面攻击的情

**图7-2-20　《游击战、迂回战、运动战，使暴敌手足失措》，漫画，刘元，1938年**

（图片来源：中国现代美术全集编辑委员会编：《中国现代美术全集·漫画卷》，天津：天津人民美术出版社1998年版）

---

① 庸非：《中国当代漫画家辞典》，第277页。

景，反映国共合作下，中国军民运用游击战、迂回战、运动战等灵活机动的战略战术，给日军多重打击，显示了人民战争的巨大威力。

梁白波（1911—1960 年或 1970 年之间），广东中山人。曾就读于上海新华艺术专科学校和西湖艺术专科学校西画系，参与"决澜社"的画展。曾参加进步学生运动，在上海南京路上举行的飞行集会上散发传单。为"左联五烈士"之一的诗人殷夫的诗集《孩儿塔》画过插画。她原以"BOMB"（英语"炸弹"）为笔名。1935 年初从海外回到上海，在时代图书公司与叶浅予相识，两人一见钟情。此后不久开始在《立报》头版发表长篇连环漫画《蜜蜂小姐》，塑造了蜜蜂小姐这一时髦女郎

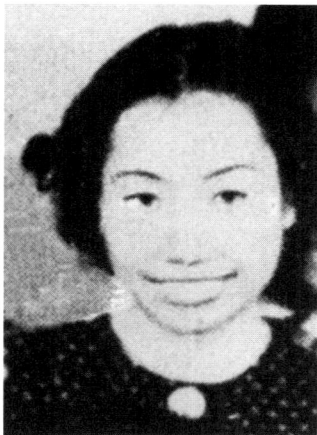

图 7 - 2 - 21　梁白波
（图片来源：张耀宁、郑化改主编：《中国百年新闻经典·漫画卷》，北京：人民出版社 2016 年版）

形象，展现了时代女性世界，受到广泛的欢迎，是中华人民共和国成立之前唯一的女漫画家，梁白波本人也被当时的舆论评价为中国漫画界"第一才女"，她身后也获得了极高的评价。梁白波是"救亡漫画宣传队"唯一的女队员，作品经常发表在《救亡漫画》《抗战漫画》上。梁白波的作品极具女性特点，她经常以女性的角度进行漫画创作，她在抗日战争时期的主要作品，包括《站在日军前面的巨人——游击队》《新的长城》《妇女参战》《可怕的援手活动在全民抗战的壁垒上》《到军队的厨房里去（又名军队的好后勤）》、《军民合作，抵御暴敌》《跑出厨房，走出闺房，去负杀敌的重任》等，主要发表在漫宣队主办的《抗战漫画》上。《站在日军前面的巨人——游击队》（图7－2－22）是梁白波的代表作，发表在 1938 年 2 月 1 日

出版的《抗战漫画》第 3 期上。画面生动描写了游击队员高大的背面形象,他两手紧握长枪,占据了画面的中心位置,面对偷偷爬进中国土地的日军,守卫着身后的国土。画面上的游击队员只是一个背面形象,但人物的服装和气质的刻画很有特征,线条圆润、饱满带有装饰性,粗黑的线条增强了游击队员威武的力量感。虽为女性,但作者的用笔和饱满构图表现出十分的力度。

**图 7 - 2 - 22　《站在日军前面的巨人——游击队》,漫画,梁白波,1938 年**

(图片来源:张耀宁、郑化改主编:《中国百年新闻经典·漫画卷》,北京:人民出版社 2016 年版)

4. 表现日军侵略暴行及其失败命运的作品

《兽行》(图7-2-23),作者张仃。此画是1938年1月《抗战漫画》半月刊创刊号的封底。作品揭露日本侵略军强奸并杀害中国妇女的恶行,其丑恶的嘴脸会激起每一个中国人民的仇恨之心。

图7-2-23　《兽行》,漫画,张仃,1938年

(图片来源:中国现代美术全集编辑委员会编:
《中国现代美术全集·漫画卷》,天津:天津人民美术
出版社1998年版)

《欲壑难填》(图7-2-24),这幅作品是抗日战争初期张仃在武汉活动期间创作的,为国际宣传处赴苏联展览的45幅布画漫画之一。这幅作品原刊发于1938年第3期《抗战漫画》上。作品将日本帝国主义的侵略野心暴露得很充分,画面形象鲜明突出,用线造型装饰味道浓厚。

图 7-2-24 《欲壑难填》,漫画,张仃,1938 年
（图片来源：张耀宁、郑化改主编：《中国百年新闻经典·漫画卷》,北京：人民出版社 2016 年版）

谢趣生（1906—1959 年）,四川盐亭县人。20 世纪 20 年代在国立成都师范大学艺术系学习美术,30 年代初开始漫画和中国画创作。1937 年"七七事变"爆发后在成都任《新新新闻》的"每周漫画"编辑,与张漾兮、梁正宇、苗然、车辐、洪毅然等 17 人成立"四川漫画社"。该社在成都的各大报纸上发表了大量抗日救亡漫画。1938 年 1 月在成都春熙路青年会举行规模空前的"救亡漫画展览会",共展出 160 幅作品,内容有打击日军的,有讽刺汉奸的,有揭露发国难财的,有反法西斯主义的,还有歌颂抗日军民的。其中谢趣生的《全民总动员》,描绘了工农兵商各界人士怒发冲冠,浩浩荡

荡奔赴抗日前线的场景，宏伟壮观。该展出结束后，又到双流、乐山等地巡回展出，在青年学生中获得了很大宣传效果。回成都后，谢趣生看到战争难民儿童的凄惨生活，便在成都祠堂街举办了一次"谢趣生漫画展览会"，义卖全部作品，又邀约四川漫画社的同志，在春熙路青年会楼上举行一次画展，义卖作品，所得义款用来购买布匹，捐给难童。① 1942 年 1 月谢趣生出版《新新漫画集》，内容有"国际风云""上流社会"等，揭露日本侵略者和汉奸的罪恶，并鞭挞了地方上的贪官污吏。谢趣生在抗日战争期间即创作国内题材的漫画，又创作了一些国际题材的漫画。作品《某年某月某日：XX 县人民打狗》和《如此审判》可以明显看出谢趣生漫画的战斗性艺术风格。作于太平洋战争爆发前夕的《美日邦交之透视》，准确地反映了太平洋战争前美日两国的关系，而《滥兄滥弟》则对希特勒、墨索里尼、东条英机的失败下场做了生动的描绘。作品《向"胜利之途"迈进的日军阀》(图 7－2－25)是一幅喻意"侵华战争"的大

**图 7－2－25　《向"胜利之途"迈进的日军阀》，漫画，谢趣生，1942 年**

(图片来源：毕克官、黄远林：《中国漫画史》，北京：文化艺术出版社 2006 年版)

---

① 中国人民政治协商会议四川省盐亭县委员会编：《盐亭文史资料选辑》(第 3 辑)，四川省盐亭县委员会文史资料委员会 1986 年印，第 11 页。

石磨,一针见血地揭示了日军蒙蔽本国人民,发动侵华战争的本质,表达侵略者违背历史规律,终将失败的下场。

**图 7 - 2 - 26　叶浅予**
(图片来源:海龙:
《传奇人物叶浅予的纽约岁月》)

《日本近卫首相剖腹之期不远矣》(图 7 - 2 - 27),作者叶浅予(1907—1995 年),原名叶纶绮,笔名初萌、性天等,浙江桐庐人。少时喜爱书画及民间美术和戏剧艺术,1922 年入杭州盐务中学,开始学习西画。1925 年因家贫辍学,翌年被上海三友实业社录取为绘图员,开始学习漫画创作。不久,北伐军进驻上海,叶浅予入伍,在海军政治部从事漫画宣传工作。同年秋,与丁悚①、张光宇等人组织成立我国最早的漫画团体"漫画会"。1928 年《上海漫画》创刊,叶浅予为主要编者和作者之一。此时在该刊上发表的长篇连环漫画《王先生》为其早期代表作品,1936 年为南京《朝报》作《小陈留京外史》,作为《王先生》的续篇,为后来我国连环画创作提供了宝贵经验并有着深远的影响。他还长于大型漫画创作(如《战时重庆》《天堂记》等)和漫画速写。全面抗战爆发后,他发起成立"中华全国漫画界救亡协会",担任救亡漫画宣传队队长,兼任上海《救亡漫画》编委,成为全国抗日漫画活动的指挥员。《日本近卫首相剖腹之期不远矣》原刊于 1937 年 10 月 20 日出版的《救亡漫画》,是叶浅予抗战时期的代表作,寓示日本帝国主义将自取灭亡的结果。

---

① 丁悚(1891—1969 年),字慕琴,浙江嘉善人,中国漫画界开拓者之一。1913 年 9 月至 1922 年 9 月任上海图画美术学院教务长、西洋画教员。上海美术专科学校创始人之一。1924 年,和黄文农、张光宇、叶浅予、王敦庆等发起成立"漫画会",丁悚之子著名漫画家丁聪也是先入上海美术专科学校西洋画系学习,后在上海美术专科学校绘画研究所西画组继续深造。

图 7‑2‑27　《日本近卫首相剖腹之期不远矣》，
漫画，叶浅予，1937 年

（图片来源：张耀宁、郑化改主编：《中国百年新闻经
典·漫画卷》，北京：人民出版社 2016 年版）

《失败的堆积》（图 7‑2‑29）这幅
漫画的作者是廖冰兄。廖冰兄（1915—
2006 年），原名东生，祖籍广西象州，生
于广州。1932 年初中毕业后，开始在广
州报纸发表反日本侵略漫画。1936 年
发起组织"广州大众漫画会"。全面抗
战爆发后，22 岁的廖冰兄辞去了在香
港的稳定工作回到内地参加抗战。他
阅读了共产党抗战宣传品，特别是毛泽
东的《论持久战》，画了 100 多幅宣传抗

图 7‑2‑28　廖冰兄

（图片来源：欧宝静：《廖冰兄：
漫画是形象的史论》，雅昌艺术网）

**图 7‑2‑29 《失败的堆积》,漫画,廖冰兄,1938 年**

（图片来源:陈天白编:《救亡美术——中国抗日战争美术作品
精选集》,南京:江苏凤凰美术出版社 2015 年版）

战的漫画,于 1938 年初在广州举行了"廖冰兄抗战连环漫画展",同
年 2 月,他携带这些作品到武汉举行漫画展并参加了漫宣队。此后,
他在各种刊物发表了大量宣传抗战的作品,可惜原作和印刷品都已
经难以找到了。1938 年,他在武汉参加漫画宣传队,同年在广州举办

抗战连环漫画个展。1939年任广西地方建设干部学校宣传画教师，并任《漫画与木刻》月刊编辑。1945年开始创作连环漫画《猫国春秋》，1946年在重庆首次展出。1947年在香港加入人间画会，并在《华侨晚报》连载连环漫画《梦里乾坤》。① 这幅漫画之所以能保存下来，或许是因为黄茅在抗战期间所著《漫画艺术讲话》一书中收有此画的缘故。黄茅在这本书中还就这组作品谈道："在《失败的堆积》里，主要的就是写日军的失败，失败堆积起来，就造成自己的末日。以破炮为失败的代表，自第一幅开始增加，到第四幅结束了自己。作者在这里夸张了许多东西，日本军阀背着破炮，破炮造形（型）的图案化，第四幅日本军阀吊在旗杆上，这些都是经过夸张的。但是这些超现实的夸张画出来后，我们所得到的感觉是很舒服的，并无不合理之处。这原因很简单，读者意会其讽刺作用超出于去根究物体的布置是否合理。其实夸张是人类的本性，不但作者有这种方法，就是看画者也有这种心理。"②

《搁浅》（图7-2-30），作者特伟（1915—2020年），本名盛松，广东中山人，出生于上海的一个富庶家庭，特伟自幼痴迷文艺，喜爱看连环画，之后对连环画中的形象进行临摹。1928年，因家道中落，初二的特伟从上海尚贤中学辍学，自学绘画。之后，他凭借该技术到广告画社当了学徒，以此养家糊口，并将漫画向报社投稿。抗日战争爆发后，与叶浅予、张乐平等8人成立了救亡漫画宣传队，并在上海漫画界救亡协会出版漫画刊物《救亡漫画》。1940年年初，特伟率领漫画宣传队从桂林转战重庆，出版漫画刊物《抗战漫画》。1941年，由重庆至香港，参与组织新美术会，1941年和

① 甘险峰：《中国漫画史》，济南：山东画报出版社2008年版，第158页。
② 黄茅：《漫画艺术讲话》，第82页。

图 7－2－30　《搁浅》,漫画,特伟,1941 年

（图片来源:张耀宁、郑化改主编:《中国百年新闻经典·漫画卷》,北京:
人民出版社 2016 年版）

1942 年他在香港出版了两本漫画选集,即《特伟讽刺画集》和《风云集》,是他在抗战期间的代表作品。① 太平洋战争爆发后,在桂林、重庆等地参与举办画展《香港的受难》。1944 年,他在云南参加了抗敌演剧第五队。这幅《搁浅》便出自这本《特伟讽刺画集》。作品形象地表明日军的军舰在中国军民的"持久战"和"全面战"的双重打击下搁浅了,以比喻和象征手法揭示了抗战形势发展的情况,揭示日军侵略计划的失败,这幅作品形象得让人们了解和认识当时的战争形势,以鼓舞人们争取抗战最后胜利的信心。

《首挫其锋》(图 7 - 2 - 32),作者汪子美(1913—2002 年),山东临沂人,幼年随父学画,1931 年在天津美术馆进修,1933 年在上海从事漫画创作,1935 年 6 月毕业于上海美专图案系,1938 年在桂林参加《阵中画报》工作。抗战期间在成都、雅安等地举办过《幻想曲》《天方夜谭》讽刺画展。② 汪子美的漫画以讽刺贪官污吏和社会畸形现象见长。抗战期间他以辛辣无比的讽刺手法刻画了日军的侵略暴行,讴歌中华民族的英勇抗战精神。创作于 1937 年的《首挫其锋》刻画了全副武装的日军妄图实现"三天占领上海""三个月

**图 7 - 2 - 31　汪子美**
(图片来源:马海平:《上海美专名人传略》,南京:南京大学出版社 2012 年版)

灭亡中国"的侵略野心,而另一边的中国军人狠狠地用枪托砸在日军

---

① 黄远林:《百年漫画:1898—1999 中国漫画点评》,北京:现代出版社 2000 年版,第 240 页。

② 马海平:《上海美专名人传略》,南京:南京大学出版社 2012 年版,第 351 页。

的钢盔上给其以迎头痛击,粉碎了侵略者的狂妄野心。作品在当时真实地反映和赞颂了中国军队奋起抗击日军的英勇作战,使日军遭到"首挫"的沉重打击,宣告日军速战速决战术的破产。同类题材的还有1937年的《合力歼敌》、1938年的《瓮中捉鳖》等作品。

图7-2-32　《首挫其锋》,漫画,汪子美,1937年

（图片来源:张耀宁、郑化改主编:《中国百年新闻经典·漫画卷》,北京:人民出版社2016年版）

图7-2-33　张光宇

（图片来源:艺术中国）

### 5. 讽刺汉奸的作品

丰子恺在他编辑的《漫文漫画·防止汉奸》一文中说:"汉奸如此之多是轻视对大众进行防奸宣传,大众无组织的结果……防奸最有效的方法是开展大众运动,加强宣传活动……"①大概正是认识到防止汉奸的需要,1938年2月16日,《抗战漫画》第4期出版了"汉奸专号",在以《锄奸》为题的按语中指出:"我

---

① 甘险峰:《中国漫画史》,第158页。

们要打倒日本帝国主义，便要同时积极加紧我们的锄奸工作，汉奸一天不肃清，我们的抗敌工作便一天不能顺利进行。"①

《打气》(图7－2－34)，作者张光宇(1900—1964年)，江苏无锡人。从小随张聿光学习绘画，协助张聿光在上海新舞台画布景。1919年进入上海生生美术公司，担任《世界画报》的助理编辑。1921年至1925年在南洋兄弟烟草公司广告部任绘图员，1926年在上海模范工厂做美术工作。1927年至1933年在英美烟草公司广告部美术室任绘图员，在此期间与友人合办东方美术印刷公司，出版《上海漫画》，组织漫画会。1934年与人合组时代图书公司，出版《时代画报》《时代漫画》《时代电影》《论语》《万象》5种刊物。②张光宇是早期中国漫画的代表人物之一，他先后参加"上海漫画会""全国漫画作家协会"和"人间画会"等美术社团的活动。《打气》一画中，汪精卫被描绘成一个气球，被日军用气筒打气，罩在汪精卫这个大气球下的是他的狐群狗党，表达了对汪伪国民政府的讽刺。

**图7－2－34　《打气》，漫画，张光宇，1939年**

(图片来源：毕克官、黄远林：《中国漫画史》，
北京：文化艺术出版社2006年版)

---

① 《抗战漫画》第4期，1938年2月16日。
② 王伯敏主编：《中国美术通史》(第7卷)，济南：山东教育出版社1996年版，第280页。

**图 7-2-35　邹雅**

（图片来源：百度百科）

《卵翼下之高调》（图 7-2-36）原载于《抗战漫画》1938 年第 4 期"汉奸专号"，作者是邹雅。邹雅（1916—1974 年），原名亚明又名大雅，别署"老木匠"。江苏省无锡人。著名版画家，出版家。《卵翼下之高调》画面上凶恶的日军一手执枪，一手握刀，张口吼叫，气焰嚣张。作品形象地告诉人们日军是如何利用汉奸达到侵略目的的，汉奸是如何对日军屈膝投降的，揭露其罪恶关系和嘴脸。

**图 7-2-36　《卵翼下之高调》，漫画，邹雅，1938 年**

（图片来源：华君武主编《中国现代美术全集·漫画卷》，天津：天津人民美术出版社 1998 年版）

《赤日炎炎如火烧》（图 7 - 2 -
38），作者朱金楼。朱金楼（1913—
1992 年），上海人。擅长油画、美术理
论。早年毕业于上海美术专科学校。
1935 年，他创办了《中国漫画》月刊，
后又与顾逢昌先生合办《电影漫画》月
刊。抗战爆发后曾任《救亡漫画》编
委，在广西、武汉、重庆等地绘制抗日
宣传画，在军中任美术干事、美术训练
班教员、美术宣传队队长等职。在重
庆期间，他积极参与"国立音专"青年

**图 7 - 2 - 37　朱金楼**

（图片来源：杨桦林编：《朱金楼绘画作品集》，北京：中国美术学院出版社 2019 年版）

组织、"山歌社"等社团活动。① 漫画《赤日炎炎如火烧》描绘了炎炎
夏日，远处的农夫正在耕作，后方的一座建筑"中山陵"象征首都南
京，近处三个"公子王孙"打扮的人物逍遥自在地挥扇取乐，扇子上印
有日本富士山的形象。漫画左上角题诗："赤日炎炎如火烧，田中禾
稻半枯焦，农夫心中急如焚，公子王孙把扇摇。"漫画表达的是日本帝
国主义对中国的侵略，已是"赤日炎炎如火烧"，使得中国"田中禾稻
半枯焦，农夫心中急如焚"，而南京的亲日派汉奸们则在水上过着逍
遥自在的生活。三个"公子王孙"用戏曲脸谱的形象表现不同的人物
性格，比喻亲日派的汉奸嘴脸，似各有依据。作品创作目的在于警示
中华民族内外的危机。

《帝国主义与汉奸》（图 7 - 2 - 39），作者张谔（1910—1995 年），
江苏宿迁县（今宿迁市）人，1931 年毕业于上海美术专科学校西画
系。1930 年参加南国社，并组织"时代漫画社"。1932 年参加中国

---

① 童塞玲：《朱金楼先生的艺术人生》，《美术观察》2015 年第 9 期。

**图 7－2－38　《赤日炎炎如火烧》,漫画,朱金楼,1936 年**

（图片来源:张耀宁、郑化改主编:《中国百年新闻经典·漫画卷》,北京:人民出版社 2016 年版）

左翼美术家联盟,任执行委员。1933 年至 1935 年任《中华月报》画刊美编,与蔡若虹、黄士英等主编《漫画生活》杂志。1937 年在广州筹办《星粤日报》并任美编,主编广东省漫画界抗敌协会主办的《漫画战线》。1938 年至 1940 年,任武汉、重庆《新华日报》美术科主任。1940 年受命从八路军西安办事处护送一批进步青年赴延安,先后在延安中央出版发行部、《解放日报》工作。1941 年冬,与华君武、

**图 7 - 2 - 39　《帝国主义与汉奸》,漫画,张谔,1936 年**

（图片来源:张耀宁、郑化改主编:《中国百年新闻经典·漫画卷》,
北京:人民出版社 2016 年版）

蔡若虹举办"三人讽刺画展"。① 张谔在抗战时期主要创作国际政治漫画，大体可分为两部分：一是揭露德国、意大利帝国主义侵略阴谋，特别是德国法西斯对苏联的侵略，如《孪生兄弟》《和平招牌》等；二是揭露日本帝国主义对中国的侵略，如《帝国主义与汉奸》《读书死》等。②《帝国主义与汉奸》原载《生活漫画》1936 年第 3 期，画面上的日军和汉奸身子连在一起，暗示其勾结一体的内在，日军手提一把滴血的大刀，上面写有"提携""亲善"字样，暗示日军在汉奸

图 7 - 2 - 40　张谔

（图片来源：封嘉延：《拓垦者——张谔革命艺术生涯》，北京：水利水电出版社 2014 年版）

面前的伪善形象，作品揭露了汉奸卖国求荣、依附于日本的行为，以及日本通过汉奸达到渗透和侵略中国的目的。此外，张谔的抗战漫画作品还有《一样的主子，一样的声音》《强盗的故事》《敌人不得不要求投降》《朝死路上走》《老子天下第六》等。

　　《标准奴才》（图 7 - 2 - 41），作者为廖冰兄。原载《群星报》，后参加 1936 年第一届全国漫画展览会，这幅作品曾被美国《亚细亚》杂志发表，在国外也产生了比较大的影响。廖冰兄在抗日战争时期的漫画代表作还有《抗战必胜连环图》《筑起我们新的长城》《他又占领一块地方了》《日本猪猡吸血图》《游击战士》《从以时间换取空间到以空间换取时间》等。

---

① 王伯敏、华夏、葛路等：《中国美术通史》（第 7 卷），济南：山东教育出版社 1996 年版，第 298—299 页。

② 甘险峰：《中国漫画史》，第 126 页。

**图 7 - 2 - 41　《标准奴才》，漫画，廖冰兄，1936 年**

（图片来源：华君武主编：《中国现代美术全集·漫画卷》，天津：天津人民美术出版社 1998 年版）

　　张文元（1910—1992 年），江苏太仓人，曾在太仓艺徒学堂半工半读，1935 年开始在上海《时代漫画》等刊物发表漫画，1936 年参加第一届全国漫画展，1937 年在上海与沈逸千、俞创硕举办"三人抗敌画展"。抗战初期任武汉《抗战画刊》编辑，并在政治部第三厅艺术处从事漫画宣传工作，为全国漫画作家协会战时工作委员会 15 名委员之一。1945 年与叶浅予、张光宇等人在重

**图 7 - 2 - 42　张文元**

（图片来源：文元阁微信公众号）

庆举办"八人漫画联展"。抗战胜利后回上海,为报刊创作揭露国
民党黑暗统治的漫画。1947 年到香港参加"人间画会"。① 他在抗
日战争时期的代表作是《傀儡政权组织系统图》和《日本军阀之末
日》。《傀儡政权组织系统图》(图 7 - 2 - 43)发表在 1938 年 2 月 16
日出版的《抗战漫画》第 4 期"汉奸专号"上,作品把傀儡政权的组
织形式以金字塔结构表现,让读者对傀儡政府的组织构架一目了
然,其中人物有二十几个之多,人物形象各不相同,极富代表性,显
示出作者高超的造型能力和表现能力。

图 7 - 2 - 43　《傀儡政权组织系统图》,漫画,张文元,1938 年

（图片来源:张耀宁、郑化改主编:《中国百年新闻经典·漫画
卷》,北京:人民出版社 2016 年版）

① 庸非:《中国当代漫画家辞典》,第 311 页。

《狐假虎威》（图 7 - 2 - 45），作者黄苗子
（1913—2012 年），本名黄祖耀，广东中山
人。生于书香门第，在香港接受小学、中学
教育。1929 年，16 岁的黄苗子创作漫画
《魔》参加香港学生绘画比赛获得好评，并被
推荐到《上海漫画》发表。1932 年来到上
海，以"黄苗子"为笔名，在叶浅予等人主办
的漫画杂志《时代》上投稿，后在《良友》作编
辑，结识了漫画家叶浅予、华君武、丁聪、张
乐平等人，1934 年担任《小说半月刊》编辑

**图 7 - 2 - 44　黄苗子**
（图片来源：雅昌艺
术网）

**图 7 - 2 - 45　《狐假虎威》，漫画，黄苗子，1936 年**

（图片来源：张耀宁、郑化改主编：《中国百年新闻经典·漫
画卷》，北京：人民出版社 2016 年版）

并从事漫画创作。1936 年与鲁少飞、叶浅予、张光宇、张正宇、王
敦庆等人发起并举办第一届全国漫画展，并任筹备委员，他参展
的三件作品为《速写盛公木像》《香港略图》和《街头》。1938 年任
全国漫画作家协会战时工作委员会委员，1941 年在重庆任中央
秘书处秘书长办公室总干事。经常往返于香港、重庆之间，协助
抗战文化活动，并用笔展开抗战宣传。《狐假虎威》作于 1936 年，
画上的老虎额头上有太阳标记，比喻日本帝国主义，此时已经占
领东北的这只老虎，正跨过长城，把魔爪伸入山海关，比喻日本这
只老虎正向华北、华中加紧武装侵略，"虎"后面跟着的"狐"是指
汉奸亲日派，右下角还有一个惊恐的百姓形象。这幅漫画以黑为
底，以白为物，黑白对比强烈，有中国剪纸艺术的风格，极富特色。

　　6. 表现前线、后方人民的痛苦生活

　　表现前线、后方人民的痛苦生活是抗战漫画的另一个重要内
容，作品数量非常多。《现象图》(图 7 - 2 - 46)，作者丁聪(1916—
2009 年)，字一怡，上海金山人，中国漫画界开拓者丁悚之子。丁聪
先入上海美术专科学校西洋画系学习，1935 年 9 月后在上海美术
专科学校绘画研究所西画组继续深造。自 20 世纪 30 年代初开始
发表漫画，在上海、香港等地编辑《良友》《大地》《今日中国》等画
报。"抗日战争时期，辗转于香港及西南大后方，从事画报编辑、舞
台美术设计、艺专教员和抗战宣传画绘制等工作。"①丁聪同时还参
加过多次漫画展，创作了《阿 Q 正传插图》《现象图》等，1944 年参
加中国民主同盟。1945 年后在上海主编《清明》文艺杂志。1945
年至 1947 年在上海发表过不少较有影响的以"争民主"为题材的
讽刺画。《现象图》是丁聪的代表作之一，1944 年末完成于四川成

---

① 马海平:《上海美专名人传略》，南京:南京大学出版社 2012 年版，第 292 页。

**图 7 - 2 - 46　《现象图》，漫画，丁聪，1944 年**

（图片来源：华君武主编：《中国现代美术全集·漫画卷》，天津：天津人民美术出版社 1998 年版）

都。当时正是抗战后期，人民正处于水深火热中，而贪官和奸商靠着国难财过着纸醉金迷的生活。作品描绘了 30 多个人物，反映了形形色色的社会人物，如乞讨的难民、遭到冷遇的抗战伤兵、穷苦的知识分子，同时揭露了社会的黑暗腐败现象，如剥削抗战物资的官吏、携妓女出行的老板、倒卖物资的奸商等，将在生存线上挣扎的百姓和贪赃枉法之徒塑于一画，以漫画揭露和讽刺的特点勾画出抗战后期现实

**图 7 - 2 - 47　丁聪**

（图片来源：人民网）

生活的典型场景。从绘画层面来看，丁聪有着熟练的西画功底，人物从造型塑造到色彩表现，相较于同时期的其他漫画作品，可以说相当精美。当时叶圣陶观后题《踏莎行》词给予高度评价："现象如斯，人间何世！两峰'鬼趣'从新制。莫言嬉笑入丹青，须知中有伤心涕。无耻荒淫，有为惕厉，并存此土殊根蒂。愿君更画半边儿，笔端佳气如初霁！"①这幅长卷在大后方展出，轰动一时，也使反动当局恨之入骨。中外多家杂志报纸竞相转载，一时间《现象图》蜚声中外。

**图7-2-48　丰子恺**

（图片来源：丰一吟、丰陈宝、丰宛音：《丰子恺传》，杭州：浙江人民出版社1983年版）

丰子恺在抗日战争期间也创作了大量反映现实的漫画作品。丰子恺（1898—1975年），原名丰润、丰仁，浙江崇德（今桐乡）人。1919年7月毕业于浙江省第一师范学校，1921年春东渡日本学习绘画、音乐和外语，并对漫画产生极大兴趣。因学费用尽，他于年底归国，1922年先后在上海、浙江、重庆等地从事美术和音乐教学，并陆续于杂志发表漫画作品。② 丰子恺是中国漫画史上最重要的人物之一，他在抗战时期的不少漫画作品是"记战乱之实况"的，也有不少作品浪漫又抒情，与抗战时期"力之美"的审美视觉大相径庭，却别有一番风味，不但表达了他反对侵略战争、希望和平的强烈愿望，也通过一些微

① 叶智善、叶至美、叶志诚编：《叶圣陶集》（第8卷），南京：江苏教育出版社1989年版，第202页。

② 盛兴军：《丰子恺年谱》，青岛：青岛出版社2005年版，第99—131页。

小的事物、情景表达人世间的美好和希望。如《轰炸·广州所见》《小主人的腿》《谁言争战地，春色渺难寻》《警报作媒人》等。《小主人的腿》（图 7-2-49）描绘了一条狗口衔一名孩童的断腿，鲜血淋淋，触目惊心，背景是三枚正在轰炸的炮弹，孩童显然已经遇难，表现了在敌军轰炸背景下苦难的人民，而《警报作媒人》（图 7-3-50）中两名男女相坐山间，唯美的背景相称，表达了在被烽火摧残的人世间，仍然有美丽的希望和点点的光彩闪动。

图 7-2-49　《小主人的腿》，漫画，丰子恺

（图片来源：雅昌艺术网）

**图 7‑2‑50　《警报作媒人》,漫画,丰子恺**

(图片来源:雅昌艺术网)

　　《野有饿莩》(图 7‑2‑51),作者张仃,原载 1937 年《时代漫画》"社会动态漫画专号"作封面,副标题为"蜀中风景"。作品着重对人物外形特征进行夸张刻画,并且运用正面构图、鲜艳的对比色等艺术表现手法,使得作品极具装饰性,风格鲜明。

**图 7 - 2 - 51　《野有饿莩》，漫画，张仃，1937 年**

（图片来源：华君武主编：《中国现代美术全集·
漫画卷》，天津：天津人民美术出版社 1998 年版）

　　《大旱望云霓图》（图 7 - 2 - 52），作者胡考（1912—1994 年），浙
江余姚人。1928 年入上海新华艺术专科学校，受《上海漫画》的影
响，爱上了漫画。20 世纪 30 年代在上海，常在《时代漫画》《独立漫
画》《万象》等刊物上发表作品，并主编漫画刊物《旁观者》。1936 年
为首届全国漫画展览会筹备委员，并以《五十年前的春色》《汪精
卫》《战》等 5 件作品参展。抗战爆发后，任《救亡漫画》编委，参加
救亡漫画宣传队。1938 年在武汉为全国漫画作家协会战时工作委
员会 15 名委员之一，在《新华日报》任美术编辑后，每天发表一幅
漫画，揭露希特勒、墨索里尼和日本法西斯及汉奸的罪行，产生了

**图 7 - 2 - 53　胡考**

（图片来源：中央美术学院编：《中央美术学院建院 80 周年纪念（1918—1998）》，中央美术学院，1998 年）

很好的宣传效果。1938 年下半年到延安，在"鲁艺"美术系任教，后曾任《苏北画报》社社长。曾在《抗战漫画》发《关于漫画大众化》一文，在漫画界发起讨论美术"大众化"问题。《大旱望云霓图》是一幅炭笔素描漫画，刊于 1937 年 6 月号《时代漫画》上，此画有一副题"四川灾况"。"大旱望云霓"，盼望老天降甘霖，反映的也是四川灾民水深火热的处境。另外，胡考的《抗战歌谣》是一组以诗画配合形式出现的漫画组画，原载《抗战漫画》1938 年第 5 期上，内容是描绘抗战时期前后方军民的生活，具有高度的概括力和强

**图 7 - 2 - 52　《大旱望云霓图》，漫画，胡考，1937 年**

（图片来源：华君武主编：《中国现代美术全集·漫画》，天津：天津人民美术出版社 1998 年版）

大的表现力,装饰味极强的漫画作品与乡土味极浓的民间歌谣相互配合、相得益彰,可以看作其漫画大众化的体现。

　　《我们唯一的期望于此的收成》(图7-2-55),作者陆志庠(1910—1992年),上海川沙人。1926年毕业于苏州美术专科学校,1928年开始在《上海漫画》上发表作品,尤长于速写漫画。20世纪30年代协助叶浅予编《时代画报》,并经常在该刊上发表反映社会下层人民生活的漫画或速写。1936年任第一届全国漫画展览会筹备委员,并以《劳苦大众》《不能生活的生活》参展。抗战初期任《救亡漫画》编委,并参加了救亡漫画宣传队,重要作品有

**图7-2-54　陆志庠**

（图片来源：张耀宁、郑化改主编：《中国百年新闻经典·漫画卷》，北京：人民出版社2016年版）

《开赴陆志庠〈不能生活的生活〉前线》《青纱帐里活跃的东北义勇军》等。1938年为全国漫画作家协会战时工作委员会15名委员之一。①《我们唯一的期望于此的收成》原载1934年第9期《时代漫画》。画面中农田干裂,庄家都枯死了,一个骨瘦如柴的老农妇跪在干裂的田里,双手合十,向上天祈祷着能够降雨。这个走投无路的妇女,在当时唤起了很多读者的共鸣。值得一提的是,作品运用了照片与绘画合成的表现方法,其背景是一幅真实的照片,妇人的形象使用木刻版画的黑白与线条的表现方式,这样处理既发挥了照片真实反映客观景物的特长,又发挥了漫画的概括作用,产生了蒙太奇的艺术效果。

---

① 庸非：《中国当代漫画家辞典》,第75页。

**图 7 - 2 - 55　《我们唯一的期望于此的收成》, 漫画, 陆志庠,
1934 年**

（图片来源：华君武主编：《中国现代美术全集·漫画》, 天津：天津人
民美术出版社 1998 年版）

　　《皮嗒泥啖》（图 7－2－56），作者蔡若虹，原载 1935 年《漫画生活》，以上下两幅对比的方式，揭露了当时贫富悬殊的社会现实。两种极端的生活状况具有强烈的对比效果。

**图 7－2－56　《皮嗒泥啖》，漫画，蔡若虹，1935 年**
（图片来源：华君武主编《中国现代美术全集·漫画卷》，天津：天津人民美术出版社 1998 年版）

　　《他的俘虏》（图 7－2－57），作者陈浩雄，《救亡漫画》编辑委员会成员之一。作品表现了 20 世纪 30 年代中国农村的阶级压迫和贫富悬殊。30 年代由于频频的灾荒，农民的生存状态引起了不少漫画家的注意。画面上，瘦骨嶙峋、衣不蔽体的农夫们在耕作干硬的土地、割稻、拖拉柴车,而在城堡高墙中的地主正挥舞鞭子驱使他们,地主手中捧的、口袋里装的是美女,身下是他剥削农民而获得的洋楼、汽车等财富。作品采用了漫画中集中揭示的手法,将现实生活中的丑恶景象通过高度集中的表现形式展现出来,揭露了地主对农民进行的残酷压榨,以引起读者的关注和同情。这件作品是同类题材中较具代表性的一幅。

**图 7-2-57 《他的俘虏》,漫画,陈浩雄,1930 年**

(图片来源:华君武主编:《中国现代美术全集·漫画卷》,天津:天津人民美术出版社 1998 年版)

《"武运"岂能长久》(图 7-2-58),作者沈同衡(1914—2002年),笔名石东,江苏省宝山县(今上海市宝山区)人,1937 年毕业于上海新华艺术专科学校西画系。他的漫画创作从 1938 年在国民

政府军事委员会政治部第三厅艺术处从事抗
日漫画宣传工作开始，一直延续到抗日战争
胜利。1945 年与张光宇、叶浅予等人在重庆
举办很有影响的"八人漫画联展"。沈同衡抗
战时期的代表作有《"武运"岂能长久》《加冕
图》《谒陵图》等。①《"武运"岂能长久》表现了
日本家庭因战争失去亲人的悲惨境况，说明了
战争不仅使被侵略国的人民家破人亡，也使侵
略国的百姓面临沉重灾难，战争是中、日两国人
民百姓的共同敌人。

**图 7 - 2 - 59　沈同衡**

（图片来源：张耀宁、郑化改主编：《中国百年新闻经典·漫画卷》，北京：人民出版社2016 年版）

**图 7 - 2 - 58　《"武运"岂能长久》，漫画，沈同衡，1938 年**

（图片来源：华君武主编：《中国现代美术全集·漫画卷》，天津：天津人民美术出版社 1998 年版）

---

① 庸非：《中国当代漫画家辞典》，第 77 页。

7. 揭露国民党腐朽统治，为民主呼号

抗战后期，木刻版画和漫画等进步美术运动受到国民党当局的限制和压迫，战时的各种黑暗社会现象也更加猖狂。漫画家们在极其困难的条件下仍积极创作，通过举办漫画展览揭露国民党统治下的社会黑暗，如叶浅予、丁聪等人的"八人漫画联展"，叶浅予的"战时重庆"漫画展和张光宇的"西游漫记"、廖冰兄的"猫国春秋"等专题展览。对国民党反动派的消极抗战也有所揭露。

抗战后期，美术界人士聚集于重庆，由于国民党当局严密的书刊检查，漫画刊物已无法生存，而漫画展览则十分活跃。1943 年 3 月 24 日至 29 日在重庆中苏文化协会举办的叶浅予《战时重庆》漫画展，便是其中之一。《战时重庆》(图 7 - 2 - 60) 共 100 多幅，1940 年作于重庆，后被叶浅予带去香港。太平洋战争爆发后，叶浅予逃离香港返回重庆的途中，曾在衡阳、贵阳巡展过。这套漫画对抗战后期重庆的城市和农村社会不同阶层人民的不同生活百态做了真实的描绘，有大发国难财的奸商，有穷苦的家庭，有各种小商小贩、人力车夫，有文人雅士等，形形色色的人物形象，从中可以看出百姓战时生活的辛酸和不易。

《西游漫记》(图 7 - 2 - 61)是张光宇 1945 年在重庆创作的一套大型彩色连环漫画。作品分为 10 章，每章 6 幅，共 60 幅。每幅画都配有幽默、含蓄的文字说明，进一步提高了作品的通俗性和艺术感染力。这套漫画借用《西游记》的主要人物和情节进行改编，以"同人漫画"的形式，比喻了国民党反动派的黑暗统治，揭露和讽刺了其统治下的社会阴暗面。漫画取材于魔幻故事并且改编的情节看似荒诞不经，但反映的是现实社会的现实现象，情节光怪陆离，十分荒诞，但是揭露的正是现实社会中发生着的荒唐和黑暗，可以说是一部魔幻现实主义的优秀漫画作品。《西游漫记》在重庆、成都和香港相继展出，产生了极大的社会影响。

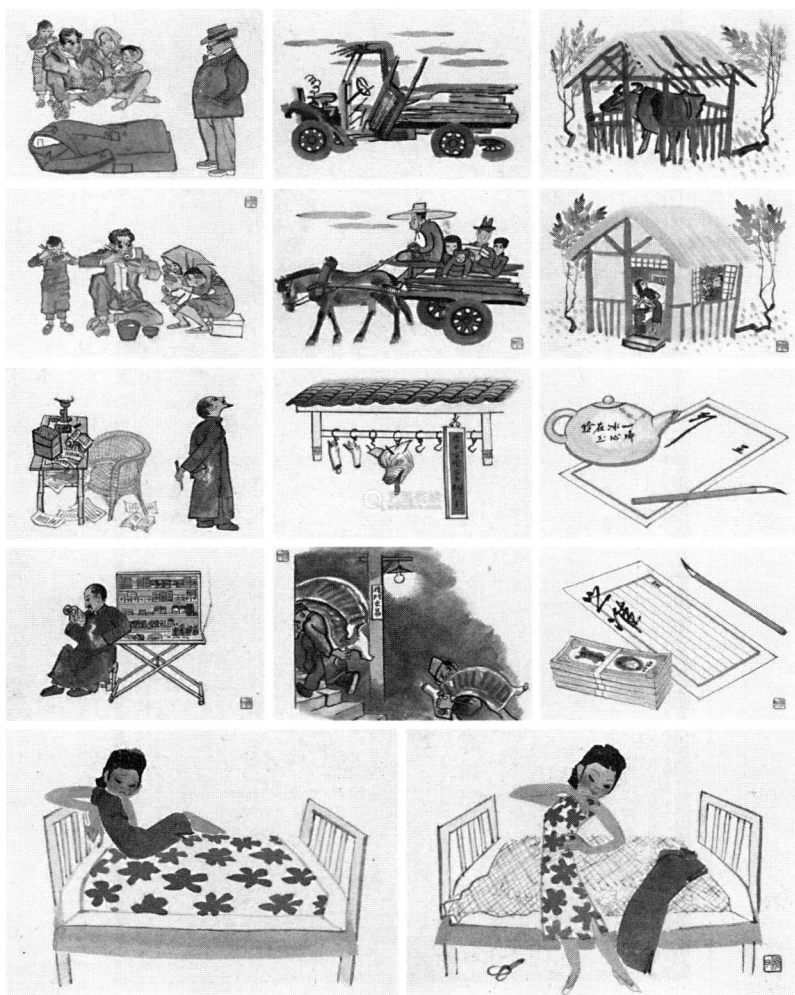

**图 7-2-60 《战时重庆》(部分),漫画,叶浅予,1940 年代**

(图片来源:华君武主编:《中国现代美术全集·漫画卷》,天津:天津人民美术出版社 1998 年版)

**图 7‑2‑61　《西游漫记》(部分)，漫画，张光宇，1945 年**

(图片来源：华君武主编：《中国现代美术全集·漫画卷》，天津：天津人民美术出版社 1998 年版)

## 二、漫画团体、活动及出版物

### 1. 团体

随着漫画事业在全国迅速发展的形势，漫画家对建立漫画团体、有组织地集中发表漫画作品以及开展漫画活动等的要求日益增强，漫画家集结成团体，能够为漫画运动的开展提供良好的保障和平台。

上海漫画会　1927 年秋成立于上海，由黄文农、丁悚、张光宇、张正宇、王敦庆、鲁少飞、叶浅予、季小波、胡旭光等发起，张光宇主持画会工作，之后又有张眉孙、蔡输丹入会。当时丁悚、张光宇都在美英烟草公司从事香烟贴画绘制和包装设计工作，经济条件较好，有宽敞的住所，所以漫画会常在他们两人的家中举行活动。①"漫画会初址为宁波路 65 号 3 号楼 40 室，后漫画会的招牌则挂在贝勒路（今黄陂南路）天祥里的丁悚家的门口，丁悚家实际也是漫画会的会址。"②漫画会成立时，由张光宇设计了漫画会的会徽"漫龙"（图 7 - 2 - 62），设计吸取了中国古代砖刻瓦当的图案形式，塑造了一头正面龙的形象，龙是中国神话中寓意吉祥和向上的神兽，这

**图 7 - 2 - 62　"漫龙"会徽**

（图片来源：甘险峰：《中国漫画史》，济南：山东画报出版社 2008 年版）

---

① 甘险峰：《中国漫画史》，第 110 页。
② 吕澎：《中国艺史编年史》，第 268 页。

个会徽代表了漫画会与国家民族共命运、与华夏儿女共奋斗的精神。漫画会的会徽设计好后,由王敦庆请人用黑丝线绣在白绫上,一直由王敦庆保存着。漫画会的出版物上,一般都印上了这个会徽标志。"画会活动有:讨论漫画的社会功能;漫谈一般绘画基础知识;相互观摩作品;观摩外国优秀漫画作品;出版丛书和出版漫画杂志等六个部分。"①1927年7月,漫画会出版了"漫画会丛书第一种"黄文农的《文农讽刺漫画集》;1928年1月20日,画会编辑出版《上海漫画》杂志,由黄文农、叶浅予、张正宇主编,1930年6月7日出版了第110期后停刊。

中华全国漫画作家协会及中华全国漫画作家抗敌协会　抗战时期漫画事业在全国迅速发展,美术界纷纷成立组织和团体,在1936年11月4日第一届全国漫画展之后,漫画界要求成立全国性的漫画组织,来对中国的漫画事业进行必要的领导调度。当时就有人提出把参加全国漫画展览的作品拿出来拍卖,并把拍卖所得作为筹建全国漫画家协会的基金。筹备活动立即紧锣密鼓地展开了。1937年春,"中华全国漫画作家协会"成立于上海南郊半淞园,其宗旨是"团结全体漫画家,共同推进漫画艺术,使漫画成为社会教育工具"②。在这个宗旨指导下,全国的漫画家都行动起来,投入到抗日救亡的行动中去。协会成立后,香港、广州、西安、温州等地先后成立了分会,与总会相互呼应,共同工作,形成一个强有力的漫画战斗集体,共同为抗日救亡出力。抗战全面爆发后,根据时局的需要,在中华全国漫画作家协会的基础上,成立了"上海漫画界救亡协会"并全面开展抗战漫画运动,随后"上海漫画界救亡协会"

---

① 甘险峰:《中国漫画史》,第110—113页。
② 黄茅:《漫画艺术讲话》,上海:商务印书馆1947年版,第33页。

被国民政府政治部第三厅招编并开展漫画宣传活动。

　　1938 年因全国文艺界工作重心的转移，中华全国漫画作家协会于是年 2 月份在武汉改组为"中华全国漫画作家协会战时工作委员会"，而后改名为"中华全国漫画作家抗敌协会"，1938 年冬在武汉沦陷后，由武汉迁往桂林，在桂林的活动主要是和全国木刻界抗敌协会联合创办漫木刊物，积极参加抗日活动。如 1939 年 11 月 1 日，和中华全国木刻界抗敌协会先后在《救亡日报》上创办《漫木旬刊》《漫木月刊》，联合举办漫画木刻讲座。之后，又多次举办"刘仑战地素描展""街头抗敌诗画展""街头诗画展"。1940 年冬，中华全国漫画作家抗敌协会迁往重庆。①

　　上海漫画界救亡协会及救亡漫画宣传队　1937 年 8 月 13 日，第二次淞沪战争爆发，翌日，上海漫画家迅速在中华全国漫画作家协会的基础上成立了"上海漫画界救亡协会"，同时创办会刊《救亡漫画》，专门从事救亡漫画宣传工作。8 月，上海文化界救亡协会与上海漫画界救亡协会组织建立起了以领队叶浅予、副领队张乐平、胡考、特伟、陶金也、梁白波、席与群 7 人组成的救亡漫画宣传队，其全称是"上海市各界抗敌后援会宣传委员会·漫画界救亡协会漫画宣传队第一队"。宣传队第二队于 9 月筹组，由鲁少飞、王敦庆负责，队员有丁聪、马梦尘、童天野、周汉明、江敉等 7 人。按原计划，漫画宣传队将组建三个分队，后因工作方针改变，第二、三队均取消。8 月 30 日，漫画宣传队第一队即"救亡漫画宣传队"由上海出发，西行内地展开漫画宣传工作。②

---

① 黄茅：《漫画艺术讲话》，第 47 页。

② 黄茅：《漫画艺术讲话》，第 36 页。

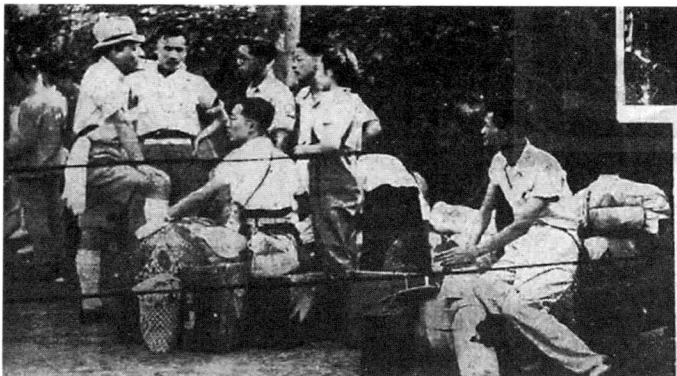

图 7‑2‑63　1937 年 8 月 31 日,漫画界救亡协会所属漫画宣传队成员离沪前在西站留影(从左至右依次为叶浅予、陶今也、席与群、特伟、胡考、梁白波、张乐平)

(图片来源:"以笔作刀枪——上海抗日漫画宣传队暨抗战漫画主题文献展")

图 7‑2‑64　"九一八"纪念日时,漫画界救亡协会在南京大华戏院举行抗敌漫画展览会,并出发游行以激发民众抗日情绪

(图片来源:"以笔作刀枪——上海抗日漫画宣传队暨抗战漫画主题文献展")

　　1937 年 8 月底,救亡漫画宣传队由叶浅予带队从上海出发,首站来到南京,他们于 1937 年"九一八"纪念日当天于新街口大华戏院举办了"抗敌漫画展览",每天有数以万计的百姓前来参观。救亡漫画宣传队前后赶制了大小 200 多幅漫画和宣传画进行巡回展出,还为负责对敌宣传的部门绘制日文传单的插图以及敌军投诚用的通行证等。此次展览的漫画作品以抗敌救亡为主题,展品采用大幅布面的形式,内容分为:动员全民抗战、歌颂抗日英雄、揭露日军暴行和汉奸丑相以及讽刺时事丑陋等几个部分。代表性作品有《前线拼命杀敌,后方努力生产》《焦土抗战》《吾民何辜受人宰割》《来一架、毁一架》等,其中尤为引人注目的是《松花江上》,由张仃担任主创,几个人合作完成。展览结束后又移至夫子庙、下关、江宁等地展览。

**图 7-2-65　救亡漫画宣传队在南京**

(图片来源:《抗日画报》1937 年第 6 期)

　　同年9月20日创刊《救亡漫画》五日刊,主编为王敦庆,发行人为鲁少飞,编委有:鲁少飞、华君武、丁聪、万籁鸣、江敉、朱金楼、江栋良、王彦存、马梦尘、张严、汪子美、沈振黄、陈浩雄、宣相权、黄尧、黄嘉音、董天野、童漪珊、鲁夫、蔡若虹。后来,"上海市各界抗敌后援会"也成为《救亡漫画》的主办单位之一,编委进一步充实,增补叶浅予、张乐平、胡考、特伟、陶今也、张仃、陆志庠、廖冰兄、丁深、纪业候、沈逸千、麦绿之、张文元、张光宇、张英超、陈烟桥、陈孝祚、陈涓隐、林禽、高龙生、黄苗子、黄复生等23人,共有编委43人,把当时上海有创作实力的漫画家几乎都囊括在内。①

**图7-2-66　20世纪30年代末,抗日漫画宣传队队员在街头向民众宣传抗日**
(图片来源:"以笔作刀枪——上海抗日漫画宣传队暨抗战漫画主题文献展")

---

① 黄可:《漫话海派漫画》,上海:文汇出版社2015年版,第112页。

　　1937 年 10 月，日军侵占南京。10 月 4 日，救亡漫画宣传队来到武汉，先驻在汉口的大和街，后搬到武昌水落街的武昌艺术专科学校，之后又迁到武昌的华林文化大学附近的国民政府军事委员会政治部第三厅所在地，以此作为生活和工作场所。全国各地来汉的漫画家廖冰兄、陶谋基、周令钊、黄茅、叶冈、麦非、宣文杰加入了漫宣队。① 漫宣队在武汉期间，开展了大量的抗日漫画创作和宣传工作，首先在中山公园展出数百幅南京带去的漫画作品。其次，配合政治部第三厅美术科绘制了大量的抗日宣传画，为在武汉举行的"七七阵亡将士纪念碑"奠基典礼布置会场，绘制宣传画，为武汉举行抗日火炬大游行绘制了大幅宣传牌，如《总动员》《还有谁没有加进队伍？》《保卫家乡》《杀敌》《大刀向鬼子头上砍去！》《再上前线》《打回老家去！》等。另外，他们不仅在建筑物上绘制大幅漫画宣传画，还绘制了大量对敌宣传贴、传单、标语等，②并将这些宣传品散发到敌军中间，起到了瓦解敌军的作用，同时还在武汉重要街区绘制了巨幅墙头抗日宣传画等。

　　1937 年 11 月，江西省抗敌后援会邀请漫画宣传队办展览，"抗敌漫画展"在南昌百花洲省立图书馆举办，展出作品不论在题材、内容还是表现上都非常成功，获得社会各界的普遍赞誉。其后 12 月又携作品至西安巡回展出。

　　1938 年，国民政府改组军事委员会，恢复政治部设置，4 月军委会政治部第三厅成立，漫画宣传队归第三厅下属，队长叶浅予兼任第三厅六处三科的工作，这使得漫画宣传队得到了政府支持，漫画宣传运动进入高涨期。因国际宣传的需要，遵照苏联驻华使馆

---

① 《漫画界消息》，《抗战漫画》1938 年第 1 期。

② 黄可：《抗日漫画宣传队的烽火岁月》，《东方早报》，2014 年 8 月 6 日。

的要求,漫宣队在短时间内绘制提供了 45 幅布面抗日题材的漫画作品赴莫斯科参展,①"其中有张乐平的《啊!中国孩子》、梁白波的《妇女参战》、张仃的《欲壑难填》、廖冰兄的《游击队使敌人疲于奔命》等",②6 月在莫斯科展出。

　　1938 年 6 月应国民党政府军三战区政治的邀请,漫宣队由张乐平带队,与队员廖冰兄、陆志庠、麦非、叶冈于武汉出发到安徽休宁三战区政治部所在地开展工作。9 月,张乐平率漫宣分队返回武汉。10 月,武汉沦陷,漫宣队随政治部第三厅撤至长沙。③ 漫宣队在长沙创作了一批大幅布画和壁画。12 月,战事逼近长沙,漫宣队随第三厅一路撤退至桂林。在桂林,漫宣队在广西学生军团里开办漫画研究班,同时也常对桂林的西南地方建设干部学校漫画小组进行辅导,以此培育和扩大抗日漫画宣传力量,并于 1939 年夏,举办了一场抗敌画展,展出作品包括漫画和其他美术门类作品,漫画家还扩大宣传,举办街头流动站,走过 12 个城镇和部队。④

　　"为了开展宣传工作面,漫画宣传队分为两个队:一队以张乐平为领队,由麦非、叶冈等人组成,赴皖南、江西上饶、浙江金华等抗日战区;另一队由特伟领队,由黄茅、陆志庠、廖冰兄、宣文杰等人组成,继续留在桂林。"⑤

　　张乐平率领的漫画队,首先前往江西上饶一带战区活动。漫宣队在各村落和江浙沦陷区开展活动,还绘制了一系列抗日宣传

---

① 黄可:《漫话海派漫画》,第 42 页。

② 黄可:《抗日漫画宣传队的烽火岁月》,《东方早报》,2014 年 8 月 6 日。

③ 黄可:《抗日漫画宣传队的烽火岁月》,《东方早报》,2014 年 8 月 6 日。

④ 黄茅:《漫画艺术讲话》,第 45 页。

⑤ 张明学主编,吴祖枝、李肖然副主编:《抗战漫画》,开封:河南大学出版社 2018 年版,第 14 页。

画、布画、墙头漫画、招贴画等,在万安、屯溪、祁门、渔亭、岩寺等地巡回展览,经常出版《星期漫画》《漫画旬报》《抗敌后援》等画刊。①同时与驻在上饶国民党官方的《前线日报》合作,编辑《星期漫画》副刊。②"之后,张乐平率漫宣队赴浙江金华,章西厓入队。张乐平在从江西上饶到浙江金华途中,画了许多战地速写,因此抵金华后除举办抗日漫画展览外,还举办了'战地速写画展览',其中《浙西战地》速写组画由 15 幅作品组成,生动地描绘了浙西地区抗日军民的生活;而另一组由 12 幅作品组成的《抗日英雄故事》速写则真实地表现了浙西地区 12 位抗日英雄人物全身肖像。这 12 位抗日英雄人物是:许金、方以贵、刘生云、奉剑秋、蔡得标、冯世雄、钱国梁、田春桃、萧忠明、唐义球、王栋国、阳谦即。每位英雄人物肖像一侧都附有说明文字,介绍这位英雄人物的出生籍贯和英雄事迹,甚是珍贵。这套《抗日英雄故事》速写组画,当时在《前线日报》上发表,在抗日军民中传颂一时。"③1939 年 12 月 1 日,漫宣队与金华的文学界、学术界学者合作,创刊了以抗日斗争为中心内容、图文并茂的综合性杂志《刀与笔》月刊,④张乐平在《刀与笔》上发表了大量抗日漫画,其中第 2 期上曾发表了《敌寇脸谱》组画,刻画了 42 个日军脸谱,揭示了日本军国主义的丑恶嘴脸。《刀与笔》第 3 期至 4 期连载的连环漫画《王八别传》(图 7 - 2 - 67)被《前线日报》转载。《王八别传》发表后,有的读者阅后主动检举汉奸,有的汉奸阅后悔悟,出来自首,可见张乐平抗日漫画具有广泛的影响力。随后,张乐平率漫画宣传队又从金华转至淳安、遂安、开化、华埠、常山、兰溪、龙泉和江西

① 黄茅:《漫画艺术讲话》,第 45 页。

② 黄茅:《漫画艺术讲话》,第 45 页。

③ 黄可:《漫话海派漫画》,第 127 页。

④ 黄茅:《漫画艺术讲话》,第 46 页。

的玉山等地开展抗日宣传活动。①

**图 7-2-67 《王八别传:荣任之喜》,漫画,张乐平,1940 年**
(图片来源:《前线日报》,1940 年 7 月 7 日)

特伟率领的一队漫画宣传队,与桂林的木刻版画家赖少其、刘建庵等主编的《工作与学习·漫画与木刻》、夏衍主编的《救亡日报》副刊《漫木旬刊》等刊物合作,提供抗日漫画作品。同时,他们还在广西各地举办抗日漫画流动展览,以及抗日防空常识宣传画展览。②

1941 年 1 月 4 日"皖南事变"后,抗日宣传的工作受到严重阻碍,漫画宣传队的经费阻断,使得开展活动非常困难。"此时,张乐平所率的漫宣队中,麦非、章西厓离队到三战区政治部工作,叶冈一度回浙江桐庐老家,只留下张乐平一人,但仍保留'抗日漫画宣传队'的名称。后来从第三战区政治部获得了一点经费,又有叶

① 黄可:《抗日漫画宣传队的烽火岁月》,《东方早报》,2014 年 8 月 6 日。
② 黄可:《漫话海派漫画》,第 46 页。

苗、丁深入队，加上叶冈归队，漫宣队的抗日漫画宣传工作重又恢复，在江西上饶等地继续开展活动。1942 年春，经费断绝，张乐平所率漫画宣传分队被迫解散。"①

救亡漫画宣传队的活动历时三年零九个月，是抗日战争期间活动最频繁，举办展览和创作作品最多的美术团体之一，也是抗战美术团体中影响力最大的团体之一，他们创作漫画达到千幅之多，开办了百余次展览，为抗战胜利做出了卓越的贡献。

2. 出版物

《时代漫画》创刊于 1934 年 1 月 20 日，每月 1 期，至 1937 年 6 月停刊时共出版 39 期，鲁少飞主编。创刊号封面（图 7 - 2 - 68）由张光宇设计，画面中漫画创作工具组成一个骑士，象征漫画团体崇尚骑士精神、不屈不挠的寓意。创刊号印刊累计达 1 万册。宣传抗日爱国是该杂志的一个重要内容，如鲁少飞的《鱼我所欲也》、华君武的《邻国相望鸡犬之声相闻》、高龙生的《比试手术》、黄文农的《呕吐狼藉》等；反映农村经济破产和城市下层市民痛苦生活的漫画作品，如陆志痒的《我们惟一期望于此的收成》、叶浅予的《供过于求与求过于供》、张仃的《野有饿莩》、廖冰兄的《营业竞争》等。《时代漫画》非常具有战斗性，它还发表过批判反动当局专制主义、投降主义的作品，如王敦庆的《无冕之王塞拉西来华访友》《活动的中国》以及鲁少飞的《晏子乎？》等漫画作品，触动了当局的痛处，被当局以"危害民国""妨碍邦交""污蔑政府""侮辱领袖"的罪名勒令停刊 3 个月（1936 年 3 月至 5 月），并遭到了罚款。②

---

① 黄可：《漫话海派漫画》，第 128 页。
② 甘险峰：《中国漫画史》，第 113 页。

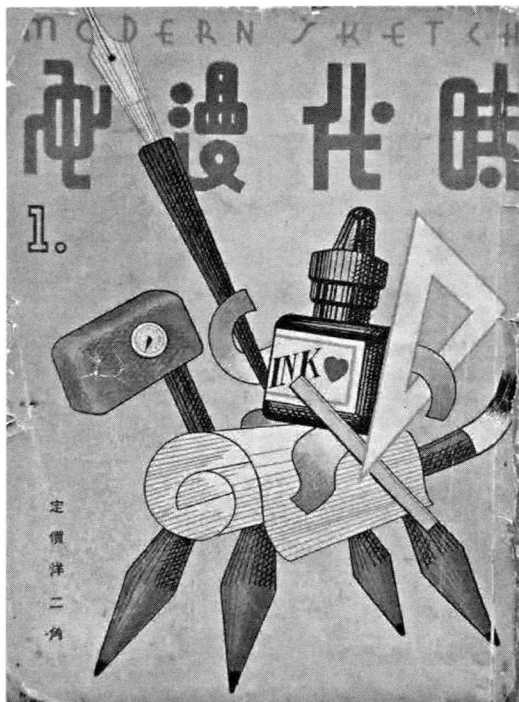

**图 7 - 2 - 68　《时代漫画》(创刊号)书影**

(图片来源:《时代漫画》,1934 年 1 月 20 日)

　　1932 年 12 月,《红星画报》由中国工农红军总政治部红星社编辑出版,初为半月刊,因战事频繁,实际上成为不定期画刊,常常发表漫画以丰富官兵的文化生活。苏区主办的大小报纸共有 30 余种,如中共中央机关报《红色中华》、红军总政治部机关报《红星报》、中国共青团红色区域中央局机关报《青年实话》等。这些报刊几乎每期都有专门画页、文字插页,既有独幅漫画或宣传画,也有连续性的组画。《红色中华》上发表的宣传画、漫画等就有 141 幅,《红星报》也发表过大量漫画。这些漫画作品大多出自黄镇之手,如第 48 期登载陈毅的《最近时期西北线游击斗争的检查》,文中配发了 8 幅插图和漫画解释游击战。从形式上看,苏区漫画作品大多简单明了,有的配之以诗,有的与当地歌谣结合,有的以对白加以说明。由于漫画大多出自红军战士、干部之手,作品大都拙朴粗糙,但无拘无束,显得雄浑豪迈。①

**图 7 - 2 - 69 《红星画报》第 11 期的抗日宣传画**
(图片来源:李毅民、王安林:《探访红色收藏家张磊先生的红色藏品》)

---

① 甘险峰:《中国漫画史》,第 114 页。

　　苏区还在困难的条件下出版了大量画册,比如《支前漫画》《革命画集》等,但是大多都已没有实物保留下来。《革命画集》为1933年10月出版,工农美术社编印。1933年10月27日《红色中华》曾刊载启事,称此画集"有红色战士的英勇姿态,有革命群众奋斗的实像,有革命与战争的轮廓画"①。该刊收入的绝大多数都是漫画,有着极强的政治影响力。

　　上海漫画界救亡协会会刊《救亡漫画》1937年9月20日创刊,由全国各界救国联合会"七君子"之一章乃器题写刊名,王敦庆负责编辑工作,鲁少飞为发行人。编辑委员有叶浅予、张光宇、蔡若虹、廖冰兄、特伟、张乐平、胡考、朱金楼、汪子美、陆志庠、张仃、华君武、张文元、丁聪等。主编是原《时代漫画》的两位主将鲁少飞和王敦庆。该刊是五日刊,每期4开大小,每期可容纳大小作品四五十幅,并有少量文字。该刊除在上海直接发行,还出有南京、汉口、广州、香港等版,发行数量超过以往任何一种漫画刊物。这份刊物中的漫画和文章,都透发出一股火热的抗战热情和积极性,如蔡若虹所作的《全民抗战的巨浪》(图7-2-70),也是创刊号的封面,表现中华民族团结一致,形成巨大的抗日浪潮冲向侵略者。叶浅予作1937年10月20日《救亡漫画》封面漫画《日本近卫首相剖腹之期不远矣!》、张乐平的《不愿做奴隶的同胞都起来了!》《一颗子弹必须打死一个敌人》《将来我们所看得见的结果》等,预言中华民族必胜的坚毅信念。《救亡漫画》还发表了不少报道抗日新闻的漫画,揭露了日军的暴行,反映了我国同胞的悲惨境遇、前后方人民和士兵的战斗生活等。该刊以漫画宣传队为主要撰稿人,几乎刊登了当时全国漫画家的作品,是上海漫画界救亡协会发动抗日漫画战的一份图像战报。《救亡漫画》自创

---

① 甘险峰:《中国新闻漫画发展史》,济南:山东大学出版社2018年版,第110页。

刊至 1937 年 11 月上海沦陷,共出 12 期。1937 年底上海沦陷后,画家们相继撤往内地,主编鲁少飞坚持到最后一刻,并以上海漫画界救亡协会负责人的身份,于 11 月 10 日在上海交通部电台做了题为《抗战与漫画》的告别讲演,他谈及现在漫画家当前的最大任务,要唤起我们有无限力量的民众,使他们坚决地认识此番全国抗战的意义,他们才对组织发生热烈的情绪。尤其要把我国成千上万完全目不识丁的文盲,或者那些受教育程度不高的半文盲,利用他们对图画天然的兴趣,可以从感化中觉醒过来。①

图 7－2－70　《全民抗战的巨浪》,漫画,蔡若虹,1937 年
（图片来源:华君武主编:《中国现代美术全集·漫画卷》,天津:天津人民美术出版社 1998 年版）

---

① 鲁少飞:《抗战与漫画》,《抗战漫画》1938 年第 1 期。

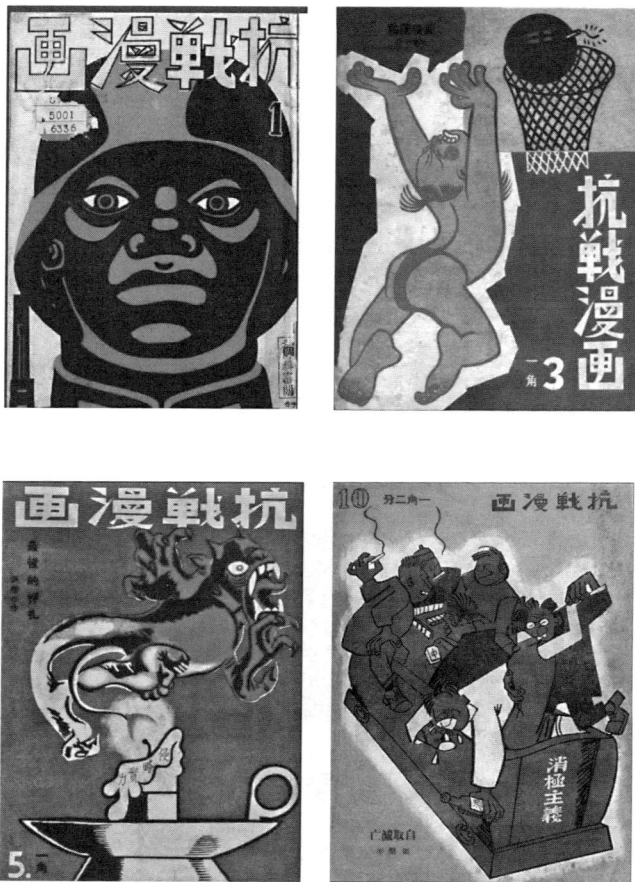

**图 7 - 2 - 71　《抗战漫画》(半月刊)书影**

(图片来源:《抗战漫画》1938 年 1 月 1 日、1938 年 2 月 1 日、1938 年 3 月 1 日、1938
年 5 月 16 日)

　　抗战漫画宣传队到武汉后,于 1938 年 1 月 1 日创办了《抗战漫画》
(半月刊)(图 7 - 2 - 71),以全国漫画作家协会的名义向全国发行,①每

---

① 这是抗战初期全国漫画运动的中心刊物,即原上海出版的《救亡漫画》的后身,故该刊
　创刊词题为"(救亡漫画)的第二个生命"。

期刊物设有"漫画界消息""编辑室谈话""工作通信"等栏目,报道全国各地漫画家的抗日活动。创刊词说:"我们决以漫画宣传队为中心,集合留武汉同志,培养另一个新的生命,来刺激全国同胞的抗敌情绪,和敌人的恶宣传作殊死之战!"①当时全国抗战气氛极其高涨,在全民抗战的热情下刊物办得有声有色,广受欢迎。从题材上看,《抗战漫画》涉及了从城市到农村、从战场到战后的军民,用从纪实到超现实的各个风格和角度表达抗战的统一主题,表现方式有讽刺性漫画、新闻纪实漫画、故事性漫画等形式,在主题上又可分为:侧重揭露日军和汉奸的罪行,指出侵略者必败的可耻下场的,如叶浅予的《为仇恨而生》、张仃的《兽行》、张乐平的《日本人是这样杀害我们的》、高龙生的《汉奸脏腑挂图》、江牧的《日本的泥脚》、陶今也的《皇军的火葬场》等;侧重军民同仇敌忾,抗击侵略者的,如叶浅予的《游击队足以致敌人死命》、梁白波的《站在日军面前的巨人——游击队》、刘元的《游击战、迂回战、运动战,使暴敌手足失措》、黄伟强的《保卫自己的土地》、胡考的《游击战不仅牵制敌人,而且袭击敌人》等。这些作品主题鲜明,一针见血,有良好的宣传效果。还有一些将木刻与漫画结合的作品,如沃查的《总动员》、赖少其的《今天是破坏与凄凉,明天是自由与解放》等,战时环境动荡,绘画材料和作品经常会遗落或损失,漫画作品以线条为主要造型,而木质雕刻材料又比较普遍,木刻与漫画的结合可以有效解决发行量和印刷出版设备的局限,从而扩大漫画的发行,同时丰富了漫画的表现方式。《抗战漫画》在武汉出版了 12 期,武汉沦陷后于1940 年 5 月 15 日在重庆续刊,改为月刊,共出 3 期,后来由于经费困难等原因终止了出版。

---

① 甘险峰:《中国新闻漫画发展史》,第 168 页。

20世纪初年的漫画已经具有鲜明的战斗性和革命性,在中国现代美术思潮下,漫画也肩负起革命和改革的使命。而在这个民族危机的时期,漫画家挺身而出,投入到抗日救亡的洪流之中,是漫画再次成为革命武器,漫画运动繁荣发展的内在动力。

从美术的宣传作用来看,漫画最具有战斗性的宣传效果,所以从出现就成了革命斗争的武器。再者,从漫画的表现形式和创作方式来看,它都特别适合向社会各阶层人士传播信息和观念,这也是漫画在抗战时期迅速兴起的一个重要因素。漫画通过深入浅出、通俗易懂的构思,使得表达主题时富有幽默感、趣味性,成为大众喜闻乐见的艺术形式。漫画家胡考说:"我们的文化是落后的,我们的民众是无知的,我们不能在抗战开始后再向民众作长期的训练。当然抗战已然开展,'五十年后抗日论'已成为废话,我们目前急需的是使民众立刻懂得抗战对他们的切身关系,亡国的惨痛。但在这些条件之下,漫画才是对民众宣传最适合的工具。漫画有他(它)的特殊的明确性,它能使人们直觉的(地)感受到刺激,这也是人所共知的。"①胡考指出了当时中国文盲众多,向文化水平低的民众进行宣传,漫画是"最适合的工具"。他在另外一篇文章中对此进行了深入剖析,认为:"在文化落后的中国,我不能不说漫画在宣传上是有特殊功能的。这可以分作几点来讲:漫画是简便的大众化的读物。它有直觉的效能,在形式上它是明确的,刺激的,兴趣的,最易使观众了解的;在内容上他是煽惑的,鼓动的,感情的。诚然,后者是这种宣传品必具的条件。但,漫画的形式是最易受大众接受的。在战争状态中,人物和事件都是极度高涨,迅速流转的,人们没有多余的时间去感受一切。宣传工作是必尽可能的谋

① 胡考:《战时的漫画界》,《文艺月刊(战时特刊)》第5期,1938年4月1日。

时间的经济,尽可能的(地)在切实、简捷的原则上去开展。可是我们应该说:目今一切宣传工作都该基于这些基本条件去发展。漫画能用较少数的工作力作广大的、普遍的宣传。我们的科学是落后的,我们不能因着物质条件的不健全而阻碍我们的宣传工作,我们同样需要把宣传品输入每一个穷乡僻角的老百姓的脑海里,这样由于漫画本身的简便,就可以不受物质条件的限止,以发挥他的特点。这是说:即使抗战到没有完备的印刷机的时候,它还能进行它的宣传工作。"[①]

任何艺术形式的产生,都与时代的大环境有关,中国全民抗战的时代主旋律,促成了抗战漫画运动的全民兴起,也是当时一切抗战工作的灵魂,统筹和团结一切社会资源服务于民族存亡的斗争。

---

① 胡考:《漫画与宣传》,《文艺战线》,1938 年 1 月 15 日。

# 第八章　战时雕塑、摄影的记忆

在美术革命的浪潮之下,中国开始出现"雕塑家",形成了前所未有的"雕塑界"。出国留学的美术学子吸收了西方学院派写实雕塑,为中国初步引入西方雕塑样式,中国对西方造型艺术的汲取,从一开始就带有功利性,这使得在有政治需要时,它已经在意识形态上做好了为政治服务的准备。

战场上,除了奋勇杀敌的中国军人,在他们的身后还有一批摄影人,深入到抗战最前线,用相机记录了军人的身影。

## 第一节　战时的雕塑艺术

与"画家"身份由古代到现代社会的转型不同,在 20 世纪初,传统的"雕""塑"工匠并没有自然转型为"雕塑家"。相较于"美术"一词在文化界的接受程度,"'雕塑'一词由日本引入中国,最初和'雕刻'常处于混用状态,我们现在所用的'雕塑家'在民国时期也常被称为'雕刻家'。最初,人们不能厘清'雕''塑'工匠与早期留学归来的'雕塑家'之间的区别,比如李金发、刘开渠回国以后,就深切地感受到这一点。李金发被认为是'刻图章的'"[①]。"警察则来到刘开渠家,再三叮嘱他到塑泥菩萨处登记,无论刘开渠怎样解释,对方就是不明白,后经校方证明始得罢休。"[②]从实践的层面来看,中国传统的雕刻工匠与现代意义上的雕刻家在创作方式上相似,但是从社会责任上来看是有明显区别的。传统雕刻工匠的成果主要是运用于辅助宗教、建筑或民间工艺品,比如塑佛像、为建筑雕刻装饰性石雕等,工匠往往不能够自由创作,作品缺少介入社会现实的能力。而西方美术语境下的雕塑家,能够借助作品表达对社会的观察,能够独立创作,作品能够进入公共空间,如广场、街头、公园等场所。

近现代中国社会对"雕塑家"身份的认同虽然晚于美术家,但最终的实现是社会意识形态的变化导致的。正如人们秉承"美术救国"的思想进行划时代的美术革命后,现代美术家的地位和影响力逐步提升,西方美术观念下的雕塑开始被运用到现代中国的公共领域,由此雕塑家在现代社会中发挥着愈来愈重要的作用,这才从观念到社会功能上进行了区分,使他们从"工匠"跃为"艺术家"。从西方留学归来的"雕塑家"是中国现代雕塑界的先驱,他们归国后,以创作实践作品和学术理论介绍等方式引入西方"雕塑",通过雕塑创作、撰写理论文章、介绍西方雕塑,向国人传达现代雕塑观念,也为他们"雕塑家"身份的确认而不遗余力。

---

① 刘礼宾:《名画深读系列 时代雕像 民国时期现代雕塑研究》,北京:文化艺术出版社2012年版,第65页。
② 程丽娜:《人生是可以雕塑的——回忆刘开渠》,天津:百花文艺出版社2004年版,第22页。

　　1931 年,岳仑①于上海法租界举办了 20 世纪中国第一个雕塑个展,雕塑开始以独立的艺术形式活跃于美术界。早、中期雕塑家的创作主要以名人题材作品为主。如江小鹣②回国后创作的重要作品都是名人题材,在李金发③回国创作的作品中,除上海南京大戏院的浮雕作品外,基本上也全是名人题材作品。潘玉良在

---

① 岳仑(1901—1989 年),近现代雕塑家。约 1920 年赴法。1923 年至 1926 年在里昂美术专门学校学习,师从普罗斯特。1927 年在巴黎布德尔工作室学习。1928 年拜柏赫纳为师。1928 年冬,在巴黎郊区建立自己的工作室。1929 年获得"里昂艺术研究会一九二九展览会名誉奖状";1930 年参加沙龙展,有一件作品获"最优等名誉奖"。回国后参加第一次全国美展,有 5 件雕塑作品参展,后在第三次全国美展中担任雕刻组的审查委员。1931 年曾在上海法租界举办我国第一个雕塑个展,作品多是国外留学时的作品,并出版有《岳仑雕刻展览会会刊》,内有 7 张照片。之后又相继在法国、意大利办过展。

② 江小鹣(1894—1939 年),又名江新,江苏吴县(今属苏州)人。江小鹣和陈孝岗在巴黎一起学习雕塑,1915 年两人同时回国到上海。1917 年任上海美术专科学校西洋画教授和教务主任。1919 年与丁悚、陈晓江等人成立天马会,后在陈孝岗捐物资助下,于虹桥路建立一所规模较大的雕塑工作室,之后又在闸北设立工艺美术工厂,经营仿铸古董和铜器。1928 年与张辰伯发起组织艺苑绘画研究所,地址在西门林荫路。1929 年在杭州完成《陈英士烈士纪念碑》铜像,连基座高 8 米左右,置于湖滨。同年10 月在上海完成《孙中山像》,高 3 米,连基座高 10 余米。30 年代初,与滑田友一起修复江苏甪直镇保圣寺的罗汉像。1934 年至 1937 年,任《美术生活》(月刊)责任编辑。抗战爆发后,受云南省国民政府主席龙云邀请,去昆明为龙云塑像,并在龙云资助下开办了一家铸铜厂,1939 年因辛劳过度在当地逝世。代表作还有《李平书像》《谭延闿像》《陈嘉庚像》《画家陈师曾半身像》等。

③ 李金发(1900—1976 年),原名李淑良,广东梅县人。早年就读于香港圣约瑟中学,后至上海入南洋中学留法预备班。1919 年赴法勤工俭学,1920 年秋,李金发与法华教育会脱离经济关系,成为自费留学生,后决定选择雕塑艺术,开始专业学习。1921 年就读于第戎美术专门学校和巴黎美术学校雕塑专业,师从让·布夏(Jean Boucher,1870—1939 年)。1922 年春,李金发为同学林风眠和刘既漂各做了一个石膏像,并让工匠照模型做成花岗石雕像。两个头像都被选中参加巴黎春季展览会,是为中国人的雕塑作品第一次入选巴黎美展。1925 年 6 月,李金发决定应上海美术专科学校校长刘海粟之聘,回国任雕刻教授。令他意想不到的是,当时学生担心学成后无法就业,上海美术专(转下页)

1928 年回国后创作的重要雕塑作品是《王济远像》(图 8 - 1 - 3)。为名人塑像,在当时可以得到不菲的收入,不但能展现自己的雕塑才能还能获得知名度。这一方面反映了当时雕塑家的创作空间,另一方面也折射出熟练掌握西方写实雕塑技法的雕塑家在国内的生存机遇。

**图 8 - 1 - 1　岳仑**

(图片来源:《岳仑雕刻展览
会会刊》,1931 年)

**图 8 - 1 - 2　江小鹣**

(图片来源:《北洋画报》,
1928 年第 177 期)

---

(接上页)科学校招生时竟无一人报名学雕塑,因此其雕刻教授之聘无法兑现,李金发"学成归国"而失业。1926 年,李金发在上海结识蔡元培,蔡元培为李金发的《意大利及其艺术概要》和《雕刻家西米盎则罗》两书题写书名,并以"文学纵横乃如此,金石刻画臣能为"一联相赠,李金发则应《申报》要求,为蔡培元塑造了一座内铅外铜胸像。随后他创办《美育杂志》,广泛介绍西方美术思潮,介绍中外古今艺术精品,宣传现代美育思想。1928 年 3 月,国立西湖艺术院(后改名"国立杭州艺术专科学校")正式创建,林风眠任校长,李金发也被聘雕刻教授,在该校任教 4 年。1931 年冬,李金发辞去杭州艺术专科学校教授之职回到广州,应孙科之请做近代著名外交家伍廷芳铜像,接着又应广东省国民政府主席陈济棠之请作邓铿将军铜像。

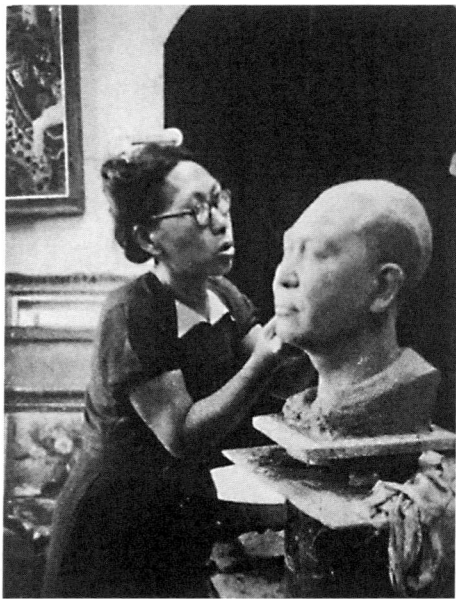

**图 8‑1‑3　潘玉良在 1947 年创作《王济远像》胸像**
**1947 年**

（图片来源：董松：《潘玉良艺术年谱》，合肥：安徽美术
出版社 2013 年版）

　　30 年代，随着雕塑日益被社会了解，雕塑作品的题材开始呈现出多样化的趋势，雕塑家逐渐脱离了仅为名人塑像的生存状态，社会影响力也进一步扩大。尽管这一时期题材开始多样化，以"人"为表现对象仍然是民国时期雕塑的重要特征。一批现实题材的现代雕塑作品面世，将传统雕刻与现代雕塑正式分科，现代雕塑成为主流雕塑类型。李金发的代表作《上海南京大戏院浮雕带》（1929年）、《伍庭芳坐像》（1930 年）、《邓仲元立像》（1934 年）都体现了他的艺术原则和表现方法。刘开渠在法国留学期间就与同道发起组织了中国留法艺术研究学会，以发表文章和作品的方式向国内介绍欧洲的绘画和雕塑，也促成大家进一步探索中国雕塑的发展道

路。1933 年刘开渠回国后在杭州艺术专科学校担任雕塑教授兼雕塑系主任,1934 年他创作了《淞沪抗战纪念碑》(图 8 - 1 - 4),纪念碑雕塑这一形式来源于西方,这件作品开创了中国雕塑"无名英雄纪念碑"的先河。1935 年,刘开渠创作了《蔡元培像》《李朴园像》《雷圭元像》等。

**图 8 - 1 - 4  《"一·二八"淞沪抗日阵亡将士纪念碑》(统称《淞沪抗战纪念碑》),雕塑,刘开渠,1935 年**

(图片来源:刘开渠:《刘开渠雕塑集》,济南:山东美术出版社 1987 年版)

1937 年全面抗战后,雕塑也承担起战斗的社会功能。海外学子陆续回国,伴随艺术院校的迁移,许多雕塑家来到了西南大后方,他们在抗战时期的兵荒马乱中,体会到百姓的现实生活,情感和思想发生了变化,形成为艺术而艺术的理想,创作也呈现出新面貌。他们在现实社会的基础上,采取象征、比喻等手法,运用写实的技巧来创作,如萧传玖的《前方抗战,后方生产》(浮雕,1941 年)、傅天仇的《丰收的愤怒》(浮雕,1944 年)、刘开渠的《工农之家》(浮雕,1944 年)等作品,反映了工农阶层人民大众的精神。抗战时期有许多抗战烈士纪念碑,可惜多未留下。在延安,最具代表性的是 1942 年王朝闻在延安"鲁艺"创作的圆形浮雕《毛泽东像》,后来中国大量领袖像及其安置方式概源出于此,它也是中国领袖像中最典型的代表作品,被选为《毛泽东选集》的封面插图。

## 一、纪念性肖像

1931 年"九一八"事变后,中国就出现了以"抗日战争"为题材的雕塑作品,解放战争接踵而至,表现英雄、伟人、工农兵、人民疾苦的现实题材成了雕塑为政治服务的另一种方式。与绘画界一脉相承的是,现实主义题材和表现手法因时代的选择和社会的需求亦成为雕塑界的主流。

1937 年,各大高校和美术工作者向西内迁,西南和西北成了这个时期中国雕塑创作活动的主要地区。当时随校而迁的雕塑家有刘开渠、王临乙、王子云,之后陆续迁入重庆、成都的有郎鲁逊、曾竹韶、萧传玖、程曼叔、李金发、陈芝秀、卢鸿基、郭乾德、姚继勋、王朝闻、王丙召、朱培钧、赵蕴修等人。其中雕塑活动较多的有刘开渠、王临乙、王子云、郎鲁逊、岳仑、李金发等。

与其他雕塑家不同的是,刘开渠在抗战时期的雕塑出产相对较多,如《王铭章将军骑马纪念碑》及基座浮雕、《无名英雄像》《李家任骑马纪念像》《林君默像》《毕启像》《孙中山像》《农工之家》等。其中《王铭章将军骑马纪念碑》《无名英雄像》《李家任骑马纪念像》是大型室外雕塑。

　　早在 1933 年，刘开渠留学归国，随即拜访蔡元培。当时鲁迅也正好在蔡元培家，他对刘开渠说："过去中国人只做菩萨，现在该是轮到做人像了。"鲁迅的这句话清楚地点出了民国时期雕塑向现代转型的一个重要特征，即雕塑脱离以往的宗教、实用、装饰或为统治阶级巩固政权等功能，开始为现实生活服务。刘开渠（1904—1993年），江苏徐州人，原名刘大田。

**图 8-1-5　刘开渠**
（图片来源：中国美术学院官网）

"1920 年，考入北京美术专科学校，后转入该校大学部学习油画。1924 年，升入专门部西洋画系时，见到云岗佛像的照片，对雕塑艺术产生了浓厚的兴趣。1927 年，国立西湖艺术院征聘他为教授兼图书馆主任，同年 8 月，他在蔡元培的帮助下，考入巴黎高等美术学校雕塑系，导师是当时法国著名雕塑家让·布夏（Jean Boucher，1870—1939 年）教授。在法国学习期间，刘开渠曾与吕斯百、常书鸿等人发起组织中国留法艺术研究会，以撰文、译文和发表作品，向国内介绍欧洲的绘画和雕塑。1931 年，他因学业优秀选入朴舍工作室当助手。1933 年夏回国，9 月任杭州艺术专科学校教授兼雕塑系主任。"①

　　1937 年，"八一三"事变爆发，刘开渠随杭州艺专搬迁至湖南沅陵，曾创作过雕塑群，但是没有完成。期间徐悲鸿致信刘开渠，邀

---

① 沈柔坚、邵洛羊主编：《中国美术大辞典》上海：上海辞书出版社 2002 年版，第 636 页。

请他去四川成都创作《王铭章将军骑马像》(图8-1-6),塑造了抗日英雄王铭章的英勇气概,号召更多的民族英雄奔赴战场,奋勇杀敌。该作于1939年完成,雕像由骑马像和基座左右两面浮雕组成。在雕塑的翻铸过程中,刘开渠遇到很大的技术难题,骑马像有3米高,是当时成都最高的雕像,传统的青铜翻铸工艺根本无法完成。刘开渠与助手、雇来的工人一起,克服种种困难才翻铸成功。纪念牌的底座作有两块浮雕,一块浮雕塑造了昂首备战的士兵,另一块塑造了农民、学生和儿童献花缅怀纪念抗日英雄的场景。①

**图8-1-6　《抗日阵亡名将王铭章纪念碑》(又名《王铭章将军骑马像》),雕塑,刘开渠,1939年**

(图片来源:刘开渠:《刘开渠雕塑集》,济南:山东美术出版社1987年版)

　　1944年,经王临乙推荐,曾竹韶前往国立艺专,任雕塑系教授。在此期间,曾竹韶创作了多件雕塑作品,其中表现抗日题材的作品《觉醒》,塑造了一位战士的全身立像,高一米左右。曾竹韶

---

① 刘礼宾:《名画深读系列 时代雕像 民国时期现代雕塑研究》,文化艺术出版社2012年版,第94页。

（1908—2012年），福建厦门人，幼年侨居缅甸，1927年回国，1928年考入杭州西湖艺术院雕塑系，1929年底赴法国留学，入里昂国立美术专科学校学习雕塑，1931年考入巴黎高等美术学校雕塑系，在亨利·布沙尔（Henri Bouchard）工作室学习雕塑。1933年1月，曾竹韶与常书鸿、刘开渠、王临乙等人发起成立了"中国留法艺术学会"，1935至1939年期间，曾竹韶作为学会主持人做了大量的工作，向国内介绍欧洲的绘画和雕塑。1935年，曾竹韶进入雕塑大师马约尔工作室继续学习。全面抗战爆发后，为响应

**图 8-1-7　曾竹韶**

（图片来源：《留学在他乡：中国留法艺术学会与战后巴黎》，北京匡时）

国内号召，积极参与并开展抗日救亡运动。1941年，曾竹韶归国，在成都艺专、重庆国立艺专、重庆大学建筑系教授雕塑、音乐①。

**图 8-1-8　王朝闻**

（图片来源：《王朝闻全集》，青岛：青岛出版社，北京：人民出版社2019年版）

1940年12月，王朝闻经重庆八路军办事处介绍赴延安，从此开创了王朝闻主题性雕塑的创作道路。王朝闻（1909—2004年），原名王昭文，四川省合江县人。1932年在杭州国立艺术专科学校跟随刘开渠学习雕塑，1937年他放弃未完成的学业参加"浙江流动剧

---

① 杨剑平、李晓峰：《中国雕塑 1949—2010》，北京：中国建筑工业出版社 2010 年版，第186页。

团",先后在浙江龙泉和湖北、安徽等地进行抗日宣传活动,画了大量的抗日宣传画、连环画和漫画连环画《姆妈》等作品,以石印方式散发于群众之中并发表在武汉《漫画》杂志上。同年,加入中国共产党。1940 年参加"中国抗敌协会成都分会",创作了反映战地服务队生活的报道《二十五个中间的一个》和连环画《民族战士》等。[1]

"1940 年王朝闻由重庆赴延安前,将百余幅战地速写交友人拟转往香港出版,不幸在太平洋战争中散失。1940 年 12 月,经重庆八路军办事处介绍赴延安,在鲁迅艺术文学院美术系任教。"[2]1942 年,王朝闻创作了浮雕《毛泽东像》(图 8-1-9),以写实表现手法塑造了毛泽东侧面像,成为解放区雕塑的代表作,同时,王朝闻还创作了《毛泽东胸像》《毛泽东肖像》等雕塑作品。

**图 8-1-9　《毛泽东像》,浮雕,王朝闻,1942 年**

(图片来源:《王朝闻全集》,青岛:青岛出版社,北京:人民出版社 2019 年版)

---

[1] 高慧琳:《群星闪耀延河边 延安文艺座谈会参加者》,北京:人民文学出版社 2012 年版,第 50-51 页。

[2] 张晓凌:《高山仰止:王朝闻百年诞辰纪念集 1909—2009》,北京:文化艺术出版社 2009 年版,第 52 页。

## 二、纪念碑雕塑

1935 年的《淞沪抗日阵亡将士纪念碑》是刘开渠回国后做的第一个大型纪念碑雕塑。由两个铜立像和四块石浮雕组成的，两个铜立像塑造了一官一兵形象，军官做远望状，左手握望远镜，右手指向前方指挥，士兵手握枪杆，左腿躬伸，右腿绷直，身体前倾，做冲锋的姿势。四块浮雕分别是《纪念》《冲锋》《抵抗》和《继续杀敌》。左右两侧和背面的 3 块浮雕分别刻画了战争的场景，正面浮雕《淞沪抗日阵亡将士纪念碑——纪念》（图 8－1－10）是一幅传达纪念和哀悼之意的画面，上有 3 名献花圈的女子，画面带有象征含义，寓意正义、胜利、自由、和平等一系列抽象概念。整件作品构造有主有次，既有典型又表现了群体，传达了虽然战争中有牺牲，但是也有胜利的曙光和希望的信念。

**图 8－1－10　《淞沪抗日阵亡将士纪念碑——纪念》，浮雕，刘开渠，1935 年**

（图片来源：刘开渠：《刘开渠雕塑集》，济南：山东美术出版社 1987 年版）

　　1943 年夏,成都市政府为纪念川军抗日阵亡将士请刘开渠作
《无名英雄纪念碑》(图 8‐1‐11)。由于费用不高,刘开渠是半义
务创作,雕塑正对成都东门城门外,当年的川军就是从这里出发去
抗战的。雕塑塑造的士兵形象脚蹬草鞋,穿着短裤和旧式军服,打
着绑腿,胸前挂着两只木柄手榴弹,背上背着一把大刀和一只竹编
斗笠,手里端着一支步枪,跨步欲冲锋的动态。这具雕像不仅仅是
为了纪念川军对民族解放事业所做的贡献,更是所有在战争中牺
牲将士的缩影。

**图 8‐1‐11　《川军出征抗日阵亡将士纪念碑》(又名《无名英雄纪念
碑》),雕塑,刘开渠,1944 年**

　　(图片来源:吕章申主编:《开渠百年:纪念刘开渠诞辰 110 周年作品集》,合
肥:安徽美术出版社 2014 年版)

**图 8-1-12 刘开渠在创作《无名英雄纪念碑》**
（图片来源：中国美术学院官网）

　　1945 年刘开渠创作的《李家钰骑马像》（图 8-1-13）也是一件纪念碑雕塑作品。关于《李家钰骑马铜像》的设计过程，刘开渠在回忆录《雕塑艺术生活漫议》中有详细的记载："到了 1945 年底，熟人介绍李家钰的家属来找我，要我为李家钰做一个骑马铜像。并说，李家钰是在河南誓死抵抗日军前进时牺牲的。但公家没有人提出来给他立像，所以他的家属愿意自己出钱，就是出的钱多些，也一定要在成都为他建一座骑马像。这是一个同王铭章像一样大的骑马铜像。他们在钱上的确没有计较，因此我也就有钱能请两

位雕塑系的同学帮忙一道工作。"①之后，政府为彰显李家钰将军的
抗日事迹，将铜像竖立在成都市北门。刘开渠的雕塑作品远离了
"光洁"和"矫饰"，那些"无名"的雕像，都带有民族英雄主义的色
彩，体现了抗战期间雕塑所传达的民族意识和报国宏愿。

图 8 - 1 - 13　《李家钰骑马像》(立于成都市北门)，雕塑，
刘开渠，1945 年

(图片来源：刘开渠：《刘开渠雕塑集》，济南：山东美术出版社 1987 年版)

　　表现抗日英雄题材的还有梁竹亭在广州创作的《无名英雄》铜
像，放在十九路军淞沪抗日将士墓园，广州沦陷时被毁。郑可曾在
广西柳州创作有一件持枪戎装的军人雕塑《无名英雄像》，1940 年
还受委托创作了《光复桂南纪念碑》。②

---

① 刘开渠：《雕塑艺术生活漫议》，转自《刘开渠美术论文集》，济南：山东美术出版社
　　1984 年版，第 256 页。
② 刘礼宾：《名画深读系列 时代雕像 民国时期现代雕塑研究》，第 114 页。

王临乙（1908—1997 年），上海市人。
1925 年考入上海美专，1927 年插班到南京
中央大学艺术系随徐悲鸿学画。1929 年赴
法国里昂美术学校学习。曾获全法国美术
学校速写奖金。1931 年考入巴黎高等美术
学院雕塑家亨利·布沙尔工作室学习。
1935 年回国，任国立北平艺术专科学校教
授。1937 年王临乙逃难到上海，后到江西
庐山、湖北汉口、湖南沅陵，赶上了国立北平
艺术专科学校南迁队伍，随之经昆明到贵
阳，最后到达重庆，居住在沙坪坝郊区磁器

**图 8 - 1 - 14　王临乙**
（图片来源：《留学在
他乡：中国留法艺术学会
与战后巴黎》北京匡时）

口的凤凰山，①这期间，任重庆艺术专科学校教授兼雕塑系主任，并
担任国民政府教育部美术教育委员会委员。② 1940 年王临乙创作
了《抗日阵亡纪念碑》《台湾光复纪念碑》等。在重庆王临乙创作
并参加了第三次全国美展的《汪精卫夫妇跪像》（图 8 - 1 - 15）
（1942 年）、《大禹治水》（1942 年）以及《张自忠纪念碑》（1943 年）
等，受到艺术界同仁和社会各界好评。关于《汪精卫夫妇跪像》，
现已没有当时的图像资料，但是常任侠在《观中华全国美术会春
季展览》一文中描述该作“汪逆出卖民族，毫无心肝，与秦桧如出
一辙。作汪逆像者，大率穷其丑态。但王临乙作雕塑，汪逆面有
愧容，而且线条非常柔和，姿态与双足，俱有肉的感觉，很富东方
趣味。人还是人，汪逆虽是汉奸，也应感到他所做的事，不能闻到

---

① 刘礼宾：《名画深读系列 时代雕像 民国时期现代雕塑研究》，第 111 页、114 页。
② 王伟：《王临乙的艺术启蒙与西学（1908—1935）》，《雕塑》2016 年第 1 期。

民族的正义,厚颜怩怩。这种心理的表现,正是一很大的成功"①。《汪精卫夫妇跪像》是富有"现实批判意义"的雕塑类艺术作品,批判了汉奸。《大禹治水》明显带有象征意义,以中国神话传说大禹治水"三过家门而不入"的故事为主题,比喻当时的民族抗日战争。从艺术创作的角度来看,此时雕塑家的创作广度有了更大的拓展和自由度。此外,王临乙还创作了一批抗日将士和名人的肖像或墓碑,如《总理大理石像》《龙主席铜像》《林森主席铜像》等。

**图 8-1-15　《汪精卫夫妇跪像》,雕塑,原作王临乙②,1941 年**

(图片来源:新浪新闻)

---

① 常任侠:《观中华全国美术会春季美展》,《新蜀报》,1942 年 3 月 6 日。

② 按:王临乙所做的《汪精卫夫妇跪像》完成后,曾安放于磁器口的《抗日阵亡将士纪念碑》前,终于实现社会各界讨逆锄奸,团结一心,誓死抗日的强烈愿望。但在 40 年代后期修路时,雕像被推倒埋于地下,已无法找到。2001 年沙区政府查找到当年王临乙制作汪精卫跪像的设计图稿,根据图稿制作了这个雕塑,为便于参观而安放到重庆市沙坪坝区嘉陵江畔磁器口古镇。

作为公共美术的一种形式,纪念碑雕塑竖立在开放的公共区域,具有纪念、教育、宣传等社会功能。抗战纪念碑雕塑,对宣扬抗日精神、缅怀民族烈士都起到了巨大作用。

## 三、工农形象雕塑

1942 年毛泽东在延安文艺座谈会上的讲话上指出,为工农兵服务是艺术创作的源泉,为雕塑创作指出了新的方向。刘开渠 1943 年创作的浮雕作品《农工之家》(图 8－1－16),为中国现代雕塑的创作题材开拓了新的道路。从作品的题材上来说,表现对象不再是英雄、名人或革命领袖,而是妇女、农民、小手工业者、城市贫民。国立艺术专科学校内迁至重庆青木关松林岗之时,对农民阶层有了感情,所以这件作品是刘开渠构思酝酿多年之后有感而发的创作。《农工之家》人物众多,并且配有背景,采用近大远小的透视,人物形象写实。画面具有主次分明的节奏感,为三个层次,前景的主体人物呈三角形构图,处于画面正中间的是一位正在哺乳的农家妇女,妇女右侧是一名与猪玩耍的孩童和一名工匠,最右侧是缝补的妇女;妇女左侧是一名抱着农作物的女童,象征了丰收,最左侧是两名正在休息的农民。画面向上第二层远景,刻画正在耕地的农民和水牛、打铁的工匠、贩卖的小商贩;最高一层是乡野农村景象和充满现代感的飞机、汽车与火车。整幅画面将农工商的典型形象集中安排于画面,表现了生命的孕育、五谷丰登、六畜兴旺、工农安居乐业、国家繁荣的景象。在人物主次的安排上,主体人物以高浮雕形式塑成,体积最为突出,两侧的人物以中浮雕的形式塑成,将观众的视觉注意力引向画面中心,艺术手法具有较高的表现力。

**图 8‑1‑16　《工农之家》,雕塑,刘开渠,1943 年**

(图片来源:吕章申主编:《开渠百年:纪念刘开渠诞辰 110 周年作品集》,合肥:安徽美术出版社 2014 年版)

**图 8‑1‑17　滕白也**

(图片来源:艺术中国)

滕白也在 1937 年创作了《农人》(图 8‑1‑18)。滕白也(1900—1981 年),又名滕奎,江苏奉贤人(今上海)。1922 年至 1923 年就读于东吴大学,1924 年赴美国华盛顿大学学习艺术和建筑,1927 年毕业后,继续攻读硕士学位,并担任艺术助教。1929 年于哈佛大学攻读博士学位。1931 年滕白也受英国剑桥大学邀请前往英国讲学,并举办画展,之后受法国巴黎美术学院邀请讲学,并游历欧洲数个国家,传播东方文化与艺术。1932 年归国,应司徒雷登邀请赴北平燕京大学讲授美术史论。1932 年回到上海,受邀于上海美专、暨南大学教授美术课程。1935 年南京举办了孙中山塑像创作竞赛,滕白也名列第一。这次竞赛几乎当时的所有雕塑家都参与了,滕白也的获奖可视作对其雕塑水平的肯定。1938 年,滕白也赴武汉参加抗日救亡工作。[1]　作品《农人》是其对劳动人民关注的代表,塑造的农民形象半裸身子,右肩上担着扁担,左手拉着绳子钩,前腿迈出,正在上一个台阶,表现正在劳作路上的农民形象,雕塑手法写法写实细腻,形体结构准确。

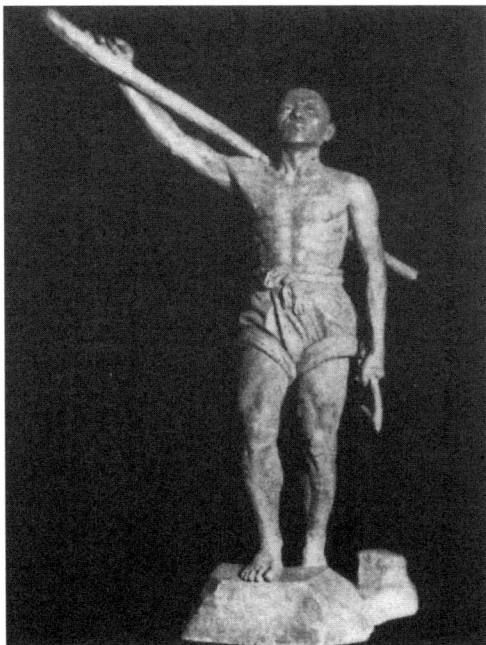

**图 8‐1‐18　《农人》,雕塑,滕白也,1937 年**

(图片来源:包铭新:《画坛遗珠——滕白也研究》,上海:东华大学出版社 2008 年版)

　　从雕塑艺术方面来看,中国现代雕塑形成的原因在于审美观念的转变,美术的共同特征——现实的题材,写实、简洁、明朗、动态、有力的表现形式,是抗日战争时期民众对现代雕塑全新的认识

————————

[1] 包铭新:《画坛遗珠——滕白也研究》,上海:东华大学出版社 2008 年版,第 2—38 页。

和审美能力，也使得纪念碑雕塑这种艺术形式在特殊的历史情况下出现在公共领域，构建出一种中国式的现实主义雕塑形态模式。

## 第二节　战时的摄影艺术

1839 年摄影技术诞生，中国广州在 1842 年就有了照相馆，至 1931 年日本发动侵华战争，摄影技术和行业在中国经过了 90 年的发展，摄影技术趋于完善，摄影表现方式已经由模仿传统绘画的布景式"画意摄影"①转向了现代摄影，摄影从业人员也大规模增加，出版发行摄影画报，组织摄影协会，举办研讨会和展览。

1931 年的"九一八"事变，改变了中国摄影的轨迹，许多摄影人的身份也从艺术工作者转为记者，走到前线，走向战场，记录了 14 年抗战史诗般的场景，自然完成从艺术向抗战的大转变。在摄影思想方面，他们提出"国防摄影"的口号，要求把摄影题材转到"为民族的自由和解放，为中国的自由平等而努力"的方向上来。②《抗日战争照片寻访记》一文中介绍了当时著名的战地记者，有方大曾、沙飞、俞创硕、吴印咸、苏静、高帆、罗光达、徐肖冰、童小鹏、

---

① 画意摄影是摄影家对绘画艺术中的意趣与境界的追求，极力模仿绘画艺术，很大部分是从绘画理论中引申出来的，凡是绘画艺术中可以采用的技法都可以运用于摄影之上，同样产生绘画般的优美、完善、简洁利落的效果。中国画意摄影具有中国民族化特征，以郎静山等人为代表的中国早期沙龙摄影师，借鉴了"谢赫六法"等中国传统绘画艺术理论，使中国沙龙摄影在世界范围迅速取得了瞩目的成就。由于画意摄影题材中绮丽的湖光山色与柔美的人体艺术，与中国传统中风雅高洁的文人意趣相符合。而这一时期的摄影圈中又以有钱、有闲、有文化的中上阶层为主，其创作思想、审美趣味、取材都囿于其阶级范畴。从而导致了这种画意摄影在民国很长一段时间里占据着主流的地位。民国丰富的摄影展览活动中，画意摄影作品占绝大多数的比例。
② 杨克林：《抗日战争照片寻访记》，《中国摄影》2015 年第 7 期，第 22 页。

郑景康、叶挺、石少华、张爱萍、雷烨及赵烈。其实当时沿跃在战场上的摄影记者远不止这些，甚至还包括了一批盟国的战地摄影记者，如美国的埃德加·斯诺（Edgar Snow）、哈尔多·汉森（Haldor Hansson）、罗伯特·卡帕（Robert Capa）、雷伊·斯科特（Rey Scott's），英国的彭布罗克·斯蒂芬斯（Pembroke Stephens）、林迈可（Michael Lindsay）等，都为抗日战争留下了不朽的作品。

　　"1935 年初，上海美术专科学校的 3 名校友沈逸千、俞创硕、顾延鹏组成'上海美专国难宣传团'，一面摄影，一面举行包括摄影作品的'国难画展'。他们赴华北、西北、蒙边旅行宣传达 14 个月。到'八一三'事变前夕，沈逸千等 3 人再次组成'战时摄影服务团'赶赴华北、大西北进行摄影采访，以'战影团'名义在《上海画报》上发表新闻照片。回到上海后，于 10 月 15 日起在青年会举行'战时摄影第一届影展'。"①淞沪会战后，从 1937 年 8 月开始到 11 月中旬，上海的摄影记者更为活跃，如王小亭、向慧庵、何汉章、卓世杰、俞创硕（《良友》）、马赓伯（《新闻报》）、蔡述文（国际社）、黄宇民（中国新闻摄影社）、吴宝基（《时事新报》）等人拍了不少新闻照片。1938 年随着政权中心的转移，大部分摄影家前往武汉，开始驻扎或外派的抗战摄影事业，"郑景康在武汉主持国际宣传处摄影科，国际社的向慧庵、陈西玲、蔡述文和俞创硕、顾延鹏先后参加1938 年 6 月在汉口成立的中央社摄影部，沈逸千参加了在太原成立的全民通讯社，席与群则成了汉口的军委会政治部三厅的摄影记者"②。

---

① 习文、季金安、上海群众文化志编纂委员会：《上海群众文化志》，上海：上海文化出版社 1999 年版，第 349 页。

② 上海摄影家协会、上海大学文学院编：《上海摄影史》，上海：上海人民美术出版社 1992 年版，第 95 页。

中国共产党的摄影从 30 年代初期初创,至 1937 年 10 月开始了自己的历史进程,随后经历了抗日战争、解放战争两个时期。抗日战争时期分为两个阶段:"第一个时期第一阶段,从 1937 年 10 月至 1942 年 7 月解放区第一个摄影画报《晋察冀画报》创刊,这是各解放区摄影工作开创、逐步得到发展的阶段;第一个时期第二个阶段,从 1942 年 7 月至 1945 年 8 月,解放区摄影事业发展经过一段为时不长的迟滞之后,很快迎来解放区摄影事业蓬勃发展的第一个高峰——各解放区纷纷设立摄影组织机构,发展壮大摄影队伍。"[1]沙飞、吴印咸、石少华、雷烨、高帆、郑景康、罗光达、田经纬、徐肖冰、邹建东、郝世保等一批摄影家进行摄影活动,"建立摄影组织机构、培养训练摄影干部、创办摄影画报,举办摄影展览、开辟抗日根据地等摄影工作,通过解放区摄影工作者的共同努力和奋斗,逐步建立起自己的摄影网络,在各个解放区和部队中设置摄影组织机构,并形成了一整套系统"[2]。解放区的摄影工作者拍摄了大量摄影作品,在中国摄影上留下了经典之作,编辑出版《晋察冀画报》,举办摄影学习班,印制摄影小卡片、画册等美术品,不但宣传了抗战,而且逐渐发展起中国的摄影和出版事业,培养出的众多摄影人才,分赴抗战的前线,与军士同赴炮火战场,不畏生命威胁。当时冀中军区开办的摄影训练班时有一首班歌,是这样唱的:

> 我们是摄影工作者
> 带着我们的武器,
> 走进人群去,奔驰战斗里。

---

[1] 顾棣、方伟:《中国解放区摄影史略》,山西:山西人民出版社 1989 年版,第 3 页。
[2] 艾克恩:《延安文艺史》(下),石家庄:河北教育出版社 2009 年版,第 506 页。

把人民愤怒的心火和子弟兵的胜利，

摄进镜头，

把敌人的暴行和无耻，

印成千万张照片昭示国人。①

## 一、战时摄影观念与取向

随着日军侵略步伐的加快，民族危机日益加深，审美取向发生了根本改变。中国不乏雄浑壮美的艺术作品，然而汉唐以来美术上深沉古拙的韵致，还是为唐之后文人的风花雪月、林泉高致所消解，画坛中的阴柔隐逸之气在一代代的文人骚客中筑建起田园意趣的精神家园，已经远远脱离现实社会，文人在风雅中游戏人生。然而，随着甲午战争的打响，近代的中国进入了动荡和剧变的时代，千年的文明受到各种质疑和批判，优美的、高雅的审美传统已经不符合当下民族危机的社会环境，钢铁般的坚硬力量才是民族需要的美的表达，纪实摄影也便是在这种艺术精神的宕转下开始应运而生。

纪实摄影无论在表现题材还是图像风格上，都与战时的现实主题相适应，纪实摄影要求摄影师以现实生活为对象，进行现实主义的创作，这种创作要求摄影家既采用现实对象为素材，又要通过摄影家的构图、光影以及其他技术层面的操作，来抽离完全的现实，从而进行个人风格的创作。这种纪实性摄影的最大特点，在于它既可以广泛、真实地记录社会现实而有社会价值，又因其具备艺术家的再创力而有艺术价值。纪实摄影从题材的角度来看，可以

---

① 韩丛耀、赵迎新编，吴强著：《中国影像史 1937—1945》(第 7 卷)，北京：中国摄影出版社 2015 年版，第 360 页。

分为几个大类：关注社会问题，如战争、民生、疾病等社会纪实类题材；关注文化遗产、文化保护等文化纪实类题材；关注典型人物、群体，记录反映其生活与人生的人文纪实类题材等。但无论是何种题材，纪实摄影都需要摄影师对现实社会事物进行个人的艺术创作，以揭示现实和探讨人生的命题。

以庄学本、方大曾、沙飞为代表的摄影家深入社会、亲临战场，其作品表现出坚强不屈、昂扬向上的民族气节，富有浓厚的时代烙印。方大曾在《卢沟桥抗战记》一文中发表《保卫卢沟桥的二十九军战士》（图8-2-1），照片中战士挺立在卢沟桥上，身侧背着步枪，身后背着子弹带，严阵以待的样子。画面中卢沟桥的石狮，比喻中华民族这只雄狮。照片采用斜构图，仰视，石狮、战士、卢沟桥几何分割画面，带有危机感，但显得刚劲有力，配合作者激昂的文字，在战事一触即发之际，鼓舞了士气，并向大众传递了中国军人必胜的姿态和信心，起到了抗战动员的作用。

沙飞在1938年所拍摄的《战斗在古长城》（图8-2-2）中警觉的指挥官与聚精会神的机枪手凝重地望向远方。远处层叠绵延的长城上，埋伏了更多的战士，象征了中国军人用血肉铸成了万里长城，守护着祖国山河。

这些金戈铁马的影像语言与风花雪月的风情产生了鲜明的对比，充斥着人类在追求自由时的嘶鸣和怒吼。庄学本在进行边地纪实摄影的过程中，走遍了西北地区的千山万水。他作品里那些巍峨嶙峋的雪山、无边无际的草原、策马奔腾的骁勇骑士、在恶劣自然环境下顽强生存的部落族群，都体现出了一种自强不息、不畏艰难的坚韧气魄，这些中国少数民族的形象，在特殊的历史时期成为象征中国人坚毅、顽强、拼搏的精神符号。

**图 8－2－1** 《保卫卢沟桥的二十九军战士》,摄影,方大曾,1937 年
　　"我站在卢沟桥上浏览过一幅开朗的美景,令人眷恋,北面正浮起一片辽阔的白云,衬托着永定河岸的原野。伟大的卢沟桥也许将成为伟大的民族解放战争的发祥地了!"——方大曾《卢沟桥抗战记》

　　(图片来源:《致敬! 他们用趟血的岁月与苦难铭刻 1937》,央视网,2018年 7 月 7 日)

**图 8 - 2 - 2　《战斗在古长城》,摄影,沙飞,1938 年**

(图片来源:抗日战争纪念网)

　　中国纪实摄影的发展背后的原动力,其一是摄影家社会角色的转变与社会意识的觉醒,其二是审美心态和审美追求的转换,其三是战争的社会实情需要纪实摄影的存在。一种强调英雄主义、家国精神,主张弘扬民族坚毅的美学语言成了战时中国影像叙事的主流。

　　摄影作品的题材极为广泛,有反映战场的战斗情况,也有反映后方军民生活的;有中国大陆战场也有国外战场;有反映国民党部队也有反映共产党部队的;有反映日本百姓生产备战的,也有反映日本军人葬礼等各个角度、阶层、国家内容的。日军队伍中也配有摄影人员,他们拍摄的战时照片寄回国内,①被家人集结成册,这些

----

① 按:一些容易引起国联反对的照片日本政府是不允许发表或展示的,有的照片不允许邮寄回国内。

**图 8-2-3　《天葬时喇嘛诵经祈祷》(青海玉树),摄影,庄学本,1937 年**

(图片来源:庄学本:《庄学本全集》,上海:中华书局 2009 年版)

作品也从另一立场的角度佐证了抗日战争时期的情况。在以往公开发表的抗战摄影作品中,反映共产党的多,国民党的少,且存在一些局限性。而从整个抗战时期的摄影资料上来看,反映国民党抗战的资料不在少数,需要进行系统梳理和研究,这方面的资料保存在台湾档案馆较多。战时的摄影作品主要用于新闻报道和宣传,当时的国内外报刊刊登有各种战时摄影照片。照片是真实直观的图像表现形式,其传播手段成熟,国际影响大,宣传力也强,是抗日战争时期发挥广泛宣传力的美术门类。

一些照片能清楚地展现日军的侵略行为,如王小亭拍摄的著名的《上海南站日军空袭下的儿童》,沙飞拍摄的《日寇烧毁的村庄》《被日寇杀害的中国人》等;有的作品反映中国军民在百团大战、平型关大捷、武汉保卫战等重大战场的反抗斗争，如沙飞的《英勇冲锋》《陈庄战斗》《肉搏》《攻克涞源东团堡》《郭天民、刘道生部队占领交通枢纽天险娘子关》，高帆的《八路军在反"扫荡"中》《武工队奔赴敌占区》《破坏敌人封锁线》等；有的作品反映领导人如毛泽东、周恩来、蒋介石、李宗仁以及国、共抗日将领，如沙飞的《聂荣臻将军和日本小姑娘美穗子》、罗光达的《朱德在马上》；还有表现生产自救主题的，延安及晋冀鲁豫根据地建立以后，由于物质条件艰苦，部队展开了大生产运动，如高帆的《开展大生产运动》《自己动手挖窑洞》等作品。因为生产自救的场面大都是敌后的生活场景，所以这些照片资料对当时人们衣食住行的生活状态研究也具有一定价值。此外，还有一些记录了当时的政治状况和事件，比如日本在东北成立伪满洲国、两次国共合作、中美英谈判等，是抗日战争图像叙事的重要组成部分。

## 二、战时摄影家、团体与出版物

### 1. 摄影家

图 8-2-4　王小亭

（图片来源：上海黄浦区档案馆）

王小亭（1900—1981 年），北京人，早年任职于英美公司电影部，1923 年随美洲探险团赴蒙古、新疆、西藏等地考查，历时两年多。"返沪后，受万国新闻通讯社的聘请，任该社摄影记者，作美国摄影师范济时的助手和中文秘书。'九一八'事变后，他又到了东北锦州前线摄影，察哈尔、绥远、热河等地都留下他的足迹。王小亭的作品很多，散见于《良友画报》《申报》《世

界画报》《时代画报》《北晨画报》《战时画报》《大众画报》等很多种
刊物。"①"八一三"事变后，他的一张摄影作品《上海南站日军空
袭下的儿童》(图8-2-5)发表后受到高度评价。1937年8月28
日，日本对上海南站进行轰炸，炸弹炸毁天桥、站台和附近的居民
区，火车起火，站台崩塌，平民被活活压死。王小亭用电影摄影机
拍摄了一张坐在站台废墟中的小孩照片。照片上的小孩叫王家
升，父母在轰炸中去世，年仅一岁多的孩子满身是血，大声哭泣。
照片刊登于10月4日美国的《生活》杂志封面，名为《中国娃娃》，
美国政府又将照片用在红十字会和国家公债的海报上广为宣传，
引起了国际舆论的强烈谴责，据说当时世界上有1.36亿人看到

**图8-2-5　《中国娃娃》(又名《上海南站日军空袭下的儿
童》)，摄影，王小亭，1937年**

(图片来源：上海黄浦区档案馆)

---

① 韩丛耀、赵迎新、吴强、刘亚：《中国摄像史1937—1945》(第7卷)，北京：中国摄影出版
社2015年版，第250页。

了这张照片①，被认为是美国 1855 年至 1960 年间发表的最优秀的新闻照片之一。美国因此对日本杀戮平民一事提出抗议，激怒了日军，日军宣称照片是假造，并且悬赏通缉王小亭，王小亭因此逃至香港。这张照片不但控诉了日本侵略者的血腥残暴，更重要的是引起了国际社会对中国人民的同情和支持。

**图 8-2-6　方大曾**

（图片来源：冯雪松：《方大曾：遗落与重拾》，北京：新世界出版社 2017 年版）

方大曾（1912—约 1937 年至 1938 年间），原名方德曾，笔名小方，北平人，1929 年 17 岁的方大曾在北平发起成立少年摄影团体"少年影社"。1931 年"九一八事变"后，参加"反帝大同盟"的机关报《反帝新闻》和北平少年队机关刊物《少年先锋》的编辑工作。1934 年应聘至北平基督教青年会当干事，后去天津青年会工作，在天津期间加入"中外新闻学社"，担任摄影记者。他在抗日战场前后奔走，留下了很多抗战题材的摄影作品，如《日军炮火下之宛平城》（图 8-2-7）、《卢沟桥抗敌之二十九军士兵》（8-2-8）、《长城》《抗战图存》《卫国捐躯》《我们为自卫而战》《已沦敌手之天津》等。"1936 年绥远抗战爆发后，他到前线采访，活跃于长城内外，写下多篇附有摄影作品的通讯报道。1937 年卢沟桥事变后任中外新闻学社（简称"中外社"）摄影记者、全民通讯社（简称全民社）摄影记者及《大公报》战地特派员，赴前线采访。"1937 年 7 月

---

① 《改变世界的 100 系列》编辑部编：《改变世界的 100 系列：改变世界的 100 幅照片》，第 99 页。

10 日，方大曾前往卢沟桥采访，拍摄照片并撰写了报道《卢沟桥抗战记》一文发表。1937 年 7 月 28 日，他和其他三位记者从保定出发再次前往卢沟桥采访后返回河北，9 月 18 日，他从河北蠡县寄出最后一篇战地通讯《平汉线北段的变化》后便失去音讯，该文发表于 1937 年 9 月 30 日的《大公报》，以此推测，方大曾可能是在 1937 年 9 月至 1938 年间牺牲于抗日前线，年仅 25 岁。方大曾去世后，有 837 张底片得以完整保存，其中反映绥远抗战内容的有 300 余张，为我们留下重要的抗战史料。①

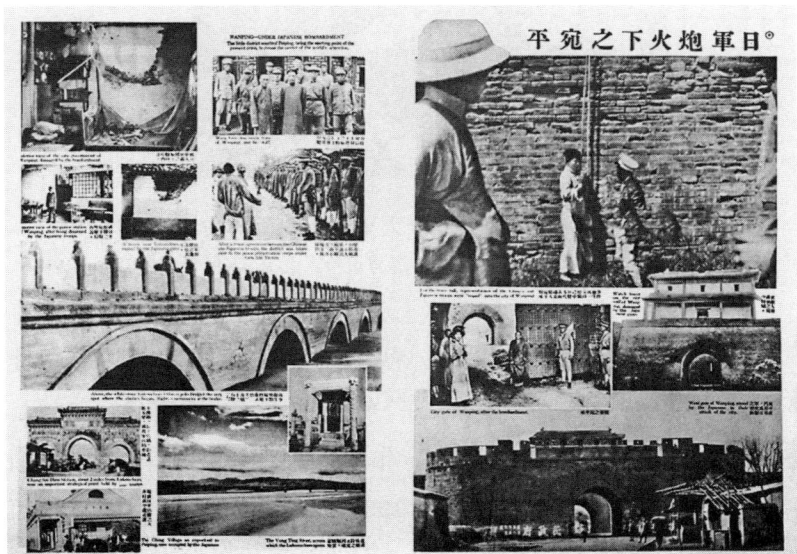

**图 8‑2‑7　《日军炮火下之宛平城》，摄影，方大曾，1937 年**

（图片来源：《良友》，1937 年第 130 期）

---

① 甘险峰：《中国新闻摄影史》，第 56 页。

**图 8－2－8　《卢沟桥抗敌之二十九军士兵》，摄影，方大曾，1937 年**

（图片来源：冯雪松：《方大曾：遗落与重拾》，北京：新世界出版社 2017 年版）

**图 8－2－9　沙飞**

（图片来源：抗日战争纪念网）

沙飞（1912—1950 年），原名司徒怀，广东开平人，幼年就读于广州，1936 年考入上海美术专科学校西画系。1936 考入上海美术专科学校西画系，同年 10 月拍摄发表鲁迅最后的留影、鲁迅遗容及其葬礼的摄影作品，引起广泛影响。1936 年 12 月和 1937 年 6 月，分别在广州和桂林举办个人影展。抗战爆发后担任全民通讯社摄影记者，并赴八路军 115 师采访刚刚结束的"平型关大捷"。1937 年 10 月参加八路军,先后担任晋察冀军区新闻摄影科科长、《华北画报》社主任等职,创办了解放区第一个摄影画报《晋察冀画报》。[1] 他是中国人民革命摄影艺术创作实践和摄影理论探索的先驱者和指引者,解放区摄影队伍优秀的建设者之一。从1937年10月他拍摄采访平型关大战之后的115师开始,抗日战争时期是沙飞的创作旺盛期。沙飞在任专职摄影记者时,跟随骑兵营、杨成武支队进行摄影采访,拍摄了《沙原铁骑》《挺巡长城内外》《塞上风云》等名作。"1938年1月至5月,沙飞到前线采访,拍摄了《缴获日军战马》等作品。6月,白求恩来晋察冀,沙飞拍摄了聂荣臻与白求恩会面的珍贵镜头,并陆续拍摄了著名的《白求恩与小战士》《白求恩大夫在山西五台松岩口村模范医院病室动手术》(图8-2-10)等作品。7月至12月,沙飞相继到军区四分区、一分区、三分区进行工作和一系列摄影采访,拍摄了反映我军军旅生活、边区妇女儿童的抗日活动等作品。1939年,沙飞拍摄了大量不同题材的反映解放区的摄影作品,如《反'扫荡'中追歼逃敌》《瞭望哨》《给灾民发放救济款》《五台山和尚参加军训》等,反映了抗日军民生活的。1940年春,解放区大生产运动如火如荼,沙飞拍摄了《开展大生产运动》等作品。8月,八路军发动百团大战,沙飞等摄影工作者前往正太线摄影采访。沙飞在大战中作风顽强、行动迅猛、不畏艰险、慧眼独到,把许多极富历史与艺术价值的场景收入镜头,拍摄了《攻占天险娘子关》《向井陉煤矿发起攻击》《聂荣臻将军与日本小姑娘》等作品,在晋察冀腹地拍摄了《拥护施政纲领》《形象教学》《做军鞋》等作品,进一步拓展了他摄影创作题材的范围,其摄影技术和风格日趋成熟。1942年,沙飞主持并编辑出版解放区第一本摄影画报《晋察冀

[1] 马海平:《上海美专名人传略》,第335页。

画报》。1944 年至 1945 年,沙飞创作的摄影作品突出反映部队内的文娱、体育活动,如《跳远》《走天桥》《妇女拔河赛》等,展现了解放区生活美好、稳定的状态,表达了军民的乐观主义精神。[①]  沙飞在解放区创作了千余幅摄影作品,他不但为书写抗日战争的图像史留下了大量宝贵的财富,而且在中国摄影艺术史上取得巨大的艺术成就和重要的地位。

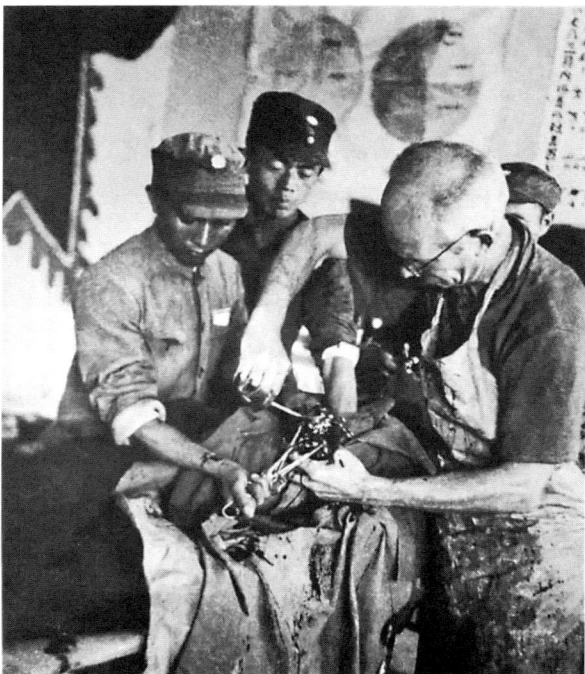

**图 8–2–10   《白求恩大夫在山西五台松岩口村模范医院病室动手术》,摄影,沙飞,1938 年**

(图片来源:王雁主编:《沙飞摄影全集》,北京:长城出版社 2005 年版)

---

[①] 王剑清、冯健男:《晋察冀文艺史》,北京:中国文联出版公司 1989 年版,第 610—611 页。

吴印咸（1900—1994 年），原名吴荫诚，江苏省沭阳县人。1919 年入上海美术专科学校学习西画。"1923 年毕业后，任沭阳中学和师范学校美术教员，并在画刊上发表摄影作品。1927 年返沪，摄影作品《田螺》曾获瑞士摄影沙龙优秀奖。1932 年任上海天一影片公司布景师，并负责拍摄预告片的动画。1934 年，吴印咸应电影界及文化界泰斗夏衍之邀，到上海电通影片公司拍摄由田汉编剧、许幸之执导的影片《风云儿女》，成为电影摄

图 8 - 2 - 11　吴印咸

（图片来源：马海平：《上海美专名人传略》，南京：南京大学出版社 2012 年版）

影师。1936 年入明星影片公司，拍摄影片《生死同心》。"①吴印咸在抗日战胜时期创作了许多经典摄影作品，他在延安举办了多期摄影培训班，培养了众多摄影人才，撰写了在解放区深有影响的理论专著《摄影常识》，成为解放区最早的摄影理论成果之一。1938 年 8 月，吴印咸赴延安，9 月在八路军总政治部下组建成立了延安电影团，任技术及摄影负责人，拍摄了一批延安自然景观的照片，如《延安古城》《延河》《驼铃叮咚》等。10 月 1 日，大型纪录片《延安与八路军》开机，该片是人民电影的第一部作品，摄制团队一路跋山涉水，穿越敌人重重封锁线，至 1940 年 5 月，在延安、晋绥、晋察冀、晋西北、晋北、晋东北、冀西、雁北、平西等地区拍摄，后又拍摄了《南泥湾》等纪录片。1939 年，吴印咸在晋西北、晋察冀等抗日根据地进行了大量的摄影创作。期间，吴印咸跟随白求恩的医疗队

---

① 马海平：《上海美专名人传略》，第 365 页。

从冀西转战冀中两个月，留下了很多经典影像资料，创作出了摄影作品如《白求恩大夫》(图 8 - 2 - 12)①。1940 年，吴印咸回到延安，拍摄了《埋锅造饭》《垦荒》等作品，1940 年至 1941 年，吴印咸为朱德、周恩来、彭德怀、董必武、邓小平、贺龙等领导人拍摄了肖像照片，这是吴印咸创作人像作品的一次可贵实践。吴印咸在抗日战争时期的摄影作品，从题材上大致可以分为三类：一是党政军领导人肖像及其参加的重大活动；二是工农兵人物肖像及其活动；三是解放区自然风光。第一类作品是吴印咸摄影作品中的特色作品，他的肖像作品光线、构图简洁，背景干净，没有什么时间和空间的表达，在人物表现方面能够细致观察和捕捉，通过面部表情抓住人物内在的感情、气质和性格等特质，补充空白背景，以增强画面的张力。

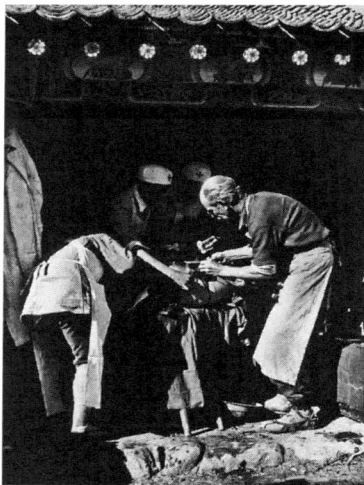

**图 8 - 2 - 12　《白求恩大夫》，摄影，吴印咸，1938 年**

(图片来源：刘伟东主编：《红色记忆：吴印咸抗战影像文献集》)

---

① 王向峰、吴玉杰、徐迎新：《民族救亡的一道长城：抗日战争的文艺战线》，沈阳：辽宁大学出版社 2015 年版，第 182 页。

**图 8-2-13　延安电影团的吴印咸给毛泽东拍照,马似有摄 1945 年**
(图片来源:刘伟东主编:《红色记忆:吴印咸抗战影像文献集》)

石少华(1918—1998 年),广东番禺人,生于香港。1932 年起在广州岭南大学附属初中和高中读书。1938 年春赴延安,先后进入陕北公学抗日军政大学学习。同年 10 月加入中国共产党。1938 年春赴延安,先后进入陕北公学、抗日军政大学学习,同年 10 月加入中国共产党,1939 年 9 月随抗大总校迁往华北敌后,历任记者团摄影记者、冀中军区政治部宣传部摄影组长、摄影科科长,1943 年任晋察冀军区晋察冀画报社副主任,冀中的摄影工作主要由石少华开

**图 8-2-14　石少华**
(图片来源:周邓燕编,吴为山著:《影像中国——20 世纪中国摄影名家:石少华》,北京:中国摄影出版社 2019 年版)

辟并领导。① 石少华组织领导了晋察冀摄影工作者的培训,对晋察冀摄影乃至解放区摄影事业有着较大影响。1938 年石少华入延安陕北公学学习,期间担任学校的摄影采访工作。1939 年毕业后选入高级军事政治研究队深造,他为庆祝抗日军政大学三周年举办的大规模摄影展览提供了摄影作品,并被任命为抗大记者团摄影记者,拍摄了《毛主席和小八路》(图 8 - 2 - 15)、《毛泽东和农民亲切交谈》等代

**图 8 - 2 - 15　《毛主席和小八路》,摄影,石少华,1939 年**

(图片来源:周邓燕编,吴为山著:《影像中国——20 世纪中国摄影名家:石少华》,北京:中国摄影出版社 2019 年版)

---

① 韩丛耀、赵迎新编,吴强、刘亚东著:《中国影像史 1937—1945》(第 7 卷),第 256 页。

表作品。1940年,冀中军区扩建摄影科,石少华担任科长,组织领导冀中的摄影工作。① 1940年至1942年,冀中军区举办了4期摄影训练队,培养出百余名摄影工作者,摄影活动空前活跃。石少华的摄影作品,代表性的是反映雁翎队、地道战、地雷战等的作品,地道战题材的有《出奇制胜》《地道战》《机动灵活》等,反映平原游击战争的历史画面,表现了抗战军民出奇制胜的才智和英勇无畏的抗战品质;反映白洋淀雁翎队的作品,以游击队出击、行军、军训、学习、劳军、监视敌人等方面来表现,带有革命浪漫主义色彩,代表作有《白洋淀上雁翎队》《芦苇丛中监视哨》《冰上练兵》等。石少华的摄影作品从武装群众、军民团结作战等角度,记录了抗日战争的部分历史,表现出强烈的战斗个性,颇具历史文献价值。②

图 8 - 2 - 16　《雁翎队伏击日本包运船》,摄影,石少华,约 1942 年

(图片来源:周邓燕编、吴为山著:《影像中国——20世纪中国摄影名家:石少华》,北京:中国摄影出版社 2019 年版)

---

① 冯思德、张从海主编:《燕赵文艺史话·书法卷 美术卷 摄影卷》,石家庄:花山文艺出版社 2006 年版,第 547 页。

② 王剑清、冯健男:《晋察冀文艺史》,北京:中国文联出版公司 1989 年版,第 617—618。

**图 8 - 2 - 17　左起：叶昌林、沙飞、吴印咸、石少华在晋察冀军区政治部前合影**
（图片来源：王雁主编：《沙飞摄影全集》，北京：长城出版社 2005 年版）

**图 8 - 2 - 18　徐肖冰**
（图片来源：央视《大家》：红色摄影家徐肖冰）

徐肖冰（1916—2009 年），浙江桐乡县人。1933 年后在上海电通影片公司、明星影片公司和西北电影公司任摄影助理。参加拍摄《风云儿女》《马路天使》《塞上风云》等影片，在抗日战争中创作抗战主题的摄影作品。1937 年赴延安，1938 年入抗日军政大学学习，后入八路军总政治部延安电影团，参与拍摄纪录片《延安与八路军》。1939 年 9 月至 1940 年从冀中经晋察冀到晋冀鲁豫抗战前线采访，1940 年参加百团大战战地摄影采访，如《太行山民兵拆毁敌人修建的碉堡》(图8‐2‐19)。1941年,返回延安后参拍《生产与战斗结合起来》《党的七大》等影片。1943年春节,在"鲁艺"拍摄电影《兄妹开荒》,这期间摄影作品有《毛主席和朱总司令在工作》《太行山八路军号兵》《延安抗大女生》《延安小脚女民兵》。[①] 徐肖冰一生创作了许多经典的摄影佳作,拍摄了抗战期间军民的大量照片以及毛泽东、朱德、周恩来、刘少奇、邓小平等革命领导人的肖像,都是极珍贵的历史资料。

**图8‐2‐19　《太行山民兵拆毁敌人修建的碉堡》,摄影,徐肖冰,1940年**

(图片来源:李琦、梁干波、宗文龙编:《路:徐肖冰侯波摄影作品集》,杭州:浙江人民美术出版社1989年版)

---

① 陈申、徐希景:《中国摄影艺术史》,北京:生活·读书·新知三联书店,2011年版,第336页。

**图 8‑2‑20　高帆**

（图片来源："光影人生，高帆、牛畏予摄影回顾展"，中国美术馆）

高帆（1922—2004 年），原名冯声亮，浙江萧山人。1938 年先后入陕北公学、抗日军政大学学习，后分配至八路军一二九师政治部任宣传干事。1939 年得到了部队缴获的一架照相机，后开始摄影工作。1941 年拍摄了《到敌人后方去的黎城县大队整装出发》《拆炮楼》《涉过河，向敌据点奔袭》《八路军在反"扫荡"中》《武工队奔赴敌占区》《破坏敌人封锁线》等照片。1943 年编辑出版《战场画报》，起初只能刊登木刻版画作品，后带回摄影制版材料，开始发表摄影作品，为中国的战争史和摄影史留下了珍贵的历史档案。

**图 8‑2‑21　《太行山区涉县人民送郎参军》，摄影，高帆，1942 年**

（图片来源："光影人生：高帆、牛畏予摄影回顾展"，中国美术馆）

"除了以上介绍的摄影家和摄影作品外，还有罗光达《朱德在马上》《太行山上》《金顶妙峰山的哨兵》《白求恩在前线抢救伤员》、俞创硕《中国生力军开赴前线》《伏击于杭富路的中国军队》《日军轰炸后的重庆》、苏静《黄河之畔，改编东渡出师抗日》《红小鬼歌舞队》、郑景康《兄妹开荒》、雷烨《行进在祖国的边城》《战斗在喜峰口》《塞外宿营》《日寇烧杀潘家峪》组照、《驰骋滦河挺进热南》组照）、赵烈《军民一同插稻秧》《我是抗日小兵》、叶挺《新四军卫生训练班》、张爱萍《反扫荡中敌占区我侦察兵》《苏北三师大练兵》、邓发、聂荣臻、耿飚、流萤、张进学、孟振江、梁明双、蔡尚雄、顾棣、向慧庵、蔡述文、马庚伯、吴宝基、黄宇民、卓世杰、黄汉章、颐延鹏等，他们在抗战期间都拍摄了大量的反映军民抗战的照片。"①

14 年的抗战，许多摄影工作者不畏艰难，不畏生命危险，为中国的抗战事业做出了贡献和牺牲，甚至如上文提到的方大曾一样，献出了自己的生命，"仅在华北抗日根据地所知的就有韩金生、荣启明、高明、雷烨、赵烈、陈明才、何重生、陆续、孙谦、石震才、李明、张梦华、李文治、韩拴仓、吴亚夫、李乃、刘占奎、何博学、库相波、杨振奎、孟振江、宋谦、李光耀等人"②。他们和所有在抗日战争中牺牲的摄影工作者永远值得我们敬仰和怀念。

2. 团体

战争时期的新闻业发达，民众关心民族危亡，渴望获得战事情报，因而报纸杂志、广播等大众传媒行业都加强了摄影报道，培养了大批的摄影人才，在此基础上，摄影机构也纷纷成立，30 年代初

---

① 宋振军：《在抗日战争中抗战主题的摄影创作》，《沈阳工程学院学报（社会科学版）》2016 年第 1 期。
② 杨克林：《中国抗日战争时期的摄影》，《中国摄影家》2007 年第 7 期。

期就达到数十家之多，并分布在全国和海外，①从地域上来看，文化发达的大城市如北平、上海、天津、南京、武汉等都建立了新闻通讯机关，就是一些中小型城市如南昌、长沙、唐山以及比较落后的绥远、广西等地也组织了新闻社。这些摄影机构有其特定的业务范围，一类是专门报道新闻照片的通讯社，如中国摄影社；一类是兼具文字报道和新闻照片的，如中外新闻社等。除了独立的摄影通讯机构外，少数报纸和画报也建立了自己的新闻摄影组，如《申报》新闻摄影社、《时报》摄影社、《良友新闻》摄影社、《西京日报》摄影部等。②

从组织机构上来看，1937 年第二次国共合作后，"国民党中宣部成立了国际宣传处摄影科、中央通讯社摄影部、军事委员会政治部第三厅的摄影宣传部门、励志社的电影科、全民通讯社以及武汉新闻摄影社、中国新闻摄影社等。中国共产党领导的八路军、新四军中，在部队文教部门中设立摄影组织"③，并开展摄影培训班，培养了一大批摄影工作者和宣传干事，其开展活动不但供应报纸杂志摄影照片，还向海外报刊发稿，数量有逾数万张。太平洋战争爆发后，同盟国在重庆及大后方各大城市分别建立了新闻处，中国也积极配合盟国的摄影宣传工作，成立合作官方的、民营的、盟

---

① 较有代表性且影响较大的新闻社有中国新影社、新闻摄影社、中国新闻摄影社（中国社）、北洋新闻社、新声摄影社、东北新闻影片社、焕章新闻社、民觉社、国际社、东亚摄影通讯社、华北新闻摄影社、国民社、武汉社、长江摄影社、津东社、民声摄影通讯社、中联社、世界航空新闻社、中外新闻社、嘉兴社、燕清社、西北新闻社、时事社、绥东社、南中国摄影社、湖南时事新闻社、广西社、江西社、华东社、广西民众社、民众社、东北摄影社、全球社、中国摄影社、绥远通讯社、远东社等。

② 胡志川、马运增等主编：《中国摄影史 1840—1937》，北京：中国摄影出版社 1987 年版，第 138 页。

③ 杨克林：《中国抗日战争时期的摄影》，《中国摄影家》2007 年第 7 期。

国的、中外合办的等 12 个新闻摄影机构开展摄影活动，除了在报刊发表新闻照片以外，还开展了各种摄影展览，并且分别赴英国、美国、苏联等海外国家举办巡展，为获得国际舆论和世界人民的支持发挥了巨大作用。

3. 出版物

从 1931 年"九一八"事变至 1937 年"七七事变"，一切唯美主义、享乐主义等不适应抗战需要的事物、思想、表现被逐渐淘汰，出版物中越来越多的是抗战题材的摄影画报和专集。以上海为例，30 年代前期出版的摄影专集如下：

| 名称 | 出版机构 | 出版时间 |
| :---: | :---: | :---: |
| 中日甲午战争摄影集 | 良友 | 1931 年 |
| 日本侵略东北真相画刊 | 良友 | 1931 年 |
| 黑龙江战事画刊 | 良友 | 1931 年 |
| 锦州战事画刊 | 良友 | 1932 年 |
| 上海战事画刊 | 良友 | 1932 年 |
| 淞沪御日血战大画史 | 文华 | 1932 年 |
| 热河血战画史 | 文华 | 1933 年 |
| "九一八"国难纪念 | 良友 | 1933 年 |
| 榆关战事画刊 | 良友 | 1933 年 |
| 华北战事画史 | 文华 | 1933 年 |
| 淞沪抗日画史 | 时事社 | 1933 年 |
| 东北巨变血泪大画史 | 时事社 | 1933 年 |
| 古北口回忆 | 良友 | 1934 年 |
| 中国现象"九·一八"以后的中国画史 | 良友 | 1935 年 |

（表格来源：上海摄影家协会、上海大学文学院：《上海摄影史》，上海：上海人民美术出版社 1992 年版）

以上摄影出版物，都是带有史料文献性质的图书，内容多半是在画报上发表过和少数没有发表的时事照片选集,例如《中国现象:九一八以后的中国画史》(图 8－2－22)即是将 1931 年"九一八"事变以后到 1934 年底,《良友》上刊登的新闻照片中具有重要意义和代表性的摄影作品,具有图像文献资料集的功能。

图 8－2－22　《中国现象:九一八以后的中国画史》书影

(图片来源:《中国现象:九一八以后的中国画史》,上海:良友图书
印刷公司 1935 年版)

画刊方面,在 1937 年"八一三"淞沪会战后,上海除了老牌画报《良友》《中华》外,因战时新闻需要,出现了数十种以战事新闻为题材的摄影画报,如《抗敌画报》《血战画报》等等,该种画报多为三日刊、五日刊,随时刊登战况新闻,充分反映了民众对抗战画报的

迫切需要。当时上海出版的较有影响力的画报如下：

| 名称 | 刊物 | 起止年月 | 总版数 | 出版者 |
|---|---|---|---|---|
| 良友画报 | 月刊 | 1926.1—1941.10 | 1—171 | 良友 |
| 中华图画杂志 | 不定期 | 1930.7—1941.8 | 1—104 | 中华图画杂志社 |
| 少年画报 | 月刊 | 1937.4—1941.9 | 1—40 | 商务印书馆 |
| 良友战事画报 | 五日刊 | 1937.8—1937.11 | 1—19 | 良友 |
| 抗战画报 | 三日刊 | 1937.8—1937.11 | 1—29 | 抗战三日刊社 |
| 抗日画报 | 周刊 | 1937.9—1939.11 | 1—15 | 新生出版社 |
| 抗敌画报 | 周刊 | 1937.9—1939.11 | 1—14 | 抗敌画报 |
| 战时画报 | 五日刊 | 1937.9—1939.11 | 1—20 | 中华图画社杂志社 |
| 血战画报 | 五日刊 | 1937.10—1937.11 | 1—7 | 血战画报社 |
| 胜利画报 | 月刊 | 1937.7—1937.12 | 1—3 | 大同出版社 |
| 抗日战事画刊 | 号外 | 1937.7.31 | 1 | 时代画报社 |
| 大抗战画报 | 旬刊 | 1937.7—1937.11 | 1—3 | 大抗战画报 |
| 抵抗画报 | 五日刊 | 1937.7—1937.11 | 1—2 | 抵抗画报 |
| 战声画报 | 五日刊 | 1937.7—1937.11 | 1—10 | 战声画报社 |
| 战时生活画报 | 五日刊 | 1937.7—1937.11 | 1—10 | 健康生活社 |
| 辛报战情画刊 | 周刊 | 1937.7—1937.11 | 1—5 | 辛报社 |
| 总动员画报 | 半月刊 | 1937.11 | 1—2 | 总动员画报 |

（表格来源：上海摄影家协会、上海大学文学院编：《上海摄影史》，上海：上海人民美术出版社 1992 年版）

摄影刊物的出版大多集中在 1937 年 8 月至 11 月，且多数为民间刊物，这些刊物虽然在上海出版，但于全国发行。

1938 年 7 月，国民政府军事委员会政治部第三厅出版了《日军暴行录》，收集了 140 多幅照片，以"烧、杀、炸、奸、劫"为题分列。

解放区在战斗频繁、残酷，生活条件极度艰苦的条件下，沙飞于 1942 年 7 月 7 日正式创办了解放区第一个摄影画报《晋察冀画报》(图 8-2-23),该画报以刊载新闻照片为主,画报一直出版至抗战胜利。《晋察冀画报》的出版对晋察冀的摄影工作是一次有力的推动,从摄影工作上来看,它为众多摄影工作者提供了学习和发表的平台,激发了晋察冀摄影工作者投身摄影工作的热忱;从抗战工作来看,画报的出版能使他们团结起来,组成一个规模庞大的摄

图 8-2-23  《晋察冀画报》创刊号封面,1942 年 7 月 7 日在河北石
家庄平山县碾盘沟村正式出版

(图片来源:《晋察冀画报》,1942 年 7 月 7 日)

影网,在交流和团结中有力地推动抗战的宣传;从传播力来看,摄影作品的发表,无论在解放区、国统区还是国际新闻媒体广泛传播,都引起了不同程度的影响。当时晋察冀根据地的司令员聂荣臻曾说:"《晋察冀画报》的编辑方针,应该是把边区抗日军民的英勇斗争,光辉事还反映出来,以鼓舞人民更勇敢的斗争。我们的画报不仅要面对边区,而且要面对全中国,全世界。"①创刊号刊登了150多幅摄影作品,内容有大龙华歼灭战、百团大战、狼牙山战斗、外宾访问边区、白求恩抢救伤员、游击战、八路军向塞外挺进、外宾访问边区等反映作战和建设根据地等方面内容。特别值得一提的是,沙飞和《晋察冀画报》对摄影底片的重视,他们规定"人在底片在,一人倒下,另一人背起,保证不损坏,不遗失"。有一次柏崖突围,形势危急,沙飞以身作则抢着背了两个牛皮包底片,在枪林弹雨中冲出重围,从雪坡跌下悬崖,冻伤双腿,几乎致残。② 沙飞和他的战友用生命保护了数以万计的照片,直至今日都是中华民族历史的宝贵财富。

　　1943 年 7 月《山东画报》创刊,1944 年 6 月《胶东画报》创刊,1945 年 7 月《冀热辽画报》创刊,抗日战争时期解放区的摄影出版事业不断发展壮大,配合各画报社发行的转刊、专集、小卡片等,解放区的摄影事业蒸蒸日上。

　　秉持"一切为抗战服务"精神,摄影作品与绘画作品一样,在抗战宣传中起了重要的作用。纪实照片的图像报道,提供战况信息、谴责日军侵略罪行、宣扬中国军民抗战战绩、树立国防意识、激励

---

① 河北省新闻出版局出版史志编辑部编:《中国共产党晋察冀边区出版史资料选编》,石家庄:河北人民出版社 1991 年版,第 142—143 页。

② 沙飞:《沙飞摄影集》,沈阳:辽宁美术出版社 1986 年版,第 8 页。

民众的抗战情绪等。沙飞曾说:"摄影在救亡运动上既是这么重要,摄影作者就应该自觉起来,义不容辞地担负起这重大的任务。把所有的精力、时间和金钱都用到处理有意义的题材上——将敌人侵略我国的暴行、我们前线将士英勇杀敌的情景以及各地同胞起来参加救亡运动等各种场面反映暴露出来,以激发民族自救的意识。同时并要严密地组织起来,与政府及出版界切实合作,务使多张有意义的照片,能够迅速地呈现在全国同胞的眼前,以达到唤醒同胞共赴国难的目的。这就是我们摄影界当前所应负的使命。"①沙飞的这段话清晰地讲述了在抗战时期摄影作品揭露日军暴行、唤起人民奋起反抗的首要目的。前文曾说,日军否定《中国娃娃》的真实性,意味着日本不承认侵略。抗战期间,国共两党以电台广播、文字新闻、图片新闻这三种重要的宣传形式通过报纸、杂志、画报等媒介进行抗战宣传,配合小卡片、册子等方式扩大宣传,揭露日军的各种侵略行为,表现中国军民的抗战反击,很多国外媒体纷纷刊登中国抗战的照片,一些国际主义战士来到中国支援。图片的叙事方式,不但是抗战宣传的武器,更是历史事实的记录,见证了中国抗战的宏伟诗篇。

---

① 沙飞:《摄影与救亡》,《广西日报》,1937 年 8 月 15 日。

# 第九章 战时通俗美术的宣传

美术通俗化吸纳了民间传统和地方文艺形式,出于提高民众抗战救亡宣传力的诉求,当时的美术家普遍采用了"旧瓶装新酒"的艺术创作方式,创作出民众喜闻乐见的美术作品,极大地鼓舞了民众的战斗激情。抗战时期的通俗美术,以从未有过的重视程度和浩大的发展规模担起了美术在民族战争中功能性的责任。延安的版画家以现实生活为创作源泉,结合抗日宣传的需要创作了百姓喜闻乐见的年画和壁画等民间传统艺术,其内容现实、形式质朴、手法新颖,形成了大众化、通俗化、民族化的艺术风貌。

## 第一节 群众性的通俗美术

### 一、年画

民国时期,年画作为具有广大群众基础的美术形式,是知识分子提倡美术改革的另一领域。"从事通俗文化运动的人们,我们必须发起图画界向通俗文化方面努力,我们要利用图画方面的旧瓶从事改良年画及连环图画的工作。我们觉着这是通俗文化运动方面急应做的工作,希望从事大众文化运动的人们,尽量为国家为民族向这方面努力!"①年画是一般民众喜闻乐见的美术形式,面临日军发动全面侵华战争的严峻形势下,运用这种大众视觉图像来启蒙普通民众是有效的方式,抗战年画因此出现。

　　抗战年画的创作主要在延安地区,大后方虽然也有抗战年画创作,但为数较少,这与年画的生存特质、依赖的环境和群众基础有关。相较大后方,陕甘宁边区受地理环境限制,这里的文化思想与现代文化思想几乎没有互动,中共中央抵达陕甘宁之前,这里都是世代居住的农民,艺术形态也以传统民间艺术为主。"七七事变"后,由于敌人的破坏、年画销路的断绝,年画作坊纷纷倒闭,传统木版年画陡然衰落。与此同时,在抗日根据地和大后方,美术工作者纷纷到来,以多种美术形式刻绘美术作品,宣传抗日救国。他们从 1938 年开始,利用传统木版年画形式,刻绘了大量宣传抗日救亡、积极生产、破除封建迷信的作品,被称为"新年画"。"新年画"产生初期,虽然仍采用旧木版年画的形式,但随着对抗战的宣传深入,在制作方式和新风俗的图示上也开始改革,这为后来美术出版社印制胶版新年画打下了基础。1938 年延安鲁迅艺术学院成立后,美术工作者一面学习,一面深入社会生活,积极参加各种生产活动、抗日活动、美术活动运动和革命宣传。学期期间或毕业后,他们被派到前线从事文化艺术的各类宣传活动。民间美术,是根植于民族传统文化和民俗的大众美术,年画中所蕴含的民俗意义不容易受到国情的动摇,利用这点优势,对传统年画进行改造,传播爱国主义思想,动员民众投身抗战,出现了一大批具有鲜明时代特征的作品。1939 年,画家孙玉石绘制一幅题为《庆祝新春庆祝

---

① 语文社:《通俗化问题讨论集》(第 1 集),上海:新知书店 1937 年版,第 45 页。

胜利》(图 9 - 1 - 1)的木刻年画,此图可以说是最早的一幅新年画
了。画上描绘了青年男女和孩童的形象,表现了一面抗战一面生
产的情状。江丰 1939 年的《保卫家乡》(图 9 - 1 - 2)运用通俗化的
农民母子形象来宣传抗战,画中农村妇女裹着头巾,身穿棉袄,脚
蹬棉鞋,男孩斜挎大刀,手持红缨枪,似乎在与母亲交谈,配合"保
卫家乡"四个大字,对抗战宣传的意图非常直观化。同类宣传抗战
的题材还有《打日本打汉奸》《抗日光荣》《立功喜报》(闫素 1938
年)、《春耕图》(沃渣 1939 年)、《破坏交通》(胡一川 1939 年)(图
9 - 1 - 3)、《坚持抗战,反对分裂》(罗工柳 1940 年)等。

**图 9 - 1 - 1　《庆祝新春庆祝胜利》,年画,孙玉石,1939 年**

(图片来源:王树村主编:《中国年画发展史》,天津:天津人
民美术出版社 2005 年版)

**图 9－1－2　《保卫家乡》,年画,江丰,1939 年**

（图片来源:王树村主编:《中国年画发展史》,天津:天
津人民美术出版社 2005 年版）

**图 9－1－3　《破坏交通》,年画,胡一川,1939 年**

（图片来源:《胡一川画集》,北京:人民美术出版社 1993 年版）

1940 年至 1945 年间,是陕北及各边区美术工作者推动木刻形式向新年画发展的时期。1940 年,延安鲁艺木刻工作团到晋东南山西长治前方办展览和刻印版画,在部队及农村做宣传工作时发觉,群众对黑白作品不感兴趣,所以美术工作者学习民间单线阳刻的方法,并敷上水彩颜料,在集镇上摆起了地摊售卖年画。赶集的百姓被这些五颜六色的年画吸引,争相购买,异常热闹。有些偏远地区的百姓听到消息后,纷纷赶来,甚至专门跑到木刻工作团驻扎的地方询问购买,销售极为成功,木刻团艺术家们的创作热情被极大地激励了,也更了解百姓的审美兴趣。1941 年,他们在简陋的工厂里共印制了抗战时期年画 50 余种、40 万张,深受群众喜爱[①]。这些作品被带回延安展出,然而当时并没有受到重视。

与此同时,抗战初期年画创作也暴露出一些问题。例如一些版画家运用西方绘画技法,如突出明暗和体积的关系,但老百姓看不懂这种绘画的表达方式;与此截然相反的是,一些版画家过度迎合农民的审美情趣,年画作品内容复制传统年画,忽略了为抗战宣传的抗战主题。江丰在 1941 年发表的《绘画上的利用旧形式问题》一文中认为"一味拜服于旧形式的脚下,迎合老百姓的口味是:老百姓将永无权利欣赏和接近新东西。……在绘画艺术,我以为只要将对象的形色真实的反映在画面上,而反映的又是与老百姓的生活相关的话,就不会看不懂。……要在旧形式中汲取某些可能适宜于新形式更趋丰富的养料"[②],希望创作者要研究年画的新形式。江丰的观点对于当时较为懵懂的抗战年画创作、对于新和旧形式的平衡把握起到了指导作用,从内容着手,删去与抗战宣传

① 王树村:《中国民间美术史》,广州:岭南美术出版社 2004 年版,第 233 页。
② 江丰:《绘画上的利用旧形式问题》,《解放日报》,1941 年 12 月 2 日。

不符合的旧有观念和内容,而着重表现抗日根据地的新内容,从而使得抗战年画呈现新面貌。特别是到了 1942 年延安文艺界整风运动后,陕甘宁边区政府为了使美术工作者配合春节的拥军、拥政和爱民活动,决定投资大量印刷年画,年画的题材也更加丰富和多元。这一年在延安、绥德、关中、三边及兴县等地区,发起了年画创作运动,选出付印的年画 40 多种,共 6 万多张。①

时任鲁艺木刻团团长的胡一川分析边区老百姓的审美取向,认为:"解放区的老百姓在共产党的领导下翻身后,亲身体会到丰衣足食的生活不是靠灶王爷和门神的保护得来的,他们已经逐渐不喜欢那些陈旧的带迷信色彩的东西了,而是需要反映现实生活的年画题材。"②他认为抗战时期年画反映了边区的现实生活,老百姓从事生产劳动、合作化运动、拥军爱民运动等新的生活内容,而对新内容创作的诉求,就不可能完全运用旧的形式,木刻工作团的画家要"按着内容的需要,采取其中好的地方,加些老百姓可以接受的新的成分"③来进行新的创作。

在具体的创作实践和理论基础上,年画创作者在认识到老百姓的审美取向后,结合抗战时期对年画宣传的需求,以及知识普及和教育功能等方面,创作了在艺术形式上保留传统图示,在内容题材上结合人民生活现实的新年画。抗日战争时期的年画,大致涉及以下几种题材:

门神题材。画家尝试在传统的民间年画中,融入团结抗日的口号。如全面抗战初期,河北武强的年画作坊里就已经流出印有

---

① 王树村:《中国民间美术史》,广州:岭南美术出版社 2004 年版,第 233 页。

② 胡一川:《关于年画》,《解放日报》,1944 年 1 月 17 日。

③ 胡一川:《关于年画》,《解放日报》,1944 年 1 月 17 日。

《打日本,救中国》(图9-1-4)口号的年画。"打日本,救中国"的标语与骑着马的门神相匹配,它分明宣传着人们保卫国家正像门神保卫家园一样不受侵犯的立场。还有以武装民众和士兵的形象置换传统门神形象的新年画,如彦涵创作的彩色木刻年画《军民合作 抗战胜利》。在国统区的重庆,一些地区年画选取钟馗的形象,而将钟馗捉的妖比作"日本军阀""汉奸"等,再配上"国家之上、民族至上、军事第一、胜利第一"等字样,来表现抗战主题。

**图9-1-4 《打日本,救中国》,武强年画**
(图片来源:武强年画博物馆)

　　传统故事题材。借鉴传统年画的形式进行创作，是另一种新年画的方式。如画家彦涵1943年创作《身在曹营心在汉》，是特地针对日伪军的宣传画，与同时期的木刻版画相比较，风格更接近民间年画，该画描绘的是历史人物关羽深陷曹操军营被盛情款待，却不为所动，伺机逃回刘备军中。它表达的意思是，如果踏入日军阵营，效忠侵略者，就是不忠不义之徒。原图刻于山西长治晋东南前线阵地，据说此图确实起了瓦解伪军的作用。

　　农忙题材。传统年画中展现农民劳作的题材，新年画中与之相对应的也有此类题材的创作。力群1944年创作的套印木刻新年画《丰衣足食》(图9-1-5)表现了丰收后，男女老幼庆祝新年、庆祝抗战胜利的欢乐景象。诸如此类的还有《庆祝丰收》《五谷丰登、六畜兴旺》等。此外，因抗日根据地展开了大生产运动，抗战时期年画中也出现了动员老百姓开荒生产，学习劳动模范，自给自足，支援抗战的内容，如《向吴满有学习》《庆祝新春庆祝胜利》等。

**图9-1-5　《丰衣足食》，年画，力群，1944年**

(图片来源：力群：《丰衣足食图》，《美术》1957年第3期)

　　拥军爱民题材。古元于1943创作的套色年画《拥护咱们老百姓自己的军队》（图9－1－6），画面分成五层，每层画有不同的百姓人物，开展各种慰劳官兵的活动。图上刻"拥护咱们老百姓自己的军队"。作品颇具民间美术传统的味道，带有新年画的特色。徐灵创作的《立功喜报》，采用了旧社会状元及第的报喜形式，把抗日英雄模范的"立功喜报"写上英雄姓名，敲锣打鼓地将喜报赠送给军属，表现了热闹、喜庆的景象，反映了军民之间的深厚感情。

**图9－1－6　《拥护咱们老百姓自己的军队》，年画，古元，1943年**
（图片来源：古元：《古元木刻选集》，北京：人民美术出版社1952年版）

学习文化题材。20 世纪初中国农村地区的文盲率极高,因此边区政府大力发展文化教育事业,不但活跃了解放区军民的文化生活,也起到了抗战宣传的效果。这类年画以提倡学习文化、讲究卫生和妇女解放思想等主题为表现内容。戚单[1] 1944 年作的《学习文化》(图 9-1-7)描写的是一家人在农闲时间围坐在炕上学习

图 9-1-7　《学习文化》,年画,戚单,1944 年

(图片来源:戚单:《学习文化》,《美术》1957 年第 3 期)

---

[1] 戚单(1919—1992 年),浙江诸暨人,1938 年在延安鲁迅艺术学院学习,1945 年任教于华北联合大学美术系,1949 年后在中央美术学院、中央戏剧学院舞台美术系任教,曾任北京师范学院美术系教授。作品有《学文化》《防旱备荒》《收获》等。

文化知识的情景。江丰 1944 年的《念书好》(图 9－1－8)，画了一对福娃形象的可爱儿童，男孩身背书包，手拿毛笔、信封，女孩手拿算盘，画面上方还刻有"读了书又能写又能算"的字样。同类的作品还有《讲究卫生》《识一千字》等。

**图 9－1－8　《念书好》，年画，江丰，1944 年**

(图片来源：王树村主编：《中国年画发展史》，天津：天津人民美术出版社 2005 年版)

## 二、连环画

连环画一般是以文学作品或者现实生活题材改编的故事为脚本，通过连续图画的方式，形成组合的、完整的、图文并茂的艺术形式。

我国连环画的早期形式，可以追溯到汉代的画像石、画像砖和棺椁上的图画，例如湖南长沙马王堆一号汉墓漆棺上绘的《土伯吃蛇》和《羊骑飞鹤》的故事，是较早的连环画艺术样子。画像石、画像砖一般以神话故事、当时的社会生活或墓主人生前的经历等为蓝本雕刻描画。魏晋南北朝时期，区别于工匠为制作主体的墓葬画，出现了以画家身份为创作主体的绘画，著名的以连环画形式表现的绘画如顾恺之的《女史箴图》和《洛神赋图》。

宋朝毕昇发明了活字印刷术并被广泛使用，书籍批量生产为文化艺术的传播提供了更便捷和快速的工具。配合文字的传播，图画也成了文化传播的主要形式，带有插图的书籍在宋代大量出现，大大增加了书籍的可读性，到了明清时期由于小说盛行，版画插图已非常流行。清末民初，丝网印刷和石印技术发展盛行，图书出版和发行量剧增，连环画以独本形式发行，采用民间故事、神话故事或戏曲故事等作为蓝本，受到了老百姓的喜爱，是大众娱乐的主要方式之一。此后，新闻出版业也纷纷采纳图画的信息传播方式，标志中国现代报纸开端的《申报》于1873年在上海创刊，1884年为了吸引更多读者，《申报》采用侧重纪实性的绘画来弥补稀少的照片，出版发行了副刊《点石斋画报》（图9-1-9），画报以当时社会的新闻、风俗和事件为主要内容，至1898年《点石斋画报》停刊，共发表了4000余幅作品。1899年，上海文艺书局出版了石印画刊《〈三国志演义〉全图》，这是我国第一部以连环图画来表现中国经典文学名著的作品。

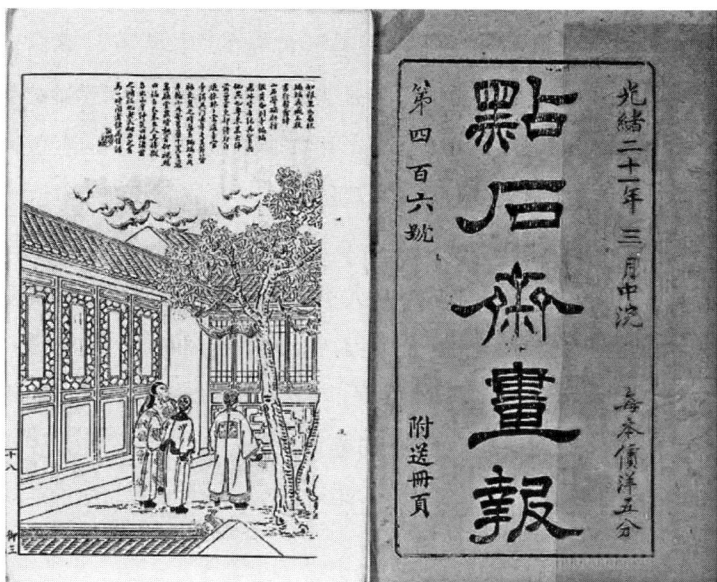

**图 9‑1‑9　《点石斋画报》，书影，创刊于 1884 年**

（图片来源：《点石斋画报》，1895 年 3 月，第 406 号）

　　进入民国时期，由于连环画在群众中已具有一定认知度，所以这个时期连环画的普及和发展更加迅速。连环画在北方被称为"小人书"，在南方被称为"份份书""菩萨书"。"民国时期上海世界书局、商务印书馆、中华书局是中国三大民营出版业，上海世界书局将《西游记》《三国演义》等民间文学作品改编成连环画，且在书封面上均印有'连环图画'的文字，这也是中国第一次将'连环图画'作为书籍的正式名称，这种称法一直沿用到 20 世纪 50 年代，后改为'连环画'。"①

　　20 世纪 30 年代是中国漫画发展的繁荣时期，也是连环漫画的

————————————

① 李岩：《中国抗战题材连环画发展历史探析》，《解放军艺术学院学报》2016 年第 1 期。

繁荣发展时期。这时,鲁少飞的"改造博士"与"陶哥儿"、叶浅予的"王先生"与"小陈"、张乐平的"三毛"、黄尧的"牛鼻子"、梁白波的"蜜蜂小姐"、高龙生的"阿斗"、李凡夫的"何老大"、梁又铭的"弗先生"等漫画人物相继问世,这一类都市漫画在广大城市具有极高的知名度和阅读量,并受到读者的广泛欢迎。抗战时期的连环画,受物质材料的限制,不能使用毛笔、宣纸等材质创作,而普遍采用木刻形式。在表达形式上,分为两大类:一是正面叙述,二是反面讽刺。前者表现现实生活中的典型人物或事件,平铺直叙地进行叙述,弘扬某种精神或宣扬某种道理,后者是通过表现生活中的细节或现象,以幽默、风趣或者讽刺的笔调,夸张、比喻、象征等表现手法等,制造荒诞的情节和结局,以此来达到启发思考、揭露本质的目的。

　　1932年,温涛①创作了中国第一部抗日题材的木刻连环画《她的觉醒》(图9-1-10),1936年装订成册并送给了鲁迅。该作品共有25幅版画,黑白对比强烈,线条粗犷有力,人物刻画略显夸张,讲述了一位出身贫困家庭的少女,父母被债主逼死,又被人卖到妓院抵债,受尽摧残和凌辱。1932年"一·二八"事变后,少女逃出妓院,与其他进步女青年一起报名参加了上海各界救国联合会救护医疗队,奔赴前线,救助救援,最后在一次救助伤员时牺牲。作者用粗砺、冷峻的刀法和极具象征意义的人物形象,表达社会底层人物的抗日觉醒历程。

---

① 温涛(1907—1950年),广东梅县人,1928于上海就读于中华艺术大学绘画科西画系,同时致力于鲁迅先生倡导的新兴版画创作,是中国新兴版画运动早期活跃的版画家之一。后加入中国左翼美术家联盟,又与江丰等组织铁马版画会。1932年上海"一·二八"事变之后,温涛就采集上海市民中一位少女投身抗战的素材,构思创作了木刻连环画《她的觉醒》。

**图 9‑1‑10　《她的觉醒》之《上海各界救国联合会抗日示威游行》,木刻连环画,温涛,1932 年**

（图片来源:温涛:《她的觉醒》,1936 年 3 月 18 日）

　　1928 年,叶因泉与李凡夫发起成立"广州漫画社",两人合作连环漫画《阿老大》。李凡夫(1906—1990 年),原名郑锡祥,广东省中山市濠头村人。1926 年至 1929 年在广州中山大学附中读书时,接受进步思想,并赴日本留学。1931 年"九一八"事变后,毅然弃学回国,后转到上海暨南大学继续学习。① 由于李凡夫赴外继续深造,两人合作

① 中山市地方志编纂委员会编:《中山市志》(下),广州:广东人民出版社 1997 年版第1480 页。

**图 9-1-11 李凡夫**

（图片来源：李凡夫文稿
整理小组编：《怀念李凡夫同
志》，北京：煤炭工业出版社
1996 年版）

的《阿老大》中断。叶因泉于 1933 年创办
《半角漫画》周刊，并独力在该刊上继续创
作《阿老大》。1935 年，叶因泉把阿老大这
个漫画形象无条件地转让给李凡夫，改名
为《何老大》，造型不变，注入新内容，故事
情节更富现实意义。抗日战争时期甚至摇
身一变成为抗日英雄，串演了可歌可泣、振
奋人心的故事，出了一个专集《何老大打日
本》。后来《何老大》还拍成电影，《何老大》
也因此成为最受欢迎的连环漫画，有"北有
'王先生'，南有'何老大'"之说。

1938 年 7 月，王建铎绘制的连环画
《大战临沂》（图 9-1-12）由上海生活书店出版发行，全书有 16 幅
图画，反映了台儿庄战役的情形。其中文字脚本选用山东快书的
叙述形式，具有浓郁的民间文艺和地方文化色彩。

**图 9-1-12 《大战临沂》，连环画，王建
铎，1938 年**

（图片来源：王建铎：《大战临沂》，上海：生
活书店 1938 年版）

1938 年 11 月，版画家张明曹创作出版了抗日题材木刻连环画《仇》（图 9 - 1 - 14），该画籍是用宣纸手工拓印装订成册的，全书有 20 幅图画，每册都有编号和作者签名，另印发过普及印本，由温州游击文化社出版，半年内再版 4 次，主要在重庆及一些战区发行，发行量过万册。《仇》表现一个普通百姓家庭，遭日军奸淫枪杀而奋起抗战的故事，以强烈的现实战斗性和艺术感染力深受群众喜爱。张明曹（1911—1978 年），浙江乐清（今属温

**图 9 - 1 - 13　张明曹**

（图片来源：张明曹：《张明曹画集》，上海：上海书画出版社 2002 年版）

州市）人。1929 年 9 月入上海美术专科学校西画系学习，在校期间参加"MK 木刻研究会""野风画会""中国左翼美术家联盟"等进步美术社团，开展鲁迅倡导的中国新兴木刻版画运动。1931 年 12 月加入中国共产党，秘密领导上海美专和新华艺专的学生运动。1932 年毕业后在上海从事进步美术活动。抗日战争爆发后，回家乡温州开展抗日救亡运动。创办并主编《抗敌漫画》半月刊，创作有《五月》《压平路上的崎岖》《民众武装起来》《团结起来，抗战到底》《起来，把日本鬼子赶出去》等街头漫画、壁画。①

　　1939 年丁聪创作了以描绘"小朱"从军参加抗日故事的连环漫画《小朱从军记》，发表于金仲华主编的《星岛晚报》上。《小朱从军记》均为四格漫画，连载了 100 天，共 100 组。

　　在解放区，连环画尤其受到百姓的喜爱，这些连环画的创作结

① 马海平：《上海美专名人传略》，南京：南京大学出版社 2012 年版，第 386 页。

**图 9‑1‑14　《仇：参加了游击队》，木刻连环画，张明曹，**
**1938 年—1838 年 11 月**

（图片来源：张明曹：《仇》，台北：游击文化社 1938 年版）

合了边区人民生活的实际，例如抗日救亡、土地改革、学习教育等现实生活的各方面，容易被农民百姓理解和接受。抗战期间保存下来的完整连环画非常少，在抗战题材的连环画中，以木刻连环画影响最大、作品较多且传播最广泛。

1942 年，时在国立杭州艺专读书的彦涵跟同学一起从西安出发，徒步行走 11 天约 400 多公里到达延安，随后进入延安"鲁艺"学习，并参加了"鲁艺木刻工作团"，开始走上前线的战斗生涯。1942

年日军在太行山发动了"扫荡"侵略战,彦函在太行山经历了艰苦的反"扫荡"战斗。在"鲁艺"期间,彦函创作了大量反映抗战斗争和生活的木刻作品,其中连环画以《狼牙山五壮士》最具代表性。《狼牙山五壮士》(图9-1-15)共有16幅木刻组成,反映了"五壮士"英勇的抗战事迹,表现了中国军人顽强不屈、可歌可泣的英雄主义精神。关于这套木刻连环画的创作背景,是延安开展大生产时期,彦函白天参加农活,学习文艺理论,晚上在微弱的油灯下进行创作。由于条件艰苦并且没有参考资料,彦函制作了一个月才完成。《狼牙山五壮士》在1944年经周恩来之手转交给了美国方面,美国《生活》杂志在1945年以精装袖珍版出版发行。据说这套连环画曾发放至身在远东战场的美军军士手中,也带给美军英勇作战的士气和反战必胜的信念。1944年,彦涵创作了木刻连环画《移民图》,表现了解放区人民的生活,又与艾炎创作了系列木刻连环画《八路军华北抗战》。

　　1938年王朝闻创作了他平生第一套连环画《李兰亭上吊》以及抗战救亡题材连环画《姆妈》。《姆妈》由30幅木刻版画组成,刻画了一位农村妇女经历了家人被日军残害后,奋起投身到抗日斗争中的故事。该作的创作背景是1938年初夏王朝闻从浙江龙泉到乐清和平阳的途中路经温州,用了半天时间,在一个小店里的大石板上创作而成,所以比较潦草。

　　延安另一位重要的美术工作者就是古元。1939年,古元创作了他的第一部木刻连环画《走向自由》(图9-1-16)。这套连环画共16幅,表现了抗战时期的农民受剥削、流亡、被侵略者压榨,最后奋起反抗,参加新四军,逐步走向自由的过程。1943年,古元创作了《新旧光景》木刻连环画,一套共22张,刻画了边区人民在战争的动荡和地主的压迫下悲惨的命运,以及抗日根据地建立后,边

图 9-1-15　《狼牙山五壮士》(部分)，木刻连环画，彦涵，1944 年

（图片来源：古元、王朝闻：《抗日连环画精品选》，北京：人民美术出版社 2005 年版）

**图9－1－16　《走向自由》之八《家乡僻壤仍遭践踏》，木刻连环画，古元，1939年**

（图片来源：古元、王朝闻：《抗日连环画精品选》，北京：人民美术出版社2005年版）

区人民在共产党领导下生活逐渐美好的对比。1941年，古元还曾创作连环画《刘志丹》①等。② 古元是解放区版画最优秀的代表之一，作品具有浓郁的乡土气息，独特的民族与地域特色成为新兴版画的经典。

　　1937年"七七事变"后，年仅19岁的李少言怀着饱满的爱国热情创作了木刻连环画《日军守备队的生活》（图9－1－17）。作品形

---

① 刘志丹（1903—1936年），陕西保安县（今志丹县）人，中国工农红军高级指挥员，我军卓越的36位军事家之一，西北红军和西北革命根据地的主要创建人之一。1928年，与其他人一起组织渭华起义，任西北工农革命军军事委员会主席。1931年"九一八"事变后，他组织了西北反帝同盟军，任副总指挥及参谋长，后来，反帝同盟军改为中国工农红军陕甘游击支队，刘志丹历任副总指挥、总指挥等职。1932年成立中国工农红军第二十六军，刘志丹仍负领导责任。1935年秋，红二十六军与中国工农红军第二十五军会师，成立中国工农红军第十五军团，刘志丹任副军团长兼参谋长。1936年4月，刘志丹率红军东征，在山西中阳县三交镇战斗中光荣牺牲，时年33岁。后来，毛泽东为他题碑"群众领袖，民族英雄"，周恩来为他题词"上下五千年，英雄万万千；人民的英雄，要数刘志丹"。

② 李岩：《中国抗战题材连环画发展历史探析》，《解放军艺术学院学报》2016年第1期。

象地描绘了日军守备队遭受民众抵抗的窘境。该作品荣获了 1937
年文艺奖金乙等奖。1941 年,时任晋绥边区美协主席、晋西美术工
厂厂长的李少言又创作了系列木刻连环画《八路军一二〇师在华
北》(图 9 - 1 - 18)。作品刻画了八路军一二〇师在华北地区渡黄
河、三井战斗、伏击、转战古长城内外、风雪行军、雁门关战斗等一
系列军士活动和战绩。

**图 9‑1‑17**　《日军守备队的生活》,木刻连环画,李少言,1937 年

(图片来源:李少言:《李少言版画选》,成都:四川人民出版社 1982 年版)

**图 9‑1‑18**　《八路军一二〇师在华北》组画之二《渡黄河》,木刻连环画,
　　　　　　　李少言,1941 年

(图片来源:李少言:《李少言版画选》,成都:四川人民出版社 1982 年版)

图 9‑1‑19　1940 年李少言(前排左)、沈逸千(前排右)在八路军一二〇师
　　　　　司令部与贺龙司令员(后排左)、关向应政委(后排右)合影

（图片来源：李少言：《李少言版画选》，成都：四川人民出版社 1982 年版）

图 9‑1‑20　1941 年,春鲁艺木刻工作团在太行前线创作

（图片来源：延安文明网）

　　1940 年,延安鲁艺木刻工作团①的胡一川、罗工柳、邹雅、刘韵波等人合作创作了木板套色系列连环画《抗战十大任务》。作品以连环画的形式宣传共产党的抗战政策和八路军抗战的主要任务。

**图 9 - 1 - 21　《铁佛寺》(部分),木刻连环画,莫朴、程亚君、吕蒙,1942—1943 年**
（图片来源:古元、王朝闻:《抗日连环画精品选》,北京:人民美术出版社 2005 年版）

　　1942 年 9 月至 1943 年 1 月,由莫朴、程亚君、吕蒙三人集体创作了木刻连环画《铁佛寺》(图 9 - 1 - 21)(原作 100 幅,1984 年人民美术出版社精选 60 幅出版了 24 开单行本),作品以图说的形式反

---

① 1938 年 3 月 10 日"鲁艺"成立"鲁艺木刻工作团",奔赴晋东南和晋察冀抗日根据地进行抗日美术创作和宣传。

映了抗战时期淮南地区铁佛寺一带的"地头蛇"王德胜纠结一班散兵土匪，伪装成抗日队伍敲诈勒索当地百姓，勾结国民党自卫团残害民兵队长和百姓，最后被抗日民兵抓获和制裁的过程。作品对于当时组织民兵抗日自卫具有强烈的现实教育意义。该作品是三位作者在极其恶劣与艰难的环境和条件下悉心合作完成的。木料就地取材，刻刀有的上军工厂打造，有的自己制办，用一些废旧的材料磨制。创作流程上实施流水作业法，先由每人分工画草图，再由一个人上木板。莫朴专刻人物的脸和手脚，程亚君专刻服装身子，吕蒙专刻背，每人每天要刻成三四幅才肯歇手。然而还未完成的时候，由于形势的变化，莫朴去了延安，程亚君转移到皖北地区，留下吕蒙一人。剩下的十分之二部分于1943年1月左右由吕蒙独立完成于淮北地区。[①]

　　1944年，沃渣在"鲁艺"创作了木刻连环画《黑土子的故事》，表现了一对农民夫妇转变成抗日积极分子的事迹，几十幅木刻创作只用了三天三夜时间。

　　1945年，"鲁艺"教员孟化风创作了《延安保育院一天的生活》木刻连环画，一套25张，画面艺术的描绘了革命胜利后，人民和平美好的生活情境，极具装饰性，曾传至美国。同年，张映雪[②]创作了木刻连环画《欢庆胜利》，作品表现了抗战胜利时，解放区人民欢欣鼓舞，高举红旗、红星和毛泽东画像等场面。

　　其他连环画还有力群的《刘保堂·小姑贤》，李桦的《父与子》，熊雪夫的《交公粮》，罗工柳、张映雪的《小二黑》，邵宇的《土地》，杨

---

① 王巨才主编：《延安美术家》，《延安文艺档案：延安美术》，第849页。

② 张映雪（1916—2011年），山西夏县人。抗日战争后，参与民众游击战并进行美术创作宣传活动，1938年赴延安，进入"鲁艺"美术系学习。从"鲁艺"结业后，张映雪分配到《新中华报》做编辑工作，后又回到鲁艺的美术部工作。

中流的《三勇士》，李志耕①的《王胡子被迫登龙门》，任迁乔②的《翻
身》，夏风、王式廓的《赵占魁》，秦征的《红骡子》，娄霜的《戎冠
秀》等。

## 第二节　宣传壁画

　　壁画是最早起源的绘画艺术。早期的壁画是封建社会统治阶
级用来表彰权威、教化民众以巩固统治地位的，壁画由画师绘制画
稿，由工匠制作，画师和工匠皆不可随意创作，百姓更无法参与整
个绘制过程。随着封建社会的瓦解，人们的思想逐渐自由，壁画逐
渐走向大众，而不仅仅作为统治阶级宣传其统治思想的工具。由
于20世纪中国的艺术形态由传统转向现代，壁画也较传统壁画发
生了实质性变化，画面形象现实化，民族化和大众化的意义代替了
传统宗教和统治意义。

---

① 李志耕(1917—1997年)，浙江定海人。早年在京沪铁路机厂当钳工学徒，业余学绘
　画。1937年"八一三"后加入抗日救亡剧团，从事漫画标语宣传工作。1940年开始木
　刻版画创作，经湘、桂、黔、鄂诸省辗转到达重庆。主要作品有《悲惨的童年》《长舌妇》
　《新兵》《为了什么》和木刻连环画《王胡子被迎登龙背》等。
② 任迁乔(1919—1999年)，山东莱州人。1937年日军铁蹄踏入胶东半岛，任迁乔毅然
　参加了八路军，在山东纵队二旅当战士，入了党，后来升为排长。在行军打仗的空隙，
　他坚持搞美术宣传，办墙报、写标语、画宣传画。后来，领导发现了他的艺术才能，就
　分配他到山东文化协会从事美术工作。1943年，任迁乔到《滨海农村》报社任美术编
　辑。在此期间，他积极响应毛主席《在延安文艺座谈会上的讲话》精神，受滨海区党委
　派遣参加了莒南县"减租、减息工作团"，任迁乔住在佃农家里，访贫问苦，搜集素材。
　他抓住出鹰殡这个典型事例，编绘了《翻身》连环画，塑造了恶贯满盈庄阎王的艺术形
　象。画中描绘了佃户魏老汉为保护自家的鸡，举锨打死了地主老财放养的猎鹰，惹来
　了横祸。故事主线是庄阎王逼老汉卖地买棺材，全家披麻戴孝为鹰出殡。作品还淋
　漓尽致地揭露了庄阎王催租、逼债、霸占民女、残害佃户的种种罪行。

20 世纪上半叶的中国充满了革命情绪，所以这一时期的壁画内容是以革命题材为主。抗日战争时期的抗战壁画，主要发挥了它的宣传功能，担负向公众传达各种信息和社会思想的作用。从内容上来看，抗战壁画着重强描绘现实的对象，这是壁画艺术工作者在抗战时期对社会角色的认识，从功能上来看，抗战壁画能够通过图画和通俗易懂的文字来进行宣传，并具有新闻时效性，这显现出壁画的民族化和大众化特点。总体来说，抗战壁画以抗战救亡和向往和平为主题，关注历史时期共同的观念和运动，以集体述说的方式，起着宣传号召和交流思想的作用。抗战壁画的内容和功能的相辅相成，促进了中国壁画在革命美术语境下的发展。

## 一、抗日根据地的抗战壁画

1943 年 4 月 25 日延安《解放日报》刊登的《从春节宣传看文艺新方向》对延安和陕甘宁边区的文艺工作进行了评价，特别提到"许多美术工作者的街头画……都是值得提出的一些收获"①，这说明当时在解放区，美术工作者利用壁画来进行宣传，是普遍且热闹的。除了专门的美术工作者，还有军民爱好者加入其中，例如在解放区工作的白求恩，工作之余，也曾积极地参加到抗日壁画的绘制工作中（图 9-2-1）。

全面抗战爆发后，许多美术工作者奔赴延安，"鲁艺"的成立和文艺人才的培养，壮大了解放区美术工作者队伍，战地的文艺宣传工作者从最初的几十人发展至数百人。在解放区，美术工作者的另一项任务是绘制抗战壁画。南方的工农红军游击队改编为新四

---

① 《从春节宣传看文艺新方向》，《解放日报》，1943 年 4 月 25 日。

**图 9-2-1　白求恩在延安绘制抗战壁画**

（图片来源：中国美院编：《中国壁画：中国美术学院卷》，南京：江苏美术出版社 2016 年版）

军，由于迁移频繁，所以壁画是最方便的美术宣传方式，他们一边行军一边绘制简洁的图画和通俗易懂的标语，向农民等普通百姓宣传抗日。《武装保卫春耕，增加抗战粮食》（图 9-2-2）是新四军战地宣传团绘制的壁画，当时日军处处开展扫荡活动，抢占农民的田地、粮食和牲畜，频频骚扰，使得百姓苦不堪言。画面以线条勾画，表现一个农民手握武器伫立农田的最前面，主人公后方是数个正犁地耕种的农民，上有标语"武装保卫春耕，增加抗战粮食。新四军战地宣传团绘"，该画宣传了保卫土地、保护人民粮食的意志。

**图 9 - 2 - 2　《武装保卫春耕，增加抗战粮食》，壁画，新四军战地服务团绘制，史沫特莱摄**

（图片来源：中国美院编：《中国壁画：中国美术学院卷》，南京：江苏美术出版社 2016 年版）

　　1945 年春，新四军收复了江苏宜城，新四军《战斗报》的主编赵坚，带领新四军战地宣传团在宜兴蜀山镇的"似蜀公寓"大楼的主墙面上绘制了一幅 15 米宽、12 米高的大型抗战宣传壁画《似蜀公寓》（图 9 - 2 - 3）。画面上方有"新四军八路军积极抗战获得民主解放，国民党消极抗战危害人民"的宣传标语。画面左侧画着一个国民党反动派，躲在高墙城堡的重庆城内，手持钓鱼竿，竿上挂着一个木偶人，木偶人一手持着"中日亲善"牌子，一手拿着"反对和平"的扇子，城墙下面开了一扇门，国民党反动派从里面钻出来，打着"奉命投降""曲线救国"旗号行走到了日本军的脚下,任由日本军践踏,大踏步向重庆城内走去,讽刺了国民党反动派消极抗日的政策和投降叛国的行为。画面右侧,八路军、新四军把日军踩在脚下,俘获日军。他们的背后,是人民在举旗欢呼,庆祝胜利。画面象征八路军、新四军积极抗战并获得了胜利,同时揭露了反战势力的虚伪和无能。画面右下角还有对战况的通报信息:对敌伪大小战斗十一万五千余次,击毙杀伤日本侵略军和汉奸汪精卫伪军九十六万余名,俘虏敌伪军二十八万余名,争取敌伪军投诚反正十余万名,缴获敌伪军火炮一千零二十八门、机枪和步枪四十四万余支,攻克敌伪军碉堡据点四万五千余座。[①]　此幅壁画形象生动地宣传了我军的英勇战果,极大鼓舞了军民士气。

**图 9 - 2 - 3　《似蜀公寓》,抗战宣传壁画,新四军战地宣传团,1945 年**

（图片来源:中国美院编:《中国壁画:中国美术学院卷》,南京:江苏美术出版社 2016 年版）

---

① 刘雪丹:《抗日战争时期的抗战壁画研究》,载中国美院编:《中国壁画:中国美术学院卷》,南京:江苏美术出版社 2016 年版,第 114 页。

新四军在苏北盐阜区绘制的壁画《模范村》(图 9 - 2 - 4),描绘了一批军民在村口站岗放哨的场景,号召人民提高警惕,积极主动保卫家园。

1945 年 8 月 15 日日本宣布无条件投降后,在两淮地区还残存有日军部队。1945 年 9 月,新四军在两淮地区发动最后的歼灭战,战争中新四军文艺宣传队的美术工作者芦芒、洪减、钱小惠、程默等在枪林弹雨中登上淮城城墙,绘制了《中国人民领袖毛泽东》(图 9 - 2 - 5)大型壁画,宣传即将到来的胜利。[①]

**图 9 - 2 - 4 《模范村》,1938 年**

(图片来源:中国美院编:《中国壁画:中国美术学院卷》,南京:江苏美术出版社 2016 年版)

---

① 刘雪丹:《抗日战争时期的抗战壁画研究》,载中国美院编:《中国壁画:中国美术学院卷》,第 114 页。

**图 9‑2‑5　1945 年 9 月,新四军三师的画家参加突击队攻入淮安
后,在墙头绘制的大型壁画《中国人民领袖毛泽东》**

（图片来源:中国美院编:《中国壁画:中国美术学院卷》,南京:江苏美术
出版社 2016 年版)

## 二、国统区的抗战壁画

国民党统治区的美术活动,在全面抗战爆发时一度活跃,其中
的壁画作品大都反映了日军的暴行和中国军民的反抗活动。壁画
《剪辫》(图 9‑2‑6)生动描绘了中国士兵帮助老百姓剪掉长辫的
情景,号召人民打破封建传统,参加革命,争取民主自由。

国统区以重庆为中心,边缘为成都、桂林、昆明、贵阳等地,积聚
了许多美术工作者。苏州美专学生费彝复、许九麟、宗津、钱家骏等
人在重庆绘制了 30 英尺长、25 英尺高的巨幅壁画《敌军暴行图》,当
时有很深远的影响,可惜在不久之后的日军的空袭中被炸毁。

## 三、政治部第三厅美术科的抗战壁画

政治部第三厅美术科的美术工作者,如傅抱石、李可染、倪贻

**图 9‑2‑6 《剪辫》, 壁画**

(图片来源:中国美院编:《中国壁画:中国美术学院卷》,南京:江苏美术出版社 2016 年版)

德、王式廓、丁正献、周令钊、王琦等在"三厅"期间曾构思绘制了大量的抗日宣传画,在武汉的街头巷尾,随处可见"三厅"美术工作者的抗战壁画,例如在各处献金台上、为抗战宣传特设的街头宣传区域,都有绘制抗战壁画。

**图 9‑2‑7 大型壁画《抗战必胜》的制作现场**

(图片来源:李树声:《怒吼的黄河:抗日战争中的中国美术》,南昌:江西美术出版社 2005 年版)

1938 年,周多、李可染、汪仲琼、韩尚义、丁正献、吴恒勤、周令钊、陶谋基、龚孟贤、沈同衡、翟翙、黄普苏、张友慈、王式廓、冯法祀、倪贻德等三厅的美术工作者在武昌的黄鹤楼墙体上共同创作了一幅大型的壁画《抗战必胜》(图 9-2-7),采用了王式廓绘制的草图,美术科的所有成员都带着极大的热情参与其中,壁画绘制过程极其壮观,田汉还在现场亲自指挥,协调画面效果。

**图 9-2-8　行军中的日军观看《抗战必胜》,壁画,1938 年**

(图片来源:李树声:《怒吼的黄河:抗日战争中的中国美术》,南昌:江西美术出版社 2005 年版)

前文所述,在 8 月中旬,代理科长倪贻德离职,原三厅美术科的成员成立了"美术工厂"的新组织,主要工作是绘制黄鹤楼大壁画。值得推敲的是,当时武汉的报刊并没有关于此画绘制过程的具体报道,反倒是当时已经离职的倪贻德,通过与周多的后续联络,对画面最早进行了描述:

> 在画面的中央,不消说是我们的最高统帅蒋委员长,英武的戎装,骑在高大的白马上,挥着军刀作指挥前进的姿态。以这为中

心,画面划分左右两部,左面表示前线,右面表示后方。绕着委员长的前线,精壮的部队勇迈地开向前方。那最前线,在丘陵起伏地带,我军正凭着优越的地势,伏在战壕内,机关枪手瞄准着□人扫射,机械化部队从两侧向□阵猛冲。这后面,排列着重炮队,民众帮助着军队在掘挖壕沟,童子军携着担架为伤兵服务,青年军官以望远镜探望□人的动态,交通兵以军用电话报告胜利的消息,各种各样的机械都在尽量使用。那画的右方,一切的军输品都络绎不绝地向前方运输。宣传大队在向着一群民众作激昂的演说。几个少女,穿了看护的服装,为前方归来的伤病治伤裹扎。献金柜的周围,少妇们和绅士们争着以金银首饰献纳。再后面,一群活泼的儿童到学校去受战时教育,工厂的烟囱中不绝地吐出缭绕的黑烟,农人们在田亩中收获着丰盛的五谷。远远的高山上,出现骑兵的行列,那低谷的平原上,一队壮丁在训练着。蔚蓝的天空上,成队的轰炸机和战斗机,正出发去轰炸□阵。而画面的最右下角,两个被枪毙了的汉奸,委弃在道旁,为群众所吐骂……这真是洋洋乎一幅抗战大观,什么都包括尽了。人物可以数得出的,至少在三百以上,每一个人物的面貌和动作,都显出了坚定,勇敢,沉着的表情。画面整个的感觉是充实的,动的,全体的人物围绕着中心而律动,而又一致地倾向于左方——那正是对着长江下游的方向。①

**关于制作过程,倪贻德说:**

> 沿着黄鹤楼的壁面,已经搭好了三层阶级的高高的木架,更雇佣了六个漆匠以三天的时间用灰色油漆涂满一层底子,于是把那画稿用放大法描写上去,动员了十六个美术工作人员开始赶制。这是一种绘画上集体创作的尝试,他们都捐弃

---

① 倪贻德:《黄鹤楼的大壁画》,《星岛日报》(香港),1938年10月29日。

了个人员原有作风而在一个共同的倾向上制作。他们都穿了
青色工人裤,戴着宽边遮阳草笠,在□机的轰炸和烈日的威胁
下努力制作。盛夏的烈日照在壁面上反射的热度是难以忍受
的,而空袭来时,又不得不从三层的高架上跳下来避到防空壕
里去,而他们对这却感到了制作的愉快,在半个月的短短的时
日内便大功告成了。①

可见,即使各种条件艰苦,创作人员仍然有着巨大的创作热情
和抗日的激情。

这幅壁画长几十米,用油漆作颜料,白底黑线勾勒再填色。画
面上描绘了无数的中国军民,他们手持武器,与敌军进行殊死搏
斗,壁画规模庞大,让人热血沸腾,具有很强的视觉感染力和宣传
号召力。这幅壁画创作了一个多月,1938 年 9 月才得以完成,产生
了极大的宣传效果。然而,这幅重要的作品刚完成不久,日军猛烈
的炮火就攻占了武汉,这幅壁画也毁坏了。②

## 四、遗失的壁画——《国殇图》

值得一提的是,司徒乔在 1942 年左右曾绘制过《国殇图》(图
9 - 2 - 9),是他在重庆为淞沪抗战中牺牲的吴孝宾等烈士画的。③
可惜的是这幅画在文革期间遗失了,现存有《国殇图》手稿,用墨笔
勾画了 28 位阵亡将士和无名英雄。在排列的人像上,标记数字符
号,图上方有题记:

---

① 倪贻德:《黄鹤楼的大壁画》,《星岛日报》(香港),1938 年 10 月 29 日。
② 刘雪丹:《抗日战争时期的抗战壁画研究》,载中国美院编:《中国壁画:中国美术学院
卷》,第 113—114 页。
③ 中国美术家协会 1979 年举办的"司徒乔遗作展览"所制的美术活动年表中,记载有
"一九四二年,返回重庆,绘《尚未明目》(即国殇图)"。

国殇图题记

七七变起，余适卧病陵园，医嘱作：休养。因漫游南洋，三十一年自星洲脱险归，奉政治部张部长命绘抗战纪念壁画，因绘国殇图纪念阵亡将士，自战地焦土陈尸，悬想及壮士英灵冉冉升腾，似向人间致语，作无穷之训勉。构思既竟，从事搜集照片，奈所得寥寥，且又多正面头像。为符合构图，只得出诸幻想，不足谓是凌烟阁上之纪功碑，聊志个人崇敬哀悼之思耳。

四、政工周复　六、农民游击队

七、赵侗　八、张自忠将军

九、谢晋元　十一、东北女双枪手

十二、台儿庄王小二　十三、大刀队赵登宇

十四、飞将军李桂丹　十六、王铭章将军

十七、郝梦龄将军　十九、范筑先将军

廿一、飞将军高志航　廿二、飞将军阎海文

廿三、戴安澜将军　廿五、佟麟阁将军

廿六、某护士

一、二、三、五、十、十五、十八、二十、廿四、廿七、廿八

无名英雄

三十四年十一月司徒乔敬志①

司徒乔对这幅壁画的构思是绘制在山头上，沿着山的横向走势雕刻倒地的无名英雄形象（标号为②的无名英雄），在他的身后绘制一群著名的抗日烈士，正中心是武装的农民抗日游击队，四周

---

① 重庆市渝中区政协学习文史委员会编：《重庆渝中区文史资料》(第 19 辑)，重庆：重庆海洋印务有限责任公司 2010 年版，第 51 页。

**图 9 - 2 - 9 《国殇图》(创作稿),壁画,司徒乔,1942 年**

(图片来源:国家博物馆)

绕以大刀队赵登守、张自忠、王铭章等将军,抵抗到最后的阎海文,
遍体鳞伤的李桂丹,使双枪的东北女战士以及其他无名烈士共 28
位英雄。"根据书稿记述,《国殇图》是大型纪念壁画,高达一丈七
尺。司徒乔从搜集照片,搜集事迹,勾稿作图,一共花费了 10 个月
的功夫,到 1943 年秋天才脱稿搁笔。冯伊湄认为,司徒乔绘制的
这幅《国殇图》,"从艺术手法上看,并不算是一幅很成功的画,但它
倾注了画家最真挚的感情",因而此画在重庆、上海展出时,"触动
了观众最深的仇恨与感伤,致使许多观众在画面前流下了热泪"①。

### 五、抗战壁画的相关艺术家

在抗日战争时期,许多美术家将眼光从艺术的美转为艺术的
力,在爱国主义和民族文化的高涨下,无论是油画家还是国画家,
无论是成名大家还是无名青年,都投入到各种宣传美术的创作中,
他们组成美术的战队,投入战斗的大部队。只要是对宣传有利的
美术形式,都能操办起来。这一时期的壁画艺术有大量的艺术家
参与其中,在抗日宣传上起了很好的作用。

林风眠(1900—1991 年),广东梅县人。"1919 年赴法国留学,
1925 年回国,有蔡元培推荐担任国立北平艺术专科学校校长兼教
授。1928 年任国立艺术院院长。1937 年抗战爆发,中华民族陷入
水深火热当中,正值筹办国立艺专十周年校庆的林风眠和国立艺
专的学生们纷纷动手投入到抗战宣传当中去,林风眠带领学生们
在街头绘制了许多有关抗日的宣传画,用油墨的泼洒来表达满腔

---

① 重庆市渝中区政协学习文史委员会编:《重庆渝中区文史资料》(第 19 辑),第 29 页。

的爱国热情。"①"10 月,林风眠带领艺专学生向江西、湖南、重庆转移。林风眠在理论上明确地提出新艺术,主张'提倡创造时代的艺术! 提倡全民各阶级的艺术! 提倡民间的表现十字街头的艺术!'。"②

倪贻德(1901—1970 年),浙江杭州人,1938 年 4 月任国民政府军事委员会第三厅艺术处美术科代理科长,负责组织绘制武汉黄鹤楼壁画的早期工作,至 8 月中旬离开政治部三厅之前,组织实施一系列美术宣传任务。1938 年 6 月,"中华全国美术界抗敌协会"在武汉成立,倪贻德任该协会的常务理事。

王式廓(1911—1973 年),1938 年 1 月从鲁西北到达武汉,积极参加绘制抗日宣传活动。4 月以后,王式廓到政治部三厅六处美术科任少校服务员,创作了《台儿庄会战》《南口大战》等巨幅宣传画,并参加了黄鹤楼大壁画的绘制工作,起草了壁画《抗战必胜》的草图。③

李可染(1907—1989 年),江苏徐州人,原名李永顺。1938 年加入国民政府军事委员会政治部第三厅,专门从事美术宣传工作,大量的街头壁画出自李可染之手。武汉沦陷后,随抗日宣传队辗转长沙、桂林、重庆,沿途制作宣传壁画,有控诉日军暴烈罪行的,有号召人民关怀士兵的,有援助难民同胞的。

---

① 刘雪丹:《抗日战争时期的抗战壁画研究》,载中国美院编:《中国壁画:中国美术学院卷》,第 115 页。
② 许江主编:《林风眠与 20 世纪中国美术》,《国际学术研讨会论文集》,杭州:中国美术学院出版社 1999 年版,第 17 页。
③ 刘雪丹:《抗日战争时期的抗战壁画研究》,载中国美院编:《中国壁画:中国美术学院卷》,第 115 页。

**图 9－2－10　李可染在街头绘制抗日宣传画（左四）**

（图片来源：李树声：《怒吼的黄河：抗日战争中的中国美术》，
南昌：江西美术出版社 2005 年版）

傅抱石（1904—1965 年），原名长生、瑞麟，江西南昌人，毕业于
江西省第一师范并留校任教。1933 年赴日本留学，1935 年回国，
在徐悲鸿的推荐下任中央大学艺术系教师。全面抗战爆发后，傅
抱石担任国民政府军事委员会第三厅厅长郭沫若的秘书。傅抱石
在三厅美术科的宣传中，也曾参与创作壁画《抗战必胜》并举办街
头美术展览，并创作了抗日宣传画。①

———————————

① 刘雪丹：《抗日战争时期的抗战壁画研究》，载中国美院编：《中国壁画：中国美术学院
卷》，第 116 页。

王琦（1918—2016年），1938年在政治部第三厅美术科工作，参与黄鹤楼大壁画的制作。随后赴延安鲁迅艺术学院美术系学习。①

周令钊（1919—　），湖南平江县三市镇人，1932年考入湖南长沙华中美术专科学校，1937年"八一三"事变后在长沙参加湖南省抗敌协会，1938年在武汉参加军委政治部第三厅，从事美术宣传工作，参与了黄鹤楼大壁画《抗战必胜》的绘制工作。1942年参加抗敌演剧五队，1947年受陶行知聘任教于上海育才学校美术组，1948年应徐悲鸿聘任教于北平国立艺专，新中国成立后任教于中央美术学院。

罗工柳（1916—2014年），1936年入杭州艺术专科学校，1937年罗工柳随学校内迁至长沙，积极参加抗日宣传活动。1938年春，杭州艺专迁到湘西，罗工柳受邀加入武汉政治部第三厅，随即离湘赴鄂，参与黄鹤楼大壁画的绘制。武汉沦陷后，罗工柳奔赴延安，入"鲁艺"，参加"鲁艺木刻工作团"。

涂克（1916—2012年），广西融安县人。1935年考入杭州国立艺专油画系，1938年参加新四军，在军中从事美术工作，先后担任《苏中画报》社社长、《江淮画报》社副社长、《山东画报》社美术主任等职务，创办或担任《漫画与木刻》《抗敌》等刊物主编，创作了许多抗日宣传画，例如《军民合作打日本》《夺取敌人武装，武装自己》等。②

"杨芒莆（1901—？）河北省涿鹿县人。1922年考入北平艺术专科学校西画系，受到徐悲鸿的器重。30年代初，杨芒莆参加了爱国教育家晏阳初在河北省筹办的平民教育促进会工作，并在当时的

① 马海平：《上海美专名人传略》，第352页。
② 刘雪丹：《抗日战争时期的抗战壁画研究》，载中国美院编：《中国壁画：中国美术学院卷》，第116—117页。

艺术部当美术编辑。1937年"九一八"事变后积极投身抗日爱国的宣传,后因多年的颠沛流离生活,积劳成疾,过早地离开了人世。据记载,杨芒莆当时在河北定县平教会大影壁上画了6幅丈余宽,反映劳动人民辛苦的大壁画。"①

田汉对抗战时期的宣传壁画感慨道:"象牙之塔不复存在了,每一个有血性的美术家开始走向街头,走向抗日前线。他们在美术战斗中感觉到自己的画笔不仅可成为抗战的武器,同时也是建国的武器。新的中国会在我们的画笔下产生出来。"②

## 六、抗战壁画的风格特点

抗日战争时期的壁画,是根据对社会现实的切身体会创作的,反映了人民的真情实感。在主题上,抗战壁画主要以揭露帝国主义的罪恶行径和颂扬中国军民的英勇抗敌为主;在艺术形式上,抗战壁画的造型简洁夸张,人物典型,视觉张力强,在艺术语言上带有表现主义绘画的自由解放,但内容上是中国现实的社会语境,以直观的描绘为主,表现通俗易懂的内容;在绘画材料上,战时的壁画制作材料多为油漆,由于此时壁画具有临时性特点,壁画制作的材料和绘制水平都不讲究,所以作品材料和效果粗陋,又因为战乱等原因,保存时间不长,不得不说是极大的遗憾。

壁画是最直接面向群众的一种艺术载体,抗战壁画不仅成了抗日宣传的武器和人们呼声的传话筒,从美术史的角度来看,也在中国壁画艺术的发展历程上留下独具特色的一页。

---

① 刘雪丹:《抗日战争时期的抗战壁画研究》,载中国美院编:《中国壁画:中国美术学院卷》,第117页。
② 阮荣春、胡光华:《中国近现代美术史》,天津:天津人民美术出版社,第188页。

# 第十章　结　语

## 一、抗战时期中国共产党文艺政策的形成

中国美术的发展过程具有综合性。美术的时代变革，是观念与语言的变革，外来观念的冲击和新材料的使用导致了语言方式的转化，对内是新观念的接纳和整合，对外是语言的重组和表达，整个过程都在文化的整体延续中互相衍化。"国画"是在"西画"的输入下产生的新概念，国粹派是在折衷派和西化派产生的背景下将国画复苏的。西方的美术形态和美学思想的全面输入，一面促使中国传统文化对外输出；一面依靠对外来文化的吸收，使得中国传统精英美术向日益普泛的民间美术交换。然而在民族危机的全民课题前，政治需要，特别是政治权力对于文艺价值核心的驱动，乃是文艺模式运行的内在机制，社会的组织力量和文艺思想的运用，都在这个早已被作为"战线"的文艺领域里发挥了空前的作用。一切能为"斗争"所用的文艺，即为主流文艺，这是整个 20 世纪美术乃至文艺过渡期的趋势。

1942 年《在延安文艺座谈会上的讲话》（以下简称《讲话》）一文

被认为是中国共产党第一部正式的关于马克思主义文艺的理论政策，它是在中国共产党的不断探索中形成的一套适合中国社会和革命的文艺方针。中国共产党对文艺工作从成立之初便开始关注，认为文艺是其思想领导和革命主张传播、贯彻的重要途径。党内知识分子在不同时期针对不同的革命任务，探索致力于构建无产阶级文艺的理论和实践。1927 年至 1937 年中共实行了普罗文艺政策，即无产阶级文艺政策。普罗文艺政策的任务"是要在思想上武装群众，意识上无产阶级化，要开始一个极广大的反对青天白日主义的斗争"[1]。"中国无产阶级革命文学最重要的当前任务"之一是"帮助工农劳苦大众日常经济的政治的斗争之文字上的宣传与鼓动"。[2]

抗日战争时期，中共文艺政策的形成与发展分为两个阶段：第一阶段为《讲话》发表前，中共领导人提出一系列关于文艺理论和实践的观点与意见，中共文艺政策形成初步的框架；第二阶段为《讲话》发表后，《讲话》被中共确立为政策性文献，逐步形成了中共文艺政策体系。[3]

1931 年"九一八"事变后，中共开始由普罗文艺向抗日文艺转变。1936 年 11 月 22 日，毛泽东《讲话》中指出："发扬苏维埃的工农大众文艺，发扬民族革命战争的抗日文艺，这是你们伟大的光荣

---

[1] 瞿秋白：《普罗大众文艺的现实问题》，载中共中央宣传部办公厅、中央档案馆编研部编：《中国共产党宣传工作文献选编（1915—1937）》，北京：学习出版社 1996 年版，第 1042—1043 页。

[2] 中共中央宣传部办公厅、中央档案馆编研部编：《中国共产党宣传工作文献选编（1915—1937）》，第 1058 页。

[3] 张志伟、栾雪飞：《抗战时期中国共产党的文艺政策及其特点——纪念毛泽东〈在延安文艺座谈会上的讲话〉发表 70 周年》，《社会科学战线》2012 年第 6 期。

任务。"①"抗日文艺"概念的核心内容包括：

一是建立文艺的统一战线。1935年华北事变后，中共提出建立抗日民族统一战线的方针。1935年12月27日，马相伯、沈钧儒、陶行知等人呼吁"全国文化界联合组成救亡的统一阵线，领导民族解放运动"②。1938年3月27日，"中华全国文艺界抗敌协会"成立，标志着抗战时期中国文艺界结成了最广泛的统一战线。1938年4月28日，毛泽东在"鲁艺"发表的演讲中说："为了共同抗日在艺术界也需要统一战线……今天第一条是一切爱国者的抗日民族统一战线，第二条才是我们自己艺术上的政治立场……"③代表了战时文艺的首要任务是所有阶层、派别、政党、人民一致对外的民族反抗战争。

二是坚持文艺的大众化方向。1931年"左翼作家联盟"（以下简称"左联"）就曾指出："首先第一个重大问题，就是文学的大众化，""只有通过大众化的路线，即实现了运动与组织的大众化作品……才能创造出真正的中国无产阶级革命文学。"④全面抗战爆发后，中共的文艺大众化思想进一步成熟，对文艺大众化的形态及文艺工作者创作基础等问题有了较为深刻的认识。毛泽东指出"艺术作品要有内容，要适合时代的要求，大众的要求"，文艺工作者"到群众中去，不但可以丰富自己的生活经验，而且可以提高自

---

① 中共中央文献研究室编：《毛泽东文集》（第1卷），北京：人民出版社1993年版，第462页。

② 周天度编：《救国会》，北京：中国社会科学出版社1981年版，第66页。

③ 中共中央宣传部办公厅、中央档案馆编研部编：《中国共产党宣传工作文献选编（1937—1949）》，第17—18页。

④ 中共中央宣传部办公厅、中央档案馆编研部编《中国共产党宣传工作文献选编（1915—1937）》。

己的艺术技巧"①。1940 年毛泽东《新民主主义论》提出的文化纲领"以共产主义思想为指导的、民族的、科学的、大众的文化",确立了中共文艺的大众化政策。

三是提倡文艺的民族形式。伴随文艺大众化的提出,文艺的民族形式与之相统一。民族形式是文艺大众化的表现,是文艺的意识形态与文艺实践相互统一的实施途径。《新民主主义论》一文中提出:"必须将马克思主义的普遍真理和中国革命的具体实践完全地恰当地统一起来,就是说,和民族的特点相结合,经过一定的民族形式,才有用处。"②在艺术上也要坚持民族形式,"洋八股必须废止,空洞抽象的调头必须少唱,教条主义必须休息,而代之以新鲜活泼的、为中国老百姓所喜闻乐见的中国作风和中国气派"③。

共产党抗日根据地建立后,文艺工作者陆续奔赴延安,再输送至各抗日根据地从事抗战文艺宣传工作。长期在大城市学习、生活和创作的一些文艺工作者,一时间还未适应无产阶级立场的文艺创作,作品出现脱离大众的现象。1942 年 5 月,中共邀集文艺工作者召开座谈会,后发表了毛泽东《讲话》。1943 年 11 月 7 日,中央宣传部做出《关于执行党的文艺政策的决定》,将《讲话》确定为指导中国文艺运动的基本方针贯彻。这是中共第一次明确使用"党的文艺政策"概念并构建起中共文艺政策体系。④ 主要内容包括:

---

① 中共中央文献研究室编:《毛泽东文集》(第 2 卷),北京:人民出版社 1993 年版,第 122、124 页。

② 毛泽东:《毛泽东选集》(第 2 卷),第 707 页。

③ 毛泽东:《毛泽东选集》(第 2 卷),第 543 页。

④ 张志伟、栾雪飞:《抗战时期中国共产党的文艺政策及其特点——纪念毛泽东〈在延安文艺座谈会上的讲话〉发表 70 周年》,《社会科学战线》2012 年第 6 期。

　　一是文艺服务于抗战。毛泽东在《讲话》中明确指出:"我们今天开会,就是要使文艺很好地成为整个革命机器的一个组成部分,作为团结人民、教育人民、打击敌人、消灭敌人的有力的武器,帮助人民同心同德地和敌人作斗争。"①文艺工作者的任务就是鼓励抗日军民团结一致,对抗外敌,对外争取民族解放。为了团结一切人民,最大程度统一战线,抗击日本侵略的需求。

　　二是文艺服务于人民大众。《讲话》分析了各个阶级在中国革命中的地位,指出工人、农民、兵士、城市中的小资产阶级和知识分子是最广大的人民大众,文艺为就是为他们服务。文艺工作者一定要在立场上、感情上和工农兵站在一边,把立足点转移到工农兵上来,加入他们,参加他们的实际斗争,才能服务他们。②

　　三是继承和借鉴相结合。在如何处理中国传统文艺和外来文艺的关系上,毛泽东强调:"我们必须继承一切优秀的文学艺术遗产,批判地吸收其中一切有益的东西,作为我们从此时此地的人民生活中的文学艺术原料创造作品时候的借鉴。有这个借鉴和没有这个借鉴是不同的。这里有文野之分,粗细之分,高低之分,快慢之分。所以我们决不可拒绝继承和借鉴古人和外国人,哪怕是封建阶级和资产阶级的东西。"③对于如何进行文艺创作,毛泽东认为文艺家要到工农兵群众中去,到火热的斗争中去"观察、体验、研究、分析一切人,一切阶级,一切群众,一切生动的生活形式和斗争形式,一切文学和艺术的原始材料"④,然后进行创作和创造。⑤

---

① 毛泽东:《毛泽东选集》(第3卷),第848页。

② 毛泽东:《毛泽东选集》(第3卷),第853页。

③ 毛泽东:《毛泽东选集》(第3卷),第860页。

④ 毛泽东:《毛泽东选集》(第3卷),第861页。

⑤ 毛泽东:《毛泽东选集》(第3卷),第862页。

四是普及和提高相统一。在文艺工作上，毛泽东强调在普及基础上的提高和在提高指导下的普及。在当时战争动乱、人民文化水平不高的条件下，普及工作的任务更为迫切。普及是从工农兵的实际出发，"他们所急需的和容易接受的文化知识和文艺作品，去提高他们的斗争热情和胜利信心，加强他们的团结，便于他们同心同德地去和敌人作斗争"①.提高是从工农兵群众的基础上去提高，不但提高群众，也要提高干部，无论高级的还是初级的文艺，都是为工农兵服务。

五是政治性和艺术性相统一。毛泽东指出，"文艺界的主要斗争方法之一，是文艺批评"，"文艺批评有两个标准，一个是政治标准，一个是艺术标准"，我们要求的是"政治和艺术的统一，内容和形式的统一，革命的政治内容和尽可能完美的艺术形式的统一"。②毛泽东强调政治观点和文艺作品的内容、水平相统一的标准。

抗战时期中国共产党如此重视文艺方针政策，源于对文化的自觉认识。在认识和总结新文化运动以来的本质和特点后，毛泽东认为，虽然新文化运动以来高举新文化的旗帜，但这并不意味着中共反对继承和发扬中华民族优秀的文化传统，而是要在传统文化中取其精华去其糟粕，运用传统文化资源，支持宣传的大众化和民族化。例如抗战时期创作的新秧歌剧《兄妹开荒》、信天游诗歌《王贵与李香香》等文艺作品将契合时代的革命内容通过民间艺术的形式表现出来，受到了人民群众的喜爱。这种新文艺与时俱进，选用新时代的意识形态，通过传统的素材和艺术语言，进行新文艺形式的加工，使得作品既有传统元素又有新的形式，令人感到熟悉

---

① 毛泽东：《毛泽东选集》(第3卷)，第865页。

② 毛泽东《毛泽东选集》(第3卷)，第868—869页。

又耳目一新，同时宣传了民族精神，符合人民的政治期待。

　　抗日战争在战场上需要军事英雄，在思想上需要文化英雄。战争包含了政治战、经济战、军事战和文化战，毛泽东曾用"笔杆子枪杆子"不可分离、"一支笔犹胜三千毛瑟枪"，形象通俗地解释了文艺思想工作在战争中的重要作用。将文艺工作放在重要战略地位，确立了新民主主义的文化纲领，用来宣传抗战，团结人民，共渡国难。抗战时期敌后根据地的文化繁荣、生活环境轻松，文化艺术作为催化剂，不但缓解了战时人民心理的困苦，更彰显了中华民族坚强不屈的精神，催生了民族文化自觉。

　　抗战时期中共文艺政策的实施对象，是无产阶级劳动人民为主体的一切主张抗日的党内外中国人民。劳动人民是抗战的最广大的主体，拥有最大的基数，代表了中国人民的根本利益。抗战文艺为无产阶级劳动人民服务，提出了文艺大众化的政策目标，实现中国文艺由少数精英向平民的根本性转变，建立抗日文艺的统一战线，树立文艺为革命服务、为人民大众服务的标准；主张批判地继承传统和外来文艺，吸收和再创作民族形式的文艺作品，做到抗战内容与形式的统一，反对一切有害于抗日团结的作品，形成了中共特色的文艺理论体系。

## 二、抗战时期中国共产党的文艺政策对美术抗战的作用和影响

　　抗战时期中共的文艺政策，可以说颠覆了几千年来的中国美术格局。具体来说，中国的传统美术有着阶级属性，即精英美术与通俗美术的文化分野，精英美术是统治阶级的传统，通俗美术是民间的传统。汉唐以后，文人审美标准的扩张使得以文人画为标准的正统美术体系建立起来，被视为工匠艺术的民间传统由于不入

主流传统而发展受限。在封建专制的打破之后,中国的现代化无论在社会环境和美术生态下,都是极为复杂的过程,中国美术的现代化,不仅是西方化,还有本土化。在美术主体上存在主次关系,在阶级分化上,存在美术服务的主次问题,是不断提出问题和解决问题的过程,这些都是中国美术发展的内在动力和源泉。

中国现代美术的审美标准和美术意识形态、美术表现形态体系是在中国民主革命、民族革命事业下建立起来的,政治功利性始终贯穿其中,美术观念、题材、语言等形式的表达,是在中国社会政治、文化的启蒙、革命、救亡、大众的运动中构建的。因而,近代的中国美术是一种政治与艺术、功用与审美相统一的图像形式。综合来说,20世纪的"革命美术"有三项突出的内容:一是为政治服务,二是大众化要求,三是民族化的形式。[①] 这三项内容是相生相成的,因为要为政治服务,所以文艺必须大众化,大众化要求艺术运用大众喜闻乐见的民族化形式,从而能吸引大众,并教育大众达到为政治服务的目的,这是相辅相成的。

那么我们可以看到,中国共产党的抗战文艺政策,其目的是服务于抗战,其对象是劳动大众,其形式是大众化,其内涵是民族化,这正是中国美术在近代的发展趋势。我们不能简单地说中共的文艺政策造就了中国近现代美术的发展脉络,但我们可以说,中共的文艺政策顺应了中国美术现代发展的必然性。所以,无论从中国美术史的角度抑或是中国抗战史的角度来谈,中共的文艺政策和实践活动都因顺应中国的大时代背景,而顺理成章地成为抗战的一部分。

---

① 王钟陵:《二十世纪中国文艺理论发展过程略论——"新文艺理论体系论"之十三》,《学术研究》2016年第2期。

　　1937 年全面抗战爆发后,国家的政治问题成为主要矛盾,美术
通过政治整合,将各种文化成分和社会意识整合为形象化的政治
代表,形成一个被民族意识化的集体形象。民族解放是当时中国
面临的首要问题,文艺工作者的主要任务就是揭露日本帝国主义
的罪行,鼓励抗日军民团结一致,团结一切人民,对外争取民族解
放。因此,在国共两党的合作中,国民政府军事委员会政治部第三
厅得以组建,组织了浩浩荡荡的文艺宣传活动,开展了不分阶级、
不分贵贱、不分国共的文艺界的大联合。中共所坚持的文艺服务
于抗战,在全国范围内进行大规模的、大范围的、跨界的文艺合作,
是中国近代美术史上的独有的现象,它在全面抗战初期形成的影
响力,举足轻重。

　　郭沫若说:"这种战争的艺术性或创造性,集中了人民的意志
和一切的力量,特别是对于文艺艺术家们,使他们获得了一番意识
界的清醒,认清了自己所从事的文艺艺术的本质和尊严,在和平时
期对于文艺艺术的曲解和滥用,冒续了文艺艺术的那些垃圾,在战
争的烈火中被焚毁了。为文艺而战斗,为文艺而文艺,成了一而
二,二而一的东西。"①政治化的美术并非是抗日战争时才肇始,抗
日战争代表了中国全体此时对国家整体的思考,对"大众"概念的
认识爆发式增长。1935 年,中国共产党在延安建立根据地。全面
抗战爆发后,大批左翼文化人士奔赴延安,从事抗战美术的事业。
艺术家走上前线走进百姓生活,体验了现实生活和大众的情感,创
作思想和艺术观逐渐发生改变。大众对于艺术的渴求,艺术家对
于艺术的普及,社会对于艺术革命的期待,使得大众化成了文艺界
普遍的诉求。在国共两党的抗日民族统一战线政策下,成立了中

──────────────

① 郭沫若:《中国战时的文学与艺术》,《新华日报》"社论",1938 年 3 月 27 日。

华全国文艺界抗敌协会、全国美术界抗敌协会、全国漫画界抗敌协会、全国木刻界抗敌协会等组织,这些群体包括了当时的绝大多数美术家,他们在美术抗战的宣传、普及上做出了杰出的贡献。中华全国文艺界抗敌协会成立之后提出了"文章下乡,文章入伍"的口号,美术家纷纷走上前线进行抗战宣传活动,还深入群众,共同参与群众的劳动实践。在《讲话》中,毛泽东明确宣称"我们是无产阶级的革命功利主义者","在现在的世界上,一切文化或文学艺术都是属于一定阶级,属于一定政治路线的。为艺术的艺术,超阶级的艺术,和政治并行或互相独立的艺术,实际上是不存在的。无产阶级的文学艺术是无产阶级整个革命事业的一部分,如同列宁所说,是整个革命机器中的'齿轮和螺丝钉'。"①无产阶级文艺要求美术家必须站在无产阶级的利益和立场上,为无产阶级革命服务,必须配合政权建设、军事行动、文化教育等工作,这是延安美术的根本特点。同时也说明,在以工农兵为大基数的一个民族、一个国家中,在一个以全民抗战为首要目的的社会环境下,唯有团结起一个个"螺丝钉"和"齿轮"般的无产阶级大众,才能让每一个鲜活生命个体,燃起熊熊的烈火和坚强的斗志,组成巨大的、钢铁一般的武器,抵抗外强的侵略和剥削。

对于这样的"大众"如何进行抗战的宣传,是中共文艺政策的方法论。1940 年 2 月,陕甘宁边区文化协会主办的《中国文化》(创刊号)发表了毛泽东《新民主主义的政治与新民主主义的文化》一文,第一次从马克思主义与中国革命实践相结合的角度看文化问题,文章中说:"我们的共产党人——要建立一个新中国,建立中华民族的新文化……但是这种新文化究竟是一种什么样子的文化

---

① 毛泽东:《在延安文艺座谈会上的讲话》,《解放日报》,1943 年 10 月 19 日。

呢？一定的文化（当作观念形态的文化）是一定社会政治经济的反映，又给予伟大影响于一定的社会政治经济，而政治则是经济的集中表现。"然后，毛泽东分析了"五四"前后政治文化的各个阶段的特征及新民主主义阶段的到来，最后得出结论："所谓新民主主义的文化，一句话，就是无产阶级领导的人民大众的反帝反封建的文化。"说明无产阶级政权体系与其相适应的是无产阶级的大众文化："一切进步的文化工作者，在抗日战争中，应有自己的文化军队，这个军队就是人民大众。革命的文化人而不接近民众，就是'无兵司令'，他的火力就打不倒敌人。为达此目的，文字必须在一定条件下加以改革，言语必须接近民众，须知民众就是革命文化的无限丰富的源泉。"①随后，1942 年 5 月 2 日至 23 日，在整风运动的基础上召开了延安文艺工作座谈会，会上毛泽东做了两次发言，包括"引言"和"结论"两部分，后以《讲话》为题整合发表在 1943 年 10 月 19 日的《解放日报》上。在《讲话》精神的指引下，大众化得到了具体的实施和执行。中央再发出《关于执行党的文艺政策的决议》以及《发展群众艺术的决议》，使得文艺界广泛开展了文化下乡运动。美术家深入工农兵阶层生活，开始清晰认识与体验到"大众化"的巨大意义，创作意识进入自觉阶段，创作的立足点和情感投射转向大众，作品的内容和形式上都发生了重大变化，主要反映抗战时期人民群众的抗战活动、民生问题。

　　20 世纪的中国在推翻旧的价值观的同时，也生长出新的价值观，经历了一场拆散和重组的再造运动。美术的民族化问题，其本源是当外来文化进入民族文化本体后，两者如何共存、如何吸收、如何整合的问题，从美术上看，是如何在美术现代化的道路上发展

---

① 毛泽东：《新民主主义的政治与新民主主义的文化》，《中国文化》月刊，1940 年 2 月。

民族美术的问题。民族化也是在社会现代化发展的道路上,因其他文化的介入而产生的对本土文化的反思,其核心属于社会发展学的概念。某个文化模式下的"民族化"转换,必须是在本土文化语系中才能被解读。大众化的美术题材、美术形式和美术语言,才能让群众喜闻乐见。在抗战时期,美术家研究、吸收民间美术形式,探索了新的美术普及方式与途径,出现了年画、连环画、街头画报、洋片、幻灯片等美术宣传形式,使得广大民众能够通过喜闻乐见、通俗易懂的方式将抗战的意识深深扎入思想中并融入行动。

中国现代美术具有突出的政治观。为人生而美术,在不同的历史语境中,在不同的社会群体中,占据着不同的分量。现实的走向,即文化的走向、民族的走向以及政治集团的利益走向。这是与20世纪中华民族的集体性意识相对应的政治和艺术取向,它规定着中国的现代美术,必须是民族的,必须是革命的,其文化生态孕育着知识阶层,也为知识阶层提供源源的发展动力。

中国美术的发展是与中国社会现代化相匹配的一种精神文化运动,是审美特征的现代转型,是走出封建社会、走向现代社会时对意识形态在视觉记忆上的解构与重塑。因此,现代社会审美观念的变迁是中国美术现代化的主线,是其核心结构的变化,无论是出于外来文化的冲击,还是民族危亡的刺激,这种变化都直接作用于艺术创作模式和艺术作品之上,以此形成一个从内而外的文化价值循环链,在这条循环链上分支出多元化的艺术形式和艺术风格。中国的美术革命开展初期,面对国家的存亡危机,为了唤起人民抗战的政治意识,并未做深入探讨和研究。只要能为抗战服务,无论是国画、油画、木刻、漫画、壁画、宣传画、摄影等,无论是传统派还是西化派,无论是国粹派还是折中派,都是中华民族的人民,都是抗战的宣传员。张善孖、张大千、刘海粟、徐悲鸿、林风眠、方干民、常书鸿、黎冰鸿、唐一禾、叶浅予、王式廓、周令钊、张乐平、古元、王文秋、费彝复、杨祖述、孙葆昌、许九麟等,都作过各种形式的宣传画;沈逸千组织"战地写生队",1940 年 2 月从成都出发,经西安、榆林,到达延安;吴作人和中央大学美术系的部分师生组成"战地写生团"也深入前线;冯法祀的抗战写生、李桦的战地素描等都从不同方面服务于迫在眉睫的政治任务。这时期产生了一批抗战题材的现实主义作品,从不同侧面反映了抗战的现实,形成现代中国美术史上现实主义创作的第一次高潮。

抗战美术是跨度并不长的一个特定时期内的文化形态。但是,从历史发展的脉络上看,它是现代中国美术史链条上极为重要和特殊的一环。从文化发展的进程上来看,它是新文化运动以后的中国美术发展的归结,是战后中国美术文化心理的起始。在今天,我们除了去认识抗战美术的历史价值,不仅有利于激发当代艺术家的民族责任心和创作动力,而且对在当代艺术语境中,构建中国艺术形态具有重要的现实意义。

抗战美术全面展现了世界反法西斯战争以及中国人民抗日战争走向胜利的历史鸿篇,充分体现了中国人民对国家历史的深刻铭记,歌颂了中华儿女为世界反法西斯战争胜利做出的重大贡献和付出的巨大牺牲,反映了中国人民维护民族与世界的和平所持有的信念和坚强决心。

# 附录一  抗战期间的进步美术社团

　　抗战时期,进步美术工作者们以绘画为武器,积极投身于抗日救亡宣传活动。许多志同道合的画家团结起来,组成各种美术社团,联合抗日协同作战。1931年"九一八"事变发生的当月,MK木刻研究会成立于上海美术专科学校,这是一个成立较早、存世时间较久的进步木刻团体,也是受到鲁迅指导与帮助较多的木刻团体。后来又相继成立了中华全国木刻抗敌协会(武汉)、中国木刻研究会(重庆)、中华全国木刻协会(上海)。这些美术社团以揭露社会黑暗、呼吁民主、团结抗日为主题,创作了一大批美术作品。在中国漫画的发源地上海,漫画创始人丰子恺、黄文农等人,带动和培养了许多青年漫画学子,组织了中国最早的漫画团体"漫画会"。"七七事变"后,漫画家们率先挺身而出,投入了抗日救亡的运动之中。由叶浅予、张乐平、特伟、胡考等人发起组织的"救亡漫画宣传队"成立,1937年8月底从上海出发,赴各地进行漫画抗日宣传活动。抗战期间的进步美术社团很多,本篇以进步社团的成立时间为序,分类介绍:1.社团名称;2.主要负责人;3.社团宗旨;4.主要活动;5.社会反响等项。

### 上海木刻研究会

1932 年 5 月,"上海木刻研究会"成立,由陈烟桥、江丰、何白涛、刘应洲等人发起组织,于海为负责人。该会是"春地美术研究所"下属的木刻小团体,由"中国左翼美术家联盟"直接领导,宗旨是"要握着这一个简便经济的工具去加强中国的美术运动"。曾于 1933 年 4 月编辑出版《现代木刻选》特辑。1933 年初因画会骨干江丰等人被捕入狱,继续以"上海木刻研究会"名称活动会遭到反动派的仇视,故于同年冬,在此基础上组织成立了"涛空画会"。

### 涛空画会

1933 年秋,由原"上海绘画研究会"和"野穗木刻社"部分成员共同发起组织的"涛空画会"成立于上海,夏朋和钱文兰负责日常会务工作。该会的前身是"上海木刻研究会",因"木刻"两字在当时一片白色恐怖下,会遭到当局的仇视和压迫,故重新组建"涛空画会"。社址在上海美术专科学校附近的三德里内。主要会员是顾鸿干、郑野夫、陈铁耕、陈烟桥、何白涛、胡一川、沃渣、马达、王绍络、崔祝生、倪焕之、夏朋、钱文兰等人。画会成立于不久,夏朋即与上海一些进步美术团体筹备宣传抗日的"国难画展",揭露国民党当局对日本侵略采取的曲线投降的行为。不幸的是夏朋的行动被当局发觉,与钱文兰一起被捕入狱。由于没有证据,夏朋等人不久便被释放。刚成立不到一个月的"涛空画会"因此夭折。

### 无名木刻社

1933 年 11 月,由刘岘发起组织的"无名木刻社"成立于上海。该社最早成立于上海美术专科学校,初名"○○木刻社",后改名"未名木刻社""无名木刻社"。先后参加的有刘岘、黄新波、石锋、胡昌、唐明荃、蔡复生、姚兆、王大化、郁青等。活动是学习和研究木刻创作和编辑出版自己的木刻作品。1937 年 12 月停止活动。

1933 年 12 月至 1937 年，画社曾先后出版《〇〇木刻集》《木刻集》《无名木刻选》《未名木刻选集》《阿 Q 正传画集》《孔乙己之图》《怒吼罢中国之图》《罪与罚之图》《子夜之图》《木刻新辑》《木刻新辑续编》《抗战版画》《击退敌人去》等十几种木刻集，声誉极高。鲁迅也曾为《无名木刻集》撰写过序文，该画集作者是刘岘（王慎思）和黄新波（一工）。

**平津木刻研究会**

1934 年夏，北京成立"平津木刻研究会"，由金肇野、杨叙才、李捷克等人发起组织。任会长金肇野（1912—1995 年），原名金毓桐，满族爱新觉罗氏。1932 年受鲁迅倡导的新兴木刻运动影响，投入木刻创作。历任《北平新报》记者，延安随军记者。先后参加"北平左翼美术联盟""平津木刻研究会""北平木刻研究会"等美术社团的活动。该会是在"北平木刻研究会"停止活动后成立的。主要会员有金肇野、许仑音、周涛、赵越、唐诃、段干青、杨澹生、董化羽、王大化等。画会成立后最大的成绩是在北京太庙组织"全国木刻联合展览会"（1935 年 1 月至 10 月），展品达 500 余种。展览会结束后，作品由金肇野、唐诃等人携带先后赴天津、济南、汉口、太原、上海五地展览，至 10 月中旬在上海结束。后因金肇野参加抗日救亡运动被捕，于 1935 年底停止活动。

**暑期绘画研究会**

1934 年，由沃渣、马达发起的木刻组织"暑期绘画研究会"成立于上海，会长沃渣（1905—1974 年），原名程振兴，笔名沃渣，浙江衢县人，从小受家庭影响，喜爱绘画。1924 年入南京中央大学绘画系，学习国画。次年考入上海新华艺专西洋画系。后受新兴木刻运动影响，开始学习木刻创作。1937 年赴延安任鲁迅艺术学院美术系主任。先后参加"野风画会""野穗木刻会""涛空画会""铁马版画会""晋察冀边区美协"等美术社团的活动。该会最早的前身是 1932 年 8 月在上海成立的"野风画会",1933 年 2 月解散后,又成立了"涛空画会",不久又被当局查封。其骨干沃渣、马达等人,联合近 10 位木刻爱好者共组"暑期绘画研究会"。仅活动 1 个多月即告停顿。

### 大众木刻会(广东汕头)

1935 年春,由张望、陈坚、罗惠清等人发起的木刻组织"大众木刻会"成立于广东汕头。负责人张望(1916—1992 年),原名张发赞,学名张致平,笔名张抨、芒儿、向明、紫瓶、阿芒、克之等。1931 年考入上海美专西洋画系,同时开始木刻创作,曾和鲁迅经常交往。1934 年毕业后,历任广东汕头回澜中学、神美艺术学校、育才学校及鲁迅艺术文学院美术教师。先后参加"MK 木刻研究会""中国左翼美术家联盟""大众木刻研究会""武汉美协"等美术社团的活动。该会是汕头回澜中学内成立的一个小型木刻团体,主要成员有张望、陈坚、罗惠清、饶锦进、谢海若等。曾在 1935 年 5 月 1 日和 1936 年春,举办过两次木刻展览会。广东地区的木刻家钟步清、陈普之、陈烟桥、陈铁耕、黄新波等人,都曾向该会举办的展览会提供作品。1936 年 5 月,张望因在学校提倡木刻活动,被当局解除教职,木刻会即告终止。

### 大众木刻会(香港)

1935 年春,香港成立"大众木刻会",由温涛和戴英浪发起组织。会长温涛(1907—1950 年),广东梅县人。早年从军,后流浪于新加坡、马来亚、马六甲和爪哇等地。1930 年来到上海,考入上海艺术师范大学学习绘画,师从关良。1931 年到香港中学任美术教师,同时开始自学木刻,曾与鲁迅交流木刻问题。1937 年赴延安中国人民抗日剧社的艺术学校任主任教师。先后参加"深刻木刻研

究会""铁马版画会""中华全国木刻界抗敌协会""人间画会"等美
术社团的活动。该会是温涛任教中学内成立的一个研究木刻艺术
的美术团体,初期会员均是学校内的教师和学生。后因画会名声
日增,许多香港各界的木刻画爱好者纷纷加入其会。"深刻木刻研
究会"活动期间,温涛曾代表画会与鲁迅通信,请教木刻创作问题,
并将会员木刻作品寄给鲁迅请求指导。1935 年,鲁迅将温涛的木
刻画推荐给"全国木刻联合展览会"展出。同年冬,温涛再次赴上
海,戴英浪参加抗日救亡活动,画会也就结束了。

**急流木刻研究会**

1936 年,"南昌木刻研究会"成立,该会又名"急流木刻研究
会"。由段干青、李海流、熊子梁等发起组织。会长段干青(1902—
1956 年),山西永济人。20 世纪 30 年代初开始木刻创作,是新兴
木刻运动的开拓者和组织者。先后参加"平津木刻研究会""北平
左翼美术家联盟""南昌木刻研究会"等美术社团的活动。该会
1936 年主办了"南昌第一次木刻展览会"后,由段干青提议改名"南
昌木刻研究会"。

**保定木刻研究社**

1936 年,"保定木刻研究社"成立,由刘韵波等人发起组织。曾
举办过木刻展览会。刘韵波(约 1912—1943 年),河南开封人。早
年就读于北平艺术专科学校绘画科,20 世纪 30 年代初开始木刻创
作。先后参加"平津木刻研究会""保定木刻研究社""鲁艺木刻工
作团"等美术社团的活动。1943 年为搜集抗日军民的英勇斗争素
材,赴西太岳区前线,遭到敌人包围,不幸牺牲。

**重庆木刻研究会**

1937 年初,"重庆木刻研究会"成立,由酆中铁、刘鸣寂等人发
起组织。会长酆中铁(1917—1998 年),四川广安人。1935 年在上

海惠平中学任教时开始木刻创作,1937年赴四川重庆进行木刻宣传活动。先后参加"重庆木刻研究会""中华全国木刻界抗敌协会""人间画会"等美术社团的活动。该会是四川省境内成立最早的一个木刻团体,主要会员有酆中铁、刘鸣寂、严叶语、谢又仙、胡夏畦等人。抗战爆发后,画会积极参加木刻宣传活动,会员刘鸣寂曾携带会员的抗日宣传木刻画赴重庆附近地区流动展览,因疲劳过度而英年早逝。"重庆木刻研究会"一直活动到1938年3月"中华全国木刻界抗敌协会"成立,因集体加入后者而自动解体。

### 七月社

1937年7月,由部分武汉木刻家发起的木刻组织"七月社"成立于湖北武汉。因时值7月,故取社名"七月社"。曾于1938年1月8日至10日举办过"抗敌木刻画展览会"。

### 春野美术研究会

1937年9月,由王良俭、郑野夫等人发起组织的"春野美术研究会"成立于浙江乐清。会长王良俭(1917—1938年),浙江乐清人。早年毕业于杭州国立艺专西画系,后赴日本留学。回国后在上海从事木刻创作活动,抗战爆发后回家参加抗日宣传活动。先后参加"春野美术研究会"和"中华全国木刻界抗敌协会"等美术社团的活动。1938年因病去世。该会是中国共产党地下组织"战时青年服务队"下属的一个美术团体,以美术来进行抗日救亡宣传工作。主要会员有王良俭、郑野夫、流光、白罗、王里仁等。曾收集会员木刻画编辑出版《春野木刻集》一册。1938年秋被国民党当局勒令解散。

### 黑白木刻研究会

1937年11月,"黑白木刻研究会"成立于浙江温州,由当地部分木刻爱好者共同发起组织。该会以"开展抗日宣传工作"为宗

旨,主要负责人是张明曹、陈沙兵、夏子颐、葛克俭等。曾先后出版
《抗敌漫画》《画兵》和《画阵》等木刻刊物。

**刀尖木刻社**

1937 年底"刀尖木刻社"成立于福建福州,由当地部分木刻工
作者发起组织。主持者史其敏(1917—1992 年),福建泉州人。他
从小自学绘画,后师从李硕卿,擅长木刻、中国画,抗战爆发后投身
木刻宣传活动,并先后参加"刀尖木刻社""白燕木刻社""中华全国
木刻界抗敌协会"和"中国木刻研究会"等美术社团的活动。该会
的骨干有赵肃芳、史其敏、萨一佛、林秉雄等。曾编辑出版《刀尖》
木刻月刊,由赵肃芳主编。

**中华全国木刻界抗敌协会**

1938 年 6 月 12 日,"中华全国木刻界抗敌协会"成立于湖北武
汉,由全国著名木刻家联合发起组织。该会成立大会在武汉培心
小学礼堂举行,周恩来、郭沫若委派田汉出席大会。会议通过"中
华全国木刻界抗敌协会"的简章和宣言,选举马达、力群、刘建庵、
陈九、安林、卢鸿基、罗工柳、黄铸夫、赖少其、文云龙、沙清泉、李
桦、李海流、酆中铁、张望、陈烟桥、罗清桢、胡一川、江丰、沃渣、郑
野夫等 21 人为理事,选举马达、力群、卢鸿基、刘建庵、陈九为常委
理事。马达负责总务,力群负责研究,卢鸿基负责展览,刘建庵负
责组织,陈九负责出版。此外,大会推选蔡元培、冯玉祥、田汉、胡
风、唐义精、潘梓年、田汉等人为名誉理事。该会成立后,进行大量
的木刻宣传活动,曾多次举办"全国抗战木刻展",开办"木刻训练
班",出版发行木刻书刊和传单等。1938 年 8 月武汉失守后,协会
迁往四川重庆,由文云龙、黄铸夫、酆中铁三人负责。1939 年秋又
迁至广西桂林市施家园,会务工作由赖少其、刘建庵、黄新波、温涛
等主持。1941 年 1 月"皖南事变"后,国民政府社会部于 3 月中旬

下令,以"中华全国木刻界抗敌协会不呈报工作、不接受领导"①为罪名,勒令协会停止一切活动。

### 木刻研究会

1938 年,由陆田、武石等人发起组织的"木刻研究会"成立于江西吉安。会长陆田(1916—2000 年),江苏无锡人。20 世纪 30 年代中期开始木刻创作,抗日战争时在江西、湖南等地进行木刻宣传活动,1942 年后从事美术教育工作。先后参加"木刻研究会""广西版画会""中华全国木刻界抗敌协会"等美术社团的活动。该会以"战地积极开展抗日宣传活动"为目的,主要成员是陆田、武石、子树、沙克、项飞等人。曾以"上海职业青年服务团"的名义,编辑出版《职青》画刊,行销西南各省市。

### 边区美术协会

1939 年 2 月 7 日,由延安鲁迅艺术学院美术系、木刻研究班及延安各机关美术工作者共同发起组织的"边区美术协会"成立于陕西延安,张维任主席。该会是陕甘宁边区成立最早的美术组织。首届协会常务委员由张维、李劫夫、凌风、唐炎、郑同羽、沃渣六人担任。张维为主席,李劫夫为木刻组长,徐灵为漫画组长,钟蛟蟠为标语组长。协会成立后,在延安进行了一系列美术活动,1942 年 1 月举办"反侵略画展",2 月举办"讽刺画展",1941 年 8 月 16 日举办"1941 年美术展览会",1946 年举办"珂勒惠支逝世纪念展览会"等展览会,并编辑出版《晋察冀美术》杂志。随着各地美术工作者陆续来到延安,"边区美术协会"也进行多次改选,先后担任过会务委员的人有沃渣、江丰、王曼硕、丁里、张振先、西野、王洪、蔡若虹、张启仁、马达、陈钧辛、胡蛮、力群、钟敬之、张谔、王大化、朱吾石、

---

① 许志浩:《中国美术社团漫录》,第 189 页。

华君武、葛俞、施展、石泊夫、许珂、王朝闻等。

**鲁艺木刻工作团**

1939 年 3 月，"鲁艺木刻工作团"成立于陕西延安，由延安鲁迅艺术学院木刻作者发起组织。团长胡一川（1910—2000 年），原名胡以撰，化名白夫，福建永定人。1926 年进入厦门集美师范学校学习绘画，1929 年考入国立杭州艺专油画系，师从法国教授克罗多，同时开始木刻创作。历任上海大学附中、厦门美专、延安鲁迅艺术学院美术教师。先后参加"杭州一八艺社""中国左翼美术家联盟""边区美术协会""鲁艺木刻工作团"等美术社团的活动。该团早在 1938 年 12 月成立，最初的任务是在边区搞街头木墙报，举办木刻展览，宗旨是研究木刻技术、提高理论修养、推动木刻运动。1939 年 3 月，延安鲁迅艺术学院组成几个工作团分赴前线，慰问前线战士和民众。鲁艺木刻工作团也在胡一川的率领下，离开延安去吕梁山、太行山敌后根据地及八路军所在地活动，举办木刻展览，创作反映敌后军民抗战的木刻画、宣传画、连环画等。成员有胡一川、罗工柳、华山、邹雅、彦涵等。1941 年 5 月返回延安。

**浙江战时木刻研究社**

1939 年 11 月 15 日，"浙江战时木刻研究社"成立于浙江金华，由浙江省战时美术工作者协会中的部分木刻家联合发起组织。孙福熙任社长。该社的一项重要活动是组办木刻函授班，辅导全国各地青年木刻爱好者。此消息公布后不久，浙江、福建、江西、广东、广西、湖南、四川、云南等地 100 多人，报名参加木刻函授班。"浙江战时木刻研究社"经过详细安排后，选出社长、副社长和各地指导老师：社长孙福熙，副社长金逢孙、万湜思；桂林区导师李桦、黄新波、赖少其；金华区导师朱苴茝、万湜思、项荒金、杨可扬；永康区导师俞乃大、金逢孙；丽水区导师郑野夫、潘仁；温州区导师张明曹。在函授的同时,该社曾编辑出版《木刻半月刊》作为讲义,编辑《旌旗》《号角》《战鼓》《铁骑》《反攻》等木刻示范专集。1940 年夏秋间,第一期木刻函授班毕业,11 月为庆祝函授结束,"浙江战时木刻研究社"特意举办规模较大的木刻展览大会,展出导师和学生的木刻画达 500 余幅。1941 年 4 月,日本军队对浙江丽水地区进行轰炸,迫使许多木刻家相继离去,木刻研究社也无形停顿。

### 木刻阵地社

1939 年秋,由张慧发起组织的"木刻阵地社"成立于广东大埔。主持人张慧(1909—1990 年),字小青,后以字行,广东兴宁人。中学毕业后考入上海艺术大学学习西洋画,同时进行木刻创作。1930 年毕业后,历任兴宁县立中学、大埔县立中学、梅县松口中学、焦岭县立中学美术教师。先后参加"木刻阵地社"和"中华全国木刻界抗敌协会"等美术社团的活动。1943 年,因从事新兴木刻运动,引起当局顾忌,不得不结束木刻创作生涯,隐名转业到经济部门工作。该社是抗战初期广东省内一个著名美术团体,成员只限于广东一带的木刻工作者。全国著名的木刻家李桦、力群、黄新波、陈克力、陈烟桥、梁永泰、宋秉恒、黎达、唐英伟、李东平、李海流、陈荒烟等人,都应张慧之邀,担任木刻社的名誉社员。1939 年 11 月,曾编辑出期《木刻阵地》刊物。

### 树范中学木刻队

1939 年冬,"树范中学木刻队"成立手浙江杭州,由树范中学内部分木刻爱好者共同发起组织。该社以抗日宣传为宗旨,曾多次在杭州举办"抗战木刻展览会"。主要成员有金逢孙、苏秉诚、王寿麟、郑千里、吴福新、张振维、李国枢、庄期变、汪士弘等人。1940 年 1 月 1 日,编辑原版拓印《树范木刻》500 册。

### 七七版画研究会

1939 年春,由林夫、金逢孙、万湜思等人发起的木刻组织"七七版画研究会"于浙江丽水成立。主持人林夫(1911—1942 年),浙江平阳人。早年在上海从事木刻创作活动,曾参加 1936 年在上海举行的"第二回全国木刻流动展览会"。抗战开始任红军闽浙军区抗日救亡干部学校宣传干事。先后参加"新四军流动宣传队""浙江战时美术工作者协会""浙江战时木刻研究会"和"七七版画研究会"等美术社团的活动。1939 年冬被捕关押在上饶集中营,1941年参加新四军被押战友组织的暴动中,不幸壮烈牺牲。该社是纪念"七七事变"而组织成立的,目的是用木刻宣传画号召全国人民在中国共产党的统一战线方针下,保卫家乡、保卫民族生存。主要成员有林夫、陈尔康、郑野夫、金逢孙、万湜思、项荒途等人。曾编辑出版《五月纪念木刻集》。同年底遭到当局下令封闭。

### 新四军木刻研究会

1939 年,"新四军木刻研究会"成立于安徽歙县,由新四军木刻工作者共同发起组织。会长吕蒙(1915—1996 年),笔名徐华,浙江永康人。1934 年肄业于广州市立美术学校后,赴上海参加文化界救亡协会。1938 年任新四军政治部文艺科长。先后参加"现代版画会""新四军木刻研究会""苏北木刻协会"等美术社团的活动。该会直属新四军军部政治部领导,主要成员有吕蒙、赖少其、李清泉、铁婴、孙从耳、芦芒、项荒途等人。曾编辑出版《木刻画报》和大量木刻宣传画。1941 年 1 月"皖南事变"后停止活动。

### 第五战区木刻界抗敌协会

1939 年,"第五战区木刻界抗敌协会"成立于湖北老河口。主持人王寄舟(1914—2003 年),江苏徐州人。1931 年肄业徐州艺术专科学校,擅长木刻、中国画。1938 年赴潢川参加"抗敌青年军团"

的宣传工作,曾创办"黑白美术工场"和"青年工艺社"。先后参加"木刻人联谊会"和"第五战区木刻界抗敌协会"等美术社团的活动。1938年5月武汉失守后,老河口成为鄂北的经济、文化中心,许多文化艺术界人士先后集中此地。在第五战区民众动员委员会的支持下,部分木刻工作者联合组织该会。木刻社是以木刻画"来刻划大众的生活反映,随时编印薄薄的画册,大量地发行,以解决当地大众和士兵的饥渴"①。主要成员是王寄舟、金若、安林、黄丹、孤鸿、段世昭、周聪文、许智等人。曾编辑出版《战地画刊》月刊,由王寄舟主编。1940年4月,桂系军阀向湖北的新四军发起大规模的进攻,迫使许多进步文化界人士先后离开第五战区,"第五战区木刻界抗敌协会"也无形解散。

### 革艺漫画木刻研究社

1939年冬,"革艺漫画木刻研究社"成立于上海,由王麦杆、丁谷发起组织。社长王麦杆(1921—2002年),原名王兴堂,笔名木革、梅进、张英,后改名麦杆,山东招远人。1939年考入上海美术专科学校,同时进行漫画、木刻创作。先后参加"铁流漫画木刻研究社""革艺漫画木刻研究社""上海美术作家协会"和"全国木刻家协会"等美术社团的活动。该社是上海沦陷时期秘密进步美术团体,主要成员有王麦杆、丁谷、程默、胡思杰、卢东华、严雪芬、王兴华、董大任、邢舜田等人。曾编辑出版《革艺木刻集》和5月书鉴,他们将画集和书鉴卖掉后,捐款给新四军。没活动多久就被日伪政府发觉,企图逮捕画社成员,于是全体会员在地下党的安排下先后转入苏北解放区。

---

① 许志浩:《中国美术社团漫录》,第201页。

### 白燕艺术学社

1940年1月,由许霏、史其敏等人发起组织的"白燕艺术学社"成立于福建泉州。社长许霏(1915—1995年),原名有辉,字晦庐,号劲庐,又号劲公,福建晋江人。早年受业于上海刘益斋、吕公望门下,擅长书法、木刻,曾得到弘一法师的指教。抗日战争时期在福州一带从事抗日美术宣传活动。先后参加"白燕艺术学社""中华全国木刻界抗敌协会"和"中国木刻研究会"等美术社团的活动。该社是中国共产党福建地区地下党支持下的一个进步美术团体,以"提倡现代版画、传播革命艺术理论、广泛团结美术界人士"为主要任务。成立之日在泉州安海镇举行"白燕艺术学社第一届书画展",展出中国画、西洋画、木刻画等作品100余件。1941年转向以木刻为主,同年2月举办第一期"白燕艺术社木刻函授班",参加者有50余人,至1942年2月12日结业。画社在泉州安海镇举办"结业作品展览会",展出师生作品234幅,并编辑出版木刻特刊及《新军》木刻集。白燕艺术社木刻函授班的成功举办,引起全国木刻界的注目,主持人许霏被推选为"中国木刻研究会"监事。同时"中国木刻研究会"通过中华全国木刻函授班章则,委托"白燕艺术学社"全权负责办理。画社一直活动到1945年4月,因函授来往信件被当局发现,遂被下令禁止该社的活动。

### 鲁艺木刻研究班

1940年4月26日,"鲁艺木刻研究班"成立于陕西延安,由鲁迅艺术学院木刻工作者共同发起组织。该团体主要活动是宣传全民抗战方针,每逢纪念日为边区刻印木刻,配以街头诗或壁报。曾举办"延安首届木刻展览会",展品达200余件,并编辑出版手印《木刻集》。负责人是沃渣、陈铁耕、胡一川、罗工柳。

### 晋西北美术工作者协会

1940 年 5 月,"晋西北美术工作者协会"成立于山西兴县,由晋西区部分美术工作者共同发起组织。会长李少言(1918—2002年),山东临沂人。1938 年毕业于陕北公学,擅长版画。历任华北联合大学文工团美工、晋西北木刻工厂厂长。1944 年荣获晋绥边区"七七七"文艺乙等奖。先后参加"鲁艺木刻研究班"和"晋西北美术工作者协会"等美术社团的活动。该会是在中国共产党晋西区党委直接支持下成立的,主要成员有李少言、张仲纯、陈正熙、陈兴华、杨静轩、赵力克、黄再利、黄薇、梅一芹、马斯、崔文涛、苏光、牛文、郭生、苗波、古东朝等人。协会成立后曾着手两件大事,一是成立了"晋西北木刻工厂",李少言兼任厂长,刻印了大批木刻宣传画,培养出不少刻印的青年工人,鲁迅提倡的木刻画种子,从此播撒晋西北地区;二是编辑出版了《晋西北大众画报》和《战斗画报》,及时宣传中国共产党提出的全民抗战方针,号召晋西北大众共同加入抗战阵地,同时以绘画来揭露日本侵略者的暴行,反映中国士兵和大众在全国各地英勇抗战的英雄事迹。1942 年夏,晋绥边区整风运动开始,同时精兵简政,该会解散。

### 鲁艺美术工场

1940 年 7 月 15 日,"鲁艺美术工场"成立于陕西延安,由鲁迅艺术学院十几位美术工作者发起组织。首任场长是钟敬之,江丰任党支部书记。该场下设绘画、木刻、雕塑、工艺美术、建筑设计和摄影小组。曾于 1940 年 10 月,协助晋西北战地写生队沈逸千、黄肇昌、彭华士 3 人,在延安文化俱乐部举办画展。1941 年 1 月 12 日举办"美术工场首届美术展览",7 月 17 日至 19 日举办"前方木刻展览会"等活动。1941 年 10 月 6 日,钟敬之改任延安实验剧团主任,美术工场由江丰任场长,华君武任副场长,胡蛮任研究室主任。先后参加该场工作的有钟敬之、江丰、华君武、胡蛮、夏风、施展、古元、焦心河、安林、张映雪、郭钧、叶立平、黄铸夫、朱吾石、陈叔亮、王朝闻、王玖等。

### 现实版画社

1940 年秋,由梅健鹰、罗颂清、李慧中等人发起组织的"现实版画社"成立于四川重庆。社长梅健鹰(1916—1990 年),广东台山人。1939 年考入国立中央大学艺术系,从事木刻和工艺美术创作,1943 年毕业后赴美国纽约哥伦比亚大学攻读研究生。先后参加"漫画木刻会"和"现实版画社"等美术社团的活动。该社是重庆国立中央大学艺术科学生自发组织的木刻研究团体,他们把木刻当作课外的研究,注重表现实在,并以木刻为宣传工具,创作抗战木刻宣传画。主要成员有梅健鹰、罗颂清、蒋定闽、李慧中、宗其香、夏伟图、梁白云、岑学恭等。1940 年 12 月 1 日,该社曾编辑出版《现实版画》月刊,由李慧中、梅健鹰、蒋定闽、罗颂清 4 人担任编辑委员。1941 年 4 月出版了第五期后停刊。

### 铁流木刻研究会

1940 年,由吴耘、王麦杆等人共同发起组织的"铁流木刻研究会"成立于上海。该会是上海美术专科学校内一个木刻团体,主要成员有吴耘、王麦杆、谢仁娟、倪常明、戈齐庭、戴再珍、严广通、励俊年、蔡心亚、黄镇定等人。曾邀请老木刻家珂田到社辅导成员木刻创作,还由珂田等人将吴耘、王麦杆等人的木刻画介绍到报刊上发表,并编辑出版会员新作的《铁流木刻集》。画会初期由吴耘主持,后来吴耘赴苏北解放区,由王麦杆任会长。1941 年停止活动。

### 华中鲁艺工作团美术组

1941 年 7 月,"华中鲁艺工作团美术组"成立于江苏海安,由华中鲁迅艺术学院分院部分美术工作者发起组织。组长吴耘

（1922—1978 年），别名吴沄，上海市人。1939 年考入上海美术专科学校，1940 年参加新四军美术工作，擅长木刻、漫画。历任华中鲁迅艺术学院分院教员、山东军区画报社美术编辑。先后参加"华中鲁艺工作团美术组""苏中漫画木刻组"等美术社团的活动。该组主要成员有吴耘、张拓、莫朴、丁达明、陈角榆、顾德、程默等人。美术组在艰苦的环境下，想方设法开展多种美术活动，创作出一大批木刻、漫画，宣传抗战救国思想。

**侨中木刻研究组**

1941 年 10 月，"侨中木刻研究组"成立于福建永定，由丁睦朋发起组织并任组长。该组是福建永定侨育中学内的一个校园木刻团体。1940 年 8 月，中共地下党员丁睦朋来到侨育中学后，把大埔一带流行的木刻传授到侨中，用以进行抗日宣传，于 1941 年成立了该木刻团体。主要成员有丁睦朋、胡其敏、胡广烈。木刻研究组的主要活动是：1. 参加 1942 年 3 月在永定举办的全国木刻画展览会。2. 以团体会员身份参加全国木刻作者协会。3. 1944 年编辑出版《侨中木刻》期刊。1945 年 5 月，由于政治形势恶化，丁睦朋根据闽西南特委的指示，离开侨中转赴潮、澄、饶地区参加游击战争。侨中木刻研究组也随之解散。

**苏中漫画木刻会**

1941 年 11 月，"苏中漫画木刻会"成立于江苏如皋，由新四军苏中三分区美术工作者发起组织，王麦秆任艺术指导。该会隶属新四军一师政治部，主要成员有王麦秆、洛夫、袁成杰、江有生、孟尔顿等 40 余人。1943 年并入"苏中木刻同志会"。

**苏北木刻协会**

1941 年，"苏北木刻协会"成立于江苏盐城，由鲁迅艺术学院华中分院部分木刻工作者发起组织。1941 年初鲁迅艺术学院华中分院成立后,各地的木刻画家如莫璞、戴英浪、吴耘、刘汝醴、庄五洲、吕蒙等人先后到校任教。课余时间他们联合当地一些木刻爱好者共同发起组织了"苏北木刻协会",利用木刻宣传画向广大民众宣传抗日。铁婴曾收集会员佳作,手拓出版《木刻集》。同年冬停止活动。

### 战时永嘉木刻通讯社

1941 年,由陈沙兵、杨涵、夏子颐等人发起组织的"战时永嘉木刻通讯社"成立于浙江温州。负责人陈沙兵(1920—1979 年),原名陈素屏,浙江温州人。从小跟乡里民间画师学习中国画,后兴趣转向木刻创作。1943 年曾入英士大学美术专科学校和上海美术专科学校进修。历任浙南游击队文艺科科长、温州地委文艺科科长。先后参加"浙江战时木刻研究社""七七版画研究会"和"战时永嘉木刻通迅社"等美术社团的活动。该社是参加"浙江战时木刻研究社"举办的木刻函授班的学员们自发组织的木刻团体。主要成员有陈沙兵、杨涵、夏子颐、叶蓁、葛克俭、张大辉、张长弓、郑家心、郑文忠等。中共温州地下党郑涛、林文达作为木刻爱好者参加社活动。木刻通讯社的活动是创作木刻作品,揭露反动政府镇压群众的罪行,同时与当时在米荒严重中囤积居奇的米商斗争。同年,战时永嘉木刻通迅社创办会刊《木刻通讯》,由陈沙兵、葛克俭、夏子颐先后任主编,共出版 6 期其中发表会员的木刻作品,并报导全国木刻运动的消息。

### 中国木刻研究会

1942 年 1 月 3 日,"中国木刻研究会"(又名"中华全国木刻协会")成立于四川重庆,由王琦、丁正献、卢鸿基、刘铁华、邵恒秋 5 人发起组织。该会是接替被迫停止活动的"中华全国木刻界抗敌协会"之后又一个全国性抗日木刻团体,并是被国民政府社会部承认的合法团体。成立大会在重庆中苏文化协会二楼会议室举行。该会成立后,曾在全国各地举行大量的木刻宣传活动。1946年4月迁至上海,改名为"中华全国木刻协会",选举李桦、野夫、王琦、陈烟桥、王麦杆、丁正献、杨可扬、邵克萍等为理事。一直活动到上海解放。

### 抗战漫画木刻宣传队

1942年,"抗战漫画木刻宣传队"成立于广东梅县,由当地部分美术工作者联合发起组织。1942年,广东的汕头、潮州相继沦陷后,许多机关学校迁到梅县继续工作和学习。因此,梅县一度成为东江地区的一个战时文化中心。为聚合美术工作者在一起,宣传抗战,吴忠翰、邹耀明、张文元等人组织了"抗战漫画木刻宣传队"。大本营设在梅县省立中学内。该队成立后,在社会上积极开展抗日宣传工作,曾举办"中外版画展""抗战漫画木刻画展""战时美术展",许多队员的作品被当地的《汕报》《中山日报》《岭东日报》刊出,起到很好的宣传效果。为此,队主持人吴忠翰收集队员佳作,编辑出版《抗战木刻集》。1944年春季,日本军队向东江地区大举进攻,宣传队成员相继撤离梅县而停止活动。

### 苏中木刻同志会

1943年10月,由赖少其发起组织的"苏中木刻同志会"成立于江苏射阳。主持人赖少其(1915—2000年),又名少麒,广东普宁人。早年在广州市美术学校念书时开始木刻创作,师从李桦。1942年加入新四军,专门从事新四军美术活动。先后参加"现代版画会""苏中木刻同志会"和"中华全国木刻界抗敌协会"等美术社团的活动。该会隶属苏中区委宣传部,主要成员是赖少其、杨涵、涂克、尖锋、高斯、石明、江有生、邵宇、费星、丁汉史等人。画会组织会员结合大生产运动进行美术宣传,并创办木刻工厂。1945年

4月,"苏中木刻同志会"曾编辑出版《漫画与木刻》杂志,刊登了涂克、江有生、杨涵等人的美术作品。该会活动至抗战胜利,因画会成员轻装随军出发而停止活动。

### 新集体版画协会

1943年秋,由旅日中国木刻家李平凡、招瑞娟、张宝发、简耀泰等人发起组织的"新集体版画协会"成立于日本神户。会长李平凡(1922—2011年),原名李文琨,别名里肯,天津人。幼时受画家李文珍启蒙喜爱绘画,后考入天津美术馆西画科学习。1940年赴日本,曾任"中华全国木刻协会"日本联络处责任代表。先后参加"新集体版画协会""中华全国木刻协会"和"日本华侨新集体版画协会"等美术社团的活动。该会成立目的是积极向国外宣传中国新兴木刻运动,引起国际木刻界对中国抗战木刻活动的重视。曾编辑出版《浮萍集》木刻画集二册。同年12月,被日本政府强令解散。

### 上海枚友木刻社

1945年10月10日,"上海枚友木刻社"成立,由部分上海木刻青年共同发起组织。该社成立的目的是:"我们是一群爱好木刻艺术的青年,在敌人四面包围下,在困苦的环境中,我们只得默默地学习,在黑暗里摸索着。现在敌人已经投降了,我们已回到了祖国的怀抱,我们也应负起青年应有的责任,拿出我们的力量,贡献给祖国复兴与建国的伟大的事业上。"①木刻社成立的之日,还出版了《胜利木刻集》第1辑,其中收入孝鉴、戎戈、史青、戈夫、叶飞、凡平、远瑞、立山等人的木刻作品。

---

① 许志浩:《中国美术社团漫录》,第235页。

### 中国漫画研究会

1931 年 10 月，"中国漫画研究会"成立于上海，由黄士英、贾希彦、徐午同等人发起，黄士英任会长。该会成立的目的可以从《该会为征求新会员同志组织"中国漫画研究会"之缘起》一文中得知："今日之我国，祸难四逼，危急存亡，不容一发；凡有血气之伦，无不无悲愤填膺、隐忧莫释，盖以国家兴亡，匹夫有责，救国救亡，决非徒托空言，所能挽颓波于万一；同人懔乎此义。爰本团结纪律之精神，集合同志，于技术方面力谋建设，为国家树一新生之机运，庶几声应气求，基础日固，渐以辅助我同胞进臻于和平幸福之领域，此同人等所以有'中国漫画研究会'之组织也。"①会员大多是上海的漫画艺术爱好者。1932 年 2 月 23 日，该会曾编辑出版《中国时事漫画》杂志，由黄士英主编。

### 北平左翼美术家联盟

1932 年 4 月，"北平左翼美术家联盟"成立，由胡蛮、梁以俅、王肇民、李苦禅、罗展卿、徐火、王代之、杨澹生、沈福文、汪占非等人共同发起组织。

### 春地美术研究所

1932 年 5 月 26 日，上海成立"春地美术研究所"，由陈卓坤、黄山定、江丰、力扬、叶林、于海、吴似鸿、郑野夫、李岫石、蔡虹、艾青等人共同发起组织。该所亦名"春地画会"。这是为青年美术家爱好者自发组织的民间美术社团，实际是"中国左翼美术家联盟"以画会名义成立的公开组织，是上海"一八艺社研究所"在江湾的社址为日军炮火所毁后，在原来成员基础上成立起来的。所址在上海沪南西门路（今自忠路）丰裕里四号。画会以"研究并创造时代

---

① 许志浩：《中国美术社团漫录》，第 117 页。

的美术"为宗旨,下设石膏、人体、舍外写生三种科目,附设漫画研究会、木刻研究会。学员除学习各自专业外,还得学习美术史、美术理论、外语及社会科学。曾于 1932 年 6 月在鲁迅、冯雪峰等人的帮助下,于上海八仙桥青年会举办"春地画会画展"。作品有木刻、油画、国画、木炭画等,同时展出鲁迅收藏的德国版画。鲁迅曾亲自前往参观该展,购买木刻 10 余张,并捐款 5 元。同年 7 月 13 日,春地画会被法租界捕房巡捕抄搜查封。于海、艾青、力扬、江丰、黄山定等 10 余位主要会员被捕入狱。艾青、力扬被判有期徒刑 6 年,李岫石被判 5 年,其余的人因证据不同而判刑不等。成立不到 2 个月的画会,也就不幸夭折。

### 大地画会

1933 年 4 月,由胡一川、林扬波、姚馥等人发起组织的"大地画会"成立于上海。该会是"野风画会"停止活动后,为坚持开展左翼美术活动所组成的一个画会。同年 7 月,胡一川、林扬波、姚馥等人被捕,画会旋即停顿。

### 华南绘画界救亡协会

1937 年底,"华南绘画界救亡协会"成立于广东广州,由广州进步画家共同发起组织。曾在广州举办规模颇巨的"华南抗敌绘画展览会",并到梧州、柳州、南宁、桂林等地巡展。

### 新四军战地服务团绘画组

1938 年 1 月,"新四军战地服务团绘画组"成立于江西南昌,由新四军部分美术工作者发起组织,梁建勋任组长。抗日战争爆发后,新四军军部在南昌成立,军部下设战地服务团,分民运、戏剧、绘画、音乐四个组,由朱克靖任团长。绘画组由梁建勋任组长,先后加入的画家有梁建勋、林圣伟、严仁南、费立必、张祖尧、丁剑影、涂克、尖锋、芦芒、费星、郑伟明、干戈、翁逸之、袁瑛、沈柔坚、孙从耳、孙运白、沈光等 18 人。绘画组的主要活动是利用美术作品配合形势,以简明易懂的绘画来宣传党的抗日民族统一战线的政策和抗战建国十大纲领。初期工作以墙画宣传为主,进入皖南后,则以编辑出版抗日画刊《老百姓画刊》《抗敌画报》为主。美国作家史沫特莱曾随队作采访,还拿绘画组创作的作品送国外宣传。皖南事变后,随着新四军内的机构调整,绘画组成员分别充实其他各处抗日民主根据的中心美术活动,绘画组停止活动。

### 华南漫画救亡协会

1938 年,"华南漫画救亡协会"成立于广东广州,由广州部分漫画家共同发起组织。1937 年,"全国漫画展览会"巡回到广州隆重举行,吸引不少广州画家投身于漫画创作。抗战爆发后全国各地许多知名漫画家汇集到广州,进行抗战漫画宣传。为有一个团结统一的组织,漫画家联合组织了华南漫画救亡协会,选举郁风、潘醉生、刘仑、伍千里、张谔、黄茅、林峻为干事,其他成员还有廖冰兄、李凡夫、郑家镇、叶固泉、黄伟强等人。该会成立后,曾多次举办抗日漫画展,并在广州街头出壁报和张挂布幕漫画。先后编辑出版《漫画战线》《广州漫画》《救亡画刊》《漫画阵地》《自卫画刊》和《民众漫画》等刊物,取得很好的宣传效果。1939 年广州沦陷后,画会骨干郁风、张谔、李凡夫、林檎、郑家镇等人先后移居香港,"华南漫画救亡协会"即停止活动。

### 香港漫画协会

1939 年,"香港漫画协会"成立,由叶浅予、张光宇、余所亚等人发起组织。主持人余所亚(1912—1991 年),又名 SOA,广东台山人。少年时代受北伐宣传画影响,喜爱漫画,曾在广州赤社学习。1935 年起开始在香港、内陆报刊上发表漫画作品。先后参加"香港漫画协会""全国漫画家协会""漫画工学团""人间画会"等美术社团的活动。1939 年广州沦陷后,许多漫画家移居香港,此岛也成为抗战时期华南地区的一个漫画中心。为此,叶浅予、张光宇、丁聪、鲁少飞、特伟、余所亚、张正宇、黄苗子、张谔、李凡夫、林檎、郑家镇等人,共同组织了香港漫画协会。该会成立后,曾举办大规模的以抗日战争为主题的漫画展,受到社会各界的重视。国际名记者斯诺也前往展览会观摩漫画作品。此外,漫画协会还在香港坚道十三号 A 的香港分会内,举办漫画训练班,由叶浅予、张光宇、张正宇、余所亚、丁聪、郁风、黄鼎等人任教。

### 延安漫画研究会

1939 年 10 月 20 日,"延安漫画研究会"成立于陕西延安,由延安鲁迅艺术学院美术系学生和延安抗战剧团、烽火剧团等漫画爱好者共同发起组织。会长华君武(1915—2010 年),江苏无锡人。1933 年在上海大同大学附属高中念书时,开始漫画创作。1938 年赴延安鲁迅艺术学院从事美术工作。先后参加"上海漫画界救亡协会""边区美术协会""鲁艺美术工场""延安漫画研究会"等美术社团的活动。该会曾于 1942 年 2 月 15 日在延安举办"华君武、蔡若虹、张谔三人漫画展",获得全国漫画界的瞩目。画会的主要成员有华君武、蔡若虹、张谔、张仃、丁里、李劫夫等。

### 露露美术社

1940 年 7 月 7 日,"露露美术社"成立于甘肃兰州,主持人杨露影(1914— ),名忠禹,浙江诸暨人。1936 年毕业于上海新华艺术专科学校西画系,后参军从事抗日宣传活动。1939 年定居甘肃兰州,历任甘肃省抗敌后援会艺术训练班、西北干部训练团和《西北日报》美术教员和顾问。先后参加"白鹅画会"和"露露美术社"等美术社团的活动。该社以培养抗日时期美术人才和繁荣当地文化艺术事业为宗旨,主要社员有杨露影、倪国芬、方晨光、鲁少飞、李丁陇、关良、陆其清、刘裕坤、刘克里、陆人俊、陈文、杨少逸等。美术社成立后曾多次举办美术展览会,并协助赵望云、韩乐然、李萍等画家在兰州举行画展。因此,美术社被新闻媒体誉为"走出象牙之塔,提倡大众艺术之拓荒者"。1946 年 3 月,主持人杨露影移居上海,露露美术社即自行解体。

### 成都美术协会

1940 年,"成都美术协会"成立,由当地部分美术家共同发起组织。该会是抗战期间担任成都美术运动领导的美术团体,主要骨干是刘开渠、梁又铭、王朝闻、张漾兮、张采芹、黄梦元、陈秋海、谢趣生等人。会员达 100 余人,成都的《建国画报》《铁风画刊》《战时后方画刊》等刊物的编者和作者,几乎都是"成都美术协会"的会员。活动到 1945 年 8 月停止,取而代之的是"现代画会"。

### 华北漫画协会

1940 年,"华北漫画协会"成立于北京,由北京部分漫画家发起组织。该会是北京沦陷时期,日伪政府欲利用漫画为日本帝国主义的侵华战争效劳而组织的。他们强行要求漫画会"发挥参战意义,服从总力参战,担当宣导使命"[1],利用漫画来美化日军侵略中国的恶行是"盟邦日本的友善支援"。曾于同年 7 月编辑出版《北京漫画》杂志,1944 年 2 月又出版《中华漫画》。1945 年 8 月,日本投降后不久,华北漫画协会自行停止活动。

### 友声书画社

1941 年 5 月,中国书画社团"友声书画社"成立于四川重庆,由黄炎培、章士钊、沈钧儒、郭沫若、沈尹默、梁寒操等人发起组织。该社以所得润金捐助抗日军人家属。

---

[1] 许志浩:《中国美术社团漫录》,第 210 页。

### 淮南大众美术队

1941 年 5 月，由淮南艺术专科学校美术系教师和学生发起组织的"淮南大众美术队"成立于安徽盱眙县。队长程亚君（1921—1995 年），笔名亚军，安徽歙县人。1939 年参加新四军美术工作，历任淮南艺术专科学校教员、美术工作队队长、画刊编辑等。擅长版画。先后参加"淮南大众美术队""华中美术工厂"等美术社团的活动。该队在学校空隙时间内，到当地各县去动员人民武装起来，保卫夏收、冬季办学，从抗日斗争生活中搜集来动人的真实故事，创作成连环画、漫画、木刻等，进行海报宣传。

### 青年美术馆

1942 年 1 月，由徐风发起组织的"青年美术馆"成立于江西赣州。馆长徐风（1917—　），广东丰顺人。1937 年毕业于上海美术专科学校油画系。历任江西正气中学、福建永安师范学校、上海志安中学、上海美术专科学校美术教员。先后参加"中华全国美术界抗敌协会"和"青年美术馆"等美术社团的活动。20 世纪 40 年代初，大批美术青年云集赣州，以美术工具为武器抵抗日本侵略、宣传抗日、支持前方。为让大家有一个比较独立和固定的活动场所，徐风等人在赣州公园内成立"青年美术馆"，徐风任馆长，荒烟任绘画部主任，钟炳芳任广告部主任，广告部的收入作为美术馆的主要活动经费。其他成员有朱鸣岗、黄永玉、隐庭诗、张乐平、赵延年、倪贻德、陆志庠、余白墅、杨隆生、梁永泰、朱苦顶、胡献雅、赵友善、徐光毅、卢是和等。青年美术馆成立后，曾举行几次影响较大的活动：1. 1942 年秋，举办大型"抗日战争美术展览会"，观众达数万人次。2. 作画义卖，支持前方。曾于 1943 年 9 月 9 日，为救济广东灾民举办义卖画展。3. 开办美术训练班，为扩大抗日宣传队伍，扶植美术新苗。

### 延安工艺美术社

1942 年 1 月 24 日,"延安工艺美术社"成立,由延安西北文艺工作团、青年剧院、儿童艺术学校工艺美术作者共同发起组织。社长张仃(1917—2010 年),笔名它山,原籍辽宁黑山,生于辽宁北镇。1932 年入北平美术专科学校国画系学习,后兴趣转向漫画创作,1938 年赴延安从事美术活动。历任鲁迅艺术文学院美术系教师、《东北画报》总编辑。先后参加"中国左翼美术家联盟""上海漫画界救亡协会""漫画宣传队""全国漫画作家协会战时工作委员会"和"延安工艺美术社"等美术社团的活动。该社成立的目的是团结延安工艺美术工作者,并供给各界所需要的工艺品。美术社下设技术、营业、研究三个部,定期在延安文化沟口举办"街头画报",加强艺术宣传,开展街头艺术活动。

### 中国书学会

1943 年 4 月 2 日,"中国书学会"成立于四川重庆,由于右任、商承祚、沈尹默、潘伯鹰、沈子善、余井塘、潘公展、张宗祥、朱锦江等人共同发起组织,该会亦名"中国书学研究会"。抗战时期重庆成为全国经济和文化中心,不少文人雅士相继到山城居住。为"宣传继承我国特有的书法艺术,抵制日本帝国主义文化的侵略"[1],重庆地区部分著名书法家联合分散全国各地的书法家,共同组织抗战期间国内最大的一个书法研究团体"中国书学会"。成立大会在重庆国立中央图书馆内成立。先后参加该会活动的著名书法家有于右任、马衡、沈尹默、商承祚、张宗祥、许世英、胡小石、宗白华、顾颉刚、王树人、潘伯鹰、沈子善、余井塘、朱锦江、沈士远、龚秋秋、徐谦、陈公哲、洪兰友、吴兆璜、柳诒徵。1943 年 7 月,中国书学会曾

---

[1] 许志浩:《中国美术社团漫录》,第 226 页。

编辑出版民国时期唯一的纯书法理论研究刊物《书学》，为辗转在大后方的书法界人士研究和探索书法艺术提供了发表园地，由商承祚、沈子善、朱锦江主编，1945 年 9 月出版了第 5 期后停刊。

### 现代美术会

1944 年 3 月，四川成都成立"现代美术会"。该会是抗战期间一个著名的美术团体，下设建筑、雕塑、木刻、漫画、中国书画小组。负责人是雷圭元、刘开渠、吴作人、庞薰琹、丁聪、沈福文、秦威、梁又铭、王朝闻、张漾兮、张采芹、谢趣生、陈秋海等人。画会成立之时就举办规模较大的"现代美术会展览"，翌年 3 月又举办第二届画展。5 月与华西边疆研究所在成都祠堂街四川美术协会内，联合为吴作人举办"旅边画展"。同年 9 月抗战胜利后，因会员先后各返原地而停止活动。

### 平明画会

1944 年，陕西西安"平明画会"成立。主持人赵望云（1906—1977 年），河北束鹿（今河北辛集）人。早年毕业于北京京华美术专科学校，擅长中国画。1930 年被《大公报》聘为特邀旅行写生记者后，足迹遍布西南西北。创作出数以千计的反映民族风土人情的绘画作品，闻名中外。先后参加"中国美术界抗敌协会""战地写生团"和"平明画会"等美术社团的活动。1944 年，赵望云结束 15 年之久的旅行写生活动，定居西安。为与当地画家进行艺术交流，培养美术人才，与方济众、侯友可、袁白涛等人发起组织"平明画会"。

### 野马社

1945 年，由中央大学艺术系学生徐士萍等人发起的漫画组织"野马社"成立于四川重庆。该社是中央大学内学生漫画小团体，以漫画为战斗武器，投入争取和平、反对内战的民族解放运动中。1946 年 1 月 25 日，重庆爆发各界人士上街参加请愿活动，野马社全体社员也上街请愿，并速写各式激动人心的场面。然后制缩成

《一·二五运动纪念画刊》，散发市头。为此，著名画家徐悲鸿，特意画了一幅骏马图赠送给该社，以示鼓励。野马社一直活动至中央大学迁回南京后不久才停止活动。

### 浙东美术工作者协会

1945 年 4 月，"浙东美术工作者协会"成立于浙江梁弄。抗日战争后期，浙东地区的美术活动非常活跃，为了更好地发挥美术工作者的作用，推动美术工作在当地全面展开。浙江行政公署文教处处长楼适夷首先提议，各方美术家一致同意，成立了浙东美术工作者协会。大会在四明山南部的梁弄与黄坎头之间的乾田畈大祠堂内召开，首届负责人是张克、洛井、史舟、白艾。协会当时的中心任务是配合"讨田战役"进行宣传活动，组织"浙东木刻、美术用品供应社"，以及出版《战斗画报》。

### 上海市画人协会

1945 年 10 月 10 日，"上海市画人协会"成立，由前"中国工商业美术作家协会"和"涛社"部分成员共同发起组织。王宸昌任理事长。该会是抗战胜利后，第一个获国民政府批准成立的美术团体。以"抗战时期留沪之忠贞画人所组织。以砥砺气节，研讨学术，协助国家文化宣传，冀能建设新中国文艺术精神"①为宗旨。最初成员有 69 人，包括西画家、国画家、工艺美术家、美术教师等。会址初设在上海槟榔路(安远路)117 号，后移迁陕西北路 128 号。协会选举王宸昌为理事长，丁庆龄为监事会监事长。协会除了举办美术展览，组织会员进行艺术交流等活动之外，于 1945 年 9 月 10 日创办《卿云画刊》，由王宸昌主编。同年 10 月 10 日出版了第 2 期后停刊，其中发表了蒋孝游、娄咏芬、蒋冬郎、蒋蕴华、阿冬、陈孝佰等的作品和文章。

---

① 许志浩：《中国美术社团漫录》，第 234 页。

# 附录二 抗战期间出版的救亡美术报刊

　　抗战时期,除了画家个人创作的反映抗日题材的美术作品外,还编辑出版有许多专门的抗日爱国美术期刊,这些刊物尤以漫画和版画为多。本篇以报刊与画册的出版时间为序,分类介绍:1.报刊名称;2.主办机构;3.主编或负责人;4.出版单位;5.出版时间;6.开本与出版周期;7.报刊宗旨;8.主要内容;9.社会反响等项。

**《慰劳画报》**

　　1932年2月,上海民众反日救国会编辑出版《慰劳画报》。十六开。该刊是一八艺社为上海民众反日救国会编绘印制的一份进步画刊。内容系慰劳“一二·八”之役中英勇抗日的十九路军官兵宣传抗日思想,号召全国人民起来抵抗日本帝国主义对我国的侵略。

**《中国时事漫画》**

　　1932年2月23日,上海中国漫画研究会出版发行《中国时事漫画》,黄士英主编。四开两面。上海中国漫画研究会是1931年10月在上海成立的一个漫画群众团体,由黄士英、贾希彦、徐午同3人发起。关于该会的缘起和目的可见于该刊第1期上《本会为征求新会员告同志组织"中国漫画研究会"之缘起》一文。该会成立初期,就具有浓郁的反帝国主义、反日本侵略的色彩。该刊收入的漫画有黄士英的《此乃我民族存亡生死关头!同胞:速起作最后之奋斗》《骄则败》《浪漫夫妻》;贾希彦的《沪战杂感》四幅;隐的《礼》;开铭的《蛇岂能吞象》;亡的《望风披靡》等。此外还刊登有《发刊词》和《本会为征求新会员告同志组织"中国漫画研究会"之缘起》两篇文章。

### 《木版画》

1933 年 6 月,由野穗木刻社编辑出版《木版画》。第 1 期第 1辑仅出版 1 期,手拓 100 本。野穗木刻社是左翼美术家联盟转入地下活动期间的小型美术团体之一,于 1933 年春天在上海新华艺术专科学校内成立,主要成员有陈烟桥、陈铁耕、何白涛、夏朋、胡一川、马达、程沃渣、钱文兰和江逸勤等人。后因主要骨干成员陈烟桥和何白涛在上海新华艺术专科学校毕业并离开上海,野穗社也因此而停止活动。该刊是野穗社自费出版的一份木刻期刊,先由入选作品的作者自己手拓 100 张,然后汇拢在一起,分检成帖,全刊共 10 幅木刻作品。该刊印成后,曾寄赠鲁迅一本。

### 《时代漫画》

1934 年 1 月 20 日,上海时代图书公司出版兼发行《时代漫画》,鲁少飞主编,张光宇为发行人。1937 年 6 月出版了第 39 期后停刊。十六开。第 1 期封面由著名漫画家张光宇设计,画面是文房四宝组成的一位"骑士"。该刊内容丰富,栏目众多,漫画作者汇集了当时全国知名画家。现代漫画史上唯一的知名女漫画家梁白波,也是该刊的特约撰画者。第 22 期的 2 周年特大号内,附刊"全国木刻联合展览会特辑",刊登了唐达、野夫、温涛、张慧、张影、鲁木、陈葆真、韵波、沈福文等人的木刻 9 幅。该刊作为当时起带头和骨干作用的漫画期刊,还注重发表漫画理论文章。由于《时代漫画》发表了一些刺痛当局的漫画,引来国民党宣传部门的严酷检查,最后以"污蔑政府""污蔑领袖"和"妨碍邦交"的罪名禁止出版,主编鲁少飞便将该刊改名《漫画界》,以王敦庆主编的名义继续出版。

### 《今代漫画选》

1935 年 1 月 1 日,上海今代出版社编辑出版《今代漫画选》。十六开。该刊是汇集全国漫画名家的漫画代表作精选本,设有两性之间、社会风景、趣的素描、国际与政治以及诗歌漫画等专栏。作者有丁聪、丁影、江栋良、江毓祺等 40 人。漫画的思想性也颇为激进,例如在"国际与政治"专栏内,发表江毓祺讽刺日本帝国主义侵略中国时遭到中国军民反击后胆小如鼠的士兵漫画《应趋的步伐》,抨击一些民族败类出卖祖国领土、任人宰割的《长眠人》以及江栋良的《管他妈的山河变色,好得不是分了老子的地界》等。在"社会风景"专栏中,刊登了大量反映生活在社会最低层的劳动人民情况的漫画,如丁聪的《飞毛腿》、江毓祺的《社会名角》、陈静生的《卖花女郎》、江籹的《吃饱了的人们同情底代价》和江栋良的《当家的家当》等。

### 《中国漫画》

1935 年 7 月 10 日,上海中国图书刊行社出版、中华杂志公司发行《中国漫画》,朱锦缕创办兼主编。第 2 期起改由中国漫画社出版,发行人为张英。1937 年出版了第 14 期后停刊。十六开。该刊撰画者均为著名的漫画家。第 9 期、10 期、11 期为"中国漫画狂想专号"上、中、下专辑,其中发表了一些与时势紧密相关的漫画。具有较高思想的作品有王培元的《二十五年后中国一件光荣的建设》、张熙昌的《假使中国被灭亡了》、艾中信的《第二次世界大战的狂想》、许若明的《独裁者的将来》、张文元的《弱病狂人医》、钱宇人的《汉奸举义成功史》、朱金楼的《古城末日记》等，这些作品鲜明地反对日本帝国主义对中国的武装侵略，谴责汉奸卖国行径。

### 《漫画和生活》

1935 年 11 月 10 日，上海漫画和生活社创刊出版兼发行《漫画和生活》，张谔主编，黄士英为发行人。1936 年 2 月出版了第 4 期后停刊。十六开。该刊的前身是《漫画生活》，其出版宗旨"继续过去《漫画生活》的精神"，并努力以漫画来反映社会生活。第 1 期刊登了鲁迅的语录"漫画的第一件紧要事是诚实，要确切地显示了事件或人物的姿态，也就是精神"，作为该刊的献辞。1936 年 2 月出版了第 4 期后，刊物因思想进步，于 1936 年 2 月 29 日被国民党中宣部下令查禁。据国民党中宣部编发的密件《二十五年度一月份至三月份查禁刊物一览表》所载，查禁《漫画和生活》的"理由"有三条：1. 鼓吹阶级斗争意识；2. 反对现政府；3. 鼓吹苏联革命成功。

### 《漫画世界》

1936 年 9 月 5 日，上海漫画世界社出版发行《漫画世界》，黄士英编辑，同年 10 月 5 日出版了第 2 期后停刊。十六开。该刊出版之时，值抗日战争前，祖国领土面临日本帝国主义全面入侵的危险。该刊第 1 期上的《编后记》中有一段写着："敝刊诞生在这个民族危亡的国家，恶魔环绕在我们民族的周围，野兽张开着血盆似的嘴，毒爪伸在我们的身上，旁边是死神，以及许多豺狼，潜伏在我们身上的是无数的臭虫！过不惯这样生活的人们要解脱我们这不幸的命运，只有挺起脊骨来肉搏。"①从中可看出刊物的宗旨在于宣传抗日思想，以漫画这一特殊的武器，来抵抗外来武装侵略。该刊所

---

① 许志浩：《中国美术期刊过眼录(1911—1949 年)》，第 147 页。

发表的漫画也都以抗战为背景，还发表了力群、陈烟桥、野夫、温涛、江峰、一凡等人的木刻画。

### 《东方漫画》

1936 年 12 月，《东方漫画》由上海新艺漫画社主编、东方出版社出版、上海五洲书报社总发行。1937 年 8 月出版了第 2 卷第 3 期后停刊，共出 9 期。十六开。该刊是一份专刊漫画作品的刊物，关于它的编辑作风和用稿标准可在《征稿启事》中得知："现在不是谈风花雪月的时代，用色情狂来号召，我们不愿意这样干，幽默如隔靴搔不着痒处，等于不说。所以我们不需要隔靴搔痒的幽默稿子。欢迎强有力的讽刺、政治、国际、社会农村等稿子。"①该刊发表著名漫画家的作品有艾中信的《敌人的姿态》、陈浩雄的《残酷世界》、金剑凡的《这样的致肥》、华君武的《太阳和雪人对话》、汪子美的《春宴》、江毓祺的《春》8 幅、鲁少飞的时事集中漫画 8 幅、张谔的《分道扬镳》等。其他作者还有严扦西、茅愚言、张文元、丁深、王培元、江栋良、黄尧等人。

### 《艺术界》

1937 年 1 月 1 日，上海市立美术专门学校学生自治会艺术界社出版《艺术界》，梁逸主编。十六开。该刊出版于抗战初期，刊物显然是为抗战服务。在创刊词《艺术工作者一致起来》中写道："中国整个民族的存亡问题，至今日而日趋严重。救亡的责任，已非三数统治者所能把持，必然地要全民族，不分阶级不分党派地英勇地起来抗战救亡，中国民族的生存才能有希望。艺术家在全民族中算是感觉灵敏的分子，在唤起救亡与领导救亡的责任上已是责无旁贷。我们深愿一般艺术界应该立刻自动地联合起来，组织成一

---

① 许志浩：《中国美术期刊过眼录（1911—1949 年）》，第 148 页。

条坚强的艺术战线！"①可视作出版宗旨。该刊是美术、文学、政治的综合刊物。美术部分的内容有梁锐的水彩画《抬台工人》,论述有宋绿伊的《庶联的版画》、张昂的《我对于国画的一点意见》和陈言的《绘中国人物画应有的觉悟》等。

### 《泼克·PUCK》

1937 年 3 月 1 日,上海泼克社出版发行《泼克·PUCK》,叶浅予、张光宇主编,发行人是张鸿飞。PUCK 取自莎士比亚戏剧中的顽皮的小妖精,即滑稽小丑之意。仅出 1 期。八开三十二面。该刊是我国漫画期刊出版中昙花一现的大型漫画期刊。虽然仅出 1期,但撰稿者均为漫画界高手。其中刊有黄苗子的《哲学家四题》、叶浅予的《村中社戏素描》、汪子美的《亡国之音》、特伟的《1936 年已过去》、张乐平的《大饭店》、张正宇的《含着眼泪的庞大东西》等。这些漫画的技法已趋于成熟和精湛,代表了 20 世纪 30 年代中国漫画的最高水平。

### 《前线画报》

1937 年 7 月 1 日,延安八路军政治部编辑出版《前线画报》。1945 年 5 月 15 日出版了第 32 期后停刊。套色印刷,毛边。该刊是延安时期出版的一份历史较长的美术画报。内容以画为主,配有文字说明,通俗易懂。绘画题材反映了八路军战斗、学习、生产大运动等活动,并揭露日本的侵略行为和汉奸卖国行径。主要作者有蔡若虹、华君武、陈叔亮、马达、陈钧、西野、焦心河、琦西、钟灵、杨廷宾、郑沧波、丁里等人。该刊以其丰富的内容,吸引了众多的读者,逐渐成为战斗在前线的战士喜爱的刊物,并得到朱德、彭德怀、聂荣臻、贺龙、肖克等八路军领导人的嘉奖。

---

① 许志浩:《中国美术期刊过眼录(1911—1949 年)》,第 149 页。

### 《救亡漫画》

1937 年 9 月 20 日创刊，上海漫画界救亡协会出版《救亡漫画》，王敦庆编辑，鲁少飞为发行人。同年 12 月出版了第 11 期后停刊。四开。刊名由章乃器题写。该刊出版后受到读者热烈欢迎，发行数量逐期上升，还分别在香港、广州、南京、汉口等地同时出版。该刊成为中国现代漫画史上销量最多的一种漫画期刊。1937 年 12 月上海沦为孤岛，许多漫画家先后离开上海，该刊出版了 12 期后不得不停刊。原上海漫画界救亡协会骨干叶浅予、张乐平、特伟、胡考等 8 人，撤离上海前组织成立了救亡漫画宣传队，来到武汉后，隶属国民政府军事委员会政治部第三厅领导。又于 1938 年 1 月编辑出版了与《救亡漫画》宗旨相同的《抗战漫画》。

### 《抗战画报》

1937 年 10 月，全国漫画作家协会西安分会编辑出版《抗战画报》。该期刊不定期出版，1939 年 7 月出版了第 14 期后，被当局查封而停刊。石印，四开折叠本。在抗战时期，全国的一些漫画作者云集西安城内，使之成为战时我国漫画活动相当活跃的一个城市。全国漫画作家协会西安分会成立后，展开了一系列的活动。出版《抗战画报》是该会仅次于举办漫画训练班的会务工作。刊物全部发表漫画作品，主要作者有陈执中、张仃、胡考、陶今也、赖少其、朱丹、钟灵、刘铁华、周克难、丰子恺等人。

### 《非常时漫画》

1937 年 11 月 10 日，上海图文社出版《非常时漫画》，江敉主编兼发行人。八开。该刊出版时值抗日战争初期，民族危机日趋严重，编者希望能把激发抗敌热情的漫画深入到民间去，而出版了这份期刊。编者在卷首《编辑室》一文中曾有一段写道："漫画的意义是含有讽刺的意味，它的功用可以使人深省，可以使人警惕，它在战争时期内可以加强人民的爱国情绪，对外可以作为国家宣传的工具。兴登堡说：漫画的力量可以抵得十三门的大炮。可见漫画对于国家民族的需要，我们出版这本漫画的动机也就在这里了。"[1]可作为该刊的出版宗旨和其所欲负的责任。

### 《抗敌漫画》

1937 年 12 月，福州福建省抗敌后援会编辑出版《抗敌漫画》。1939 年 3 月出版了第 36 期后停刊。

### 《抗敌画报》

1938 年 1 月，西安全国漫画作家协会西北分会编辑出版《抗敌画报》。该刊自 1939 年 3 月起，同年 5 月出版了第 2 期后停刊。主编张仃，笔名它山，辽宁人。20 世纪 30 年代初期开始创作漫画，作品在《时代漫画》《漫画界》《中国漫画》等漫画期刊中发表。抗战初期参加叶浅予领导的救亡漫画宣传队的活动。1938 年到延安后，从事漫画、年画、宣传画等创作。先后担任《抗战画报》《救亡漫画》《抗战漫画》和《抗敌画报》的主编和编者。

### 《抗战画刊》

1938 年 1 月，抗战画刊社编辑出版《抗战画刊》，由华中图书公司发行。初在汉口出版旬刊，后迁到重庆出版时改为月刊，1941 年 4 月出版了第 3 卷第 4 期停刊。该刊是抗战时期居住在武汉的漫画家赵望云、汪子美、高龙生、张文元、江敉等人合作编辑出版的一份以木刻、漫画为主要内容的画刊。该刊在出版过程中得到爱国军人冯玉祥的鼎力协助。

### 《抗战版画》

1938 年 1 月，南昌的江西省保安司令部政治训练处出版发行

---

① 许志浩：《中国美术期刊过眼录（1911—1949 年）》，第 159 页。

《抗战版画》。该刊的作者和读者大多是从军的士兵。主编刘岘，原名王之兑，字泽长，号慎思，笔名刘岘、流岩、柳涯、丁普、张静平，河南兰封（今兰考县）人。1933年考入上海美术专科学校后，在鲁迅倡导的新兴木刻运动影响下进行木刻创作。1934年去日本东京帝国美术学院留学，1937年回国。1939年赴延安，曾任陕甘宁边区文学艺术学会美术工作委员会主任。先后参加《〇〇木刻集》《（无名）木刻集》《未名木刻集》《未名木刻选集》和《抗战版画》等书刊的编辑工作。

### 《抗战漫画》

1938年1月，救亡漫画宣传队编辑出版《抗战漫画》（半月刊），特伟主编。1期至12期在汉口出版，13期至15期（终刊号）在重庆出版。十六开，每期二十四页。1940年11月停刊。该刊不仅发表大量的抗战漫画，同时还注意刊登一些质量较高的漫画理论研究文章。第8期为"全美术界动员特辑"，号召全国的美术界人士"携起手来，怀着最大的热情争取民族的独立自由平等，培养我们新的美术生命，漫画界更愿站在最前，负起袭击敌人的任务"①。1938年10月武汉失守，漫画宣传队随政治部第三厅撤退到长沙，后由特伟领队来到重庆，在黄苗子的帮助下，继续石印出版了《抗战漫画》第13期、14期、15期。随后队员各谋出路，该刊停止出版。

### 《战时艺术》

1938年3月，桂林战时艺术半月刊社编辑出版《战时艺术》。1939年5月出版了第3卷第3期后停刊。该刊是文学、音乐、美术、戏剧等的综合刊物。其中发表的重要美术论文有李文钊的《战时艺术》、黄茅的《略论战时美术》、温致义的《关于木刻与漫画》和

---

① 叶浅予：《写在特刊前面》，《抗战漫画》（全美术界动员特辑），1938年4月15日。

胡考的《战时的漫画界》等。

### 《抗敌画报》

1938 年 6 月 1 日，晋察冀军区政治部抗敌画报社编辑出版并发行《抗敌画报》，徐灵等主编。四开，每期单张两版，石印。该刊是晋东北出版社的一份至今极为罕见的美术期刊。该刊出版的主要任务是配合时事政策进行宣传教育。

### 《抗敌画展特刊》

1938 年 8 月出版，重庆市江巴各界 5 月抗敌宣传大会编辑，重庆市抗敌后援会发行《抗敌画展特刊》。十六开。该刊是 1938 年 5 月在重庆举行的"抗敌画展"作品精选特刊。由郭一予作序，万从木撰写序言。画刊的作者有万从木、叶正昌、余文治、苏文叔、黄云灿、金夙光、余文甫、谭学楷、吴天俸、姚星云、张士龄、罗华轩、李纯英等人。共分国画、油画、水彩、漫画、图案和摄影 6 个部分。作品主题均为反对日本帝国主义侵略中国，号召全国人民一致抵抗外来侵略。

### 《动员画报》

1938 年 10 月 8 日，香港动员画报社主编并发行《动员画报》（国庆纪念特刊）。八开四面。社长为陆国辉。该刊是香港战时出版的进步刊物《动员画报》第 68 期附刊。其中发表了黄鼎的连载漫画《阿庚故事》（6 幅）、《纪念双十，要从苦斗中去争取来日的胜利！》《豫南长江的战况》；鲁少飞的长篇漫画《游击战术的创造者——朱德》（4 幅）、民间纪事漫画《送鞋》（6 幅）、抗战常识漫画《爱护民众必打胜仗》（12 幅）；白丝的史料漫画《愈挫愈坚》（9 幅）和林璟为纪念民国二十七年双十节而作的史料漫画《缔造维难》（12 幅）等漫画作品。

### 《战画》

1939年2月25日,浙江省战时美术工作协会战画编辑部编辑出版《战画》。每月出1期,至1940年2月出版了第11期后停刊。十六开土纸本。浙江省战时美术工作协会,是抗战时期蛰居金华的木刻工作者俞乃大、金逢孙、万湜思等人组织成立的美术团体。借以联合浙江省境内的画家,在非常艰苦的条件下推动战时美术工作向前发展。《战画》就由该社主办,联系人是朱苣芪。该刊内容分漫画和木刻两大部分,偏重于木刻。当时浙江省战时美术工作者协会内下属木刻研究社小组,就以此刊作为该社的宣传阵地。除发表研究参考的木刻作品外,还每期刊登木刻研究社的书面木刻讨论文章。主要作者有张乐平、野夫、金逢孙、万湜思、李桦、夏子颐、章西厓、阿大、朱苣芪、项荒途、何其宏、杨嘉昌(可扬)等人。

### 《木刻导报》

1939年3月,湖南中华全国木刻界抗敌协会湖南分会出版并发行《木刻导报》,李桦主编。同年6月出版了第5期后停刊。湖南中华全国木刻界抗敌协会湖南分会由李桦和温涛两人主持。会刊《木刻导报》是湖南地区战时出版的唯一美术期刊。该刊以介绍全国木刻抗敌运动的消息、动态和画家去向为主要内容。

### 《全国抗战版画》

1939年3月,上海原野出版社出版、上海美商亚美出版公司发行《全国抗战版画》(丛刊),仇宇主编。三十二开,铜版纸精印。精选1938年至1939年初,全国各地版画作者所创作的以抗战为题材的版画专辑,宗旨为"联合中国前进木刻家打倒我们真正敌人——日本法西斯军阀"。鹰隼、蒲军、鸿飞为之作序。第1辑共收入版画48幅。由于受当时印刷条件束缚,该辑印数较少。该刊于1939年3月编辑完毕,因战争期间无法出版,延至抗战胜利后问世。刊上仍注明是 1939 年 3 月出版。

### 《战斗美术》

1939 年 4 月,广州战斗美术社编辑出版《战斗美术》。同年 9 月出版第 4 期后停刊。十六开。

### 《漫画与木刻》

1939 年 4 月,中大木刻研究会编辑出版、重庆中央大学发行《漫画与木刻》。中大木刻研究会,是抗日战争初期迁往内地重庆的中央大学艺术系一些进步学生在中央大学救国会领导下成立的一个美术小团体。主要成员有文金扬、刘寿增、艾中信、俞云阶等。该刊就是该会成立后不久,编辑出版的一份专门刊载漫画、木刻作品的期刊。

### 《战斗美术》

1939 年 4 月 20 日,重庆战斗美术社出版发行《战斗美术》,生活书店总代售,王琦、卢鸿基主编,编委会成员由骆风、王朝闻、洪毅然、冯法祀、王嘉仁、王铸夫、丁正献、张望和李可染组成,刊名由郭沫若题写。十六开。该刊内容围绕着鼓吹抗日救国展开,绘画作品有李可染的素描《快跟我拿枪去》、卢鸿基的连环木刻画《从军杀敌》、王琦的木刻画《守望》、铸夫的木刻画《诚然与抗日无关》和丁正献的素描《姐妹们快来救护他》等。此外,还发表了胡风、洪毅然、骆风、王嘉仁、卢鸿基等人的美术理论文章。

### 《工作与学习·漫画与木刻》

1939 年 5 月 16 日,桂林工作与学习·漫画与木刻社编辑出版《工作与学习·漫画与木刻》,赖少其为发行人,新知书店总经售。1939 年 9 月出版了第 9 期后停刊。十六开土纸本。该刊是由两个预定要出版的刊物《工作与学习》和《漫画与木刻》合并出版的一份综合期刊。出版宗旨是:"根据三民主义,抗战建国纲领,为争取抗战胜利,建设三民主义国家而努力。"撰稿者均为蛰居桂林的政治、文化界知名人士。1939 年 6 月 1 日出版的第 2 期上增设"讨汪专页",刊有沈同衡绘画、刘建庵木刻的《总理的叛徒》,黄新波的木刻画《毒害中国》,周令钊的木刻画《汪精卫想用和平的圈套来催眠中国民众,可任日本宰割!》,沈同衡的木刻画《扑灭破坏团结的毒虫!》,刘元的木刻画《动摇的善变》,赖少其的木刻画《不知收场》,刘建庵的木刻画《无人收留》和陆志庠绘画、赖少其木刻的《汪精卫的"救国",救的是日本,不是中国》等 8 幅绘画,揭露谴责汪精卫的叛国行径。

### 《战地真容》

1939 年 6 月,江西吉安战地真容杂志社出版发行《战地真容》(半月刊)。主编罗清桢,广东兴宁人,是中国新兴木刻运动中的杰出木刻画家,1932 年起与陈铁耕一起学习木刻,并得到鲁迅直接教诲,1941 年 11 月 25 日因病去世,一生共创作了木刻作品 200 余幅。《战地真容》(半月刊),就是他在硝烟弥漫的抗日炮火下主编的一份以宣传抗战为主要内容的木刻期刊。

### 《敌后方木刻》

1939 年 7 月 1 日,太行山鲁艺木刻工作团编辑出版《敌后方木刻》,胡一川主编,共出版 3 期。该刊是《新华日报》(华北版)的副刊之一。鲁艺木刻工作团是抗日战争开始后(1938 年冬),"延安鲁艺"第 2 期学习结束,为响应中国共产党号召到敌人后方去的指示,由胡一川发起成立的。成员以"延安鲁艺"木刻研究班的骨干为主,其中包括彦涵、陈铁耕、罗工柳、杨筠、华山等延安较有影响的画家。《敌后方木刻》为鲁艺木刻工作团于 1939 年 1 月来到太行山后编辑出版的一份宣传党中央坚决抗战思想的木刻期刊。该刊出版了第 3 期后,当第 4 期即将付印时,遭到敌寇的"大扫荡",负责画报排版的工作同志牺牲,加上印刷机受损,固而没能出版。

### 《漫木旬刊》

1939 年 7 月 5 日,桂林南方出版社出版《漫木旬刊》,黄新波、赖少其、刘建庵、特伟编辑。1940 年 4 月出版了第 25 期后停刊。该刊是桂林《救亡日报》副刊之一。该刊是在抗日战争时期出现的漫画与木刻相结合的漫木运动鼎盛时期出版的一份美术期刊。主要撰述者有黄茅、赖少其、李桦、廖冰兄、梁永泰、张仃、周令钊、黄新波、刘建庵、沈同衡、特伟、宣文杰、刘元、陆志庠、汪子美等人。

### 《抗战艺术》

1939 年 9 月 1 日,国民政府军事委员会政治部编辑出版兼发行《抗战艺术》。1940 年 1 月出版至第 5 期后停刊。十六开。该刊收入重要的论述文章有卢鸿基的《创造典型与避免公式》《木刻的诸问题》,龚孟贤的《谈宣传画》。美术作品分宣传画和木刻画两种。宣传画有周多的《要救护负伤的勇士》、丁正献的《快加入工作的队伍去》、王朝闻的《传播谣言即是汉奸》、龚孟贤的《日本的物资竭相》等。木刻画有罗工柳的《夜袭》、王琦的《偷渡》、卢鸿基的《偷营》等。所刊作品的主题思想是宣传抗日,反对日本帝国主义对中国的侵略。

### 《战地画刊》

1939 年 10 月,湖北老河口第五战区长官司令部战地画刊社编辑出版《战地画刊》,赵望云主编。至 1941 年 1 月出版了第 34 期后停刊。该刊原名《抗战画刊》,由冯玉祥出资创办,其他编辑有汪子美、高龙生、张文元、侯子步和江敉。曾迁移长沙、桂林、重庆等地出版。

### 《战时木刻》

1939 年 11 月 15 日，浙江省战时美术工作者协会成立的战时木刻研究社研究组出版《战时木刻》（半月刊），木刻函授班编辑，金逢孙、郑诚之主编。1940 年 4 月出版第 2 卷第 2 期后停刊。十六开，八面。浙江省战时美术工作者协会成立的战时木刻研究社研究组函授班，是应青年木刻爱好者要求而于 1939 年 11 月 20 日正式成立的。《战时木刻》（半月刊）即是作为学员的教材和通讯出版物。此外，函授班还出版一种丛刊《木刻丛集》作为示范木刻卡片。为让学员掌握木刻技法的理论，全面了解中国木刻运动历史，该刊注重发表一些高质量的论文，每期还有艺坛动态、出版消息、刀片、木运短波、布告等栏目，报导全国各地木刻运动的动态和最新消息。这些均是研究战时中国木刻运动的珍贵材料。

### 《木刻丛集》

1939 年 11 月，浙江省战时美术工作者协会成立的战时木刻研究社出版《木刻丛集》。1941 年的 3 月停刊，共出版 5 期。该刊是战时木刻研究社举办“战时木刻函授班”时与《战时木刻》（半月刊）同时出版的一份木刻期刊。为使学员们得到较高艺术水平的参考作品，该刊故精选全国木刻创作的佳作，编辑成木刻专集，作为函授班的参考讲义。第 1 卷共出版 4 集：第 1 集《旌旗》1939 年 11 月出版；第 2 集《号角》1940 年 1 月出版；第 3 集《战鼓》1940 年 4 月出版；第 4 集《铁骑》1940 年 6 月出版。第 1 卷 4 集出版后，因受浙东战事影响，战时木刻研究社停止活动。第二年该社改名为中国木刻用品合作社，继续筹备出版，第 2 卷的 4 期定名为《反攻》《袭击》《决斗》《歼灭》，最后仅出版了第 1 辑《反攻》，再也没有继续出版下去。

### 《刀与笔》

1939 年 12 月 1 日，浙江省战时美术工作者协会刀与笔社编辑出版《刀与笔》，万湜思、项荒途为木刻编辑，张乐平为漫画编辑，文字编辑由邵荃麟、聂绀弩担任。1940 年 2 月出版了第 3 期后停刊。十六开。该刊是漫画、木刻、经济、文学、国际、政治的综合月刊。文字部分设"木刻与木刻理论"一专栏，供战时美术工作者协会战时木刻研究社作为会员间进行交流创作体会的园地。主要论述有赖少其的《抗战中的中国绘画》、李桦的《木刻工作者怎样修养自己》、汪子美的《绘画之战斗性与其战略》和黄茅撰写的漫画活动史料《粤北漫画运动》等。《刀与笔》一刊内容丰富，编排新颖，出版后深受广大读者欢迎，故成为浙江地区战时最有影响的出版刊物。后因转载或刊登了鲁迅、金仲华、恽逸群、葛琴、骆宾基等人的政治文章，被国民党宣传部门勒令停止出版。第 3 期最后一页上增附油印启示，向读者告别。

### 《树范木刻》

1940 年 1 月 1 日，杭州树范中学木刻队编辑《树范木刻》，金华大同书店总经售。仅出 1 期。十六开。共原版拓印 500 册。该刊由一个中学木刻小团体出版，章相伯特意为该刊作序。该刊收入金逢孙、苏秉诚、王寿麟、郑千里、吴福新、张振维、李国枢、庄期变、汪既潞、汪士弘、应鸿达的黑白木刻画 14 幅，和金逢孙的套色木刻画《抗战胜利图》1 幅。著名版画家金逢孙，是该校木刻队的辅导老师，该刊也由他负责编选。

### 《抗建画刊》

1940 年 1 月 1 日，福建省抗敌后援会宣传部编辑出版《抗建画刊》，同年 2 月停刊，共出 2 期。该刊前身是《抗敌漫画》（半月刊），出版至 1939 年下半年后，因宣传部迁址，加上印刷原料发生困难而暂告停刊，之后不久更名出版，增加了木刻内容。基本作者有戴国梁、陈嘉音、首伯、巴西、陈元宙、李艾笛、青森等人。

### 《美术与音乐》

1940 年 1 月 1 日,桂林广西艺术师资训练班美术与音乐月刊社编辑出版《美术与音乐》(月刊),桂林师范学校发行。1942 年 12 月出版了第 3 卷第 12 期后停刊。该刊是一份艺术综合月刊,出版宗旨有三条:一是为介绍富有建设性的时代作品,二是供给青年艺术工作者进修之参考资料,三是为辅助战时艺术教育。内容丰富、编排活跃,图文结合。1942 年 9 月该刊出版了第 3 卷第 9 期后,因经费不足打算停刊。这时在桂林师范学校就教的著名漫画家沈同衡知道此事后,赶紧集资利用该所的登记证,编辑出版了 3 期(第 3 卷第 10 期至第 12 期)漫画专页。全国著名的漫画家张光宇、张正宇、余所亚等人都是该刊的支持者和积极撰稿者。由于这 3 期发表的漫画作品充满较强的革命倾向,加上当局视全国漫画作家协会为非法组织,勒令会员停止活动,故该刊遭到国民党宣传部查封,主编人沈同衡也遭逮捕。

### 《中国画刊》

1940 年 1 月 1 日,西安中国出版社出版《中国画刊》,郭冷厂、黄志诚主编,金光和、李文博为编辑。十六开土纸本。该刊是战时西北地区出版的一种影响较大的漫画、木刻、宣传画期刊。全国各地的一些著名画家高龙生、叶浅予、沙清泉、赖少其、李丙南、李风棠、鲁少飞、陆志痒、黄尧、廖冰兄、张乐平、汪子美、张文元、伍千里、力群、特伟、李桦等人,被聘为该刊的特约撰作画家。该刊内容以绘画作品为主,其中有黄志诚的《在元旦中我们呈献,政府的礼物》、蒋敬中的《忍痛杀敌争取胜利》、李丙南的木刻《河防》《战斗生活》、王霄萍的《谁使我们流亡!》、周伯煦的《敌寇的兽行》、沙清泉的《瞧!汉奸的下场》、李文博的《骨灰》等,唯一的文字作品是黄志诚撰写的《美术的理论与实践》。

### 《抗建通俗画刊》

1940 年 1 月 1 日，重庆抗建通俗画刊社出版、青年书店发行《抗建通俗画刊》，王建铎、艾德榜、宋步云、何惟志、房公秩、邵恒秋、黄子君、郑伯清编辑。1942 年 1 月出版了第 2 卷第 1 期后停刊。该刊是抗战时期出版历史较长的一种美术画刊，这大概与其作者支持是分不开的，在特约编撰人员队伍中，汇集文艺界的杰出人才，有王琦、老舍、李抱忱、海戈、孙伏园、郭沫若、高龙生、张文元、熊佛西、卢鸿基、老向、任致嵘、何容、何子量、段承泽、师志真、张煌、陈治策、褚述初、杨村彬等。该刊绘画分漫画和木刻两种。除了发表绘画作品以外，该刊还注重美术论文的刊载，论文有一个共同的的特点：从抗日救亡的政治立场和政治需要的角度来讨论美术的社会功能，紧紧围绕着如何使绘画创作更好地来为抗战服务的主题思想。

### 《漫画木刻月选》

1940 年 1 月，桂林南方出版社出版兼发行《漫画木刻月选》，赖少其、刘建庵、特伟、黄茅主编。该刊虽称月选，实际上半年才出一期。同年 8 月出版了第 2 期后停刊。1939 年，全国的一些著名漫画家和木刻家云集桂林，为了抗日救国，他们在极其困难条件下，创作了大量的绘画作品。这些作品全由漫画和木刻合作而成，这是因为当时受印刷条件的束缚，无法印刷漫画作品，只能通过手工木刻版印刷的方式才能出版。《漫画木刻月选》精选木刻和漫画合作创作的作品，此刊停止出版后，漫画和木刻合作的风气也随之衰退。

### 《耕耘》

1940 年 4 月，重庆耕耘社出版《耕耘》（月刊），郁风编辑，黄苗子为发行人。同年 8 月出版了第 2 期后停刊。十六开。耕耘社是抗战时间在香港成立的一个文艺团体,主要成员是丁聪、郁风、徐迟、夏衍、黄苗子、张光宇、张正字、叶灵凤、叶浅予、戴望舒等人。该刊是文学和美术的综合期刊,美术占一半以上的篇幅。除了刊登绘画外,该刊还发表了美术论述多篇,这些论述对战时美术运动产生了相当的影响。

### 《木刻集》

1940 年 4 月 26 日,延安鲁艺木刻研究班编辑《木刻集》第 1 辑,原版手印。该刊是 1940 年初,为纪念中国新兴木刻的栽培者鲁迅,在延安举行首次木刻展览会时突击缩印出的木刻集。作者有陈铁耕、胡一川、罗工柳等人。共原版手印 20 册,除送给中央领导人外,还寄苏联一本、许广平一本。此刊现已绝版。

### 《铁风画刊》

1940 年 6 月,成都铁风出版社出版兼发行《铁风画刊》(月刊),胡克敏主编,程大遘、王树刚、沈沉 3 人任编辑。1941 年 2 月出版了第 7 期后停刊。十六开土纸本。该刊是一份题材特殊的美术画刊,所发表的绘画作品主题都与空军有关。该刊的稿约栏目第一条写着:"该刊欢迎有关空军及一般抗战之前后方生活写生画、版画、漫画等,及艺术理论与小品文字等稿件。"诸如这方面的绘画有丰子恺的漫画组画《空军训条》4 幅、胡克敏的《首都胜战》《空中火人》、梁又铭的《新辞源图解》、程大遘的《航空业发展史画》、树刚的《马鹿三郎》8 幅、沈逸千的《战地写生队旅行速写》、周光先的漫画组画《五块钱卖掉一条命》、梁子的《论语新解》、野风的《危险的魔术者》《近卫受命拜阁图》、沈沉的《为放阀牵使之近卫》《屹立不动》、明文的《制倭死命》和由思恩创作反映抗战时期闹米荒的 12 幅漫画《米》。

### 《画阵》

1940 年 6 月，浙江永嘉动员委员会教文会出版《画阵》（月刊），陈振龙主编，画阵社发行。每月出 1 期，同年 11 月出版了第 6 期后停刊。该刊是以宣传抗日思想为宗旨，号召美术工作者以抗敌救亡为己责，用笔代枪，投入抗日救亡运动。主要作者有陈振龙、林成璋、萧了、马塞、沙兵、克俭、金逢孙、长弓、禹平、吴景澜、周景焘等。

### 《半月漫画》

1940 年 6 月，由第三战区政治部印行、漫画宣传队编辑的《半月漫画》，由章西厓主编。四开单面，每期一张。该刊所登漫画，都具有鲜明的抗战思想，及鼓舞全国人民齐心合力坚决抗战的决心。诸如麦非的《补充！补充！补充！》《我们永远没有希望归国》、张乐平的《"皇军"妻子们的悲哀》、章西厓的《缝寒衣归来》、耳氏的《抢救》、潘仁的《送子入营兵》、朱鸣岗的《交通线上》等。其中一些反映日军题材的漫画，对瓦解敌军的战斗意志，也起到了一定的作用。

### 《战时后方画刊》

1940 年 7 月，成都四川省政府战时服务团出版发行，战时服务团战时后方画刊社编辑《战时后方画刊》。每月逢 15 日、30 日各出一期，1941 年 5 月停刊，共出版 20 期。十六开土纸本。该刊是"有关抗战建国之漫画、木刻、歌谣、艺术文论"的综合刊物。绘画作品有程少成的漫画《侵略者自身带来的危险》、李尧东的《失了主子欢心的狗》、张肇东的《四年来日本之对华贸易》、梁正宇的《公务员一项痛心的开支》《劳苦功高的战士在大后方》、苗渟然的《谁叫你去当汉奸》、正宇的《在轰炸中建设的一角》、漾兮的《灾区一斑》、王朝闻的《骆振雄搬兵》连续画 16 幅等。理论文章有尼印的《纯艺术和宣传艺术》《成都 1 月画坛》、白风的《当代画家述评》、洪毅然的《抗战绘画的"民族形式"之创造》等。这些论述是研究后方美术活动的第一手资料,颇有参考价值。

### 《木艺》

1940 年 11 月,桂林中华全国木刻界抗敌协会编辑出版《木艺》(双月刊)。1941 年 1 月出版了第 2 期后,因"经济及稿件的困难,便无力挣扎下去"而停刊。该刊是现代版画史上一份重要的出版物,全国的一些木刻名家均是该刊的特约撰稿人。木刻者有刘建庵、黄新波、温涛、李桦、陈烟桥、王琦、马达、赖少其,陈仲纲等。第 1 期上载有刘建庵、温涛、新波、李桦等人集体撰写的《十年来中国木刻运动的总检讨》一文,详细论述了中国木刻运动的性质、任务,并指出只有努力为宣传抗战服务,才是战时木刻运动的唯一道路。

### 《现实版画》

1940 年 12 月 1 日,现实版画社编辑出版《现实版画》(月刊),李慧中、梅健鹰、蒋定闽、罗颂清为编辑委员。社址在重庆柏溪国立中央大学内。1941 年 4 月出版了第 5 期后停刊。十六开土纸本。现实版画社,是重庆国立中央大学艺术科学生梅健鹰、罗颂清等人发起创办的。他们把木刻当作课外的研究,注重表现实在,并以木刻为宣传工具,创作了大量的抗战木刻宣传画,起到了良好的社会效果。该刊发表的全是社员的木刻新作,仅有的一篇文章是吕斯百撰写的《巷头语》,对现实版画社的工作给予很高的评介。木刻作者有宗其香、梅健鹰、李慧中、蒋定闽、夏伟图、梁白云、岑学恭、罗颂清等人。

### 《战地真容》

1941 年 1 月,赣北战地真容杂志社出版兼发行《战地真容》(旬刊),罗清桢主编。每月出版 3 期,同年 12 月出至第 33 期后停刊。内容以宣传中国人民抗战的光辉及暴露日本帝国主义的罪行为主,并大量以木刻作品反映中国人民抗日救亡的运动。

### 《木刻通讯》

1941 年 3 月，由战时永嘉木刻通讯社出版《木刻通讯》，陈沙兵、葛克俭、夏子颐等人先后担任主编。三十二开。共出版 6 期。战时永嘉木刻通讯社，是 1941 年初在浙江温州成立的一个宣传抗日的木刻团体。主要成员有陈沙兵、杨涵、夏子颐、叶蓁、葛克俭、张大辉、张长弓、郑家心、关文忠等，温州中共地下党员郑铸、林文达以木刻爱好者身份参加该会。《木刻通讯》就是该会的机关刊物，发表会员的木刻新作和报导全国木刻活动的消息。

### 《晋察冀美术》

1941 年 9 月，延安晋察冀边区美术协会编辑出版《晋察冀美术》。十六开油印本。晋察冀边区美术协会成立于 1939 年 2 月 7 日，由鲁艺美术系、木刻研究班和延安各机关的美术工作者等 3 部分人员组成。沃渣、江丰、王曼硕、丁里、张振先等 5 人任常务委员。该刊是晋察冀边区范围内唯一的纯美术期刊，现已不容易见到。

### 《刀笔集》

11 月，香港刀笔社编辑出版，香港时代书店发行《刀笔集》（月刊）。每月出版 1 期，同年 12 月出版了第 2 期后停刊。十六开，四十面。该刊是一种木刻与杂文的综合期刊，木刻作品有王麦杆的《开路者》、梅进的《啊！双十二解放的日子来了!》、张英的《双十二——中国新生的开始》，木刻论文有陆风的《鲁迅五年祭》、麦杆的《木刻刀研究》、尼特的《艺术之新时代的诞生》3 篇，杂文作者有曹其山、淳于清、朱维基、钟子芒、罗谷、罗田、士雷等。

### 《胜利版画》

1942 年 6 月 1 日，重庆英国驻华大使馆新闻处编辑及发行《胜利版画》（月刊），梅健鹰主编。同年 8 月出版了第 3 期后停刊。十六开土纸本。该刊全部刊登木刻作品，其中有梅健鹰的《英首相邱吉尔》《争取最后胜利》《盟机轰炸日本》、谭旻的《中国空军美国志愿团》、夏伟图的《重庆跳伞塔》、尤玉英的《八铳高射机关炮》、力夫的《中国战时大学》《喷火式战斗机击落德机》、白云的《澳洲牧场》、俊昶的《保福式轰炸机》、谭勇的《军民合作》《英勇射手》、杨若英的《怀故乡》等,全部是黑白木刻。

### 《晋察冀画报》

1942 年 7 月 7 日,晋东晋察冀军区政治部出版《晋察冀画报》(季/月刊),石少华、沙飞、罗光等主编。十六开。1945 年 12 月停刊,共出版 10 期。该刊的美术作品均反映边区内部和各抗日根据地及后方生活,通过富有战斗性的绘画,集中地宣传了斗争在抗日前线的八路军在反扫荡斗争中和在反攻阶段中攻城夺垒、消灭敌人的辉煌战绩,以漫画和木刻为主。该刊出版后,受到国内读者的欢迎。该刊 1945 年 12 月停刊后,1947 年 10 月又复刊,至年底共出版 3 期,期号继前。复刊后的内容全部为摄影作品。

### 《全国木刻展览会纪念特刊》

1942 年 10 月,柳州全国木刻展览会编辑出版《全国木刻展览会纪念特刊》,伍千里发行。该刊亦名《收获》。主编沈振黄(1912—1944 年),原名沈耀中,浙江嘉兴人。1933 年进上海开明书店担任书刊装帧和插图工作。擅长木刻,曾得到鲁迅教诲。抗日战争后赴前线,利用绘画开展宣传工作。1944 年为输送难民从车上摔下而去世。"第一届双十全国木刻展览会"于 1942 年 10 月 10 日至 17 日在重庆中苏文化协会内举办,由中国木刻研究会组织发起。参加展出的有 54 位木刻画家,入选作品逾 300 幅。该刊即是在展览会场中出售的纪念刊。

### 《中华漫画》

1944 年 2 月 15 日,华北漫画协会编辑,北京武德报社发行《中华漫画》(月刊)。同年 5 月 15 日出版了第 4 期后停刊。十六开。该刊是《北京漫画》的后身,所刊登的漫画作品均围绕着日本军国主义侵略中国而宣传,诸如漫画《贪污之流》《月间事》《奠定了兴亚大路》《解脱中国百年来英美侵略的桎梏》《巡回于街头的战士》等。

### 《大江木刻》

1944 年 4 月 1 日,新四军第七师政治部出版《大江木刻》(不定期增刊),十六开,单张两面,石印。该刊是新四军第七师政治部出版的《大江报》(不定期增刊),该刊的编者和作者均为新四军著名美术家,有程亚君、费立必、吴耘 3 人。他们编辑此刊的目的是为了让一些识字较少或不识字的士兵和百姓,通过画面来理解抗日战争的伟大意义。

### 《美术家》

1945 年 9 月,重庆五十年代出版社出版《美术家》(月刊),刘铁华主编,金长佑发行。同年 10 月出版了第 2 期后停刊。三十二开土纸本。著名漫画家廖冰兄设计封面。该刊以发表美术理论为主,一些重要的论文有郭沫若的《题关山月画》、艾青的《谈窗花剪纸艺术》、徐迟的《绘画的本质是表现人与他的环境》、蔡仪的《美感的性质与根源》、叶浅予的《战时画坛新记》、特伟的《战斗时代一个漫画工作者的散记》、陈烟桥的《美术家》、朱金楼的《关于抗战美术诸问题》、王琦的《绘画艺术上的"真"》、梁永泰的《美术工作者醒觉》、王军的《今天艺术的路线》、翦伯赞的《两汉的艺术》、陈之佛的《画院外的山水画》、傅抱石的《清代画坛概观》等。其他作者还有祜曼、刘开渠、余所亚、长虹、郁文哉等人。该刊的作者队伍广大,包括了小说家、诗人、历史学家、美术理论家和国画家、漫画家、版画家、雕刻家等艺坛各路名家。

### 《胜利木刻集》

1945 年 10 月,上海枚友木刻社编辑兼发行《胜利木刻集》(丛刊)。该刊是木刻丛刊的第 1 种,仅出版第 1 集。十六开,二十面。枚友木刻社是上海的一些无名木刻青年组织成立的美术小团体。在该刊卷首《我们的话》中写道:"在这八年神圣的抗战中,木刻始终站在文化战线的最前哨,以英勇的姿态,担负着伟大的使命。……我们是一群爱好木刻艺术的青年,在敌人四面包围下,在困苦的环境中,我们只得默默地学习,在黑暗里摸索着。现在敌人已经投降了,我们已回到了祖国的怀抱,我们也应有的责任,拿出我们的力量,贡献给祖国复兴与建国的伟大的事业上。"①该木刻丛刊是为庆祝抗战胜利而出版的。

**《自由画报》**

1945 年 10 月,成都自由画报社出版发行《自由画报》,内容是用木刻和漫画形式反映中国人民庆祝抗战胜利的兴高采烈场面。主编张漾兮(1912—1964 年),四川成都人。1932 年毕业于四川美术专科学校。1938 年开始从事木刻,作品丰富。抗战时期担任四川境内多家报刊和画刊的记者、编辑。1944 年底创办自由画报社。

**抗战美术报刊出版一览表**

| | | | | | |
|---|---|---|---|---|---|
| 《慰劳画报》 | 1932 年 2 月 | 上海 | 六开 | 上海民众反日救国会 | 该刊是一八艺社为上海民众反日救国会编绘印制的一份进步画刊 |
| 《中国时事漫画》 | 1932 年 2 月 | 上海 | 四开 | 黄士英 | 中国漫画研究会出版发行。中国漫画研究会是1931 年 10 月在上海成立的一个漫画群众团体,由黄士英、贾希彦、徐午同 3 人发起 |

---

① 《我们的话》,载《胜利木刻集》,上海:上海文友木刻社 1945 年版。

（续表）

| | | | | | |
|---|---|---|---|---|---|
| 《木刻纪程》 | 1934 年 10 月 | 上海 | 八开 | 鲁迅 | 该刊是我国木刻期刊中的重要刊物，它是鲁迅亲自编辑，募集作品、自费出版发行的 |
| 《艺风》 | 1937 年 1 月 | 汉口 | | 汉口艺风出版社 | 第 5 期为"艺风抗敌特刊"由董翊主编 |
| 《前线画报》 | 1937 年 7 月 | 延安 | | 延安八路军政治部 | 内容以画为主，配有文字说明，通俗易懂。绘画题材反映了八路军战斗、学习、生产大运动等活动，并揭露日、汪侵略中国和汉奸卖国行径 |
| 《战时画报》 | 1937 年 9 月 | 上海 | 四日一期 | 上海中华图画杂志社 | |
| 《救亡漫画》 | 1937 年 9 月 | 上海 | 四开 | 王敦庆 | 该刊是中国现代漫画史上销量最多的一种漫画期刊 |
| 《救亡漫画》 | 1937 年 9 月 | 上海 | 五日刊 | | 上海《救亡日报》（副刊） |
| 《抗战画报》 | 1937 年 10 月 | 西安 | 四开折叠本 | 全国漫画作家协会西安分会 | 刊物全部发表漫画作品，主要作者有陈执中、张仃、胡考、陶今也、赖少其、朱丹、钟灵、刘铁华、周克难、丰子恺等人 |
| 《非常时漫画》 | 1937 年 11 月 | 上海 | 八开 | 江敉 | |
| 《抗敌漫画》 | 1937 年 12 月 | 福建 | | 福州福建省抗敌后援会 | |
| 《抗敌画报》 | 1938 年 1 月 | 西安 | | 张仃 | |
| 《抗战画刊》 | 1938 年 1 月 | 汉口 | 旬刊，月刊 | 抗战画刊社 | 该刊是抗战时期居住在武汉的漫画家赵望云、汪子美、高龙生、张文元、江敉等人合作编辑出版的一份以木刻、漫画为主要内容的画刊。该刊在出版过程中得到爱国军人冯玉祥的鼎力协助 |

（续表）

| | | | | | |
|---|---|---|---|---|---|
| 《抗战版画》 | 1938 年 1 月 | 南昌 | | 刘岘 | 该刊的作者和读者大多是从军的士兵 |
| 《抗战漫画》 | 1938 年 1 月 | 汉口 | 半月刊，十六开 | 特　伟 | 该刊不仅发表大量的抗战漫画，同时还注意刊登一些质量较高的漫画理论研究文章。3 月，桂林战时艺术半月刊社编辑出版《战时艺术》。1939 年 5 月出版了第 3 卷第 3 期后停刊。该刊是文学、音乐、美术、戏剧等综合刊物 |
| 《救亡画刊》 | 1938 年 1 月 | 广州 | 周刊 | | 广州《救亡日报》副刊 |
| 《战时艺术》 | 1938 年 3 月 | 桂林 | | 桂林战时艺术半月刊社 | 该刊是文学、音乐、美术、戏剧等综合刊物 |
| 《漫画战线》 | 1938 年 4 月 | 广州 | 月刊，十六开 | 张谔、特伟等 | |
| 《抗敌画报》 | 1938 年 6 月 | | 四开 | 徐　灵 | 该刊是晋东北出版社的一份至今极为罕见的美术期刊。该刊出版的主要任务是为配合时事政策进行宣传教育 |
| 《抗敌画展特刊》 | 1938 年 8 月 | 重庆 | 十六开 | 重庆市江巴各界 5 月抗敌宣传大会 | 该刊是 1938 年 5 月在重庆举行的"抗敌画展"作品精选特刊 |
| 《动员画报》（国庆纪念特刊） | 1938 年 10 月 | 香港 | 特刊，八开 | 香港动员画报社 | 该刊是香港战时出版的进步刊物《动员画报》第 68 期附刊 |
| 《战画》 | 1939 年 2 月 | 浙江 | 十六开土纸本 | 浙江省战时美术工作协会战画编辑部 | 该刊内容分漫画和木刻两大部分，偏重于木刻 |
| 《木刻导报》 | 1939 年 3 月 | 湖南 | | 李　桦 | 该刊是湖南地区战时所出版的唯一美术期刊。该刊以介绍全国木刻抗敌运动的消息、动态、画家去向为主要内容 |

(续表)

| 《全国抗战版画》 | 1939 年 3 月 | 上海 | 丛刊，三十二开 | 仇 宇 | |
|---|---|---|---|---|---|
| 《战斗美术》 | 1939 年 4 月 | 广州 | 十六开 | 广州战斗美术社 | |
| 《战斗美术》 | 1939 年 4 月 | 重庆 | 十六开 | 王琦、卢鸿基 | 该刊内容围绕着抗日救国展开 |
| 《战地真容》 | 1939 年 6 月 | 江西 | 半月刊 | 罗清桢 | 该刊是以宣传抗战为主要内容的木刻期刊。该刊现已绝版 |
| 《敌后方木刻》 | 1939 年 7 月 | 太行山 | | 胡一川 | 该刊是《新华日报》华北版的副刊之一，是一份宣传党中央坚决抗战思想的木刻期刊 |
| 《漫木旬刊》 | 1939 年 7 月 | 桂林 | | 黄新波、赖少其等 | 该刊是桂林《救亡日报》副刊之一。该刊是在抗日战争时期出现的漫画与木刻相结合的漫木运动鼎盛时期出版的一份美术期刊。 |
| 《战时美术》 | 1939 年 7 月 | 桂林 | 双周刊 | 紫金艺社、广西美术会合编 | 桂林《扫荡报》副刊 |
| 《抗战艺术》 | 1939 年 9 月 | | 十六开 | 国民政府军事委员会政治部 | |
| 《战地画刊》 | 1939 年 10 月 | 湖北 | | 赵望云 | 该刊原名《抗战画刊》。该刊由冯玉祥出资创办，其他编辑有汪子美、高龙生、张文元、侯子步和江敉 |
| 《战时木刻》 | 1939 年 11 月 | 浙江 | 半月刊，十六开 | 金逢孙、郑诚之 | 该刊是作为浙江省战时美术工作者协会战时木刻研究社研究组函授班学员的教材和通讯出版物。此外，函授班还出版一种丛刊《木刻丛集》，作为示范木刻卡片 |

（续表）

| | | | | | |
|---|---|---|---|---|---|
| 《抗战木刻》 | 1939 年 11 月 | | 周刊 | 全木协湖南分会 | 湖南《开明日报》副刊 |
| 《抗建画刊》 | 1940 年 1 月 | 福建 | | 福建省抗敌后援会宣传部 | 该刊前身是《抗敌漫画半月刊》 |
| 《木刻集》 | 1940 年 4 月 | 延安 | | "延安鲁艺"木刻研究班 | 该刊是 1940 年初,为纪念中国新兴木刻的栽培者鲁迅,在延安举行首次木刻展览会时突击缩印出的木刻集 |
| 《画阵》 | 1940 年 6 月 | 浙江 | 月刊 | 陈振龙 | 该刊是以宣传抗日思想为宗旨,号召美术工作者以抗敌救亡为己责,用笔代枪,投入抗日救亡运动 |
| 《半月漫画》 | 1940 年 6 月 | | 四开 | 章　西 | 该刊所登漫画,都具有鲜明的抗战思想,鼓舞全国人民齐心合力坚决抗战的决心 |
| 《战时后方画刊》 | 1940 年 7 月 | 成都 | 半月刊,十六开土纸本 | 战时服务团战时后方画刊社 | 该刊是"有关抗战建国之漫画、木刻、歌谣、艺术文论"的综合刊物 |
| 《北京漫画》 | 1940 年 7 月 | 北京 | 月刊,十六开 | 北京武德报社 | 该刊是北京沦陷时,日伪利用漫画这一特殊宣传工具为日本帝国主义的侵略战争效劳而扶植的"华北漫画协会"出版的汉奸漫画期刊 |
| 《战时木刻》 | 1940 年 9 月 | | 半月刊 | 第四战区特别党部中山宣美术股 | 广西柳州《柳州日报》副刊 |
| 《战地真容》 | 1941 年 1 月 | | 旬刊 | 罗清桢 | 内容以宣传中国人民抗战的光辉和暴露日本帝国主义的罪行为主,并大量以木刻作品反映中国人民抗日救亡的运动 |

| | | | | |
|---|---|---|---|---|
| 《建军画报》 | 1941 年 4 月 | 曲江 | 月刊，十六开 | 曲江建军画报社 | 该刊是战时曲江地区一种重要的美术期刊，许多著名的漫画家、版画家为之创作了精心之作 |
| 《晋察冀画报》 | 1942 年 7 月 | | 季月刊，十六开 | 石少华沙飞罗光 | 该刊的美术作品均反映边区内部和各抗日根据地及后方生活，通过富有战斗性的绘画，集中地宣传了抗日前线的八路军在反扫荡斗争中和在反攻阶段中攻城夺垒、消灭敌人的辉煌战绩。以漫画和木刻为主 |
| 《大江木刻》 | 1944 年 4 月 | 皖中 | 不定期，十六开本 | 程亚君费立必吴耘 | 该刊是新四军第七师政治部出版的《大江报》（不定期增刊），该刊的编者和作者均为新四军著名美术家，有程亚君、费立必、吴耘 3 人 |
| 《漫画与木刻》 | 1945 年 4 月 | | 不定期，三十二开 | 涂　克 | 该刊是新四军的出版物，经历了几十年的时间，加上当时受印刷条件束缚，现已十分罕见 |
| 《胜利木刻集》 | 1945 年 10 月 | 上海 | 丛刊，十六开 | 上海枚友木刻社 | 该刊是木刻丛刊的第一种，为庆祝抗战胜利而出版 |
| 《自由画报》 | 1945 年 10 月 | 成都 | | 张漾兮 | 该刊内容是用木刻和漫画形式反映中国人民庆祝抗战胜利的兴高采烈场面 |

# 参考文献

## 一、已刊档案、资料、工具书

[1] 抗日民族统一战线指南(1—5册).延安:解放社 1937 年版。

[2] 语文社编.通俗化问题讨论集(第 1 集).上海:新知书店 1937 年版。

[3] 谭丕模.抗战文化动员.湖南:中苏文化协会湖南分会 1938 年版。

[4] 俞剑华编.中国美术家人名辞典.上海:上海人民出版社 1981 年版。

[5] 武汉市档案馆等编.武汉抗战史料选编.武汉市档案馆藏。

[6] 中国人民政治协商会议四川省盐亭县委员会、文史资料委员会编.盐亭文史资料选辑(第 3 辑).四川省盐亭县委员会文史资料委员会 1986 年印。

[7] 刘寿保.桂林文化大事记(1937—1949).桂林:漓江出版社 1987 年版。

[8] 武汉市政协文史资料委员会编.武汉文史资料·武汉大事选录(1898—1949).武汉市政协文史资料研究委员会 1990 年编印。

[9] 中国大百科全书出版社编辑部编.中国大百科全书(简明版).北京:中国大百科全书出版社 1991 年版。

[10] 河北省新闻出版局出版史志编辑部编.中国共产党晋察冀边区出版史资料选编.石家庄:河北人民出版社 1991 年版。

[11] 毛泽东.毛泽东选集(第 2 卷).北京:人民出版社 1991 年版。

［12］毛泽东.毛泽东选集(第 3 卷).北京:人民出版社 1991 年版。

［13］中共中央文献研究室编.毛泽东文集(第 1 卷).北京:人民出版社 1993 年版。

［14］中国人民政治协商会议广东省大埔县委员会文史资料委员会编.大埔文史(第 13 辑).政协广东省大埔县委员会文史资料委员会 1995 年编印。

［15］中共中央宣传部办公厅、中央档案馆编研部编.中国共产党宣传工作文献选编(1915—1937).北京:学习出版社 1996 年版。

［16］中共中央宣传部办公厅、中央档案馆编研部编.中国共产党宣传工作文献选编 (1937—1949).北京:学习出版社 1996 年版。

［17］中共中央宣传部办公厅、中央档案馆编研部编.中国共产党宣传工作文献选编 (1915—1937).北京:学习出版社 1996 年版。

［18］浙江省政协文史资料委员会编.浙江文史集萃(第 5 辑)·教育科学卷.杭州:浙江人民出版社 1996 年版。

［19］庸非.中国当代漫画家辞典.杭州:浙江人民出版社 1997 年版。

［20］中国第二历史档案馆编.中华民国史档案资料汇编(第 5 辑·第 2 编)·文化.南京:江苏古籍出版社 1998 年版。

［21］金通达.中国当代国画家辞典.杭州:浙江人民出版社 2001 年版。

［22］邵洛羊主编.中国美术大辞典.上海:上海辞书出版社 2002 年版。

［23］《中国大百科全书》总编辑委员会编.中国大百科全书·美术(1—2 册).北京:中国大百科全书出版社 2002 年版。

［24］《中国大百科全书》总编委会编.中国大百科全书(精华本).北京:中国大百科全书出版社 2002 年版。

［25］徐昌酩主编,《上海文化艺术志》编纂委员会、《上海美术志》编纂委员会编.《上海美术志》.上海:上海书画出版社 2004 年版。

［26］王震.二十世纪上海美术年表(1900—2000).上海:上海书画出版社 2005 年版。

［27］《广东百科全书》编纂委员会编.广东百科全书(上).北京:中国大百科全书出版社 2008 年版。

[28] 李维民. 中国人物年鉴 2008（总第 20 卷）. 北京：中国人物年鉴社 2008 年版。

[29]《中国大百科全书》总编委会. 中国大百科全书. 北京：中国大百科全书出版社 2009 年版。

[30] 张晓凌主编. 高山仰止：王朝闻百年诞辰纪念集（1909—2009）. 北京：文化艺术出版社 2009 年版。

[31] 邵大箴主编,《中国美术百科全书》编辑委员会编. 中国美术百科全书. 北京：人民美术出版社 2009 年版。

[32] 乔晓军编著. 中国美术家人名辞典（补遗一编）. 西安：三秦出版社 2007 年版。

[33] 抗日战争期刊汇编. 全国图书馆文献缩微复制中心 2010 年印。

[34] 重庆市渝中区政协学习文史委员会编. 重庆渝中区文史资料（第 19 辑）. 重庆：重庆海洋印务有限责任公司 2010 年印。

[35] 中共淮北市委党史研究室编. 安徽省革命遗址通览·淮北市（第 4 册）. 北京：中共党史出版社 2011 年版。

[36] 高慧琳编著. 群星闪耀延河边 延安文艺座谈会参加者. 北京：人民文学出版社 2012 年版。

[37] 广州图书馆编. 广东历代著者要录·广州府部. 广州：广州出版社 2012 年版。

[38] 刘海粟美术馆、上海市档案馆编. 上海美术专科学校档案史料丛编（第 4 卷）·恰同学年少（中）（1912 年 11 月—1952 年 9 月）. 上海：中西书局 2013 年版。

[39] 孔令伟、吕澎. 中国现当代美术史文献. 北京：中国青年出版社 2013 年版。

[40] 重庆市档案馆编. 中国战时首都档案文献. 重庆：西南师范大学出版社 2017 年版。

[41] 重庆市档案馆编. 中国战时首都档案文献. 重庆：西南师范大学出版社 2017 年版。

## 二、中文论著

[1] 姚渔湘. 中国画讨论集,北京:立达书局 1932 年初版。

[2] 梁得所. 中国现代艺术史·绘画,上海:良友图书印刷公司 1936 年版。

[3] 语文社. 通俗化问题讨论集(第 1 集),上海:新知书店 1937 年版。

[4] 蓝海. 中国抗战文艺史. 北京:现代出版社 1947 年版。

[5] 黄茅. 漫画艺术讲话. 上海:商务印书馆 1947 年版。

[6] 张望编. 鲁迅论美术. 沈阳:东北书店 1948 年版。

[7] 郭沫若. 郭沫若文集(第 9 卷). 北京:北京人民文学出版社 1957 年版。

[8] 郭沫若. 洪波曲. 北京:人民文学出版社 1979 年版。

[9] 潘文彦. 丰子恺先生年表. 出版者不详,1979 年版。

[10] 潘天寿. 听天阁随笔. 上海:上海人民美术出版社 1980 年版。

[11] 冯雪峰. 冯雪峰论文集(上). 北京:人民文学出版社 1981 年版。

[12] 魏宏运. 中国现代史稿(下). 哈尔滨:黑龙江人民出版社 1981 年版。

[13] 中共盐城县委编修史志办公室、盐城县档案馆编. 盐城史话. 中共盐城县委编修史志办公室、盐城县档案馆 1982 年印。

[14] 李桦、李树声等编. 中国新兴版画运动五十年. 沈阳:辽宁美术出版社 1982 年版。

[15] 北京语言学院中国艺术家词典编委会编. 中国艺术家词典. 现代(第 1—5 分册). 长沙:湖南人民出版社 1981—1985 年版。

[16] 范一辛. 郭沫若论创作. 上海:上海文艺出版社 1983 年版。

[17] 丰一吟、丰陈宝、丰宛音等. 丰子恺传. 杭州:浙江人民出版社 1983 年版。

[18] 廖静文. 徐悲鸿一生. 北京:中国青年出版社 1984 年版。

[19] 蓝海. 中国抗战文艺史. 济南:山东文艺出版社 1984 年版。

[20] 刘开渠. 刘开渠美术论文集. 济南:山东美术出版社 1984 年版。

［21］李松.徐悲鸿年谱.北京:人民美术出版社 1985 年版。

［22］马蹄疾、李允经编.鲁迅与中国新兴木刻运动.北京:人民美术出版社 1985 年版。

［23］孙新元、尚德周.延安岁月.西安:陕西人民美术出版社 1985 年版。

［24］田汉.田汉文集(第 15 卷).北京:中国戏剧出版社 1986 年版。

［25］美术论集(第 4 集).北京:人民美术出版社 1986 年版。

［26］李维汉.李维汉选集.北京:人民出版社 1987 年版。

［27］广州美术学院岭南画派研究室编.岭南画派研究(第 1 辑).广州:岭南美术出版社 1987 年版。

［28］徐伯阳、金山编.徐悲鸿艺术文集.台湾:艺术家出版社 1987 年版。

［29］胡志川、马运增等主编.中国摄影史 1840—1937.北京:中国摄影出版社 1987 年版。

［30］刘寿保.桂林文化大事记(1937—1949).桂林:漓江出版社 1987 年版。

［31］林敏、赵素行.中国连环画艺术文集.太原:山西人民出版社 1987 年版。

［32］朱朴.林风眠年谱.上海:学林出版社 1988 年版。

［33］叶智善、叶至美、叶志诚编.叶圣陶集(第 8 卷).南京:江苏教育出版社 1989 年版。

［34］顾棣、方伟.中国解放区摄影史略.山西:山西人民出版社 1989 年版。

［35］朱伯雄、陈瑞林.中国西画五十年(1898—1949).北京:人民美术出版社 1989 年版。

［36］陈明等编.烽火五万里:回忆新安旅行团.北京:北京城市经济社会出版社 1989 年版。

［37］王剑清、冯健男.晋察冀文艺史.北京:中国文联出版公司 1989 年版。

［38］黄小庚、吴瑾.广东现代画坛实录.广州:岭南美术出版社 1990

年版。

[39] 郑朝、金尚义. 林风眠论. 杭州：浙江美术学院出版社 1990 年版。

[40] 蔡子人、郭淑兰总编，中华人民共和国文化部教育科技司编. 中国高等艺术院校简史集. 杭州：浙江美术学院出版社 1991 年版。

[41] 孙国林、曹桂芳. 毛泽东文艺思想指引下的延安文艺. 石家庄：花山文艺出版社 1992 年版。

[42] 艾克恩. 延安文艺回忆录. 北京：中国社会科学出版社 1992 年版。

[43] 肖效钦、钟兴锦. 抗日战争文化史（1937—1945）. 北京：中央党史出版社 1992 年版。

[44] 上海摄影家协会、上海大学文学院编. 上海摄影史. 上海：上海人民美术出版社 1992 年版。

[45] 毛泽东. 毛泽东文集. 北京：人民出版社 1993 年版。

[46] 王钦韶、宁静. 中国现代名人掌故（上）. 郑州：河南人民出版社 1994 年版。

[47] 许志浩. 中国美术期刊过眼录（1911—1949 年）. 上海：上海书画出版社 1994 年版。

[48] 陈世松、贾大泉、温贤美主编. 四川通史（第 7 册）. 成都：四川大学出版社 1994 年版。

[49] 许志浩. 中国美术社团漫录. 上海：上海书画出版社 1994 年版。

[50] 王震、徐白阳编. 徐悲鸿艺术文集. 银川：宁夏人民出版社 1994 年版。

[51] 蔡子谔、顾棣. 崇高美的历史再现——中国解放区新闻摄影美学风格论. 太原：山西人民出版社 1995 年版。

[52] 傅抱石. 傅抱石作品专辑. 北京：人民美术出版社 1995 年版。

[53] 王琦. 当代中国美术. 北京：当代中国出版社 1996 年版。

[54] 王伯敏主编. 中国美术通史（第 7 卷）. 济南：山东教育出版社 1996 年版。

[55] 李凡夫文稿整理小组编. 怀念李凡夫同志：纪念李凡夫同志九十诞

辰.北京:煤炭工业出版社 1996 年版。

[56] 浙江省政协文史资料委员会编.浙江文史集粹(第 5 辑).教育科技卷.杭州:浙江人民出版社 1996 年版。

[57] 山风.叶浅予自叙.北京:团结出版社 1997 年版。

[58] 周恩来.周恩来选集(上).北京:人民出版社 1997 年版。

[59] 赵春生主编,中共中央文献研究室编.周恩来文化文选.北京:中央文献出版社 1998 年版。

[60] 崔龙水.缅怀韩乐然.北京:民族出版社 1998 年版。

[61] 高剑父.高剑父诗文初编·李伟铭辑录.广州:广东高等教育出版社 1999 年版。

[62] 华君武.漫画漫话.北京:中国工人出版社 1999 年版。

[63] 潘耀昌.二十世纪中国美术教育.上海:上海书画出版社 1999 年版。

[64] 许江主编.林风眠与 20 世纪中国美术(国际学术研讨会论文集).杭州:中国美术学院出版社 1999 年版。

[65] 郎绍君、水天中编.二十世纪中国美术文选(上、下卷).上海:上海书画出版社 1999 年版。

[66] 吴文科.20 世纪的中国·文学艺术卷.兰州:甘肃人民出版社 1999 年版。

[67] 林木.二十世纪中国画研究.南宁:广西美术出版社 2000 年版。

[68] 黄远林.百年漫画:1898—1999 中国漫画点评.北京:现代出版社 2000 年版。

[69] 四川省地方志编纂委员会编.四川省志·文化艺术志.成都:四川人民出版社 2000 年版。

[70] 黄宗贤.大忧患时代的抉择:抗战时期大后方美术研究.重庆:重庆出版社 2000 年版。

[71] 王伯敏.中国绘画通史(下册).上海:生活·读书·新知三联书店 2000 年版。

[72] 曹意强.艺术与历史.杭州:中国美术学院出版社 2001 年版。

［73］赵力、余丁编著. 中国油画文献. 长沙:湖南美术出版社 2001 年版。

［74］邵大箴. 第三代中国油画家研究・苏天赐. 南宁:广西美术出版社 2001 年版。

［75］侯德础:抗日战争时期中国高校内迁史略. 成都:四川教育出版社 2001 年版。

［76］杨先让. 徐悲鸿. 北京:文化艺术出版社 2002 年版。

［77］郑工. 演进与运动——中国美术的现代化(1875—1976). 南宁:广西美术出版社 2002 年版。

［78］谢海燕. 刘海粟. 南京:江苏美术出版社 2002 年版。

［79］李燕. 李苦禅. 武汉:湖北美术出版社 2002 年版。

［80］杭州市政协文史委编. 杭州文史丛编 6・教育医卫社会卷. 杭州:杭州出版社 2002 年版。

［81］吴军. 中国现代文学史. 北京:北京广播学院出版社 2003 年版。

［82］华君武. 华君武集. 石家庄:河北教育出版社 2003 年版。

［83］吴继金. 中国共产党领导的革命美术运动史. 武汉:武汉出版社 2003 年版。

［84］文丰义等. 血铸的丰碑:中国抗战文化. 桂林:广西师范大学出版社 2003 年版。

［85］黄远林. 百年漫画:1898—1999 中国漫画点评(上卷). 北京:现代出版社 2004 年版。

［86］广西壮族自治区博物馆编. 广西博物馆文集(第 1 辑). 南宁:广西人民出版社 2004 年版。

［87］程丽娜. 人生是可以雕塑的——回忆刘开渠. 天津:百花文艺出版社 2004 年版。

［88］魏华龄、李建平主编,桂林市政协文史资料文员会编:《抗战时期文化名人在桂林》. 桂林:漓江出版社 2004 年版。

［89］王培元. 延安鲁艺风云录. 广西师范大学出版社 2004 年版。

［90］王震. 二十世纪上海美术年表(1900—2000). 上海:上海书画出版社

2005 年版。

[91] 王树村. 中国年画发展史. 天津：天津人民美术出版社 2005 年版。

[92] 阮荣春、胡光华. 中国近现代美术史. 天津：天津人民美术出版社天津 2005 年版。

[93] 杨汉卿主编，官丽珍、王国梁副主编，中共广东省委党史研究室编. 广东与抗日战争. 广州：广东人民出版社 2005 年版。

[94] 李树声. 怒吼的黄河：抗日战争中的中国美术. 南昌：江西美术出版社 2005 年版。

[95] 王震. 徐悲鸿文集. 上海：上海画报出版社 2005 年版。

[96] 盛兴军. 丰子恺年谱. 青岛：青岛出版社 2005 年版。

[97] 毕克官、黄远林. 中国漫画史. 北京：文化艺术出版社 2006 年版。

[98] 叶浅予. 叶浅予自传：细叙沧桑记流年. 北京：中国社会科学出版社 2006 年版。

[99]《改变世界的 100 系列》编辑部编. 改变世界的 100 系列·改变世界的 100 幅照片. 西安：陕西师范大学出版社 2006 年版。

[100] 涂文学主编. 中华民国卷（上）·武汉通史. 武汉：武汉出版社 2006 年版。

[101] 张从海、汉风主编. 燕赵文艺史话·书法卷 美术卷 摄影卷·石家庄：花山文艺出版社 2006 年版。

[102] 吕澎. 20 世纪中国艺术史. 北京：北京大学出版社 2006 年版。

[103] 王震. 徐悲鸿年谱长编. 上海：上海画报出版社 2006 年版。

[104] 黄可：中国新民主主义革命美术活动史话. 上海：上海书画出版社 2006 年版。

[105] 涂文学、邓正兵主编. 抗战时期的中国文化. 北京：人民出版社 2006 年版。

[106] 李建平、张中良编. 抗战文化研究（第 1—8 辑）. 桂林：广西师范大学出版社 2007—2014 年版。

[107] 张海鹏主编，王建朗、曾景忠著. 中国近代通史（第 9 卷）·抗日战

争(1937—1945).南京:江苏人民出版社 2007 年版。

[108]张海鹏主编,王建朗、曾景忠著.中国近代通史(第 9 卷)·抗日战争(1937—1945).南京:江苏人民出版社 2007 年版。

[109]李泽厚.中国思想史论三部曲——古代、近代、现代.天津:天津社会科学院出版社 2007 年版。

[110]李超.中国现代油画史.上海:上海书画出版社 2007 年版。

[111]范迪安、陈履生主编.周恩来与中国美术.南宁:广西美术出版社 2008 年版。

[112]包铭新.画坛遗珠·滕白也研究.上海:东华大学出版社 2008 年版。

[113]甘险峰.中国漫画史.济南:山东画报出报社 2008 年版。

[114]胡志毅.中国话剧艺术通史(第 1 卷).太原:山西教育出版社 2008 年版。

[115]邵琦、孙海燕编著.二十世纪中国画讨论集.上海:上海书画出版社 2008 年版。

[116]甘险峰.中国新闻摄影史.北京:中国摄影出版社 2008 年版。

[117]《延安大学史》编委会编.延安大学史.北京:人民出版社 2008 年版。

[118]谭元享.客家图志.广州:岭南美术出版社 2008 年版。

[119]张明观.柳亚子史料札记.上海:上海人民出版社 2008 年版。

[120]刘瑞宽.中国美术的现代化:美术期刊与美展活动的分析(1911—1937).北京:生活·读书·新知三联书店 2008 年版。

[121]张晓凌.高山仰止:王朝闻百年诞辰纪念集(1909—2009).北京:文化艺术出版社 2009 年版。

[122]艾克恩.延安文艺史(下).石家庄:河北教育出版社 2009 年版。

[123]张道森.浙江近现代美术教育史.杭州:浙江人民美术出版社 2009 年版。

[124]陈履生.黄君璧.澳门:澳门出版社有限公司,2009 年 7 月。

［125］庄学本.庄学本全集.上海：中华书局 2009 年版。

［126］闻黎明.抗日战争与中国知识分子——西南联合大学的抗战轨迹.北京：社会科学文献出版社 2009 年版。

［127］王震.徐悲鸿论艺.上海：上海书画出版社 2010 年版

［128］王震.汪亚尘论艺.上海：上海书画出版社 2010 年版。

［129］李伟铭.图像与历史——20 世纪中国美术论稿.北京：中国人民大学出版社 2010 年版。

［130］吕澎.美术的故事：从晚清到今天.北京：北京大学出版社 2010 年版。

［131］孙照海、初小荣选编.抗战文献类编·文艺卷.北京：国家图书馆出版社 2010 年版。

［132］张松林.特伟和中国动画.上海：上海人民出版社 2010 年版。

［133］张乐平纪念馆编.百年乐平.上海：上海社会科学出版社 2010 年版。

［134］斯舜威.海上画派.上海：东方出版中心 2010 年版。

［135］齐凤阁.中国现代版画史（1931—1991）.广州：岭南美术出版社 2010 年版。

［136］杨剑平、李晓峰.中国雕塑（1949—2010）.北京：中国建筑工业出版社 2010 年版。

［137］陈申、徐希景.中国摄影艺术史.北京：生活·读书·新知三联书店 2011 年版。

［138］田申.我的父亲田汉.沈阳：辽宁人民出版社 2011 年版。

［139］汪洋.艺术与时代的选择——从美术革命到革命美术.杭州：浙江大学出版社 2011 年版。

［140］刘礼宾.名画深读系列 时代雕像——民国时期现代雕塑研究.北京：文化艺术出版社 2012 年版。

［141］吕澎.中国艺术编年史.北京：中国青年出版社 2012 年版。

［142］刘曦林.二十世纪中国画史.上海：上海人民美术出版社 2012

年版。

[143] 高慧琳.群星闪耀延河边:延安文艺座谈会参加者.北京:人民文学出版社 2012 年版。

[144] 马海平.上海美专名人传略.南京:南京大学出版社 2012 年版。

[145] 马海平.图说上海美专.南京:南京大学出版社 2012 年版。

[146] 政协四川省内江市文员会文史和学习委员会编.内江文史(第 29 辑).政协四川省内江市委员会文史和学习委员会 2012 年 12 月印。

[147] 孙燕华.《为了记住的纪念——孙之俊纪念文集》.北京:学苑出版社 2012 年版。

[148] 谢春.抗战时期大后方木刻艺术研究.上海:上海交通大学出版社 2013 年版。

[149] 董松.潘玉良艺术年谱.合肥:安徽美术出版社 2013 年版。

[150] 封嘉延.拓垦者——张谔革命艺术生涯.北京:水利水电出版社 2014 年版。

[151] 李建平、李江、覃国康等.桂林抗战艺术史.桂林:广西人民出版社 2014 年版。

[152] 中国摄影家协会编.穿越历史的回声——中国战地摄影师(1937—1949).北京:中国摄影出版社 2014 年版。

[153] 韩丛耀、赵迎新主编,吴强、刘亚著.中国影像史(1937—1945)(第 7 卷).北京:中国摄影出版社 2015 年版。

[154] 韩丛耀、赵迎新主编,范文霈、杨健著.中国影像史(1945—1949)(第 8 卷).北京:中国摄影出版社 2015 年版。

[155] 黄可.漫话海派漫画.上海:文汇出版社 2015 年版。

[156] 桂兴.民国书画 2·人物卷.成都:成都时代出版社 2015 年版。

[157] 王向峰、吴玉杰、徐迎新.民族救亡的一道长城:抗日战争中的文艺战线.沈阳:辽宁大学出版社 2015 年版。

[158] 王巨才主编.延安美术家.延安文艺档案;延安美术(第 46 册)·延安美术家(一).西安:太白文艺出版社 2015 年版。

［159］王巨才主编. 延安美术家. 延安文艺档案: 延安美术 (第 47 册) · 延安美术家(二). 西安: 太白文艺出版社 2015 年版。

［160］陈维东. 中国漫画史. 北京: 现代出版社 2016 年版。

［161］徐志兴. 中国书画美学概论. 广州: 南方日报出版社 2016 年版。

［162］中国美院编. 中国壁画 · 中国美术学院卷. 南京: 江苏美术出版社 2016 年版。

［163］张耀宁、郑化改主编. 中国百年新闻经典 · 漫画卷. 北京: 人民出版社 2016 年版。

［164］沈文泉. 海上奇人王一亭. 北京: 中国社会科学出版社 2017 年版。

［165］"广东美术百年"书系编委会编. 其命惟新——广东美术百年 21 大家. 广州: 岭南美术出版社 2017 年版。

［166］吴士新、张强. 中国古典绘画美学与现代转型研究. 北京: 文化艺术出版社 2017 年版。

［167］韩丛耀. 中国现代图像新闻史(1919—1949)(第 8 卷). 南京: 南京大学出版社 2017 年版。

［168］李昌菊. 1900—2000 中国油画本土化百年. 北京: 人民出版社 2017 年版。

［169］冯骥才. 年画研究(2018 秋版). 北京: 文化艺术出版社 2018 年版。

［170］简平主编, 王朝闻著. 王朝闻全集. 青岛: 青岛出版社, 北京: 人民出版社 2019 年版。

［171］吴为山主编. 为画而生: 20 世纪中国画名家宗其香. 北京: 文化艺术出版社 2019 年版。

［172］吴为山编. 影像中国——20 世纪中国摄影名家石少华. 北京: 中国摄影出版社 2019 年版。

## 三、地方史志

［1］中共盐城县委编修史志办公室、盐城县档案馆编. 盐城史话. 中共盐城县委编史修志办公室、盐城县档案馆 1982 年 3 月印。

［2］中国人民政治协商会议、上海市宝山委员会文史资料委员会编.宝山史话——纪念"一·二八"淞沪抗战六十周年专辑.政协上海宝山区委员会1991年12月印。

［3］衢州市地方志编撰委员会编.衢州市志.浙江:浙江大学出版社1994年版。

［4］中山市地方志编纂委员会编.中山市志（下）.广州:广东人民出版社1997年版。

［5］习文、季金安、上海群众文化志编纂委员会编.上海群众文化志.上海:上海文化出版社1999年版。

［6］四川省地方志编纂委员会编.四川省志·文化艺术志.成都:四川人民出版社2000年版。

［7］河北省文化厅文化志编辑办公室编.河北历代文化人物录.河北省文化厅文化志办公室2006年3月印。

［8］政协四川省内江市文员会文史和学习委员会编.内江文史（第29辑）.政协四川省内江市委员会文史和学习委员会2012年12月印。

［9］《海陆丰历史文化丛书》编纂委员会编.海陆丰历史文化丛书（卷1）·人文志略.广州:广东人民出版社2013年版。

［10］梅州市地方志编纂委员会编.梅州市志（下）.广州:广东人民出版社1999年版。

［11］陆河县地方志编纂委员会编.陆河县志（1988—2004）.北京:方志出版社2012年版。

## 四、报刊

［1］《新小说》,1902年11月14日。

［2］《新青年》第2卷第3号,1915年11月15日。

［3］《新青年》第3卷第1号,1917年3月1日。

［4］《新青年》第6卷第1号,1918年1月15日。

［5］《北京大学二十周年纪念册》"集会一览",《北京大学日刊》1918年第

122 期。

[6]《北京大学日刊》,1918 年 5 月 23 日—25 日。

[7]《晨报》,1919 年 2 月。

[8]《晨报》副刊《晨报副镌》,1919 年 12 月 1 日。

[9]《时事新报》,1923 年 12 月 23 日。

[10]《时报》,1924 年 4 月 23 日。

[11]《东方杂志》第 23 卷第 10 号,1926 年。

[12]《时事新报·青光》,1927 年 12 月 19 日。

[13]《亚波罗》1928 年第 5 期。

[14]《北洋画报》1928 年第 177 期。

[15]《湖社月刊》,1929 年二十一。

[16]《良友》第 46 期,1930 年 4 月。

[17]《萌芽》第 4 期,1930 年 4 月 1 日。

[18]《河仑月刊》,1930 年 6 月。

[19]《亚丹娜》(半月刊)第 1 卷第 3 期,1931 年。

[20]《申报》,1931 年 12 月 7 日。

[21]《民国日报》,1931 年 12 月 12 日。

[22]《申报》,1931 年 12 月 27 日。

[23]《申报》,1931 年 12 月 29 日。

[24]《时事新报》,1932 年 1 月 20 日。

[25]《文艺新闻》,1932 年 6 月。

[26]《艺术》1933 年第 1 期。

[27]《现代》,1933 年 4 月。

[28]《民报》,1933 年 7 月 17 日。

[29]《时代漫画》,1934 年 1 月 20 日。

[30]《大公报》(天津),1935 年 9 月 27 日。

[31]《新华日报》,1936 年 4 月 11 日。

[32]《申报》,1936 年 4 月 14 日。

［33］《大公报》（天津），1936 年 10 月 27 日。

［34］《木刻界》1936 年第 2 期。

［35］《工商日报》（香港），1937 年 5 月 12 日。

［36］《广西日报》，1937 年 8 月 15 日。

［37］《救亡漫画》，1937 年 9 月 30 日。

［38］《抗日画报》1937 年第 6 期。

［39］《大公报刑期影画》1937 年第 9 期。

［40］《抗战漫画》，1938 年 1 月 1 日、1938 年 2 月 1 日、1938 年 3 月 1 日、1938 年 5 月 16 日。

［41］《文艺战线》，1938 年 1 月 15 日。

［42］《新华日报》，1938 年 1 月 30 日。

［43］《抗战漫画》第 1 期，1938 年 1 月。

［44］《文艺月刊（战时特刊）》第 5 期，1938 年 4 月 1 日。

［45］《申报》，1938 年 4 月 11 日。

［46］《新华日报》，1938 年 6 月 13 日。

［47］《大公报》，1938 年 7 月 2 日。

［48］《大公报》，1938 年 7 月 7 日。

［49］《美术杂志》（上海）第 1 卷第 4 期，1937 年。

［50］《救亡日报》，1937 年 11 月 20 日。

［51］《抗战漫画》第 4 期，1938 年 2 月 16 日。

［52］《新华日报"社论"》，1938 年 3 月 27 日。

［53］《国民公报》，1938 年 7 月 11 日。

［54］《新华日报》，1938 年 9 月 26 日。

［55］《申报》，1938 年 10 月 11 日。

［56］《新蜀报》，1938 年 10 月 23 日。

［57］《星岛日报》（香港），1938 年 10 月 29 日。

［58］《新蜀报》，1938 年 12 月 8 日。

［59］《申报》，1938 年 12 月 10 日。

［60］《新蜀报》,1938 年 12 月 31 日。

［61］《抗战漫画》1938 年第 4 期。

［62］《抗战画刊》1938 年第 6 期。

［63］《中华(上海)》1938 年第 67 期。

［64］《星洲日报》,1939 年 2 月 12 日。

［65］《中央日报》(重庆),1939 年 3 月 14 日。

［66］《南洋商报》(新加坡),1939 年 3 月 16 日。

［67］《新蜀报》,1939 年 3 月 27 日。

［68］《新华日报》,1939 年 4 月 7 日。

［69］《救亡日报》(桂林),1939 年 4 月 11 日。

［70］《新华日报》,1939 年 4 月 13 日。

［71］《新闻报》,1939 年 4 月 18 日。

［72］《云南日报》,1939 年 4 月 22 日。

［73］《新闻报》,1939 年 8 月 18 日。

［74］《抗战画刊》第 28 期,1939 年 9 月。

［75］《申报》,1939 年 6 月 6 日。

［76］《救亡日报》,1939 年 10 月 20 日。

［77］《文艺新闻》第 5 号,1939 年 11 月。

［78］《新华日报》,1939 年 12 月 7 日。

［79］《华盛顿日报》,1939 年 12 月 14 日。

［80］《前线日报》,1939 年 12 月 23 日。

［81］《战斗美术》1939 年第 2—3 合期。

［82］《中苏文化(抗战三周年纪念特刊)》,1940 年。

［83］《大公报》(香港),1940 年 1 月 6 日。

［84］《中央日报》,1940 年 2 月 8 日。

［85］《大公报》(重庆)副刊《战线》,1940 年 3 月 24 日。

［86］《新闻报》,1940 年 4 月 7 日。

［87］《纽约时报》,1940 年 4 月 19 日。

［88］《申报》,1940 年 5 月 10 日。

［89］《救亡日报》,1940 年 5 月 22 日。

［90］《中央日报》,1940 年 5 月 25 日。

［91］重庆《大公报》,1940 年 6 月 9 日—10 日。

［92］《星洲日报》,1940 年 8 月 14 日。

［93］《大公报》(香港),1940 年 9 月 15 日。

［94］《申报》,1940 年 11 月 3 日。

［95］《益世报》(重庆版),1940 年 12 月 20 日。

［96］《读书通讯》1940 年第 2 期。

［97］《音乐与美术》1940 年第 6 期。

［98］《星光》(新加坡)1940 年第 15 期。

［99］《中国红十字会月刊》1940 年第 60 期。

［100］《战时后方画刊》1940 年第 2 期。

［101］《抗战画刊》第 2 卷第 3 期,1940 年。

［102］《良友》1940 年第 150 期。

［103］《良友》1940 年第 152 期。

［104］《今日中国》第 2 卷第 14 期,1940 年。

［105］《抗战画刊》第 2 卷第 3 期,1940 年。

［106］《中国文化》1940 年第 2 期。

［107］《解放》1940 年第 4 期。

［108］中苏文化特稿《中国艺术在苏联的盛况及其崇赞》第 5 卷第 3 期,
1940 年。

［109］《新蜀报》,1941 年 1 月 11 日。

［110］《木刻艺术》1941 年第 1 期。

［111］《新蜀报》,1941 年 3 月 28 日。

［112］《华商报》,1941 年 5 月 14 日。

［113］《中央日报》,1941 年 5 月 29 日。

［114］《新闻报》,1941 年 11 月 30 日。

［115］《解放日报》,1941 年 12 月 2 日。

［116］《新华日报》,1941 年 12 月 30 日。

［117］《中苏文化》第 9 卷第 1 期,1941 年。

［118］《巴达维亚华侨公会月刊》第 2 卷 1 期,1941 年。

［119］《中华》(上海)1941 年第 102 期。

［120］《上海艺术月刊》1942 年第 5—8、10—12 期。

［121］《新蜀报》,1942 年 3 月 6 日。

［122］《时画新报》,1942 年 3 月 15 日。

［123］《大公报》(桂林),1942 年 4 月 17 日。

［124］《新华日报》,1942 年 5 月 3 日。

［125］《新蜀报》,1942 年 5 月 4 日。

［126］《中国文化》1942 年第 2 期。

［127］《时事新报》,1943 年 3 月 15 日。

［128］《国民公报》,1943 年 3 月 20 日。

［129］《国民公报》,1943 年 4 月 15 日。

［130］《解放日报》,1943 年 4 月 25 日。

［131］《解放日报》,1943 年 10 月 19 日。

［132］《学生新闻》,1943 年 10 月 30 日。

［133］《盖世报》,1944 年 1 月 2 日。

［134］《解放日报》,1944 年 1 月 17 日。

［135］《新华日报》,1944 年 1 月 22 日。

［136］《时事新报》,1944 年 4 月 25 日。

［137］《新艺》第 2 期,1944 年 12 月。

［138］《太平洋周报》第 1 卷第 93 期,1944 年。

［139］《新华日报》,1945 年 1 月 13 日。

［140］《解放日报》,1945 年 4 月 12 日。

［141］《解放日报》,1945 年 5 月 18 日。

［142］《清明》第 4 号,1946 年。

[143]《天津民国日报画刊》1947 年第 64 期。

[144]《美术研究》1959 年 4 期。

## 五、历史照片与图册

[1] 鲁迅. 近代木刻选集. 上海：上海合记教育用品社 1929 年发行。

[2] 良友图书公司编. 中国现象：九一八以后的中国画史. 上海：良友图书印刷公司 1935 年版。

[3] 温涛. 她的觉醒 木刻连续画. 上海：神州国光社 1936 年版。

[4] 王明. *China Can Win*. 纽约：工人书屋出版 1937 年版。

[5] 张明曹. 游击丛书 2·仇. 浙江：游击文化社 1938 年版。

[6] 王鸿麻作词，王建铎绘图. 大战临沂. 上海：生活书店 1938 年版。

[7] 中华全国木刻协会编. 抗战八年木刻选集. 上海：开明书店 1946 年版。

[8] 中华全国木刻协会编. 抗战八年木刻选集. 上海：开明书店 1946 年版。

[9] 杨应彬. 八年抗战史料图解. 广州：联美书店 1947 年版。

[10] 古元. 古元木刻选集. 北京：人民美术出版社 1952 年版。

[11] 唐一禾. 唐一禾画集. 北京：人民美术出版社 1958 年版。

[12] 司徒乔. 司徒乔画集. 北京：人民美术出版社 1980 年版。

[13] 冯法祀. 冯法祀画选. 北京：人民美术出版社 1981 年版。

[14] 李少言. 李少言版画选. 成都：四川人民出版社 1982 年版。

[15] 莫朴、吕蒙、程亚君编绘. 木刻连环画·铁佛寺. 北京：人民美术出版社 1984 年版。

[16] 孙宗慰. 孙宗慰画选. 北京：人民美术出版社 1984 年版。

[17] 刘岘. 刘岘版画选. 成都：四川美术出版社 1985 年版。

[18] 沙飞. 沙飞摄影集. 沈阳：辽宁美术出版社 1986 年版。

[19] 刘开渠. 刘开渠雕塑集. 济南：山东美术出版社 1987 年版。

[20] 蒋兆和. 蒋兆和画选. 北京：人民美术出版社 1988 年版。

[21] 李琦、梁干波、宗文龙.路:徐肖冰候波摄影作品集.杭州:浙江人民美术出版社 1989 年版。

[22] 上海市新四军历史研究会、淮安市新安旅行团历史陈列馆编.风云五万里——新安旅行团画册.上海:上海人民美术出版社 1989 年版。

[23] 王临乙、王合内.王临乙王合内作品选集:素描・雕塑.北京:人民美术出版社 1993 年版。

[24] 胡一川.胡一川画集.北京:人民美术出版社 1993 年版。

[25] 武月星.中国抗日战争史地图集(1931—1945).北京:中国地图出版社出版 1995 年版。

[26] 董希文.董希文画集.北京:人民美术出版社 1996 年版。

[27] 吴作人.中国近现代名家画集・吴作人.北京:人民美术出版社 1996 年版。

[28] 华君武.中国现代美术全集・漫画卷.天津:天津人民美术出版社 1998 年版。

[29] 刘曦林.中国美术馆藏品选:20 世纪中国美术.杭州:浙江人民美术出版社;济南:山东美术出版社 1999 年版。

[30] [日]森哲郎编著.中国抗日漫画史——中国漫画家十五年的抗日斗争历程.于钦德、鲍文雄译.济南:山东画报出版社 1999 年版。

[31] 刘曦林.中国美术馆藏品选・20 世纪中国美术.杭州:浙江人民美术出版社;济南:山东美术出版社 1999 年版。

[32] 黄少强.走向民间.北京:人民美术出版社 2001 年版。

[33] 张明曹.张明曹画集.上海:上海书画出版社 2002 年版。

[34] 蔡若虹.昨日的花朵:蔡若虹漫画集.北京:西苑出版社 2003 年版。

[35] 郎静山.摄影大师郎静山.北京:中国摄影出版社 2003 年版。

[36] 贾德江.中国现代十大名画家画集・徐悲鸿.北京:北京工艺美术出版社 2003 年版。

[37] 敦煌研究院.常书鸿画集.长春:吉林美术出版社 2004 年版。

[38] 王树村.中国民间美术史.广州:岭南美术出版社 2004 年版。

［39］刘薇、杜滋龄主编.马达美术作品选集.出版者不详，2004年。

［40］张安治.中国近现代名家画集·张安治.北京：人民美术出版社2005年版。

［41］王雁主编.沙飞摄影全集.北京：长城出版社2005年版。

［42］黄宗贤.抗日战争美术图史.长沙：湖南美术出版社2005年版。

［43］李树声.怒吼的黄河：抗日战争中的中国美术.南昌：江西美术出版社2005年版。

［44］沈弘.抗日现场：《伦敦新闻画报》1937—1938年抗日战争图片报道选.北京：中国社会科学出版社2005年版。

［45］古元、王朝闻.抗日连环画精品选.北京：人民美术出版社2005年版。

［46］《改变世界的100系列》编辑部.改变世界的100系列.西安：陕西师范大学出版社2006年版。

［47］艾中信.艾中信艺术全集.北京：中国大百科全书出版社2007年版。

［48］北京画院编.李斛画集.北京：文化艺术出版社2009年版。

［49］广东历代绘画展览组委会编.广东历代绘画展览图录（上、下）.广州：岭南美术出版社2010年版。

［50］罗一平.铁马野风：野夫的木刻艺术.广州：岭南美术出版社2010年版。

［51］吕章申.开渠百年：纪念刘开渠诞辰110周年作品集.合肥：安徽美术出版社2014年版。

［52］郑立柱.华北抗日根据地农民精神生活研究.北京：人民出版社2014年版。

［53］陈天白.救亡美术——中国抗日战争美术作品精选集.南京：江苏凤凰美术出版社2015年版。

［54］张耀宁、郑化改主编.《中国百年新闻经典·漫画卷》.北京：人民出版社2016年版。

［55］《中央苏区文艺丛书》编委会.《中央苏区文艺丛书·中央苏区美术

漫画集》.武汉:长江文艺出版社 2017 年版。

　　[56] 冯雪松.方大曾:遗落与重拾.北京:新世界出版社 2017 年版。

　　[57] 杨桦林.朱金楼绘画作品集.北京:中国美术学院出版社 2019 年版。

　　[58] 李宗真、李宗善、李宗美编.《李毅士画集》.天津:天津人民美术出版社 2020 年版。

　　[59] 梁晓波编.沧海真源——刘海粟文献史料集.沈阳:辽宁美术出版社 2020 年版。

　　[60] 刘伟冬主编.红色记忆:吴印咸抗战影像文献集.出版者不详。

# 后　记

从 19 世纪中叶以后，西方列强一次次举起锋利的屠刀，任意宰割中华民族，不少有志之士已经开始向沉迷风雅志趣的画坛发出了呐喊。卢沟桥的枪声，把民族置于生死存亡的大动荡中，战场上硝烟弥漫，人们面对血腥、残酷的场面后，传统艺术的美学趣味已经无法立足。在沉重和悲壮的历史环境中，直面人生、直面社会的现实才是审美的大趋势，人们同情苦难，歌颂英雄，更需要的是能激发民族斗志的艺术。

战争中的美术家和风花雪月已筑起了高墙，他们从精英转变为战士，他们希望充当民众精神的指引者，他们希望代替民族发出抗争的呐喊，承担战士的责任，谱写了抗战美术的华美篇章。

本书的成稿要感谢 70 余年来无数的美术工作者记录、撰写、编辑及出版的艺术文献与档案资料，他们筚路蓝缕，以启山林，使后世能够触摸到那个既熟悉又陌生的特殊时代，为中国美术的历史真貌正本清源。

本著不求对中国抗战美术史的研究有所补白,只愿对文化事业的繁荣增添一笔色彩。故在此不掩疏漏,求教于老师、前辈和同行,只为抛砖引玉,待今后进一步完善。

陈天白

2020 年秋于南京